少数民族大学生就业创业指导

SHAOSHUMINZU
DAXUESHENG
JIUYE CHUANGYE
ZHIDAO

刘燕华 马莉 编著

经济管理出版社
ECONOMY & MANAGEMENT PUBLISHING HOUSE

图书在版编目（CIP）数据

少数民族大学生就业创业指导/刘燕华，马莉编著．—北京：经济管理出版社，2014.12
ISBN 978－7－5096－3467－7

Ⅰ．①少…　Ⅱ．①刘…②马…　Ⅲ．①少数民族—大学生—职业选择　Ⅳ．①G647.38

中国版本图书馆 CIP 数据核字(2014)第 266116 号

组稿编辑：王光艳
责任编辑：许　兵
责任校对：车立佳
责任印制：司东翔

出版发行：经济管理出版社
（北京市海淀区北蜂窝 8 号中雅大厦 A 座 11 层　100038）
网　　址：www. E－mp. com. cn
电　　话：(010) 51915602
印　　刷：北京银祥印刷厂
经　　销：新华书店
开　　本：720mm×1000mm/16
印　　张：20.25
字　　数：380 千字
版　　次：2015 年 4 月第 1 版　　2015 年 4 月第 1 次印刷
书　　号：ISBN－978－7－5096－3467－7
定　　价：58.00 元

前　言

少数民族大学生就业创业是中国政府一直关注的课题。了解少数民族大学生就业政策、人才需求和民族地区人才供给，对于帮助少数民族大学生就业创业、高等院校进一步加强和改进少数民族大学生就业与创业指导，具有理论意义和现实意义。

少数民族大学生是少数民族族群中的知识分子和精英，是少数民族地区投入经济增长的人力资本要素。少数民族大学生除了必须拥有较扎实的理论知识外，还必须具备成功就业的心理准备和创业素养，这样才能获得就业的竞争能力，毕业后服务少数民族地区，担当少数民族地区创新发展的重任。此外，少数民族地区的未来经济社会发展及科技发展能力的提升也有赖于本土化的少数民族大学生。

关注少数民族大学生就业创业，不仅为少数民族大学生排忧解难，而且还能够帮助少数民族家庭摆脱贫困。促进国家和各级政府高度关注的少数民族大学生就业，充分体现党和国家对少数民族大学生的关怀，以及改善边远地区少数民族大学生就业环境，提高少数民族大学生的就业率和乐业率。

本书参阅和引证了一些专家的研究成果和资料，在此特向他们表示感谢。

本书第一章由陈露编写，第二章、第三章由刘佳编写，第四章至第八章由刘燕华完成，第九章由马莉完成。全书由刘燕华进行了统稿。

本书是2013年西北民族大学教育教学改革研究项目“职业生涯规划教学运行模式与管理机制的改革与实践”（项目编号：13JG－1670665139）的主要研究成果，同时也是2013年西北民族大学中央高校科研项目“少数民族大学生创业行为支持研究”（项目编号：31920130126）的部分成果。

目　　录

第一章　少数民族地区就业政策

就业政策是政府为了解决现实中劳动者就业问题，制定和推行的一系列方案及采取的措施。就业政策作为国家经济政策的一个重要组成部分，除了直接解决新生劳动力初次就业和下岗失业人员的再就业问题之外，对社会经济、政治也发挥着强大的调控作用。

促进就业是保障和改善民生的头等大事，民族地区经济基础薄弱，市场化程度不高、就业工作面临诸多困难，因此，在民族地区城镇化进程中解决各族群众就业问题具有特别重要的意义。为了促进大学生就业，各地在毕业生就业方面有特殊政策。

第一节　青海省就业指导和帮扶政策

一、青海省推进少数民族毕业生就业指导和帮扶工作

青海省少数民族人口众多，省属高校的少数民族学生比例也很高。2011 年起，省教育厅将少数民族毕业生就业工作作为重点来抓，指导各高校从政策保障、重点帮扶等多个层面开展工作，取得了较好的成效。2012 年，省属高校少数民族本、专科毕业生共有 4730 人，占本、专科毕业生总数的 38.67%，初次就业率达到 85.58%。主要开展了以下工作：

一是对毕业生进行了就业情况摸底，建立毕业生数据库，做到随时能够准确掌握毕业生数量、就业状况、求职意向等信息。

二是开展为少数民族毕业生送岗位活动。优先将岗位信息提供给少数民族毕业生；计划国家和省内项目中推荐少数民族毕业生。

三是开展普通话训练、计算机培训、公文写作、简历制作、面试技巧、社交

礼仪等专项就业辅导培训，尽力提高六州藏区毕业生的求职竞争力。对有意向创业的毕业生进行创业培训，让他们了解创业的基本知识和有关的优惠政策。

四是加强就业指导教育，针对六州藏区毕业生不愿意到外地就业、只愿意选择机关事业单位、语言和专业的限制等问题，大力开展“一对一”的就业分类指导工作，通过个别谈心、个别咨询等方式，有针对性地为困难毕业生提供指导，帮助他们了解自己、探究职场、关注就业形势、掌握就业政策、更新就业观念、调整就业期望、提升就业能力和整体素质。

五是在办理就业手续时尽可能提供便利，部分学校对符合就业帮扶条件的家庭经济困难六州藏区毕业生，给予一定金额的就业扶助金。

六是加强宣传工作，广泛宣传党和政府对藏区群众的关心和爱护，宣传学校对毕业生的就业帮扶措施，宣传少数民族毕业生自强不息、克服困难的典型事例，宣传积极接收藏区毕业生的用人单位，形成有利于六州藏区毕业生就业的舆论氛围。

为做好 2013 年省属高校毕业生就业工作，省教育厅经过与各地教育部门和编制部门的联系，共挖掘了 281 个需求岗位，召开了 2013 年青海省免费师范毕业生供需洽谈会，已有 187 名免费师范生与地方教育局和学校签订了就业协议。积极主动与省内外相关单位联系，除与以往录用过青岛省毕业生的单位联系外，还派人去人才市场和与学生专业相符的单位主动联系，积极推荐毕业生，并邀请用人单位到学校召开宣讲会和招聘会，从 2012 年底已举办了 8 场大型的毕业生供需洽谈会，各学校还灵活举办了 200 多场小型的专场招聘会，为毕业生和用人单位搭建双向选择的平台，加强对学生职业生涯规划和就业指导。除要求各高校将职业生涯和就业指导课设为必修课之外，还要求各校在课上对学生进行职业生涯规划，使学生提早对自己的职业进行符合实际的规划。要求学校重点做好就业困难学生和少数民族学生的就业帮扶工作，对就业困难的学生建立“一对一”的台账式管理，针对不同情况予以不同的帮扶。

二、2014 年青海省高校毕业生就业创业政策解读

2014 年，青海省高校毕业生总量达 2. 1 万人，总量压力与结构性矛盾并存，高校毕业生就业创业工作任务仍然十分繁重。省委、省政府对此高度重视，把高校毕业生就业创业作为就业工作的重中之重，多次开展专题研究、专门部署，进一步明确了高校毕业生就业创业的工作目标。为此，青海省将继续坚持“劳动者自主就业、市场调节就业、政府促进就业和鼓励创业”的方针，认真落实高校毕业生就业创业的各项政策措施，深入实施“大学生就业促进计划”和“大学生创业引领计划”，加强就业创业培训，强化就业服务和援助，力争使高校毕业生

就业创业比例有新提高。

1. 完善政策措施，推进高校毕业生就业创业

青海省政府办公厅印发的《关于进一步做好全省 2014 年高校毕业生就业创业工作的通知》（青政办〔2014〕112 号，以下简称《通知》），从八个方面推出了 16 项政策措施，鼓励企业吸纳就业、促进多渠道就业、引导高校毕业生面向基层就业、扶持高校毕业生自主创业、强化公共就业服务和援助，力促全省高校毕业生就业创业工作取得新成效。

2. 狠抓政策落实，鼓励企业吸纳就业

《通知》明确要求各地、各相关部门认真落实贯彻省政府办公厅《关于进一步促进高校毕业生就业工作的实施意见》（青政办〔2013〕149 号）和《青海省支持小型和微型企业发展的若干政策措施》（青政办〔2012〕16 号）的文件，及时兑现企业新增就业岗位吸纳高校毕业生的社保补贴及一次性奖励等政策。科技型、小型、微型企业招收毕业年度高校毕业生达到一定比例的，可申请最高不超过 200 万元的小额担保贷款，并享受财政贴息。小微型企业新招用高校毕业生按规定开展岗前培训的，及时兑现培训补贴。商贸企业、服务型企业、劳动就业服务企业中的加工型企业和街道社区具有加工性质的小型企业实体，新增岗位新招用登记失业 1 年以上且持有《就业失业登记证》的高校毕业生，与其签订 1 年以上劳动合同并依法缴纳社会保险费的，在 3 年内按实际招用人数予以每人每年 5200 元定额依次扣减营业税、城市维护建设税、教育费附加税、地方教育附加税和企业所得税。

3. 鼓励多渠道就业，引导高校毕业生面向基层就业

高校毕业生到县级以下和六州从事专业技术工作，申报相应职称时，可免试职称外语。各地要充分挖掘社会组织吸纳高校毕业生就业的潜力，对到社会团体、基金会、民办非企业单位就业的高校毕业生，所在地的公共就业人才服务机构要协助办理落户手续，在专业技术职称评定方面享受与国有企事业单位同类人员同等待遇。继续统筹实施好大学生村官、“三支一扶”计划、农技特岗计划、特岗教师计划、青南计划等基层服务项目，认真落实基层服务项目期满人员报考公务员和事业单位、报考省内研究生、评定职称、计算工龄和就业服务等优惠政策，进一步畅通服务期满人员的就业渠道。各地要结合城镇化进程和公共服务均等化推进，通过政府购买服务方式，充分挖掘教育、劳动就业、社会保障、医疗卫生、住房保障、社会工作、文化体育及残疾人服务、农技推广等基层公共管理和服务领域的就业潜力，吸纳高校毕业生就业。坚持公平、平等竞争，择优和德才兼备的原则，严格管控，严密组织实施面向高校毕业生的机关公务员考录和事业单位人员招聘工作。认真落实高校毕业生应征入伍的各项优惠政策，做好大学

生参军入伍工作。

4. 实施大学生创业引领计划，全力扶持高校生创业

各地、各相关部门认真落实创业扶持政策，拓宽高校毕业生创办企业出资方式，简化工商注册登记手续。对高校毕业生创办的小型微型企业，按规定落实好减半征收企业所得税、月销售额不超过2万元的暂免征收增值税和营业税等税收优惠政策。对持《就业失业登记证》或附着《高校毕业生自主创业证》从事个体经营的高校毕业生，在3年内按每户每年9600元为限额依次扣减其当年实际应缴纳的营业税、城市维护建设税、教育费附加税、地方教育附加税和个人所得税。对支持创业早期企业的投资，符合条件的，可享受创业投资企业相关企业所得税优惠政策。留学回国的高校毕业生按规定享受现行高校毕业生创业扶持政策。各高校要广泛开展创新创业教育，将创业教育课程纳入学分管理，根据需求开展创业培训，提升高校毕业生创业意识和创业能力。各地、各部门要建立健全高校毕业生创业服务“绿色通道”，各级人社部门要牵头协调有关部门为高校毕业生创业提供政策咨询、注册登记、准入许可、融资服务、跟踪扶持等“一站式”服务。各地公共就业人才服务机构要为自主创业的高校毕业生做好人事代理、档案保管、社会保险办理和接续、职称评定、权益保障等服务。

深入实施大学生创业引领计划，使符合条件的高校毕业生都能享受创业指导、创业培训、工商登记、融资服务、税收优惠、场地扶持等各项服务和政策优惠，帮助和扶持更多高校毕业生自主创业，逐步提高高校毕业生创业比例。广泛开展创业培训进校园、进社区、进乡镇等专项活动，大力实施未就业毕业生创业培训。继续推进西宁市、格尔木市创建国家级创业型城市建设工作，结合循环经济试验区和东部城市群建设及玉树撤县建市的需要，鼓励海东、德令哈和玉树创建省级创业型城市，加快建设创业孵化基地、小企业创业基地和大学生创业园，为高校毕业生提供创业经营场所支持。各银行业金融机构要积极探索和创新符合高校毕业生创业实际需求特点的金融产品和服务方式，本着风险可控和方便高校毕业生享受政策的原则，降低贷款门槛，优化贷款审批流程，提升贷款审批效率。要进一步完善通过抵押、质押、联保、保证和信用贷款等多种方式，多途径为高校毕业生解决反担保难问题，切实落实银行贷款和财政贴息。在电子商务网络平台开办“网店”的高校毕业生，可按规定享受小额担保贷款和贴息政策。充分发挥中小企业发展专项资金的积极作用，推动改善创业环境。鼓励企业、行业协会、群团组织、天使投资人等以多种方式向自主创业大学生提供资金支持，设立重点面向扶持高校毕业生创业的天使投资和创业投资基金。

5. 实施大学生就业促进计划，进一步强化就业服务和援助

各地、各相关部门和高校要深入开展实名制登记工作，人力资源和社会保障

部、教育部门、高校要密切协作，做好未就业高校毕业生离校前后信息衔接和服务接续。省教育厅于每年 9 月 15 日前将有就业意愿的离校未就业高校毕业生的实名信息提供给省人力资源社会保障厅。各级公共就业人才服务机构和基层就业服务平台要及时主动与实名登记的未就业高校毕业生联系，摸清就业需求，提供有针对性的就业服务。各级教育部门和高校要对离校未就业高校毕业生加强跟踪服务，为有就业意愿的高校毕业生持续提供岗位信息和求职指导。

各地、各相关部门和高校要把握高校毕业生特点和求职需求，积极开展公共就业人才服务进校园活动，精心组织民营企业招聘周、高校毕业生就业服务月、就业服务周、部分大中城市联合招聘高校毕业生专场活动和每季度的全国高校毕业生网络招聘月等专项服务活动。各市州要结合本地产业发展需要和高校毕业生就业见习需求，扩大就业见习规模，提升就业见习质量，确保有见习需求的高校毕业生都能得到就业见习机会。加强与援青省市相关部门工作衔接，争取援青省市提供更多的大学生实习、就业见习、技能培训机会和更多的就业岗位，促进我省高校毕业生提升就业技能和实现异地就业。加强与东部发达省市、西部邻近省区及新疆生产建设兵团的沟通协作，通过联合开展网络招聘、举办现场招聘会、组织人才输出等形式，引导更多的高校毕业生走出去就业。

各市州要深入实施未就业大中专毕业生专项就业培训工程，按照年度计划，积极组织离校未就业高校毕业生参与“三类八项”培训，切实提高毕业生职业技能和综合素质。结合当地产业发展和高校毕业生需求，创新职业培训课程，提高职业培训的针对性和实效性。西宁市、海东市、格尔木市等高校毕业生相对集中的城市，要提升改造一批适应高校毕业生特点的职业技能公共实训基地。国家级重点技工院校和培训实力雄厚的职业培训机构，要选择一批适合高校毕业生的培训项目，及时向社会公布。

各地、各高校要将零就业家庭、农村贫困户、城乡低保家庭、残疾等就业困难的高校毕业生和少数民族高校毕业生列为重点对象实施重点帮扶。从 2014 年起，将残疾高校毕业生纳入享受城乡居民低保家庭毕业年度内高校毕业生求职补贴的范围，给予每人一次性求职补贴 900 元；离校未就业高校毕业生实现灵活就业的，在公共就业人才服务机构办理实名登记并按规定缴纳基本养老、基本医疗和失业保险的，给予最长不超过 2 年、其实际缴费 70% 的社会保险补贴，所需资金从就业专项资金中列支。党政机关、事业单位、国有企业要在面向社会公开考录和招聘中带头招录残疾高校毕业生。

6. 大力促进就业公平，营造良好就业创业环境

各地、各相关部门要进一步加强人力资源市场监管工作，规避用人单位歧视性招聘行为，营造公平的就业环境。各类招聘活动，各类用人单位均不得设置民

族、种族、性别、宗教信仰等歧视性条件，也不得将院校和户籍作为限制性条件。从2014年起，国有企业招聘应届高校毕业生，除涉密等特殊岗位外，要实行公开招聘，招聘应届高校毕业生信息要在政府网站公开发布，报名时间不少于7天；对拟聘人员应进行公示，明确监督渠道，公示期不少于7天，广泛接受社会监督，相关部门要加强监管工作。鼓励企业通过吸纳高校毕业生，培养、储备人才，增强企业发展动力。各地、各有关部门要加大联合执法力度，严厉打击非法中介和虚假招聘，依法纠正就业歧视现象。加大对企业用工行为的监督检查力度，对企业招用高校毕业生不依法签订劳动合同、违反试用期规定或延长试用期、不依法参加社会保险或不按时足额缴纳社会保险费、不按时支付工资、低于当地最低工资支付工资、强迫毕业生延长劳动时间、违法解除或终止劳动合同、违反劳动法律法规和规章等违法行为，及时查处，坚决纠正，切实维护高校毕业生的合法权益。

进一步消除高校毕业生在不同地区、不同类型单位之间流动就业的制度性障碍，放开高校毕业生落户限制，简化有关手续。应届毕业生凭《普通高等学校毕业证书》、《全国普通高等学校毕业生就业报到证》、与用人单位签订的《就业协议书》或劳动（聘用）合同办理落户手续；非应届毕业生凭与用人单位签订的劳动（聘用）合同和《普通高等学校毕业证书》办理落户手续。高校毕业生到小微企业就业或自主创业的，其档案可由当地市、县一级的公共就业人才服务机构免费保管。办理高校毕业生档案转递手续，转正定级表、调整改派手续不再作为接收审核档案的必备材料。

7. 深化教育改革，推动创新高校人才培养机制

认真落实省政府《关于进一步优化全省高等教育和职业教育布局及学科专业结构的意见》（青政〔2013〕74号），积极调整教育结构，明确高校和职业院校办学定位，突出办学特色，加快发展现代职业教育，深化校企合作、工学结合，培养生产、建设、服务、管理一线的应用型和技能型人才。高校要加强就业指导课程和学科建设，积极聘请专家学者、企业人力资源经理、优秀校友担任就业导师。自2014年起，省属各高校要发布高校毕业生就业质量年度报告，建立健全就业与招生计划、人才培养、经费拨款、院校设置的联动机制，充分听取行业主管部门、经济部门、就业部门以及有关行业组织的意见，促进人才培养更好地适应经济社会发展需要。经济和信息化委员会（国资委）、教育、人力资源和社会保障部等部门要开展产业结构调整和转型升级人才需求预测研究，建立岗位需求统计调查制度，定期向社会发布行业人才需求信息，引导高校优化学科专业结构，探索制定行业岗位标准，促进高校依据市场需求完善专业培养课程。

第二节　甘肃省就业指导和帮扶政策

一、众多补贴政策鼓励非公企业招用普通高校毕业生

首先，对当年新招收登记失业的普通高校毕业生达到企业现有在职职工总数30%（超过100人的企业达15%）以上，并与其签订1年以上劳动合同的劳动密集型小企业，可按规定申请最高不超过200万元的小额担保贷款并享受50%的财政贴息。

其次，非公企业对其招用的持有《就业失业登记证》的普通高校毕业生，开展了职业技能培训和创业培训的可享受补贴政策。而且，对非公企业招收就业困难的普通高校毕业生，签订劳动合同并缴纳社会保险费的，按规定给予社会保险补贴。对经当地人力资源和社会保障部门认定为高校毕业生就业见习基地的非公企业，接纳未就业普通高校毕业生到本企业见习，并提供见习期间基本生活补助的，企业可向当地人力资源和社会保障部门申请就业见习补贴。就业见习补贴标准为每人每月500元，补贴期限与见习期限一致，最长不超过12个月。

此外，当年一次性招聘持有《就业失业登记证》的普通高校毕业生就业人数超过50人（以签订劳动合同为准）以上的非公企业，参加在各级人力资源市场举办的人才招聘会时，免收当次入场费。

二、做好保障工作让高校毕业生乐意到非公企业就业

各级人社部门要为到非公企业就业的高校毕业生做好人事代理、档案保管、社会保险办理和接续、职称评定、权益保障等服务。县级以上高校毕业生就业部门、公共就业和人才服务机构更要完善报到接收手续，切实做好政策咨询、职业指导、岗位信息、培训信息、职业介绍、档案保管、人事劳动保障代理等“一站式”服务，并设立高校毕业生就业绿色通道，为高校毕业生就业创业和非公企业享受相关扶持政策提供“一条龙”服务。

另外，持有《就业失业登记证》的普通高校毕业生自愿报考公务员录用考试的，非公有制企业工作实践经历可视为基层工作经历。高校毕业生可在求职地进行求职登记和失业登记，申领《就业失业登记证》，并将纳入本地免费公共就业服务和就业扶持政策范围。

三、推进校企合作使高校和非公有制企业有效衔接

各高校毕业生就业部门要充分发挥桥梁纽带作用，积极推动高校和非公有制企业有效衔接。各高校要有针对性地开展校园招聘活动，积极举办非公企业专场招聘会，引导高校毕业生到非公经济组织就业。并且，《通知》规定对高校开展的校园招聘活动，可纳入公共就业服务大型专项活动项目并给予适当支持。

各高职高专学校要采取学校进企业、劳动教学相结合、订单式培养等方式大力推进校企合作，大力推行与就业紧密联系的培训模式，强化基本技能训练，满足初次上岗需求，缩短就业适应期。人力资源和社会保障部门要切实落实好职业培训补贴和技能鉴定补贴政策，充分发挥政策引导效应。

四、甘肃省人民政府办公厅关于做好2014年普通高等学校毕业生就业创业工作的通知

1. 引导高校毕业生到基层就业

各地、各有关部门要按照既定实施方案和细则，统筹实施好2014年扶持1万名高校毕业生就业工程和各类基层服务项目，认真做好选拔8000名高校毕业生到基层事业岗位工作、双向选择引导2000名高校毕业生到基层企业服务、选拔7999名高校毕业生参加各类基层服务的招考选拔和录取安置等工作，确保民生实事就业项目和基层服务项目圆满完成。要进一步提高从基层服务项目高校毕业生中定向招录公务员、招聘事业单位管理岗位工作人员的比例，全省乡镇基层事业单位自然减员空缺出的编制，除预留20%～30%外，其余全部用于各类基层就业服务项目招录的高校毕业生。

各地、各有关部门要健全完善服务保障机制，切实为高校毕业生到基层工作提供有力保障。省财政厅、省教育厅要会同有关部门于2014年内，制定出台高校毕业生到艰苦边远地区县级以下基层单位就业的学费补偿和助学贷款代偿办法。各地要充分挖掘基层公共管理和服务领域就业潜力，鼓励支持城乡社会组织吸纳高校毕业生就业，对到市州政府所在地及以下城市的社会团体、基金会、民办非企业单位就业的高校毕业生，所在地公共就业人才服务机构要协助办理人事代理和落报集体户口等手续，在专业技术职称评定方面与国有企事业单位同类人员享受同等待遇；对到甘肃省县级以下基层单位从事专业技术工作的高校毕业生，申报相应职称时，可不参加职称外语考试。

2. 鼓励小型微型企业吸纳高校毕业生就业

各地、各有关部门要加大政策扶持力度，鼓励和引导小型微型企业吸纳高校毕业生就业。对小型微型企业新招用毕业年度高校毕业生，签订1年以上劳动合

同并按时足额缴纳社会保险费的，给予1年的社会保险补贴，政策执行期限截止到2015年底。科技型小型微型企业招收毕业年度高校毕业生达到或超过现有在职职工总数30%（职工总数100人及以上的小型企业达到或超过15%）以上的，可申请最高不超过200万元的小额担保贷款，并享受财政贴息。对小型微型企业新招用高校毕业生按规定开展岗前培训的，给予培训补贴，补贴标准在原基础上提高50%。

3. 实施大学生创业引领计划

2014～2017年，在全省范围内实施大学生创业引领计划，提供创业服务，落实创业扶持政策，帮助和支持更多高校毕业生自主创业，逐步提高高校毕业生创业比例。各地、各有关部门要进一步落实和完善工商登记、场地支持、税费减免、财政贴息等各项创业扶持政策。对高校毕业生创办的小型微型企业，其所得减按50%计入应纳税所得额，按20%的税率缴纳企业所得税；月销售额不超过2万元的暂免征收增值税和营业税。在电子商务网络平台开办“网店”的高校毕业生，可享受小额担保贷款和贴息政策。各级人力资源和社会保障部门、工业和信息化部门要充分利用现有资源积极推进大学生创业园、创业孵化基地和小企业创业基地建设，力争2014年省上新建7个省级创业示范园、2个留学人员创业示范园、4个大学生创业示范园、8个创业孵化基地。

省教育厅要充分发挥“甘肃省大学生创业指导专家团队”作用，每年年初、年底在省属各高校组织开展“甘肃省大学生创业大讲堂”系列报告会，全面推进创业教育。省属各高校要不断加强创新创业教育师资队伍建设，将创业教育课程纳入学分管理，适时增设创业培训课程，广泛开展创新创业教育，培养学生创新创业意识，不断提高创业能力。

4. 深入实施就业促进计划

各地要将离校未就业高校毕业生全部纳入公共就业人才服务范围，全方位、多层次、不断线做好各项就业服务工作。要继续推进离校未就业高校毕业生技能培训专项行动，结合当地产业发展和高校毕业生需求，创新职业培训课程，提高职业培训的针对性和实效性。要进一步加大就业见习基地建设力度，扩大就业见习规模，提升就业见习质量，确保凡有见习需求的高校毕业生都能得到见习机会。高校毕业生见习期间参加职业培训的，按现行政策享受职业培训补贴。国家级重点技工院校和培训实力雄厚的职业培训机构，可选择一批适合高校毕业生的培训项目，及时向社会公布。省属各高校要密切关注离校未就业毕业生的动态，及时通知其参加校园招聘和其他各类招聘活动，进行重点推荐，切实做到“离校不离心”。

5. 加大就业困难毕业生援助力度

各地、各有关部门以及省属各高校要将零就业家庭、优抚对象家庭、农村贫困户、城乡低保家庭以及残疾等就业困难的高校毕业生列为重点对象，结合未就业毕业生实名登记工作，建立就业困难毕业生信息数据库，实施“一对一”的个性化就业帮扶。对接受各项就业创业服务后仍难以实现就业的，可开发临时性就业岗位，保障其基本生活。对应届城乡居民最低生活保障家庭的高校毕业生和残疾高校毕业生，按照一次性每人1000元的标准发放求职补贴，在离校前全部发放到位。党政机关、事业单位、国有企业要带头招录残疾高校毕业生。离校未就业高校毕业生实现灵活就业的，在公共就业人才服务机构办理实名登记并按规定缴纳社会保险费的，给予一定数额的社会保险补贴，补贴数额原则上不超过其实际缴费的2/3，最长不超过2年，所需资金从就业专项资金中列支。

6. 强化就业指导和就业服务

各级政府要建立高校毕业生就业创业专项扶持资金，不断加大资金投入，大力支持高校毕业生就业创业。各级公共就业人才服务机构不断加强服务窗口功能建设，完善高校毕业生就业创业服务流程，统一服务标准，切实做好“一站式”就业服务。省属各高校要进一步强化就业服务保障，按照规定配备专职就业工作人员，落实专项经费，全面构建“全程化、全员化、信息化、专业化”的就业指导服务体系；广泛开展分行业、分层次的校园专场招聘活动，确保校园招聘场次及岗位信息数量进一步增长；充分运用“全国大学生就业信息服务一体化系统”和各类就业信息平台，实现求职信息和用人信息及时有效共享，积极推行网上签约。

7. 进一步营造公平就业环境

各地、各有关部门要采取有效措施，促进就业公平。用人单位招聘不得设置包括民族、种族、性别、宗教信仰等各种歧视性条件及院校、户籍等各种限制性条件。国有企业招聘应届高校毕业生，除涉密等特殊岗位外，要实行公开招聘。省属国有企业和中央在甘企业招聘高校毕业生时要在省人力资源社会保障厅网站公开发布招聘信息，其他国有企业招聘高校毕业生时要在企业所在地市州人力资源和社会保障部门网站公开发布招聘信息，报名时间不少于7天；对拟聘人员应进行公示，接受社会监督，公示期不少于7天。

各地、各有关部门要放开对吸收高校毕业生的落户限制，简化有关手续，应届毕业生凭《普通高等学校毕业证书》、《全国普通高等学校毕业生就业报到证》、与用人单位签订的《就业协议书》或劳动（聘用）合同办理落户手续；非应届毕业生凭与用人单位签订的劳动（聘用）合同和《普通高等学校毕业证书》办理落户手续。高校毕业生到小型微型企业就业、自主创业的，其档案可由当地市、县一级的公共就业人才服务机构免费保管。办理高校毕业生档案转递手续，转正定级表、调整改派手续不再作为接收审核档案的必备材料。

8. 推动创新高校人才培养机制

各有关部门要把培养经济社会发展急需人才和提高毕业生就业率作为对省属高校资源配置、评先选优和评估教育教学质量、核定招生规模的重要依据。省教育厅要指导省属各高校切实把高校毕业生就业创业放在重要位置，明确办学定位，突出办学特色，紧密结合市场需求，积极推进教育结构调整，进一步优化专业设置，提升毕业生就业创业能力。

各地、各有关部门要认真贯彻《国务院办公厅关于做好2014年全国普通高等学校毕业生就业创业工作的通知》，结合本地区、本部门实际，研究制定具体实施办法，层层落实工作责任，全面落实各项扶持高校毕业生就业创业政策措施，充分挖掘就业潜力，拓宽就业渠道，加强服务指导，强化宣传引导，千方百计促进高校毕业生就业创业，力争实现高校毕业生就业和创业比例都有所提高，确保高校毕业生就业形势稳定。

第三节　新疆维吾尔自治区就业指导和帮扶政策

一、鼓励支持高校毕业生自谋职业、灵活就业

新疆对少数民族高校毕业生的就业情况相当重视，把促进少数民族高校毕业生就业工作列入经济社会发展优先目标，作为全区重大民生工程全力推动。积极引导大中专毕业生树立正确的就业观和成才观，鼓励高校毕业生自谋职业、灵活就业。

1. 对自主创业、灵活就业的高校毕业生提供资金支持

对于通过灵活就业、从事家庭服务业等实现就业的大、中专毕业生，按照本人实际缴纳基本养老保险费给予全额补贴，所需资金从自治区就业专项资金中列支；对初次创业从事个体经营的大中专毕业生，免缴地方税收3年，减半征收地方税收2年。对企业和个体工商户在当年新招用大中专毕业生，与其签订1年以上期限劳动合同并缴纳社会保险费的，在5年内按实际招用人数给予每人每年4000元为限额扣减地方税收，其中对吸纳南疆三地州、少数民族大中专毕业生限额标准可上浮20%；对初次创业从事个体经营的大中专毕业生，申请小额担保贷款额度可提高到10万元；对合伙经营和组织起来就业的，按人均不超过10万元、总额不超过100万元给予小额担保贷款。贷款期限可延长至3年，到期确需展期的，可展期1年。贷款期限内给予全额贴息，展期不贴息。对创业成功

的，各地可结合实际给予一定的资金奖励，所需资金从就业专项资金中列支。对已经通过小额担保贷款扶持实现成功创业，按时足额还清贷款并带动3人以上就业的，提供二次小额担保贷款扶持。

2. 推进大学生创业孵化基地和创业园的建设

政府充分发挥自身优势，积极为少数民族大中专毕业生的就业创造良好的社会环境。各地安排创业引导性资金，积极争取对口支援省市资金支持，结合主导产业和特色产业发展，充分利用工业园区、经济技术开发区、高新技术开发区、创业园区等各类产业聚集园区的产业聚集效应，建设一批投资小、见效快的大学生创业孵化基地和创业园，为创业的大中专毕业生提供创业场地，并给予场租补贴、税收返还等政策扶持。

二、新疆确保2014年高校毕业生就业形势稳中有升

2014年新疆继续把高校毕业生就业摆在就业工作的首位，通过抓好各项促就业政策落实，不断提升就业服务水平，确保2014年全区高校毕业生就业形势稳中有升。

针对少数民族高校毕业生和女性高校毕业生就业难的现状，新疆各地、各高校将结合实际，加大工作力度，适时举办少数民族高校毕业生和女性高校毕业生专场招聘会。在2014年应届普通高校毕业生离校前，各高校通过举办少数民族高校毕业生和女性高校毕业生专场招聘会，积极向用人单位进行推介，尽可能让这些毕业生在离校前实现就业。在2014年下半年，各地将至少安排两场针对少数民族高校毕业生和女性高校毕业生的专场招聘会。

针对自治区“新疆大中专毕业生实名就业管理与服务信息系统”启用以来，部分地州市存在毕业生报到登记信息录入更新不及时，统筹协调相关部门收集录入毕业生相关数据信息不到位等问题，自治区人力资源社会保障厅要求各地要指定专人负责，充分运用该系统，把高校毕业生实名登记贯穿高校毕业生就业工作的始终，切实摸清本地高校毕业生就业失业底数。要归口管理本地高校毕业生相关工作，充分利用毕业生存取档案、报到登记、办理落户、人事代理等时机，做好高校毕业生相关信息登记录入工作。

新疆还将继续实施离校未就业高校毕业生就业促进计划，对离校未就业毕业生的就业做好跟踪服务，组织实施好就业见习和职业技能培训等工作，力争使每一名有就业意愿的未就业毕业生在毕业半年内，都能实现就业或参加到就业准备活动中。

为确保2014年高校毕业生就业形势稳定，新疆还将做好“新疆公共就业服务系统”使用工作，在做好各类用人单位注册资格审核和企事业单位招聘岗位信

息发布审核工作的同时，还将组织应届普通高校毕业生个人在2014年3月底前完成在“新疆公共就业服务系统”的注册、激活和认证工作。

三、少数民族地区群众就业服务政策

少数民族就业问题关系到民族和谐、社会稳定，针对少数民族聚居区经济发展相对滞后的实际，各少数民族地区制定出台了一系列少数民族就业服务政策，积极搭建求职平台，强化政策激励，为高校毕业生服务。

1. 实施数民族就业专项服务、“一对一”重点帮扶服务

新疆维吾尔自治区为毕业生开设专门服务窗口，提供免费服务。各地公共就业服务机构对历届和应届大中专技校毕业生及时办理失业登记，建立台账，有针对性地为大中专技校毕业生提供免费的政策咨询、职业指导、岗位信息和职业介绍服务。对灵活就业或在非公有制单位就业的大中专技校毕业生，提供档案托管、社会保险关系接续等方面的劳动保障事务代理服务。

自治区各级公共就业服务机构依托街道、社区劳动保障工作平台，开展不同形式的“一对一”就业帮扶工作。伊犁州劳动和社会保障局每个处室选派一名干部协助伊宁市劳动保障部门开展就业困难毕业生调查摸底和“送岗位进家门”活动，将求职困难或家庭困难的登记失业大中专技校毕业生纳入重点帮扶范围，建立专门服务记录档案，确定专人负责，落实相关政策，帮助其尽早实现就业。就业服务周期间，伊犁州需要就业帮扶的困难人员有647人，通过就业服务周帮扶已安置就业368人。据统计，全区在就业服务周期间共帮扶就业困难家庭的毕业生4170人，其中有1797人实现了就业。

2. 少数民族毕业生职业培训服务

和静县县委、县政府于2011年投资5106.5万元与内蒙古工业职业技术学院联合办学成立了和静县职教中心（和静县技工学校），结合县域企业用工需求进行订单式培养。针对少数民族群众就业难、收入低、技能少的实际情况，结合县旅游业发展需要，选择汽车驾驶、中式烹调、砌筑工、计算机操作、餐饮服务、客房服务、刺绣、编织、地毯、民族乐器、骨雕手工艺品、农家乐、牧家乐经营培训，取得一些成效。

四、少数民族地区就业资金保障政策

资金保障是就业工作的关键，少数民族地区群众就业问题关系到社会和谐，少数民族地区各级政府积极调整财政支出结构，根据就业工作需要，加大就业专项资金投入，落实就业资金保障政策。

1. 就业补贴、税收优惠政策

就业补贴、税收优惠政策是加快少数民族地区经济社会发展的有效手段。新

疆出台了《关于贯彻落实国办发3号文件抓好大专院校毕业生就业工作的通知》、《关于进一步促进大中专毕业生就业的意见（试行）》，要求在疆企业招用新疆籍员工不少于50%，给予新招用新疆籍员工3年基本养老保险费50%的补贴；新招用少数民族大中专毕业生，签约1年以上并按规定缴纳社会保险的，全额补贴个人缴纳部分，享受每人每年5万元贷款贴息，5年内给予4000元/人税收扣减。

2. 出台政府配套政策

在落实鼓励各民族劳动者创业普惠政策的同时，新疆和静县特别针对少数民族出台了《促进少数民族就业创业扶持意见》和《和静县大力发展旅游业促进就业实施意见》等配套政策。对大中专毕业生从事个体经营和创办企业的，县人民政府根据企业当年缴纳相关税种税收的30%给予补贴、次年按15%给予补贴；对创业经营项目符合国家政策规定且资金不足的大中专毕业生，鼓励其租用和静县创业孵化园厂房进行孵化，孵化期内租赁费用给予适当减免。

3. 小额担保贷款贴息政策

小额担保贷款贴息政策有效发挥了以创业带动就业的积极作用，对全少数民族地区群众创业和就业的引导作用日益凸显。在新疆维吾尔自治区清河县，返乡从事农牧业生产经营管理的大中专毕业生，从事个体或种植、养殖的均可享受小额担保贷款，同时可享受生活补贴和社保补贴；企业吸纳少数民族大中专毕业生企业可享受每人每年5万元贷款额度的贴息政策。通过少数民族优惠政策，拓宽就业渠道，有效缓解了少数民族毕业生的就业压力。

第四节　内蒙古自治区就业指导和帮扶政策

一、全力做好2014年高校毕业生就业创业工作

各旗县区、有关部门要进一步完善大学生各项创业扶持政策，加快大学生创业园建设，充分利用首府高校、工业园区等资源分别建设1～2个大学生创业园、创业孵化基地和小企业创业基地，为高校毕业生提供创业经营场所支持。并且要加大金融支持力度，建立高校毕业生创业担保基金，高校毕业生创业申请小额担保贷款最高限额提高到50万元。对成功创业并扩大经营规模，再次吸纳带动就业人数占员工总数30%以上的，可给予首次贷款一倍以上的小额贷款扶持。建立高校毕业生创业激励机制，各旗县区要围绕自治区“五大基地”建设，评选出一批符合产业发展方向、成长性好、吸纳就业多的创业项目，给予资金、贷款

等支持。健全高校毕业生创业服务体系，市四区要主动与呼和浩特高校对接，每年举办一次校园大学生创业大赛。全市每两年举办一次大学生创业大赛，为高校毕业生提供有针对性、个性化的创业指导和服务。

各旗县区、各有关部门要积极推动中小型微型企业吸纳高校毕业生就业，科技型小型微型企业招收毕业年度高校毕业生达到职工总数15%的，可申请最高不超过200万元的小额担保贷款，并享受财政贴息。还要扩大中小型企业人才储备招募规模，加强储备人才培养和管理，提高储备人才留用率，建立储备与就业相贯通的中小型企业吸纳就业模式。继续统筹实施好大学生村官、“三支一扶”等各类基层服务项目，重点抓好应届毕业生和服务期满高校毕业生就业，多渠道开发基层公共管理和服务岗位，通过政府购买服务的方式，开发更多适合高校毕业生就业的基层岗位，并在土地使用、基本建设、城市公共设施配套、收费减免等方面给予用人单位优惠政策。并且要结合推进农业科技创新、健全农业社会化服务体系等，引导更多高校毕业生投身现代农业。2014年重点要做好招募200名农牧专业大学生到旗县区服务“三农”工作，积极引导高校毕业生到城乡基层就业。

为了更好地推进未就业高校毕业生就业促进计划，《通知》要求各旗县区要将未就业高校毕业生全部纳入公共就业人才服务范围，采取有效措施，力争使每一名有就业意愿的离校未就业高校毕业生在毕业半年内都能实现就业或参加到就业准备活动中。

各旗县区还要根据高校毕业生特点和求职需求，创新服务方式，改进服务措施，提高服务质量，促进更多的高校毕业生通过市场实现就业。要不断完善就业服务，各旗县区、各有关部门要消除高校毕业生在不同地区、不同类型单位之间流动就业的制度性障碍。对在本市就业或创业办理毕业生落户的，要简化有关手续。加大对蒙古语授课及就业困难高校毕业生就业援助，要把零就业家庭、优抚对象家庭、农村贫困户、城乡低保家庭、蒙古语授课以及残疾等就业困难的高校毕业生列为重点对象，实施重点帮扶。

二、推行新政策促进高校毕业生就业

1. 着力引导高校毕业生到城乡基层就业

一是进一步发挥社区服务业吸纳高校毕业生就业的作用。各地区要结合城镇化进程和公共服务均等化要求，依托家庭服务企业或物业公司，建立以家庭服务网络信息呼叫中心为统领、社区家庭服务站为支撑的网络化、网格化的社区综合服务中心，招募高校毕业生在家庭服务、社区养老、学前教育等领域就业，并按照相关规定给予岗位、社保和职业培训补贴。

二是多渠道开发基层公共管理和服务岗位。各地区要通过政府购买服务的方式，开发更多适合高校毕业生就业的基层岗位，并在土地使用、基本建设、城市公共设施配套、收费减免等方面给予用人单位优惠政策。旗县及以下机关事业单位考录工作人员，重点向服务基层期满高校毕业生倾斜。

2. 着力开展高校毕业生技能提升和就业服务工作

一是鼓励高校毕业生参加技能提升活动。各地区要深入实施“离校未就业高校毕业生技能就业专项行动”，促进高校毕业生实现素质就业和稳定就业。要依托有条件的技工院校、职业培训机构，及时发布培训专业目录、培训机构名单、培训鉴定补贴办理流程等信息。围绕企业和高校毕业生的需求，重点开展定向式、定岗式培训和职业技能鉴定服务。公共就业实训基地以奖代补项目，要向承担高校毕业生就业技能培训的院校和培训机构倾斜。

二是加强高校毕业生就业指导和就业服务。各地区要贯彻实施国家“离校未就业高校毕业生就业促进计划”。切实做好未就业高校毕业生离校前后信息衔接和服务接续，搭建高校毕业生就业供需信息平台。积极推广和使用大学生就业服务网，为用人单位招聘和高校毕业生求职提供实时、高效、便捷的就业信息服务。各级公共就业人才服务机构和基层就业服务平台要对辖区内的毕业年度高校毕业生提供有针对性的就业指导和服务。

3. 着力做好蒙古语授课和就业困难高校毕业生就业工作

一是促进蒙古语授课毕业生就业。各地区要发挥各类职业介绍机构的作用，为蒙古语授课高校毕业生提供免费职业介绍服务的，可按规定享受职业介绍补贴，并适当放宽补贴期限。就业见习、中小型企业人才储备要加大对蒙古语授课毕业生的招募比例。组织蒙古语授课毕业生参加职业技能培训，在注重开展实用技能和实习实践锻炼的同时，加强语言文化培训。完善和落实蒙古语授课毕业生定向招录政策，确保机关事业单位招录蒙古语授课毕业生达到规定的比例。

二是强化对就业困难高校毕业生的就业援助。各地区要加大对城乡低保家庭、零就业家庭、优抚对象家庭、农村牧区贫困户以及残疾等就业困难的高校毕业生的帮扶力度，建立台账，逐一登记，优先为其免费提供就业指导、职业咨询、技能培训和信息服务，并向用人单位重点推荐就业。

三是积极开发公益性岗位吸纳就业。各地区要继续做好开发10000个公益性岗位招募贫困家庭和蒙古语授课高校毕业生就业工作，健全服务保障机制，加强动态管理。有条件的地区要增加公益性岗位数量，重点解决就业困难和蒙古语授课高校毕业生就业。

4. 取消高校毕业生落户限制，促进就业

内蒙古自治区为促进高校毕业生充分就业，取消了高校毕业生落户限制，允

许高校毕业生在就业（创业）地办理落户手续。

此外，内蒙古明确规定，凡在自治区境内创业的高校毕业生，都可享受创业地小额担保贷款、创业培训等各项创业扶持政策；按照“非禁即入”的原则，凡法律法规未禁止的行业和领域，一律向高校毕业生创业者开放，创业项目全部纳入小额担保贷款扶持范围并按微利项目据实全额贴息。

第五节 广西壮族自治区就业指导和帮扶政策

一、助力2014年应届高校毕业生就业创业

2014年广西全区高校毕业生人数预计18.5万人，比2013年增加7000多人。

一是支持设立高校毕业生创业孵化基地。对经认定的创业孵化基地，根据孵化工作绩效给予适当奖补资金。

二是提高就业见习补贴标准。从2014年起，广西高校毕业生就业见习补贴标准由原先的每月650元/人提高到每月750元/人，鼓励更多高校毕业生参与就业见习。

三是将残疾高校毕业生纳入一次性求职补贴范围，补贴标准为自治区当年发布的一类地区每月最低工资标准的80%。

四是鼓励各类企业吸纳高校毕业生就业。科技型小型微型企业招收毕业年度内高校毕业生达到一定比例的，可申请最高不超过200万元的小额担保贷款，并享受财政贴息。劳动密集型小企业招用符合条件的高校毕业生达到企业现有在职职工总数30%（超过100人的企业达到15%）以上，并签订1年以上劳动合同的，可申请最高不超过200万元的小额担保贷款，并享受财政贴息。

五是加大支持高校毕业生“三支一扶”计划。2014年，广西财政累计筹措资金3660万元，对全区“三支一扶”高校毕业生按政策规定给予的生活补助、社保补助、培训补贴，充分挖掘基层就业潜力，吸纳高校毕业生就业，健全高校毕业生到基层工作的服务保障机制，引导更多高校毕业生到基层就业。

二、引导和鼓励高校毕业生面向基层就业

1. 完善和贯彻落实高校毕业生面向基层就业的各项政策

一是建立代偿国家助学贷款制度。对自愿到艰苦地区、艰苦行业工作，服务达到一定年限的高校毕业生，其在校期间的国家助学贷款本息，根据国家的有关

规定，由国家代为偿还。

二是实行来去自由的户籍管理办法。到自治区乡镇基层单位和艰苦边远地区县以下基层单位就业的普通高校毕业生，根据本人意愿，可将户口留在原籍（家庭所在地）或迁往实际工作地。对非公有制单位聘用非本地生源签订劳动合同的高校毕业生，非公有制单位要建立集体户口，由所在地公安机关予以落户。非公有制单位暂不具备落户条件的，或离校时未落实工作单位的高校毕业生，户口可挂靠在大学生就业服务中心、人才交流中心和公共就业服务机构，待落实工作单位后，将户口迁入实际工作地。

三是提供免费人事档案管理。到自治区乡镇基层单位和艰苦边远地区县级以下基层单位就业的普通高校毕业生和参加大学生志愿服务西部计划的高校毕业生（在广西服务期间），需要人事代理服务的，由各级政府人事、劳动保障部门所属的人才交流机构、公共就业服务机构免费提供人事代理服务。

四是提高见习期工资标准。对到乡镇基层单位就业的高校毕业生，在试用（见习）期间，其工资标准按试用（见习）期满后的工资标准确定；到国家扶贫开发工作重点县就业的高校毕业生，提前执行转正定级工资，高定两档工资标准。

五是优先评聘专业技术职务资格。对到乡镇基层就业的高校毕业生，服务满2年以上的，今后晋升专业技术职务资格时，在同等条件下优先评定。对在乡镇事业单位工作的高校毕业生试用（见习）期可按实际工作岗位聘任相应的专业技术职务。

六是加分升学和同等条件下优先录取。对到乡镇基层就业服务满2年以上的高校毕业生、大学生志愿者，报考广西区属高校成人专科升本科或报考广西区属高校研究生的，均可加10分。

七是合并计算工龄。经县以上组织、人事部门办理手续在乡镇服务的高校毕业生、大学生志愿者，进村、进社区工作和到非公有制单位、中小企业就业的高校毕业生，其服务年限可以合并计算为工龄。按规定参加社会基本养老保险的，今后考录到国家机关或招聘到事业单位工作的，其缴费年限与机关、事业单位的工作年限也同时合并计算为连续工龄。

2. 贯彻落实高校毕业生到基层自主创业和灵活就业的有关政策

各地基层工商行政管理机关要设立专门窗口，为高校毕业生申办个体经营提供开业指导以及相关法律法规、政策信息、咨询服务。应届高校毕业生从事个体经营的，除国家限制的行业（包括建筑业、娱乐业及广告业、桑拿、按摩、网吧、氧吧）外，自工商行政管理部门登记注册之日起3年内免交个体工商户登记注册费、个体工商管理费、集贸市场管理费、经济合同示范文本工本费。高校毕

业生正在申办前置审批和正在筹建的企业，工商行政管理机关可先办理登记注册，核发有效期为3个月至1年的营业执照，在执照经营范围中注明“筹建”字样。

3. 支持高校毕业生到中小企业和非公有制企业就业

一是享受国有企业员工有关待遇。在各类中小企业和非公有制单位就业的高校毕业生，在专业技术职称评定方面，与国有企事业单位员工同等对待。在各类中小企业和非公有制企业从事科技工作的高校毕业生，申请国家和地方科研项目、经费，申报有关科研成果奖励、选拔优秀人才或申报荣誉称号等方面，与国有企事业单位员工一视同仁。

二是切实维护高校毕业生的合法权益。加大劳动保障执法监察力度，规范高校毕业生和用人单位的双向选择行为，规范企业用工行为，依法督促中小企业和非公有制单位在聘用高校毕业生时签订劳动合同，依法支付劳动报酬和缴纳社会保险费，对随意拖欠或克扣工资、拒缴社会保险费等违法行为，劳动保障部门要依法严肃查处，并向社会曝光。

4. 实行考录公务员和补充事业单位工作人员的倾斜办法

一是招考公务员优先录用经过基层锻炼的高校毕业生。从2006年起，自治区、市级党政机关考录公务员，1/3的职位应从具有2年以上乡镇、村、社区、非公有制单位工作经历的高校毕业生（包括报考特种专业岗位）中择优录用，以后逐年提高。

二是事业单位有关岗位招聘向有基层工作经历的高校毕业生倾斜。全区财政拨款的各级事业单位（不包括各级各类学校）公开招聘工作人员，综合管理类岗位原则上应从具有2年以上乡镇、村、社区、非公有制单位工作经历的高校毕业生中招聘。

三是笔试成绩加分和同等条件下优先录用。经县以上组织、人事部门办理手续在乡镇工作满2年的毕业生或参加“大学生志愿服务西部计划”服务期满、经考核合格的毕业生，在报考公务员和事业单位补充工作人员时，笔试成绩可加5分，在同等条件下优先录用。

四是注重从有基层工作经历的高校毕业生中选拔党政领导干部。自治区级机关对新招录的没有基层工作经历的高校毕业生，要在招录后3年内，分批安排到县以下基层单位工作1～2年；今后在选拔县处级以上党政领导干部时，着重从有基层工作经历的高校毕业生中选拔。

5. 加大选调应届优秀高校毕业生到基层锻炼的工作力度

进一步拓宽渠道，适当增加选调生选派人数。选调生主要充实到乡（镇）和街道办事处等基层单位工作。每年从企业选拔一批大学毕业生进入选调生队伍。

6. 实施高校毕业生到农村服务计划

继续做好“大学生志愿服务西部计划”工作。各级共青团、教育、劳动保障、财政、人事、扶贫等部门要按照国家有关部门的部署，继续做好“大学生志愿服务西部计划”的选拔、派遣和日常管理工作，落实西部计划志愿者在再就业方面的优惠政策，解决其后顾之忧。实施高校毕业生到国家和自治区扶贫开发工作重点县服务计划。从2006年起，由自治区党委组织部，自治区人事厅、教育厅每年组织选拔200名左右高校毕业生到国家和自治区扶贫开发工作重点县从事为期2年的教育、卫生、农技、扶贫服务工作，服务期间由自治区财政参照西部计划志愿者的待遇标准，发给生活补贴。用人单位与毕业生签订自愿合同，毕业生服务期满后，进入市场自主择业。

大力推广高校毕业生进村、进社区工作。从2006年起，根据国家部署，每年有计划地选拔一定数量的高校毕业生到农村和社区就业。到农村就业的，可通过法定程序安排担任村党支部、村委会的相应职务，市、县两级政府给予适当的生活补贴，其人事档案由县级人事部门管理。

7. 加大高校毕业生面向基层就业的财政支持力度

安排专门经费支持高校毕业生面向基层就业工作。自治区财政部门将通过不断加大转移支付力度支持该项工作。各市、县财政部门根据实际情况和发展需要，安排专门经费，用于引导和鼓励高校毕业生面向基层就业，对高校毕业生到城市社区就业的，其薪酬可由所在地财政部门和社区共同解决；到农村就业的，市、县两级政府可给予适当的生活补贴。积极筹集“高校毕业生创业资金”。有条件的地方可通过财政部门和社会两条渠道积极筹集“高校毕业生创业资金”，为基层创业有贷款需求的高校毕业生提供贷款担保或贴息补贴。政府设立的中小企业担保机构，可以适当放宽条件，为高校毕业生创办中小企业等自主创业提供贷款信用担保。

8. 为艰苦边远地区基层单位配置乡镇行政编制

为缓解艰苦边远地区基层单位急需人才与编制紧缺的矛盾，由自治区党委组织部、自治区编治委员会办公室、自治区人事厅、自治区教育厅，每年从中央下达给自治区的专项行政周转编制中安排出一定比例，用于接收经基层锻炼表现突出的人员（含选调生）。这部分周转编制不计入当地乡镇行政编制总数内，高校毕业生离开乡镇后以3年为一个周期逐年收回。

9. 实行面向基层就业的定向招生就业制度

根据广西“老、少、边、山、穷”地区的实际需求，实行定向招生、定向就业。定向招生计划由有关市、县根据本地实际需要提出，报自治区发展改革委

员会批准后下达。定向招生计划向社会公开，面向全区招生，适当降分录取。报考定向招生计划的考生必须与定向单位签订定向就业协议书，毕业后按协议回定向单位就业。

第六节　宁夏回族自治区就业指导和帮扶政策

一、扶持科技型小微企业

宁夏回族自治区政府办公厅发布《关于做好全区普通高等学校毕业生就业创业工作的通知》（以下简称《通知》），对高校毕业生就业创业政策做出适当调整。

《通知》规定，除鼓励高校毕业生到城乡基层、中小微企业就业的优惠政策不变外，对商贸型企业、服务型企业、劳动就业型服务企业中的加工型企业和街道社区具有加工性质的小型企业实体，在新增加的岗位中，当年新招用持《就业失业登记证》的毕业年度高校毕业生，与其签订 1 年以上期限劳动合同并依法缴纳社会保险费的，在 3 年内按实际招用人数每人 5200 元的标准，依次扣减营业税、城市维护建设税、教育费附加税和企业所得税。对毕业年度内从事个体经营的高校毕业生，月销售额或营业额不超过 2 万元的，按次销售或营业额不超过 500 元的，免征增值税或营业税；同时，3 年内按每户每年 9600 元为限额依次扣减其当年实际应缴纳的营业税、城市维护建设税、教育费附加税和个人所得税。

突出对科技型小微型企业和个体经济的扶持政策。科技型小微型企业招收毕业年度高校毕业生达到企业现有在职职工总数 20%（超过 100 人的企业达 10%）以上，并签订 1 年以上期限劳动合同并依法缴纳社会保险费的，可申请最高不超过 200 万元的小额担保贷款，并享受财政贴息。

《通知》提出，除将零就业家庭、农村贫困户、城乡低保家庭等就业困难的高校毕业生列为重点对象实施重点帮扶外，将残疾高校毕业生也纳入享受求职补贴对象范围。此外，从 2014 年起，在办理高校毕业生档案转递手续时，转正定级表、调整改派证明不再作为接收审核档案的必备材料。

二、求职补贴打破宁夏户籍限制

在就业援助方面，宁夏提出，各地、各有关部门和各高校要将零就业家庭、农村贫困户、城乡低保家庭、身患残疾等就业困难的高校毕业生列为重点对象实施重点帮扶。

享受城乡居民最低生活保障家庭和残疾应届高校毕业生，每人享受自治区财政一次性求职补贴1000元，在离校前全部发放到位。党政机关、事业单位、国有企业要带头招录残疾高校毕业生。离校未就业高校毕业生实现灵活就业的，在公共就业人才服务机构办理实名登记并按规定缴纳社会保险费的，给予社会保险补贴，具体补贴方式和补贴标准参照宁夏现行的灵活就业人员社会保险补贴政策执行，最长不超过2年，所需资金从就业专项资金中列支。

在发放求职补贴时，宁夏回族自治区要求享受这一政策的高校毕业生为宁夏户籍，2014年的求职补贴发放则打破了户籍限制。

第七节　西藏自治区就业指导和帮扶政策

一、“就业援藏”助力高校毕业生就业

2012年起，西藏自治区与17个对口援藏省市和17家中央援藏企业共同实施“就业援藏”项目，每年为西藏自治区高校毕业生提供一定数量的就业岗位。2014年“就业援藏”工作已经启动，计划再为自治区高校毕业生提供3400个岗位。湖北省已率先启动2014年“就业援藏”工作。今年用人单位岗位由2013年的4个市扩展至湖北全省17个市（州）、省直管市（县），扩大了西藏籍高校毕业生的选择面。“就业援藏”项目的实施，拓宽了西藏籍高校毕业生就业渠道，丰富了就业形势，这项举措也促进了援藏工作从“输血”向“造血”转化。2013年是实施“就业援藏”项目的第二年，全年对口支援省市、中央企业提供就业岗位5000多个，1500多名西藏籍高校毕业生实现到区外就业，同比增长15.38%。

二、鼓励高校毕业生自主创业

为拓宽就业渠道，进一步减轻高校毕业生就业压力，自治区出台了一系列优惠政策，鼓励高校毕业生自主创业。这些优惠政策主要有：

1. 减免行政收费

对西藏高校毕业生进行创业的，对创业者从事个体经营的，自首次注册登记之日起，三年内可按规定免收属于登记类、证照类和管理类的各项行政事业收费。

2. 减免税收

创业者从事个体经营（除限制行业外）的，自领取税务登记证之日起3年

内，按每户每年 1 万元为限额，依次减免其当年实际应当缴纳的营业税、城市维护建设税、教育费附加税和个人所得税。

3. 安排经营场地

各级政府在城镇规划建设和整顿市容时，要统筹安排创业者的经营场地。新建扩建经营场地时，对从事个体经营、合伙经营（除国家限制的行业）的场地（摊位），按 35% 的比例予以统筹安排，凡是政府投资建设的场地（摊位）3 年内免收场地租金。

4. 担保贷款支持

从事微利项目的，可享受不超过 10 万元贷款额度的财政贴息扶持。对合伙经营和组织起来就业的，可根据实际需要适当提高贷款额度，但最高不超过 200 万元。贷款到期，贷款人提出展期，且担保机构同意继续提供担保的，可以按规定展期一次，展期期限不超过 1 年。放宽对劳动密集型小企业的小额担保贷款政策。对当年新招用符合小额担保贷款申请条件的人员达到企业现有在职职工总数 30%（超过 100 人的企业达 15%）以上，并与其签订 1 年以上劳动合同的劳动密集型小企业，经办金融机构根据企业实际招用人数合理确定小额担保贷款额度，最高不超过人民币 200 万元，贷款期限不超过 2 年。经办金融机构对符合上述条件的劳动密集型小企业发放小额担保贷款，由财政部门按中国人民银行公布的贷款基准利率的 50% 给予贴息（展期不贴息），贴息资金由中央和地方财政各负担一半。经办金融机构的手续费补贴、坏账损失补贴等仍按现行政策执行。

5. 社会保险补贴

创业者创办企业，并带动 3 名以上西藏户籍人员就业的，可按所办企业应为投资者本人缴纳的各项社会保险费申请的社会保险补贴；对创业者兴办的商贸企业、服务型企业（除国家限制的行业外），吸纳持《再就业优惠证》或《就业失业证》人员的，可按规定申请社会保险补贴。社会保险补贴标准按企业为创业者本人和所享受扶持政策人员缴纳基本养老保险、基本医疗保险、失业保险、工伤保险和生育保险单位缴费之和计算，个人应缴纳的部分仍由个人负担。创业者从事个体经营，可按灵活就业人员参加各项社会保险，并按创业者实际缴纳各项社会保险费的 50% 给予补贴。

6. 建立创业奖励制度

对创业者从事个体经营、自主创业，并带动 3 名以上西藏户籍人员稳定就业一年以上，按时发放工资、缴纳各项社会保险的，从就业专项资金中给予一次性创业奖励。奖励标准为：带动 3 名西藏户籍人员就业奖励 1000 元，在此基础上，每增加一名西藏户籍人员就业的奖励 300 元。

第二章　少数民族地区劳动力供需与就业

第一节　青海省人才供需情况

以青海省西宁市 2014 年第一季度劳动力市场职业供需分析为例。

一、人才供需总特征

2014 年第一季度供需总体人数为：需求人数 9750 人，求职人数 5173 人，求人倍率为 1.88。总体而言，劳动力市场中劳动力需求大于供给。

从产业需求看：用人单位所提供的岗位多集中在第二产业、第三产业，第二产业需求人数与 2013 年第四季度相比上升 12.01%，第三产业与 2013 年第四季度相比所占比重下降 10.44%。

从行业需求看：制造业、批发和零售业、住宿和餐饮业为需求的主要行业，其中用工需求量较大的是制造业，占总需求人数的 45.66%，与 2013 年第四季度相比，制造业所占比重上升 17.32%。

从用人单位性质分组的需求看：有限责任公司、股份有限公司在 2014 年第一季度的用工需求量较大。其中用工需求量较大的是有限责任公司，占总需求人数的 57.97%，与 2013 年第四季度相比，有限责任公司所占比重上升 39.56%。

从职业类别需求情况看：生产运输设备操作工、商业和服务业人员需求较大，所占比重分别为 47.94%、32.43%，合计占总需求人数的 80.37%。

从求职人员类别来看：本市农村人员、就业转失业人员是求职的主要人群，所占比重分别为 46.03%、20.05%，两者合计占总求职人数的 66.08%。

从性别分组情况看：男性求职人数多于女性求职人数，占总求职人数的

59.75%。从年龄分组情况看：求职人员年龄以16～24岁、25～34岁的求职者为主，所占比重分别为37.58%、31.47%。从文化程度分组看：以高中以下为主。从技术等级分组看：用人单位所提供的对技能无要求的岗位较多，占所有需求的82.70%，对技术等级无要求的需求人数所占比重与2013年第四季度相比上升11.15%，与2013年同期相比上升27.11%。求职人员中以无技术等级或职称者居多。

二、人才供需总体情况

报告所统计的数据为青海省西宁市2014年第一季度公共职业介绍服务机构所采集的劳动力市场供求状况信息，均为本季度有效数。用人单位通过劳动力市场需要招聘各类人员9750人，进入劳动力市场的求职者5173人，求人倍率为1.88，见表2－1。总体而言，劳动力市场中劳动力需求大于供给。求人倍率较2013年第四季度和2013年同期相比分别上升0.4%和0.93%。

表2－1　供需总体情况

	需求人数（人）	求职人数（人）	求人倍率（需求人数/求职人数）
本期有效数	9750	5173	1.88

三、各产业劳动力需求情况

2014年第一季度西宁市第一产业、第二产业、第三产业需求人数所占比重依次为3.73%、57.35%、38.91%。与2013年第四季度相比，第一产业的需求比重下降1.57%，第二产业的需求比重上升12.01%，第三产业的需求比重下降10.44%；与2013年同期相比，第一产业的需求比重下降5.81%，第二产业的需求比重上升20.28%，第三产业的需求比重下降14.48%，见表2－2。

表2－2　按产业分组的需求情况

产业	需求人数（人）	所占比重（%）
第一产业	364	3.73
第二产业	5592	57.35
第三产业	3794	38.91
合计	9750	100.00

四、行业需求情况

按行业分组的需求人数中，制造业、批发和零售业、住宿和餐饮业为需求的主要行业，所占比重分别为45.66%、10.39%、10.49%。与2013年第四季度相比，制造业所占比重上升17.32%，批发和零售业所占比重下降3.52%，住宿和餐饮业所占比重下降0.33%。与2013年同期相比，制造业所占比重上升22.79%，批发和零售业所占比重下降6.07%，住宿和餐饮业所占比重下降8.66%，见表2-3。

表2-3　按行业分组的需求情况

行业	需求人数（人）	所占比重（%）
农、林、牧、渔业	364	3.73
采矿业	285	2.92
制造业	4452	45.66
电力、燃气及水的生产和供应业	207	2.12
建筑业	648	6.65
交通运输、仓储和邮政业	158	1.62
信息传输、计算机服务和软件业	246	2.52
批发和零售业	1013	10.39
住宿和餐饮业	1023	10.49
金融业	116	1.19
房地产业	172	1.76
租赁和商务服务业	—	—
科学研究、技术服务和地质勘查业	—	—
水利、环境和公共设施管理业	—	—
居民服务和其他服务业	896	9.19
教育	100	1.03
卫生、社会保障和社会福利业	12	0.12
文化、体育和娱乐业	19	0.19
公共管理与社会组织	39	0.40
国际组织	—	—
合计	9750	100.00

五、用人单位需求情况

按用人单位性质分组，有限责任公司、股份有限公司的用人需求较大，所占比重分别为57.82%、15.51%。两者合计约占总需求人数的73.52%。与2013年第四季度相比，有限责任公司所占比重上升39.56%，股份有限公司所占比重上升5.13%。与2013年同期相比，有限责任公司所占比重上升37.22%，股份有限公司所占比重上升 1.01%，见表 2-4。

表 2-4　按用人单位性质分组的需求情况

单位性质			需求人数（人）	所占比重（%）
企业	内资企业	国有企业	319	3.27
		集体企业	311	3.19
		股份合作企业	352	3.61
		联营企业	227	2.33
		有限责任公司	5637	57.82
		股份有限公司	1512	15.51
		私营企业	619	6.35
		其他企业	307	3.15
	港、澳、台商投资企业		—	—
	外商投资企业		44	0.45
	个体经营		396	4.06
事业			24	0.25
机关			2	0.02
其他			—	—
合计			9750	100.00

六、各类职业供需情况

从职业类别需求情况看，生产运输设备操作工、商业和服务业人员需求较大，所占比重分别为 47.94%、32.43%。两者合计占总需求人数的 80.37%。与 2013 年第四季度相比，生产运输设备操作工所占比重上升 8.78%，商业和服务业人员所占比重上升 8.99%。与 2013 年同期相比，生产运输设备操作工所占比重上升 32.48%，商业和服务业人员所占比重上升 12.41%。

从求职情况看，以生产运输设备操作工、商业和服务业人员为主，所占比重分别为 33.29%、27.18%。两者合计占总求职人数的 60.47%。与 2013 年第四季度相比，生产运输设备操作工所占比重上升 9.57%，商业和服务业人员所占比重下降 1.68%。与 2013 年同期相比，生产运输设备操作工所占比重上升 5.94%，商业和服务业人员所占比重上升 6.69%，见表 2-5。需求大于求职缺口的职业里，缺口数最大的是餐厅服务员，求人倍数为 2.85，见表 2-6。需求小于求职缺口的职业里，缺口数最大的秘书，求人倍数为 0.38，见表 2-7。

表 2－5　按职业分组的供需情况

职业类别	劳动力供需人数比较				
	需求人数（人）	所占比重（%）	求职人数（人）	所占比重（%）	求人倍率
单位负责人	142	1.46	102	1.97	1.39
专业技术人员	623	6.39	537	10.38	1.16
办事人员和有关人员	475	4.87	613	11.85	0.77
商业和服务业人员	3162	32.43	1406	27.18	2.25
农林牧渔水利生产人员	355	3.64	361	6.98	0.98
生产运输设备操作工	4674	47.94	1722	33.29	2.71
其他	319	3.27	432	8.35	0.74
无要求					
合计	9750	100	5173	100	

表 2－6　需求大于求职缺口最大的十个职业（职业小类）

职业	劳动力供需人数比较			
	需求人数（人）	求职人数（人）	缺口数（人）	求人倍率
餐厅服务员	442	155	287	2.85
设备操作工	429	167	262	2.57
力工	453	204	249	2.22
家庭服务员	275	77	198	3.57
营业员	300	118	182	2.54
保险业务员	206	45	161	4.58
勘测矿物开采工	230	87	143	2.64
仓储人员	243	116	127	2.09
治安与保卫人员	199	95	104	2.09
保洁员	173	86	87	2.01

表 2－7　需求小于求职缺口最大的十个职业（职业小类）

职业	劳动力供需人数比较			
	需求人数（人）	求职人数（人）	缺口数（人）	求人倍率
秘书	143	376	233	0.38
机动车驾驶员	163	384	221	0.42
财务会计	149	321	172	0.46
维修电工	104	247	143	0.42
金属冶炼轧制员	126	255	129	0.49

续表

职业	劳动力供需人数比较			
	需求人数（人）	求职人数（人）	缺口数（人）	求人倍率
焊工	179	290	111	0.62
机修钳工	100	203	103	0.49
起重装卸机械工	115	206	91	0.56
物业管理人员	111	194	83	0.57
打字员	94	168	74	0.56

七、求职人员构成情况

按求职人员类别分组，本市农村人员、就业转失业人员是求职的主要人群，所占比重分别为46.03%、20.05%，两者合计占总求职人数的66.08%。与2013年第四季度相比，本市农村人员所占比重上升19.59%，就业转失业人员所占比重下降7.03%。与2013年同期相比，本市农村人员所占比重上升5.21%，就业转失业人员所占比重下降8.75%，见表2－8。

表2－8　按求职人员类别分组的求职情况

求职人员类别	求职人数（人）	所占比重（%）
新成长失业青年	980	18.94
应届高校毕业生	156	3.02
就业转失业人员	1037	20.05
其他失业人员	442	8.54
在业人员	81	1.57
下岗职工	92	1.78
退休人员	4	0.08
本市农村人员	2381	46.03
外埠人员	—	—
合计	5173	100.00

八、招聘、应聘条件情况

1. 性别

从用人单位对劳动力的性别需求情况看，对男性劳动力的需求较大，占总需求数的58.81%。与2013年第四季度相比，男性劳动力的需求比重上升0.82%，与2013年同期相比下降1.21%。从求职者的性别构成看，男性求职人数高于女性求职人数。求职人数中男性占59.75%，比2013年第四季度下降1.70%。与2013年同期相比，男性求职人数所占比重下降2.48%，见表2-9。

表2-9　按性别分组的供需情况

性别	劳动力供需人数比较				
	需求人数（人）	所占比重（%）	求职人数（人）	所占比重（%）	求人倍率
男	5734	58.81	3091	59.75	1.86
女	3397	34.84	2082	40.25	1.63
无要求	619	6.35	—	—	—
合计	9750	100.00	5173	100.00	—

2. 年龄

用人单位对劳动力的年龄要求集中在16~24岁、25~34岁，所占比重分别为39.83%、36.55%。与2013年第四季度相比，16~24岁的需求人数所占比重上升7.21%，25~34岁的需求人数所占比重下降4.43%，与2013年同期相比，16~24岁的需求人数所占比重上升3.94%，25~34岁需求人数所占比重上升2.38%。求职人数中，以16~24岁、25~34岁的求职者为主，所占比重分别为37.58%、31.47%。与2013年第四季度相比，16~24岁的求职者所占比重上升3.42%，25~34岁的求职者所占比重上升2.86%。与2013年同期相比，16~24岁的求职者所占比重上升4.23%，25~34岁的求职者所占比重下降0.44%，见表2-10。

表2-10　按年龄分组的供需情况

年龄	劳动力供需人数比较				
	需求人数（人）	所占比重（%）	求职人数（人）	所占比重（%）	求人倍率
16~24岁	3883	39.83	1944	37.58	2.00
25~34岁	3564	36.55	1628	31.47	2.19
35~44岁	1844	18.91	1132	21.88	1.63
45岁以上	459	4.71	469	9.07	0.98
无要求	—	—	—	—	—
合计	9750	100.00	5173	100.00	—

3. 文化程度

从需求人数的文化程度看，高中、初中及以下文化程度的劳动力是用工需求

的主体，所占比重分别为 38.75%、36.40%。与 2013 年第四季度相比，高中文化程度的需求人数所占比重上升 0.51%，初中及以下文化程度的需求人数所占比重上升 0.26%。与 2013 年同期相比，高中文化程度的需求人数所占比重上升 0.03%，初中及以下文化程度的需求人数所占比重下降 0.94%。

从求职者的文化程度看，高中、初中及以下文化程度的劳动力占据主体地位，所占比重分别为 33.73%、41.47%。与 2013 年第四季度相比，高中文化程度的求职者所占比重下降 4.00%，初中及以下文化程度的求职者所占比重下降 5.70%。与 2013 年同期相比，高中文化程度的求职者所占比重下降 6.75%，初中及以下文化程度的求职者所占比重下降 2.98%，见表 2－11。

表 2－11　按文化程度分组的供需情况

文化程度	劳动力供需人数比较				
	需求人数（人）	所占比重（%）	求职人数（人）	所占比重（%）	求人倍率
初中及以下	3549	36.40	2145	41.47	1.65
高中	3778	38.75	1745	33.73	2.17
大专	1528	15.67	828	16.01	1.85
大学	714	7.32	455	8.80	1.57
硕士以上	—	—	—	—	—
无要求	181	1.86	—	—	—
合计	9750	100.00	5173	100.00	—

4. 技术等级或职称

从用人单位对劳动力技术等级的要求看，对技术等级无要求的人数占据主要地位，所占比重 82.70%。与 2013 年第四季度相比，对技术等级无要求的需求人数所占比重上升 11.15 个百分点，与 2013 年同期相比上升 27.11 个百分点。从求职人数的技术等级看，70.64% 的求职者无技术等级或职称，与 2013 年第四季度相比上升 10.36 个百分点，与 2013 年同期相比上升 27.31 个百分点，见表 2－12。

表 2－12　按技术等级分组的供需人数

技术等级	劳动力供需人数比较				
	需求人数（人）	所占比重（%）	求职人数（人）	所占比重（%）	求人倍率
职业资格五级（初级技能）	700	7.18	554	10.71	1.26
职业资格四级（中级技能）	213	2.18	204	3.94	1.04
职业资格三级（高级技能）	87	0.89	95	1.84	0.92

续表

技术等级	劳动力供需人数比较				
	需求人数（人）	所占比重（%）	求职人数（人）	所占比重（%）	求人倍率
职业资格二级（技师）	15	0.15	19	0.37	0.79
职业资格一级（高级技师）	11	0.11	14	0.27	0.79
初级专业技术职务	516	5.29	481	9.30	1.07
中级专业技术职务	122	1.25	123	2.38	0.99
高级专业技术职务	23	0.24	29	0.56	0.79
无技术等级或职务	—	—	3654	70.64	—
无要求	8063	82.70	—	—	—
合计	9750	100.00	5173	100.00	—

资料来源：中国就业网。

第二节　内蒙古自治区人才供需情况

以内蒙古呼和浩特市2014年第一季度劳动力市场职业供需分析为例。

一、人才供需总特征

2014年第一季度供需总体人数为：岗位需求人数为16126人，较2013年第四季度增加1022人；求职人数为27920人，较2013年第四季度增加4520人；求人倍率为0.58，较2013年第四季度和2013年同期略有下降。总体而言，劳动力市场中劳动力需求小于供给。

从产业需求来看：第三产业需求比重为91.44%，较2013年第四季度增长1.02%，较2013年同期增长12.96%，遥遥领先于第一产业、第二产业，第一产业需求人数为0。从行业需求来看，企业2014年第一季度的用人需求主要集中在批发和零售业、信息传输计算机服务和软件业、金融业、居民服务和其他服务业、房地产业、教育等几大行业中，所占比重分别为36.30%、20.90%、8.05%、7.37%、6.16%、5.86%。与2013年第四季度相比，信息传输、计算机服务和软件业，批发和零售业的用人需求比重有所上升，其比重分别为20.9%和36.30%；建筑业、住宿和餐饮业的用人需求比重变化不大，其比重分别为4.76%、4.42%；房地产业，交通运输、仓储和邮政业的用人需求比重变化明显下降，其比重分别为6.16%和0.19%。

从用人单位性质分组的需求看：有限责任公司、股份有限公司、私营企业和

个体经营仍占据市场绝大多数份额，达到96.92%，其他用人单位占3.08%。股份有限公司较2013年第四季度和2013年同期有较大增长。

从职业上看：办事人员和有关人员需求人数为首位，需求比重为30.78%；生产运输设备操作工、商业和服务业人员位居第二、第三位。单位负责人、办事人员和有关人员的求人倍率均大于1，说明这两种职业既是用人单位需求的主体，也是求职人员兴趣较大、愿意应聘的职业。

从求职人员类别分组看：新成长失业青年、就业转失业人员依然是引领求职群体的主力军，其比重分别为39.00%、25.00%，其他失业人员占18.00%。其中，应届高校毕业生在新成长青年中所占比重为50.00%，较2013年第四季度增长幅度不太明显。

从性别分组情况看：男性求人倍率略高于女性，为0.31；无性别要求的岗位比重仍最大，占53.42%。从年龄分组情况来看：25～34岁的人群最受欢迎，占比达到45.5%，较2013年第四季度和2013年同期分别增长10.91%和5.48%，而35～44岁的求人倍率高于1，为2.17。从文化程度分组来看：职高、技校、中专文化占需求比重最大，为46.11%。从技术等级分组来看：具有初级、中级专业技术职务的求人倍率分别为1.39和1.66，无要求占到33.44%，许多单位先招人再培训。

二、人才供需总体情况

2014年第一季度，内蒙古呼和浩特市的需求人数16126人，求职人数27920人，求人倍率为0.58，见表2－13和图2－1。总体而言，劳动力市场中劳动力需求小于供给。求人倍率较2013年第四季度和2013年同期相比略有下降。

表2－13　供需总体人数

	需求人数（人）	求职人数（人）	求人倍率
本期有效数	16126	27920	0.58

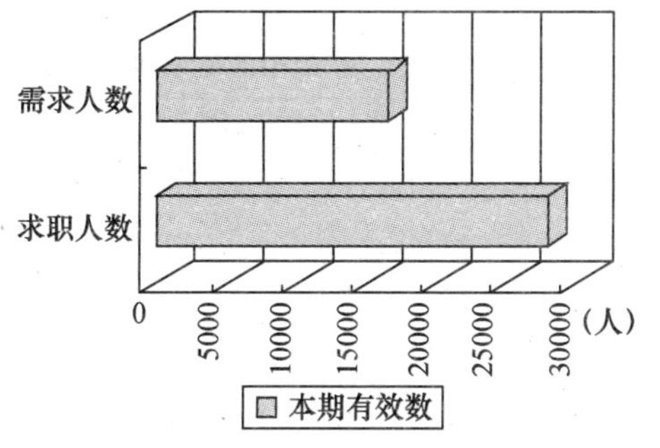

图2－1　供需总体人数

三、各产业劳动力需求情况

2014 年第一季度第三产业需求人数为 14746 人，需求比重为 91.44%，较 2013 年第四季度增加 1.02%，较 2013 年同期增加 12.96%。第二产业需求比重 8.56%，较 2013 年第四季度减少 0.73%，较 2013 年同期减少 12.04%。第一产业需求人数为 0，从增长幅度看，第三产业仍是吸纳就业的主体产业，见表 2－14 和图 2－2。

表 2－14　按产业分组的需求人数

产业	需求人数（人）	所占比重（%）
第一产业	0	0
第二产业	1380	8.56
第三产业	14746	91.44
合计	16126	100

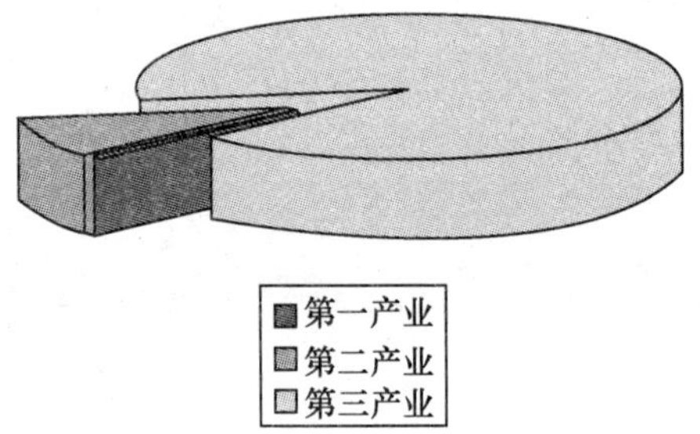

图 2－2　按产业分组的需求人数

四、行业需求情况

从行业需求来看，批发和零售业增幅较大，较 2013 年第四季度增长 15.88%，较 2013 年同期增长 19.53%。批发和零售业排名仍为第一。信息传输、计算机服务和软件业排名第二，见表 2－15。

表 2－15　按行业分组的需求人数

行业	需求人数（人）	所占比重（%）
农、林、牧、渔业	0	0
采矿业	22	0.14
制造业	193	1.20
电力、燃气及水的生产和供应业	397	2.46
建筑业	768	4.76
交通运输、仓储和邮政业	30	0.19
信息传输、计算机服务和软件业	3370	20.90

续表

行业	需求人数（人）	所占比重（%）
批发和零售业	5854	36.30
住宿和餐饮业	713	4.42
金融业	1298	8.05
房地产业	993	6.16
租赁和商务服务业	158	0.98
科学研究、技术服务和地质勘查业	—	—
水利、环境和公共设施管理业	16	0.10
居民服务和其他服务业	1188	7.37
教育	945	5.86
卫生、社会保障和社会福利业	89	0.55
文化、体育和娱乐业	92	0.57
公共管理与社会组织	—	—
国际组织	—	—
合计	16126	100

五、用人单位需求情况

从用人单位性质上看，股份有限公司需求人数占比增幅较大，占28.59%，较2013年第四季度增加15.94%，较2013年同期增加9.79%。有限责任公司、股份有限公司和私营企业位居前三名，见表2－16。

表2－16　按用人单位性质分组的需求人数

单位性质			需求人数（人）	所占比重（%）
企业	内资企业	国有企业	59	0.37
		集体企业	—	—
		股份合作企业	145	0.90
		联营企业	89	0.55
		有限责任公司	5921	36.72
		股份有限公司	4611	28.59
		私营企业	3608	22.37
		其他企业	101	0.63
	港、澳、台商投资企业		—	—
	外商投资企业		102	0.63
	个体经营		1490	9.24

续表

单位性质	需求人数（人）	所占比重（%）
事业	—	—
机关	—	—
其他	—	—
合计	16126	100.00

六、各类职业供需情况

从职业类别上看：办事人员和有关人员需求增长明显，较2013年第四季度增长5.65%，较2013年同期增长19.89%。商业和服务业人员降幅明显，较2013年第四季度减少1.32%，较2013年同期减少10.36%。求职人员比重变化平稳，见表2－17、表2－18，图2－3和表2－19。

表2－17　按职业分组的供需情况

职业类别	劳动力供需人数比较				
	需求人数（人）	所占比重（%）	求职人数（人）	所占比重（%）	求人倍率
单位负责人	2706	16.78	2401	8.60	1.13
专业技术人员	2285	14.17	14116	50.56	0.16
办事人员和有关人员	4964	30.78	1256	4.50	3.95
商业和服务业人员	2986	18.52	6031	21.60	0.50
农林牧渔水利生产人员	—	—	67	0.24	—
生产运输设备操作工	3185	19.75	3881	13.90	0.82
其他	—	—	168	0.60	—
无要求	—	—	—	—	—
合计	16126	100	27920	100	

表2－18　需求大于求职缺口最大的十个职业（职业小类）

职业	劳动力供需人数比较			
	需求人数（人）	求职人数（人）	缺口数（人）	求人倍率
推销展销人员	3360	1910	1450	1.76
保险业务员	1230	360	870	3.42
销售和营销经理	889	335	554	2.65
营业员	990	506	484	1.96
餐厅服务员	892	595	297	1.50

续表

职业	劳动力供需人数比较			
	需求人数（人）	求职人数（人）	缺口数（人）	求人倍率
治安保卫人员	550	320	230	1.72
保管人员	451	284	167	1.59
部门经理及管理人员	262	120	142	2.18
清洁工	170	50	120	3.40
维修电工	65	20	45	3.25

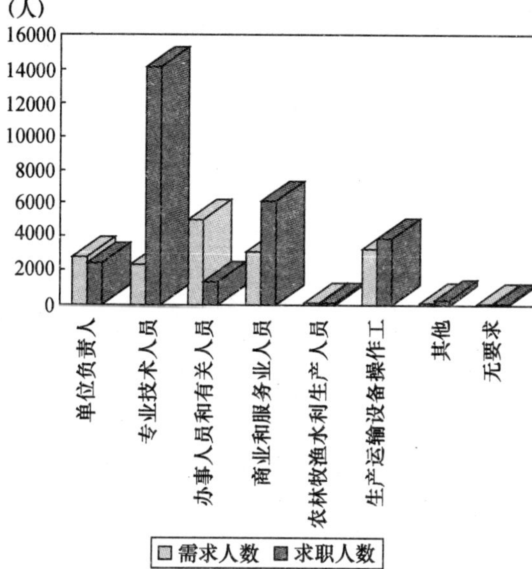

图 2-3　按职业分组的供需情况

表 2-19　需求小于求职缺口最大的十个职业（职业小类）

职业	劳动力供需人数比较			
	需求人数（人）	求职人数（人）	缺口数（人）	求人倍率
财会人员	740	1120	380	0.66
教学人员	492	830	338	0.59
计算机工程技术人员	770	1005	235	0.77
机动车驾驶员	160	386	226	0.41
银行业务人员	40	250	210	0.16
建筑工程师	71	270	199	0.26
电气工程师	64	230	166	0.28
中等职业教育教师	86	225	139	0.38
化工工程师	74	198	124	0.37
行政办公人员	122	226	104	0.54

七、求职人员构成情况

新成长失业青年2014年第一季度所占比重有较大幅度下降，较2013年第四季度降低6.49%，较2013年同期降低21.47%，而就业转失业人员所占比重有所增加，较2013年第四季度增加7%，较2013年同期增加10.25%，见表2－20。

表2－20　按求职人员类别分组的求职人数

求职人员类别	求职人数（人）	所占比重（%）
新成长失业青年	10889	39.00
就业转失业人员	6980	25.00
其他失业人员	5026	18.00
在业人员	838	3.00
下岗职工	—	—
退休人员	140	0.50
在学人员	279	1.00
本市农村人员	2093	7.50
外埠人员	1675	6.00
合计	27920	100

八、招聘、应聘条件情况

1. 性别

用人单位无性别要求的占到53.42%，居首位。有性别要求的男女比例约为1.5:1。求职者中男女比例约为1:1，男女比例接近，见表2－21。

表2－21　按性别分组的供需情况

性别	劳动力供需人数比较				
	需求人数（人）	所占比重（%）	求职人数（人）	所占比重（%）	求人倍率
男	4449	27.59	14406	51.60	0.31
女	3063	18.99	13514	48.40	0.23
无要求	8614	53.42	—	—	—
合计	16126	100	27920	100	—

2. 年龄

25～34 岁年龄段的人员最受用人单位青睐，增幅较大，较 2013 年第四季度增加 10.91%，较 2013 年同期增加 5.48%。求职者主要以 35 岁以下的为主，见表 2－22。

表 2－22 按年龄分组的供需情况

年龄	劳动力供需人数比较				
	需求人数（人）	所占比重（%）	求职人数（人）	所占比重（%）	求人倍率
16～24 岁	2655	16.46	10447	37.42	0.25
25～34 岁	7338	45.50	14403	51.59	0.51
35～44 岁	4113	25.51	1954	7.00	2.10
45 岁以上	171	1.06	1116	4.00	0.15
无要求	1849	11.47	—	—	—
合计	16126	100	27920	100	—

3. 文化程度

从文化程度来看，市场内需求人数中大专和高中需求人数较大，分别占 34.13% 和 32.93%。许多用人单位降低了用人的学历限制。供需结构性矛盾依然明显，见表 2－23。

表 2－23 按文化程度分组的供需情况

文化程度	劳动力供需人数比较				
	需求人数	所占比重（%）	求职人数	所占比重（%）	求人倍率
初中及以下	810	5.02	1396	5.00	0.58
高中	5311	32.93	5026	18.00	1.06
大专	5503	34.13	10051	36.00	0.55
大学	1824	11.31	11189	40.08	0.16
硕士以上	—	—	258	0.92	—
无要求	2678	16.61	—	—	—
合计	16126	100	27920	100	—

4. 技术等级或职称

从技术等级或职称来看，用人单位无技术等级或职称要求的需求比重在增加，达到36.44%，许多单位是先招人再培训。求职人员具备初级职业技能的占52.00%，见表2-24。

表2-24 按技术等级分组的供需情况

技术等级	劳动力供需人数比较				
	需求人数（人）	所占比重（%）	求职人数（人）	所占比重（%）	求人倍率
职业资格五级（初级技能）	3837	23.79	14518	52.00	0.26
职业资格四级（中级技能）	1935	12.00	2713	9.72	0.71
职业资格三级（高级技能）	83	0.51	260	0.93	0.32
职业资格二级（技师）	20	0.12	24	0.09	0.83
职业资格一级（高级技师）	—	—	12	0.04	—
初级专业技术职务	3206	19.88	2710	9.71	1.18
中级专业技术职务	1159	7.19	800	2.87	1.45
高级专业技术职务	10	0.06	15	0.05	0.67
无技术等级或职务	—	—	6868	24.60	—
无要求	5876	36.44	—	—	—
合计	16126	100	27920	100	—

资料来源：呼和浩特市人才市场、人力资源和社会保障局。

第三节 新疆维吾尔自治区人才供需情况

以新疆吐鲁番地区2014年第一季度劳动力市场职业供需分析为例。

一、人才供需总体情况

吐鲁番地区人力资源市场通过吐鲁番市、鄯善县、托克逊县公共就业服务机构所上报的供求数据，结合本中心人力资源市场的实际供求状况，对2014年第一季度劳动力市场职业供求的有关数据进行了汇总和综合分析。2014年第一季度通过吐鲁番地区及吐鲁番市、鄯善县、托克逊县的四个公共职业介绍机构招聘用工岗位共计5977个，与2013年同期相比减少了4066个，进入市场的求职者1609人，与2013年同期相比增加了51人。见表2-25。

表 2－25　供需总体情况

	需求人数（人）	求职人数（人）	求人倍率
本期有效数	5977	1609	3.71

二、各产业劳动力需求情况

根据 2014 年第一季度地区用人需求的状况来看，第一产业需求量为 1 人，第二产业为 2778 人，第三产业为 3198 人，第一产业、第二产业、第三产业需求人数所占的比重依次为 0.02%、46.48%、53.51%。与 2013 年同期三大产业需求量相比较，第一产业需求比重下降了 0.04%，第二产业需求比重下降了 0.66%，第三产业需求比重上升了 1.07%，2014 年第一季度我地区三大产业岗位总需求量与去年同期相比大幅度减少，见表 2－26。

表 2－26　按产业分组的需求情况

产业	需求人数（人）	所占比重（%）
第一产业	1	0.02
第二产业	2778	46.48
第三产业	3198	53.51
合计	5977	100.00

三、行业需求情况

从具体的行业需求看，2014 年第一季度用人需求主要集中在制造业、住宿和餐饮业及批发和零售业，分别占需求总体的 30.53%、17.52% 和 16.65%，与 2013 年同期相比，制造业需求比重下降了 5.67%，住宿和餐饮业需求比重下降了 0.15%，批发和零售业比重上升了 10.57%，见表 2－27。

表 2－27　按行业分组的需求情况

行业	需求人数（人）	所占比重（%）
农、林、牧、渔业	1	0.02
采矿业	787	13.17
制造业	1825	30.53
电力、燃气及水的生产和供应业	88	1.47
建筑业	78	1.31
交通运输、仓储和邮政业	119	1.99
信息传输、计算机服务和软件业	62	1.04
批发和零售业	995	16.65

续表

行业	需求人数（人）	所占比重（%）
住宿和餐饮业	1047	17.52
金融业	100	1.67
房地产业	113	1.89
租赁和商务服务业	283	4.73
科学研究、技术服务和地质勘查业	—	—
水利、环境和公共设施管理业	—	—
居民服务和其他服务业	321	5.37
教育	34	0.57
卫生、社会保障和社会福利业	120	2.01
文化、体育和娱乐业	4	0.07
公共管理与社会组织	—	—
国际组织	—	—
合计	5977	100.00

四、用人单位需求情况

从用人单位的性质来看，企业需求仍占主体地位，所占比重达94.66%，与2013年同期相比下降了2.98%。其中有限责任公司、股份有限公司、私营企业分别占企业需求的49.47%、10.01%和9.39%，与2013年同期比，有限责任公司需求比重下降了10.78%，股份有限公司需求比重上升了2.15%，私营企业需求比重下降了5.48%，见表2－28。

表2－28　按用人单位性质分组的需求情况

单位性质			需求人数（人）	所占比重（%）
企业	内资企业	国有企业	11	0.18
		集体企业	46	0.77
		股份合作企业	—	—
		联营企业	—	—
		有限责任公司	2957	49.47
		股份有限公司	598	10.01
		私营企业	561	9.39
		其他企业	890	14.89
	港、澳、台商投资企业		160	2.68
	外商投资企业		—	—
	个体经营		435	7.28

续表

单位性质	需求人数（人）	所占比重（%）
事业	38	0.64
机关	—	—
其他	281	4.70
合计	5977	100.00

五、各类职业供需情况

从职业分组的需求情况看，商业和服务业人员、生产运输设备操作工和专业技术人员是用人单位的需求主体，分别占需求总量的 43.10%、33.68% 和 8.50%。

与 2013 年同期相比，商业和服务业人员需求比重上升了 13.79%，生产运输设备操作工的需求比重下降了 4.87%，专业技术人员需求比重下降了 4.75%。

从职业分组的求职情况看，求职者主要集中在商业和服务业人员、生产运输设备操作工与办事人员和有关人员，分别占求职总量的 25.54%、20.45% 和 19.20%。与 2013 年同期相比，商业和服务业人员和有关人员求职比重下降了 8.09%。生产运输设备操作工求职比重下降了 6.7%，办事人员和有关人员求职比重上升了 6.23%，见表2－29、表 2－30、表 2－31。

表 2－29　按职业分组的供需情况

职业类别	劳动力供需人数比较				
	需求人数（人）	所占比重（%）	求职人数（人）	所占比重（%）	求人倍率
单位负责人	64	1.07	4	0.25	16.00
专业技术人员	508	8.50	189	11.75	2.69
办事人员和有关人员	221	3.70	309	19.20	0.72
商业和服务业人员	2576	43.10	411	25.54	6.27
农林牧渔水利生产人员	1	0.02	15	0.93	0.07
生产运输设备操作工	2013	33.68	329	20.45	6.12
其他	594	9.94	352	21.88	1.69
合计	5977	100.00	1609	100.00	—

表 2－30　需求大于求职缺口最大的八个职业（职业小类）

职业	劳动力供需人数比较		
	需求人数（人）	求职人数（人）	缺口数（人）
商业服务员	2109	429	1680
生产运输设备操作工	1823	399	1424
专业技术人员	505	189	316
金融保险人员	110	7	103
销售人员	160	69	91
机修工	70	10	60
电焊工	95	40	55
电工	57	24	33

表 2－31　需求小于求职缺口最大的四个职业（职业小类）

职业	劳动力供需人数比较		
	需求人数（人）	求职人数（人）	缺口数（人）
办事人员	178	332	154
财会人员	8	20	12
行政业务人员	20	35	15
老师	16	25	9

六、求职人员构成情况

按求职人员类别分组的求职人数，新成长失业青年占 12.62%，外埠人员占 11.19%，本市农村人员占 31.51%，就业转失业人员占 10.50%。与 2013 年同期相比，新成长失业青年求职比重下降了 6.06%，本市农村人员求职比重上升了 14.57%，外埠人员求职比重下降了 12.88%，就业转失业人员求职比重上升了 4.4%，见表 2－32。

表 2－32　按求职人员类别分组的求职人数

求职人员类别	求职人数（人）	所占比重（%）
新成长失业青年	203	12.62
应届高校毕业生	—	—
就业转失业人员	169	10.50

续表

求职人员类别	求职人数（人）	所占比重（%）
其他失业人员	550	34.18
在业人员	—	—
下岗职工	—	—
退休人员	—	—
在学人员	—	—
本市农村人员	507	31.51
外埠人员	180	11.19
合计	1609	100.00

七、招聘、应聘条件情况

1. 性别

从用人单位需求和求职者看，2014 年第一季度男女需求人数分别为 2122 人、1123 人，无性别要求为 2732 人，所占比重分别为 35.50%、18.79% 和 45.71%。与 2013 年同期相比，男性需求比重下降了 9.41%，女性需求比重上升了 5.43%。从求职方面来看，男女求职人数分别是 910 人和 699 人，所占比重分别为 56.56% 和 43.44%。与 2013 年同期相比，男性求职比重下降了 0.76%，女性求职比重上升了 0.76%，见表 2 – 33。

表 2 – 33　按性别分组的供需情况

性别	劳动力供需人数比较				
	需求人数（人）	所占比重（%）	求职人数（人）	所占比重（%）	求人倍率
男	2122	35.50	910	56.56	2.33
女	1123	18.79	699	43.44	1.61
无要求	2732	45.71	—	—	—
合计	5977	100.00	1609	100.00	—

2. 年龄

从年龄供求情况看，从用人单位对劳动力年龄要求看，用人需求主要集中在 25 ~ 34 岁，占需求总体的 49.89%。与 2013 年同期相比，上升了 14.78%，从求职者年龄构成看求职者主要集中在 25 ~ 34 岁，约占求职总体的 57.12%，与 2013 年同期相比上升了 9.24%，见表 2 – 34。

表 2-34 按年龄分组的供需情况

年龄	劳动力供需人数比较				
	需求人数（人）	所占比重（%）	求职人数（人）	所占比重（%）	求人倍率
16～24 岁	430	7.19	236	14.67	1.82
25～34 岁	2982	49.89	919	57.12	3.24
35～44 岁	923	15.44	384	23.87	2.40
45 岁以上	66	1.10	70	4.35	0.94
无要求	1576	26.37	—	—	—
合计	5977	100.00	1609	100.00	—

3. 文化程度

从用人单位对岗位需求文化程度要求来看，共有 3376 个岗位对文化程度有要求。其中初中及以下为 741 人，占总体需求的 12.40%，高中文化程度的用人需求为 1543 人（其中职高、技校、中专用人需求 466 人），占总体需求的 25.82%，对大专文化程度的需求为 936 人，占总体需求的 15.66%，对大学以上文化程度的需求人数为 156 人，占总体需求的 2.61%，对文化程度无要求需求人数为 2601 人，占 43.52%。与 2013 年同期相比，初中及以下学历需求比重下降了 11.64%，高中学历需求比重上升了 2.76%（其中职高、技校、中专文化程度需求比重下降了 11.9%），大专学历需求比重上升了 0.14%，大学学历需求上升了 1.56%。

从求职者的文化程度上看，初中及以下文化程度，共计 444 人，高中文化程度共计 627 人（其中职高、技校、中专 105 人），大专文化程度共计 434 人，大学本科学历的共计 104 人。与 2013 年同期相比，初中及以下学历求职比重上升了 2.83%，高中学历求职比重下降了 2.04%（其中职高、技校、中专文化程度求职比重下降了 34.58%），大专学历求职比重上升了 5.02%，大学学历求职比重下降了 0.15%，见表 2-35。

表 2-35 按文化程度分组的供需情况

文化程度	劳动力供需人数比较				
	需求人数（人）	所占比重（%）	求职人数（人）	所占比重（%）	求人倍率
初中及以下	741	12.40	444	27.59	1.67
高中	1543	25.82	627	38.97	2.46
大专	936	15.66	434	26.97	2.16

续表

文化程度	劳动力供需人数比较				
	需求人数（人）	所占比重（%）	求职人数（人）	所占比重（%）	求人倍率
大学	156	2.61	104	6.46	1.50
硕士以上	—	—	—	—	—
无要求	2601	43.52	—	—	—
合计	5977	100.00	1609	100.00	—

4. 技术等级或职称

从用工需求方面看，要求技术等级的岗位共计 940 个，占总体的 15.72%。其中初级技能（职业资格五级）需求 701 人，职业资格四级（中级技能）需求 118 人，初级专业技术职务需求 71 人，中级专业技术职务 15 人。与 2013 年同期相比，初级技能需求比重下降了 1.11%，职业资格四级（中级技能）需求比重下降了 0.35%，初级专业技术职务需求比重下降了 6.94%，中级专业技术职务需求比重下降了 4.27%。

从求职方面来看，具有初级技能的共计 280 人，中级技能的 48 人，具有初级专业技术职务的 2 人，无技术等级或职务的 1277 人。2014 年第一季度有 20.63% 的求职者具有某种技术等级资格，主要集中在初级技能和中级技能，与 2013 年同期相比，初级技能上升了 5.01%，初级专业技术职务下降了 0.12%，见表 2－36。

表 2－36 按技术等级分组的供需情况

技术等级	劳动力供需人数比较				
	需求人数（人）	所占比重（%）	求职人数（人）	所占比重（%）	求人倍率
职业资格五级（初级技能）	701	11.73	280	17.40	2.50
职业资格四级（中级技能）	118	1.97	48	2.98	2.46
职业资格三级（高级技能）	33	0.55	2	0.12	16.50
职业资格二级（技师）	—	—	—	—	—
职业资格一级（高级技师）	—	—	—	—	—
初级专业技术职务	71	1.19	2	0.12	35.50
中级专业技术职务	15	0.25	—	—	—
高级专业技术职务	2	0.03	—	—	—
无技术等级或职务	—	—	1277	79.37	—
无要求	5037	84.27	—	—	—
合计	5977	100.00	1609	100.00	—

资料来源：吐鲁番市、鄯善县、托克逊县公共就业服务机构。

第四节　宁夏回族自治区人才供需情况

以宁夏银川市2014年第一季度劳动力市场职业供需分析为例。

一、人才供需总特征

从总体状况来看：劳动力总量供不应求，其求人倍率为1.43，人力资源市场劳动力依旧供应不足。

从产业分组的需求人数上看：与2013年第四季度相比，以第三产业为主体的产业需求结构相对稳定；因2013年的园区项目部分建设完毕，需要大量人力，因此第二产业吸纳劳动力的能力出现大幅度的增长。从行业需求看：89.48%的企业用人需求集中在制造业、批发和零售业、住宿和餐饮业、居民服务和其他服务业，其中制造业增长幅度最大，以上各行业的用人需求比重分别为46.7%、17.9%、19.04%和5.84%。

生产运输设备操作工、商业和服务业人员既是用人需求的主体，又是求职人员集中的行业。从供求状况对比来看，商业和服务业人员、生产运输设备操作工的岗位空缺与求职者比例较高，分别为1.62和1.31。

从劳动力供给状况来看：新成长失业青年、就业转失业人员、外埠人员是求职队伍的主体；求职者中，男性多于女性；35岁以下青壮年劳动力占近8成左右；高中以下文化程度是用人需求和求职者的主体，求职者总体职业技能水平偏低。

生产运输设备操作工用人需求量在2014年第一季度仍然较大，预计企业缺工现象将会继续（主要是初级操作工）。

二、人才供需总体情况

表2-37　供需总体情况

	需求人数（人）	求职人数（人）	求人倍率
本期有效数	20651	14449	1.43

三、各产业劳动力需求情况

同2013年第四季度相比，第二产业的需求比重大幅度上升，上升了

20.17%；第三产业需求比重比2013年第四季度下降了20.24%。

与2013年同期相比，第三产业的需求比重下降了27.58%，第二产业上升了27.86%，见表2－38。

表2－38　按产业分组的需求人数

产业	需求人数（人）	所占比重（%）
第一产业	32	0.15
第二产业	10602	51.34
第三产业	10017	48.51
合计	20651	100.00

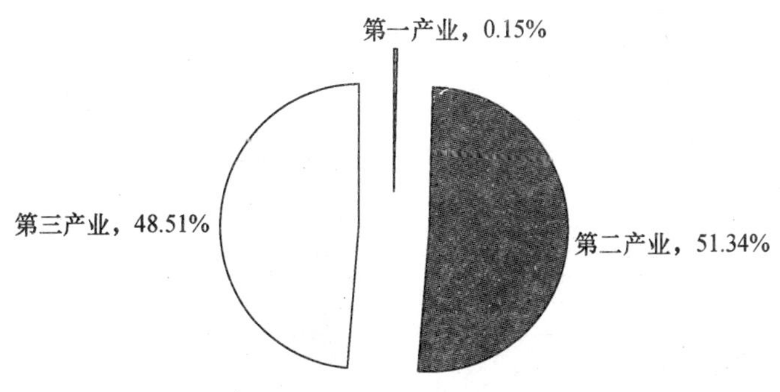

图2－4　按产业分组的需求人数

四、行业需求情况

批发和零售业、住宿和餐饮业、制造业及居民服务和其他服务业四大行业占劳动力市场需求的主体地位，制造业需求较2013年同期增长明显，见表2－39。

表2－39　按行业分组的需求情况

行业	需求人数（人）	所占比重（%）
农、林、牧、渔业	32	0.15
采矿业	52	0.25
制造业	9644	46.70
电力、燃气及水的生产和供应业	212	1.03

续表

行业	需求人数（人）	所占比重（%）
建筑业	694	3.36
交通运输、仓储和邮政业	209	1.01
信息传输、计算机服务和软件业	136	0.66
批发和零售业	3696	17.90
住宿和餐饮业	3931	19.04
金融业	89	0.43
房地产业	103	0.50
租赁和商务服务业	231	1.12
科学研究、技术服务和地质勘查业	31	0.15
水利、环境和公共设施管理业	84	0.41
居民服务和其他服务业	1205	5.84
教育	89	0.43
卫生、社会保障和社会福利业	96	0.46
文化、体育和娱乐业	107	0.52
公共管理与社会组织	10	0.05
国际组织	—	—
合计	20651	100.00

五、用人单位需求情况

企业用人需求占主体地位，所占比重达96.9%，而其中的内资企业占了90%，本市因外资企业较少，用人需求主要集中在内资企业。其中，私营企业和有限责任公司的用人需求占多数，两者所占比重之和约为53.39%；国有企业和集体企业的需求比重占7.81%，较2013年同期有所增长。

同2013年第四季度相比，有限责任公司和私营企业需求比重分别下降了7.82%和0.51%，其他企业的需求比重上升了2.18%。

与2013年同期相比，有限责任公司和私营企业的需求比重分别上升了1.71%和0.8%，个体经营的需求比重则下降了3.87%，见表2-40。

表 2-40　按用人单位性质分组的需求情况

单位性质			需求人数（人）	所占比重（%）
企业	内资企业	国有企业	1296	6.28
		集体企业	316	1.53
		股份合作企业	1129	5.47
		联营企业	53	0.26
		有限责任公司	5063	24.52
		股份有限公司	1766	8.55
		私营企业	5962	28.87
		其他企业	2424	11.74
	港、澳、台商投资企业		24	0.12
	外商投资企业		14	0.07
	个体经营		1964	9.51
事业			74	0.36
机关			29	0.14
其他			537	2.60
合计			20651	100.00

六、各类职业供需情况

从各类职业的需求状况看，商业和服务业人员、生产运输设备操作工是用人需求的主体。与2013年第四季度相比，商业和服务业人员需求比重下降了5.62%，生产运输设备操作工的需求比重上升了8.73%。与2013年同期相比，商业和服务业人员的需求比重下降了1.88%，生产运输设备操作工的需求比重上升了0.62%。

从求职情况看，求职人数相对集中的职业是商业和服务业人员及生产运输设备操作工。与2013年第四季度相比，商业和服务业人员的求职比重下降了1.38%，生产运输设备操作工求职比重上升了5.71%。与2013年同期相比，商业和服务业人员的求职比重上升了6.11%，生产运输设备操作工的求职比重下降了6.26%。

从供求状况对比来看，商业和服务业人员、生产运输设备操作工的需求人数大于求职人数，其求人倍率分别为1.62和1.31；各职业类别均处于劳动力需求大于供给的状态，见表2-41、表2-42、表2-43。

表 2-41　按职业分组的供需情况

职业类别	劳动力供需人数比较				
	需求人数（人）	所占比重（%）	求职人数（人）	所占比重（%）	求人倍率
单位负责人	1097	5.31	563	3.00	1.95
专业技术人员	1587	7.68	1202	8.32	1.32
办事人员和有关人员	2393	11.59	1683	11.65	1.42
商业和服务业人员	6134	29.70	3789	26.22	1.62
农林牧渔水利生产人员	32	0.15	19	0.13	1.68
生产运输设备操作工	7840	37.96	5986	41.43	1.31
其他	1568	7.59	818	5.66	1.92
无要求	—	—	389	2.69	—
合计	20651	100.00	14449	100.00	—

表 2-42　需求大于求职缺口最大的十个职业（职业小类）

职业	劳动力供需人数比较			
	需求人数（人）	求职人数（人）	缺口数（人）	求人倍率
加工中心操作工	3631	1532	2099	2.37
业务员	1973	546	1427	3.61
保安	2007	781	1226	2.57
行政业务人员	1126	88	1038	12.80
餐厅服务员、厨工	1058	312	746	3.39
营业员	1719	1001	718	1.72
销售和营销经理	711	296	415	2.40
其他餐饮服务人员	243	42	201	5.79
饭店服务员	216	16	200	13.50
特种加工设备操作工	184	5	179	36.80

表 2-43　需求小于求职缺口最大的十个职业（职业小类）

职业	劳动力供需人数比较			
	需求人数（人）	求职人数（人）	缺口数（人）	求人倍率
生产运输简单体力工人	851	1913	1062	0.44
焊工	95	496	401	0.19
纺织工程技术人员	50	375	325	0.13

续表

职业	劳动力供需人数比较			
	需求人数（人）	求职人数（人）	缺口数（人）	求人倍率
粮油食品饮料生产及饲料加工工人	30	372	342	0.08
其他行政办公人员	51	318	267	0.16
纺织、针织、印染工	655	853	198	0.77
锅炉操作工	74	215	141	0.34
财会人员	110	229	119	0.48
文秘	87	202	115	0.43
出纳	38	139	101	0.27

七、求职人员构成情况

在所有求职人员中，失业人员所占比重为66.48%，其中，新成长失业青年占21.07%（在新成长失业青年中应届高校毕业生占33.8%），就业转失业人员占28.42%，其他失业人员占16.99%；此外，求职人员中，外来务工人员由本市农村人员和外埠人员组成，其所占比重分别为13.31%和19.47%。

与2013年第四季度相比，失业人员的求职比重上升了1.12%，其中，新成长失业青年的求职比重下降了0.14%；就业转失业人员的求职比重下降了0.9%；其他失业人员的求职比重上升了2.16%；本市农村人员的求职比重上升了4.63%，外埠人员的求职比重下降了6.19%。

与2013年同期相比，失业人员的求职比重下降了8.72%，其中，新成长失业青年的求职比重下降了2.17%，就业转失业人员求职比重下降了7.76个百分点，其他失业人员的求职比重上升了1.21%；本市农村人员的求职比重上升了4.84%；外埠人员的求职比重也上升了4.94%，见表2－44和图2－5。

表2－44　按求职人员类别分组的求职人数

求职人员类别	求职人数（人）	所占比重（%）
新成长失业青年	3044	21.07
就业转失业人员	4106	28.42
其他失业人员	2455	16.99
在业人员	23	0.16

续表

求职人员类别	求职人数（人）	所占比重（%）
下岗职工	59	0.41
退休人员	24	0.17
在学人员	2	0.01
本市农村人员	1923	13.31
外埠人员	2813	19.47
合计	14449	100.00

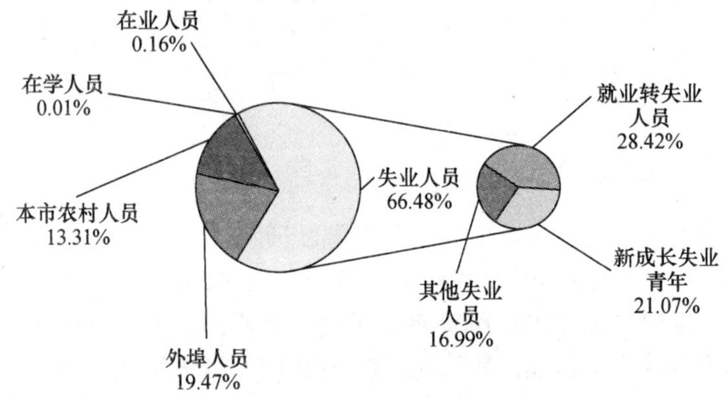

图 2－5　按求职人员类别分组的求职人数

八、招聘、应聘条件情况

1. 性别

从对劳动者的需求看，41.21%的用人需求对求职者的性别无明确要求；而对男性的需求比重为33.72%，对女性的需求比重为25.06%。与2013年第四季度相比，对男性的需求比重下降了0.31%，对女性的需求比重下降了0.89%。与2013年同期相比，对男性的需求比重上升了2.66%，而对女性的需求比重上升了11.18%。

从求职者的性别结构看，男性的求职人数多于女性，其所占比重分别为64.44%和35.56%。与2013年同期相比，男性的求职比重下降了3.35%，而女性的求职比重上升了3.35%。

从供求状况对比来看，男性的求人倍率为0.75，女性的求人倍率为1.01，女性的求人倍率略高于男性，见表2－45。

表 2－45　按性别分组的供需情况

性别	劳动力供需人数比较				
	需求人数（人）	所占比重（%）	求职人数（人）	所占比重（%）	求人倍率
男	6964	33.72	9311	64.44	0.75
女	5176	25.06	5138	35.56	1.01
无要求	8511	41.21	—	—	—
合计	20651	100.00	14449	100.00	—

2. 年龄

从用人单位对劳动者的年龄要求看，16～34 岁的劳动者构成单位用人需求的主体。与 2013 年第四季度相比，用人单位对 16～24 岁的需求比重下降了 3.1%，对 45 岁以上的用人需求比重上升了 4.41%；与 2013 年同期相比，用人单位对 25～34 岁求职者的需求比重上升了 0.07%，对 45 岁以上的用人需求比重下降了 4.52%。

从求职者的年龄构成来看，求职者的年龄构成与用人需求基本一致。与 2013 年第四季度相比，25～34 岁求职者的求职比重下降了 10.74%，45 岁以上求职者的求职比重上升了 9.79%。与 2013 年同期相比，25～34 岁求职者的求职比重下降了 3.53%，对 35～44 岁求职者的求职比重上升了 9.22%，见表 2－46。

表 2－46　按年龄分组的供需情况

年龄	劳动力供需人数比较				
	需求人数（人）	所占比重（%）	求职人数（人）	所占比重（%）	求人倍率
16～24 岁	4966	24.05	4326	29.94	1.15
25～34 岁	6887	33.35	4652	32.20	1.48
35～44 岁	4352	21.07	3786	26.20	1.15
45 岁以上	2865	13.87	1685	11.66	1.70
无要求	1581	7.66	—	—	—
合计	20651	100.00	14449	100.00	—

3. 文化程度

高中以下文化程度的劳动力既是单位用人需求的主体，又是求职者的主体。求职人员文化结构和用人需求结构基本一致。

从需求来看，同 2013 年第四季度比，初中及以下和高中两个文化层次的需求比重分别下降了 0.87% 和 8.02%。与 2013 年同期比，对初中及以下的需求比重下降了 7. 2%。对高中的需求比重上升了 3. 95%。

从求职来看，同 2013 年第四季度比，初中及以下文化程度的求职比重下降了 1. 47%，大学文化程度的求职比重则上升了 7. 4%。与 2013 年同期比，初中及以下文化程度的求职比重下降了 12. 24%，大专和大学文化程度的求职比重则分别上升了 3. 77% 和 2. 98%，见表 2 – 47。

表 2 – 47　按文化程度分组的供需情况

文化程度	劳动力供需人数比较				
	需求人数（人）	所占比重（%）	求职人数（人）	所占比重（%）	求人倍率
初中及以下	7957	38. 53	5296	36. 65	1. 50
高中	8236	39. 88	4671	32. 33	1. 76
其中：职高、技校、中专	3214	39. 02	1466	31. 39	2. 19
大专	2561	12. 40	2868	19. 85	0. 89
大学	1068	5. 17	1583	10. 96	0. 67
硕士以上	16	0. 08	31	0. 21	0. 52
无要求	813	3. 94	—	—	—
合计	20651	100. 00	14449	100. 00	—

4. 技术等级或职称

用人需求和求职者群体主要集中在初级专业技术职务和职业资格五级（初级技能）。求职人员的技术等级构成与用人单位的技术等级结构基本一致。

从供求状况来看，各技术等级的求人倍率均大于 1，市场的情况仍然是劳动力需求大于供给，其中求人倍率较大的是职业资格三级（高级技能）和高级专业技术职务，其供求倍率分别为 6. 13 和 1. 86。这说明市场上有较高技术的工人稀缺，但市场上供给量严重不足，见表 2 – 48。

表 2 – 48　按技术等级分组的供需情况

技术等级	劳动力供需人数比较				
	需求人数（人）	所占比重（%）	求职人数（人）	所占比重（%）	求人倍率
职业资格五级（初级技能）	342	1. 66	436	3. 02	0. 78
职业资格四级（中级技能）	141	0. 68	124	0. 86	1. 14
职业资格三级（高级技能）	98	0. 47	16	0. 11	6. 13
职业资格二级（技师）	21	0. 10	17	0. 12	1. 24

续表

技术等级	劳动力供需人数比较				
	需求人数（人）	所占比重（%）	求职人数（人）	所占比重（%）	求人倍率
职业资格一级（高级技师）	4	0.02	2	0.01	2.00
初级专业技术职务	2614	12.66	1486	10.28	1.76
中级专业技术职务	635	3.07	347	2.4	1.83
高级专业技术职务	26	0.13	14	0.1	1.86
无技术等级或职务	—	—	12007	83.10	—
无要求	16770	81.21	—	—	—
合计	20651	100.00	14449	100.00	—

九、趋势分析

总的来说，就业形势总体稳定，结构性矛盾依旧突出，劳动力短缺情况长期存在。预计到2014年后期，第二产业就业岗位的需求还将会保持一个相对稳定的增长态势，但各类技能型岗位存在着较大的缺口，造成的结构性就业矛盾短时间无法得到根本性的缓解。

资料来源：银川市各类公共职业介绍服务机构。

第五节　西藏自治区人才供需情况

西藏自治区党委、政府制定出台了《西藏自治区中长期人才发展规划纲要（2010～2020年）》，纲要显示，西藏自治区目前人才资源总量为26.9万人，占全区总人口的9.3%，其中具有本科以上学历或高级专业技术职称的人才3.8万人。据分析，西藏自治区人才市场呈现以下特点：

一、2013年西藏籍应届高校毕业生实现全就业

据西藏人力资源和社会保障厅数据显示，2013年度西藏籍应届高校毕业生实现全就业。

根据中央第五次西藏工作座谈会的要求，“对口支援省市、企业每年吸纳一定数量的西藏籍高校毕业生就业”，自2012年起，西藏自治区与17个对口援藏省市和17家中央援藏企业共同实施“就业援藏”项目，每年为西藏高校毕业生

提供一定数量的就业岗位。

2013 年，西藏就业形势总体保持稳定，确保了西藏籍应届高校毕业生实现全就业。新增的 7000 个公益性岗位全部用于基层。同时，社会保险体系得到进一步完善。2013 年，西藏全区各项社会保险参保达到 248.89 万人次，人员工资福利政策力度加大。

据悉，2014 年，西藏自治区将力争新增城镇就业 2.8 万人，失业率控制在 2.5% 以内；农牧区劳动转移就业巩固在 45 万人、90 万人次以上；社保参保突破 250 万人次。

二、卫生、农技、畜牧等实用人才短缺

西藏地处边疆、自然条件恶劣、基础设施较差等客观条件制约着西藏的人才队伍建设，引进人才和留住人才是自治区面临的难题。自中央第三次西藏工作会议以来，全国支持西藏的对口支援战略已取得了显著成效。干部援藏不仅给西藏带来了资金和项目，也为西藏的发展带来了经验和观念。就服务新农村建设的卫生、农技、畜牧等实用人才严重短缺问题，西藏自治区党委、政府做出了以下规划：

1. 实施引导人才向农牧区基层流动政策

加强基层基础设施建设，改善农牧区基层人才的工作和生活条件，稳定农牧区基层人才队伍。特别是对在农牧区基层工作的各类人才，在工资待遇、职务晋升、职称评定等方面制定具体办法，给予较大倾斜，确保留住人才。优化农牧区基层党政人才队伍结构，每年选招一批优秀复转军人和考录一批高校毕业生到乡镇和村工作。引导和鼓励高校毕业生到农牧区基层和艰苦边远地区就业创业，并给予一定扶持。做好“三支一扶”和大学生志愿服务西部计划工作。坚持科技特派员制度，每年选派一批科技特派员到农牧区服务，并在职称评定方面给予适当优先照顾。制定机关干部到乡村工作相关制度，鼓励机关干部到农牧区和艰苦边远地区任职或挂职，强化从基层选拔干部的用人导向。

2. 实施农牧区实用人才培养工程

依托农牧区现代远程教育网络、职业学校、高等院校、科研院所、农技推广机构和培训中心，大规模开展农牧区实用人才培训，大力培养致富带头人、农技带头人和经营带头人。实施现代农牧业人才支撑计划，鼓励和引导城镇人才到农牧区创业，支持农牧区实用人才创业兴业。大力扶持农牧民专业合作经济组织和专业技术协会，加快培养农牧区产业化发展急需的企业经营管理人才、农牧民专业合作经济组织带头人、农牧民经纪人和营销队伍。实施农牧业科技入户工程、绿色证书工程、新型农牧民创业培训工程和农牧区劳动力转移培训阳光工程。开

展一村一名拔尖实用人才培养活动和机关干部对口扶持工作。坚持科技特派员制度。推进医疗卫生人员支援农牧区卫生，城镇教师支援农牧区教育，科技人才下乡支农等工作。每年从高校毕业生中招募一批“三支一扶”人员，增强对农牧区的智力支持。

三、旅游人才供给不足

西藏具有优越和独特的旅游资源，但西藏旅游业起步较晚，资源开发利用潜力很大。西藏 2013 年第三产业增加值为 428.33 亿元人民币，占三次产业的一半。

西藏自治区将旅游业列入自治区六大特色经济支柱产业之一，《“十五”计划纲要》确定了力争把西藏建成国际精品旅游胜地的目标，旅游业的快速发展与旅游专业人才的供给之间的矛盾也随之显现出来。从目前旅游人才的供给情况看，主要存在两方面的问题：一方面，层次不合理。从业人员总体上年龄偏轻，实践经验不足；知识结构单一，综合素质差；专业技术人员少，高级人才严重不足，特别是英语和小语种导游更是严重短缺。另一方面，专业结构不合理。多数从业人员非旅游科班出身，没有受到系统规范的专业教育，一些经营管理人员的管理知识和技能主要来自长期实践的积累，缺乏整体规划，这不可避免地制约了行业管理水平的提高。所以，目前旅游业从业人员的状况远不能适应西藏旅游业蓬勃发展的需要。服务质量是旅游业实施发展的重要保证，当务之急是提高旅游从业人员的素质，利用各种渠道引进先进专业人才。

四、教学与生产实践矛盾突出

西藏职业教育所培养的人才基本属于普通型。技能的专业深度低，与工作的关联度不高。专业课程的设置、教师的考评和学生学业成绩的评定沿袭了学校本位的普通教育体制，没有体现职业教育的“职业”性，造成学校教学与生产实践脱离。通过对人才市场供需双方的调查发现，拉萨旅游职业院校主要培养的普通话导游、英语导游和旅游财会是旅游企业已经饱和的人才类型，而旅游企业所急需的中高层外联综合型管理人才和小语种导游，只能靠从外部引进。由于旅游行业要求从业人员对区域文化有较深的感悟和了解，因此从外引进的不少人员难以满足游客的要求。这一方面造成了拉萨旅游职业院校毕业生面临毕业即失业的困境，另一方面也严重影响了拉萨旅游企业的发展。

资料来源：西藏人力资源和社会保障厅。

第六节　广西壮族自治区人才供需情况

以广西柳州市2014年第一季度劳动力市场职业供需分析为例。

一、人才供需总体情况

2014年第一季度，柳州市通过人力资源市场进行招聘的用人单位有5003家次，提供就业岗位47317个，参加人力资源市场交流会的各类人员有65130人次，其中在人力资源市场进行求职登记的各类人员有52104人。2014年第一季度柳州市人力资源市场需求变化不大。从数据显示的信息来看，人力资源市场中用人单位的用工需求数量和进行求职的人数和去年同期相比变化不大，但人力资源市场上劳动力的供给依然大于需求，2014年第一季度求人倍率为0.91，与2013年第四季度相比下降了0.49%，与2013年同期相比上升了0.05%。2014年第一季度该市职业供求比例为1.10:1，与2013年第四季度的0.71:1相比，同一个岗位应聘的人数变化明显，见表2－49。

表2－49　供需总体情况

	需求人数（人）	求职人数（人）	求人倍率
本期有效数	47317	52104	0.91

二、各产业劳动力需求情况

本季度第一产业、第二产业、第三产业需求人数所占比重依次为0.33%、19.55%和80.12%，从总量结构看，第三产业仍旧稳居吸纳劳动力的主体位置。与2013年第四季度相比，第一产业的需求略有下降，第二产业的需求比重上升了2.73%，第三产业下降了2.65%；与2013年同期相比第一产业上升了0.09%，第二产业下降了0.07%，第三产业则下降了0.02%，见表2－50。

表2－50　按产业分组的需求情况

产业	需求人数（人）	所占比重（%）
第一产业	157	0.33
第二产业	9250	19.55
第三产业	37910	80.12
合计	47317	100.00

三、行业需求情况

从各行业需求看，批发和零售业、制造业、租赁和商务服务业的用人需求量较大，分别占总需求人数的43.91%、18.27%和15.36%，三者合计为77.54%。其中，制造业的用人需求在第二产业中所占的比重高达93.45%，是第二产业用人需求的支柱行业；第三产业的用人需求主要集中在劳动密集型的批发和零售业、租赁和商务服务业，两者在第三产业所占的用人需求比重分别为54.81%和19.17%，是第三产业的支柱行业。住宿和餐饮业与信息传输、计算机服务和软件业，两者在第三产业所占的用人需求比重分别为7.69%和4.96%，四项合计在第三产业所占比重为86.63%。

与2013年第四季度相比，第二产业的制造业上升了1.58%，与2013年同期相比下降了0.67%。而第三产业中的批发和零售业的需求比重有所下降，分别下降了2.61%和0.07%。住宿和餐饮业与2013年第四季度相比上升了2.89%，与2013年同期相比下降了0.31%。租赁和商务服务业与2013年第四季度相比上升了0.16%，与2013年同期相比下降了0.54%；而信息传输、计算机服务和软件业与2013年第四季度相比下降了1.16%，与2013年同期相比上升了1.09%，见表2-51。

表2-51　按行业分组的需求情况

行业	需求人数（人）	所占比重（%）
农、林、牧、渔业	157	0.33
采矿业	0	0.00
制造业	8645	18.27
电力、燃气及水的生产和供应业	44	0.09
建筑业	561	1.19
交通运输、仓储和邮政业	625	1.32
信息传输、计算机服务和软件业	1881	3.98
批发和零售业	20779	43.91
住宿和餐饮业	2916	6.16
金融业	153	0.32
房地产业	1015	2.15
租赁和商务服务业	7268	15.36
科学研究、技术服务和地质勘查业	39	0.08
水利、环境和公共设施管理业	20779	—
居民服务和其他服务业	1831	3.87

续表

行业	需求人数（人）	所占比重（%）
教育	56	0.12
卫生、社会保障和社会福利业	99	0.21
文化、体育和娱乐业	1246	2.63
公共管理与社会组织	2	0.00
国际组织	—	—
合计	47317	100.00

四、用人单位需求情况

从用人单位需求看，98.08%的用人需求都集中在有限责任公司、个体经营、私营企业经济类型的企业，分别占到了全部用人需求比重的71.03%、22.28%和4.77%。私营企业需求比重与2013年第四季度和2013年同期相比分别下降了2.38%和15.05%；个体经营需求比重与2013年第四季度相比上升了12.12%，与2013年同期相比则下降了6.55%；有限责任公司需求比重与2013年第四季度相比下降了5.76%，与2013年同期相比则上升了22.99%，见表2－52。

表2－52　按用人单位性质分组的需求人数

单位性质			需求人数（人）	所占比重（%）
企业	内资企业	国有企业	110	0.23
		集体企业	203	0.43
		股份合作企业	244	0.52
		联营企业	44	0.09
		有限责任公司	33609	71.03
		股份有限公司	6	0.01
		私营企业	2259	4.77
		其他企业	21	0.04
	港、澳、台商投资企业		101	0.21
	外商投资企业		42	0.09
	个体经营		10542	22.28
事业			77	0.16
机关			3	0.01
其他			56	0.12
合计			47317	100.00

五、各类职业供需情况

从各类职业的需求状况看，商业和服务人员及生产运输设备操作工稳占用人需求的主体地位，所占比重分别为总用人需求的 27.45% 和 56.64%，生产运输设备操作工与 2013 年第四季度相比下降了 2.80%，与 2013 年同期相比则上升了 5.60%。而与 2013 年第四季度相比商业和服务业人员需求上升了 4.63%，与 2013 年同期相比则下降了 5.82%；办事人员和有关人员的用工需求与 2013 年第四季度和 2013 年同期相比分别上升了 0.66% 和 1.76%；专业技术人员的用工需求与 2013 年第四季度和 2013 年同期相比分别下降了 0.84% 和 0.29%；单位负责人的用工需求与 2013 年第四季度和 2013 年同期相比分别上升了 0.33% 和 1.23%。

从求职情况看，求职人数相对集中的职业也是对文化技能要求相对较低的商业和服务业人员、生产运输设备操作工，这两类行业成为农村进城务工求职人员的首选，所占比重分别为 28.49% 和 55.09%，两者合计占总求职人数的 83.58%。生产运输设备操作工与 2013 年第四季度和 2013 年同期相比分别上升了 2.99% 和 6.30%，专业技术人员、办事人员和有关人员的求职比重分别为 5.67% 和 6.84%。与 2013 年第四季度相比，办事人员和有关人员的求职比重下降了 1.09%，而与 2013 年同期相比则上升了 1.62%；商业和服务业人员的求职比重与 2013 年第四季度相比上升了 2.94%，与 2013 年同期相比则下降了 6.97%；专业技术人员的求职比重与 2013 年第四季度相比下降了 3.74%，与 2013 年同期相比则上升了 0.04%。农林牧渔水利生产人员的求职比重较 2013 年第四季度和 2013 年同期相比变化不大。

从供求状况对比来看，生产运输设备操作工的求人倍率为 0.93，办事人员和有关人员的求人倍率为 0.91，商业和服务业人员与专业技术人员的求人倍率均为 0.87，农林牧渔水利生产人员的求人倍率最低为 0.70，见表 2－53，2－54，2－55。

表 2－53　按职业分组的供需情况

职业类别	劳动力供需人数比较				
	需求人数（人）	所占比重（%）	求职人数（人）	所占比重（%）	求人倍率
单位负责人	1671	3.53	1951	3.74	0.86
专业技术人员	2569	5.43	2955	5.67	0.87
办事人员和有关人员	3224	6.81	3562	6.84	0.91
商业和服务业人员	12986	27.45	14842	28.49	0.87
农林牧渔水利生产人员	64	0.14	92	0.18	0.70
生产运输设备操作工	26803	56.64	28702	55.09	0.93

续表

职业类别	劳动力供需人数比较				
	需求人数（人）	所占比重（%）	求职人数（人）	所占比重（%）	求人倍率
其他	—	—	—	—	—
无要求	—	—	—	—	—
合计	47317	100.00	52104	100.00	—

表 2－54　需求大于求职缺口最大的十个职业（职业小类）

职业	劳动力供需人数比较			
	需求人数（人）	求职人数（人）	缺口数（人）	求人倍率
推销展销人员	8054	2452	5602	3.28
力工	5342	2014	3328	2.65
餐厅服务员、厨工	4052	1036	3016	3.91
营业人员、收银员	3895	1853	2042	2.10
机械冷加工	2542	545	1997	4.66
美发美容人员	1535	453	1082	3.39
部门经理	994	154	840	6.45
饭店服务人员	1054	243	811	4.34
机械热加工	302	35	267	8.63
裁剪缝纫工	203	25	178	8.12

表 2－55　需求小于求职缺口最大的十个职业（职业小类）

职业	劳动力供需人数比较			
	需求人数（人）	求职人数（人）	缺口数（人）	求人倍率
保育、家庭服务员	542	3589	3047	0.15
机动车驾驶员	598	2854	2256	0.21
物业管理人员	357	2356	1999	0.15
财会人员	327	2157	1830	0.15
治安保卫人员	379	1825	1446	0.21
保管人员	584	1658	1074	0.35
清洁工	256	1236	980	0.21
机械设备维修工	135	1003	868	0.13
电工	156	755	599	0.21
计算机工程技术人员	224	532	308	0.42

六、求职人员构成情况

在所有求职人员中，失业人员所占比重为99.52%，其中，就业转失业人员占46.37%，其他失业人员占46.25%，新成长失业青年占6.00%；外来务工人员的比重为0.48%，外来务工人员由本市农村人员和外埠人员组成，其所占比重分别为0.36%和0.12%。就业转失业人员的求职比重与2013年第四季度及2013年同期相比分别上升了6.67%和0.61%。其他失业人员的求职比重与2013年第四季度相比上升了15.29%，与2013年同期相比则下降0.53%。本市农村人员与2013年第四季度及2013年同期相比分别下降了0.25%和0.02%，见表2-56。

表2-56 按求职人员类别分组的求职情况

求职人员类别	求职人数（人）	所占比重（%）
新成长失业青年	3146	6.00
应届高校毕业生	408	0.78
就业转失业人员	24354	46.37
其他失业人员	24287	46.25
在业人员	65	0.12
下岗职工	—	—
退休人员	—	—
在学人员	—	—
本市农村人员	187	0.36
外埠人员	65	0.12
合计	52512	100.00

七、招聘、应聘条件情况

1. 性别

从用人单位对劳动者的需求来看，用人需求对求职者的性别都有明确要求。其中，2014年第一季度用人单位对男性的需求比重为57.76%，对女性的需求比重为42.24%。用人单位对女性求职者的用工需求与2013年第四季度及2013年同期相比分别上升了0.67%和0.12%；对男性的用工需求比重则是比2013年第四季度及2013年同期相比分别下降了0.67%和0.12%，这表明本市女性在求职时能选择的岗位相对2013年第四季度及2013年同期要稍多一些。

从求职者的性别结构看，2014 年第一季度男性求职人数多于女性人数，两者求职人数所占比重分别为 61.52% 和 38.48%，男性和女性求职人数与 2013 年第四季度及 2013 年同期变化不大。

从供求状况对比看，女性的求人倍率要高于男性，这表明女性求职比男性求职要更容易，两者的求人倍率分别为 1.0 和 0.85，女性的求人倍率与 2013 年第四季度相比下降了 0.38%，与 2013 年同期相比则上升了 0.04%，而男性的求人倍率与 2013 年第四季度相比下降了 0.69%，和 2013 年同期相比则上升了 0.08%，见表 2－57。

表 2－57　按性别分组的供需情况

性别	劳动力供需人数比较				
	需求人数（人）	所占比重（%）	求职人数（人）	所占比重（%）	求人倍率
男	27331	57.76	32053	61.52	0.85
女	19986	42.24	20051	38.48	1.00
无要求	—	—	—	—	—
合计	47317	100.00	52104	100.00	—

2. 年龄

从用人单位对劳动者的年龄要求看，本季度更多的用工单位需要在 25～34 岁的劳动者，占总需求人数的 47.03%。其中，对 16～24 岁、35～44 岁劳动者的需求比重分别为 22.03%、24.16%。与 2013 年第四季度相比，2014 年第一季度用人单位对劳动者的年龄要求更趋向于 25～34 岁的人群，用工需求下降了 3.32%，与 2013 年同期相比则上升了 0.23%；而 35～44 岁年龄段的用工需求与 2013 年第四季度相比上升了 2.83%，与 2013 年同期相比则下降 0.34%；16～24 岁年龄段的用工需求量与 2013 年第四季度及 2013 年同期相比分别上升了 0.89% 和 0.14%。

从求职者的年龄构成来看，以 16～44 岁的求职者为主体，其中，16～24 岁的求职者占 23.13%，35～44 岁的求职者占 26.98%，25～34 岁的求职者占 42.95%。35～44 岁的求职数量与 2013 年第四季度相比上升了 9.13%，与 2013 年同期相比则下降了 0.30%；25～34 岁的求职人员数量与 2013 年第四季度及 2013 年同期相比分别下降了 7.87% 和 0.21%。

从供求状况对比看，25 岁以上的求人倍率微增幅，显示出从学校毕业后有一定工作经验的人更容易找到工作，用人单位更倾向于使用有工作经验及一定技术证书的人员，见表 2－58。

表 2－58　按年龄分组的供需情况

年龄	劳动力供需人数比较				
	需求人数（人）	所占比重（%）	求职人数（人）	所占比重（%）	求人倍率
16～24 岁	10425	22.03	12054	23.13	0.86
25～34 岁	22254	47.03	22377	42.95	0.99
35～44 岁	11434	24.16	14058	26.98	0.81
45 岁以上	3204	6.77	3615	6.94	0.89
无要求	—	—	—	—	—
合计	47317	100.00	52104	100.00	—

3. 文化程度

从用人单位对求职者文化程度的要求来看，2014 年第一季度大部分用人单位对求职者的文化程度要求与 2013 年第四季度相同。对初中以下文化程度求职者的需求比重占总需求人数的 45.57%，与 2013 年第四季度及 2013 年同期相比分别下降了 2.47% 和 2.42%，要求高中文化程度的用人需求占总体需求的 41.32%，与 2013 年第四季度相比上升了 9.07%，与 2013 年同期相比则下降了 0.06%，（其中对职高、技校、中专文化程度求职者的需求占 79.53%），有 54.43% 的用人单位要求求职者的文化程度在高中或高中以上。

从求职者的文化程度来看，2014 年第一季度高中文化程度以下（包括高中）的求职者仍是劳动力市场的求职主体，其所占比重为 87.45%（其中 37.82% 的求职者是职高、技校、中专文化程度），初中及以下文化程度的求职人员比 2013 年第四季度及 2013 年同期相比分别上升了 13.46% 和 1.62%；高中文化程度的求职者所占比重占全部求职者的 40.33%，比 2013 年第四季度相比上升了 8.62%，与 2013 年同期相比则下降了 3.47%；大专文化程度的求职比重仅为 12.19%，比 2013 年第四季度下降了 20.42%，而与 2013 年同期相比则上升了 2.97%；大学文化程度的求职比重为 0.35%，与 2013 年第四季度及 2013 年同期相比分别下降了 1.68% 和 1.12%。

从供求状况对比看，除大专文化程度的求人倍率达到 0.95 外，其余各文化程度的需求求人倍率与 2013 年第四季度及 2013 年同期相比变化不大，见表 2－59。

表 2－59　按文化程度分组的供需情况

文化程度	劳动力供需人数比较				
	需求人数（人）	所占比重（%）	求职人数（人）	所占比重（%）	求人倍率
初中及以下	21563	45.57	24554	47.12	0.88
高中	19550	41.32	21015	40.33	0.93

续表

文化程度	劳动力供需人数比较				
	需求人数（人）	所占比重（%）	求职人数（人）	所占比重（%）	求人倍率
大专	6054	12.79	6352	12.19	0.95
大学	150	0.32	183	0.35	0.82
硕士以上	—	—	—	—	—
无要求	—	—	—	—	—
合计	47317	100.00	52104	100.00	—

4. 技术等级或职称

从用人需求对技术等级的要求看，2014 年第一季度进入人力资源市场进行招聘的用人单位中对技术等级无要求的占总需求人数的 80.42%，与 2013 年第四季度相比上升了 24.15%，与 2013 年同期相比则下降了 0.52%；而对技术等级有明确要求的用人需求主要集中在初级技能人员、中级技能人员和初级专业技术职务人员三个等级，其所占比重分别为 10.98%、4.07% 和 2.53%。

从求职人员的技术等级构成来看，75.36% 的求职者无技术等级或职务，这给求职者求职造成了一定难度，求人倍率已明显地反映出来；具有某种技术资格等级的求职者所占比重为 24.64%，主要集中在初级技能人员、中级技能人员和初级专业技术职务人员，其所占比重分别为 15.07%、4.23% 和 3.16%。与用工单位的需求相比，求职人员的技术等级构成与用人需求的技术等级结构基本一致。

从供求状况对比看，劳动力供给普遍大于需求。其中，无技能人员的求人倍率达到了 1.38，高级技能人员的求人倍率为 0.96，中级技能人员的求人倍率为 0.87，初级技能人员的求人倍率为 0.66，中级专业人员的求人倍率为 0.78，见表 2－60。

表 2－60　按技术等级分组的供需情况

技术等级	劳动力供需人数比较				
	需求人数（人）	所占比重（%）	求职人数（人）	所占比重（%）	求人倍率
职业资格五级（初级技能）	5195	10.98	7854	15.07	0.66
职业资格四级（中级技能）	1924	4.07	2204	4.23	0.87
职业资格三级（高级技能）	354	0.75	367	0.70	0.96
职业资格二级（技师）	—	—	—	—	—

续表

技术等级	劳动力供需人数比较				
	需求人数（人）	所占比重（%）	求职人数（人）	所占比重（%）	求人倍率
职业资格一级（高级技师）	—	—	—	—	—
初级专业技术职务	1198	2.53	1648	3.16	0.73
中级专业技术职务	593	1.25	764	1.47	0.78
高级专业技术职务	—	—	—	—	—
无技术等级或职务	—	—	39267	75.36	1.38
无要求	38053	80.42	—	—	—
合计	47317	100.00	52104	100.00	—

八、趋势分析

从人力资源市场的情况来看，年后进场招聘的企业都是需求量较大且需求相当紧迫的，机械制造类企业、商贸类企业成为年后招聘会的招聘主力，招聘的岗位则主要是营业员、收银员，还有一些生产性岗位或技术性较强的岗位，如冲压工、钳工、电工、模具工程师等。另外，也有少数企业招聘会计、文员、业务员等非生产性岗位。至于求职者，则以市区的中青年待业者为主，也有少数是返城农民工，呈现出职位多而应聘者少的现象。

人力资源市场在用人需求上仍以第三产业为主，批发零售业和居民服务业、制造加工业需求强劲，非公有制企业需求占主导地位。非公有制企业主要以有限公司、股份公司、私营企业、个体经营为主。公有制企业由于工作稳定，有保障，受到劳动者的青睐，近几年，用人需求已趋于饱和，未曾到市场进行招聘活动，主要通过高校招聘、定向委培等方式增加人员；相反，非公有制制造业、商贸类企业由于用人机制灵活，已成为柳州市需求的主力军。由于柳州市属于工业城市，其中以机械制造类密集型企业需求人员最多，制造业企业存在用工缺口的工种主要集中在一线操作工、熟练技工和管理人才，尤其是一线普工及技能人才供不应求，企业工人的高流失率是造成人员需求多的主要原因。在上汽通用五菱，一线操作工、电工和钳工缺口相当大，远远不能满足企业发展的需要，用工缺口主要为技术工和营销人才。

资料来源：柳州市就业服务中心信息管理网络和举办的人力资源交流会。

第三章 劳动就业理论

就业问题一直是社会各界广泛关注的焦点问题之一。纵观国外学者的研究脉络和研究成果，可以看出，西方经济学家对就业问题的研究有不同的视角。解决就业问题要充分理解西方关于就业的理论研究并结合中国的具体国情，在实践中丰富和深化就业理论。

第一节 传统经济学的就业理论

一、萨伊的市场法则理论

18 世纪末 19 世纪初，法国经济学家萨伊首次提出供给创造它自身的需求。他认为商品买卖的实质是商品交换。商品买卖实际上只是商品与商品之间的交换，货币只是在刹那间起媒介作用的工具，商品的供给与需求都只是一枚货币的两面，这样，一种商品的供给量就相当于另一种商品的需求量，买与卖是一致的，供与求也就当然是平衡的。萨伊指出，任何一种商品的市场价值，必定等于生产该商品的三要素（土地、劳动、资本）的总和。资本家卖掉商品，就要买机器、原材料和劳动力；农民卖掉粮食，就要买布、买其他生产资料与生活资料。这样，供给与需求自然就经常趋向于平衡。如果出现某种产品的供求失调，自由竞争机制会自动发生作用，使供求再次趋于平衡。在以一种商品交换货币，又用货币交换另一种商品的过程中，货币只起到流通手段的作用。商品的出售者同时也是商品的购买者。商品（包括劳务）的供求在总体上是平衡的，不会出现供不应求或生产过剩的问题。

当出现较多的失业者时，即劳动要素供大于求时，经过市场的自发调节，也会把失业消除，即劳动的供求再恢复均衡。其过程是：劳动供给过剩导致劳动要

素内部竞争加剧—货币工资下降—资本家因生产成本下降、利润增加而增加劳动需求—在低工资条件下把工人全部吸收到企业中。这样，失业问题自然就解决了。

1. 萨伊的就业理论概要

依靠价格机制，国家经济失调会迅速被商品市场和生产要素市场价格的自行运动消失。

在正常的市场经济条件下，市场经济会自动实现充分就业。

萨伊反对政府干预经济，干预要素市场调节，主张自由的市场经济。

2. 对充分就业的解释

（1）充分就业是指一切生产要素（包含劳动）都有机会以自己愿意的报酬参加生产的状态。自愿失业是指求职性失业，劳动者不满意现有工作，离职去寻找更理想的工作而造成的失业。非自愿失业是指愿意接受现有工资水平，但仍找不到工作。

（2）解析。充分就业并不是人人都有工作，没有一个人失业，而是仍有失业，此时的失业为自然失业，或者说在实现了充分就业时仍然存在的失业为自然失业。

一切生产要素都有机会以自己愿意的报酬参加生产消灭了周期性失业，允许自然失业存在空缺职位等于寻找工作的人数。

按照萨伊的市场法则理论，当一个社会存在失业时，责任在工人自己（因为他们不愿接受低工资，是“自愿失业”），而且不致出现大规模生产过剩与失业。

二、庇古的就业理论

庇古是英国著名经济学家，剑桥学派马歇尔的学生。他对就业问题的看法仍然是从萨伊定律出发的。

1. 对失业的解释

（1）强调研究失业的条件。研究失业问题必须联系其他经济因素一起进行，因为经济生活的各个方面是互相联系的，孤立地研究失业问题不可能得出科学的结论；研究失业问题的学者在具体的研究过程中应力求客观，这是因为经济学是一门科学，而客观正是科学最基本的性质。庇古认为，“失业”一词只能专用于领取工资的工作这一范围。

（2）决定就业量的先决条件：就业的供给量，就业的需求量。

当就业量不变时，工资的效用恰好等于该就业量的边际负效用。工资等于劳动的边际生产物。

因此，所谓失业，庇古认为指的就是工资阶级的失业，同时也是与工资劳动有关的各阶级的失业。由于年龄太大、残废，或暂时的疾病而肯定无法从事工资劳动的人的闲歇，以及某些不是由于不得已而是由于自愿的闲歇，就不应算为失业。另外，流氓阶级竭力追求的，正是逃避工作，他们的闲歇也不能算作失业。最后，罢工和闭厂拒工时的“闲散”也不应当包括在失业范围之内。

庇古指出，由于自愿闲歇因而不属于失业范围之内的人和失业者之间的分界线，初看起来是相当明显的，但稍微想一下就可以发现，这种粗略的说法存在着严重的缺点，因为一个人究竟是愿意工作还是愿意闲歇，以及在自愿工作时，所要求的工作量的多少，都无法做出绝对的答复，而只能取决于作为工作报酬的工资率，因此也就必须有更精确的定义。

（3）三种容易发生失业的地区。那么，什么人才属于失业的范畴呢？庇古认为，当一个人希望工作而在下列三种地区无法取得工作时，就发生了失业：①在没有由于劳资纠纷而发生停工关厂情形的地区；②在他最后经常被雇的地区，其工资和生活条件不低于他在该地区通常受雇的地区，其工资和生活条件不低于他在该地区通常受雇时所惯于取得的工资和条件；③在其他工资与生活条件不低于一般劳资协议所能取得的工资与生活条件的地区。在这种情况下，某一工业中的失业量，便可以由属于或受雇于该工业的人的受雇时间，以及这些人在当时的工资和雇用条件之下愿意从事工作的时间的差数来衡量。

可见，根据庇古的就业理论，劳工市场上的供给不可能与对劳工的需求脱节。这是因为，在工人工资总是等于劳动的边际生产物，而工资的效用又总是等于劳动的边际负效用的前提下，只要存在着完全竞争制度下的劳工市场，工资就可以随劳工市场供求的变化而变化，就业量也将随之自行调整；只要工人愿意接受现行工资水平就都能就业。庇古在 1933 年出版的《失业论》一书中明确表示：“只要有完全自由竞争……就会经常有一般强烈的倾向将工资率与需求相联，使每个人都能就业。”庇古从根本上否定了在资本主义自由竞争制度下有大量失业的可能性。

2. 影响失业的因素

（1）物质财富。当某一社会的财富（也就是对劳工的需求）增长，而一般所接受的人道主义最低工资又不变时，失业现象就必然会减少。

（2）工资水平。如果人道主义最低工资额提高，而社会财富量维持不变时，失业人数就必然会增加。

这也就是失业现象发生的规律。它基本上否定了非自愿失业的存在，是完全错误的，这种说法歪曲了资本主义雇佣劳动制度的性质，歪曲了资本主义工资制度的性质。在凯恩斯以前，研究过资本主义社会中失业问题的西方经济学家中，庇古的影响最大。对此，凯恩斯在他的名著《就业、利息和货币通论》中已经对庇古的失业理论作了彻底的批判。

三、就业周期理论

传统经济学家认为经济周期对就业有影响，就业周期与经济周期有一定的联系，就此也提出了许多不同的观点。有的认为经济周期性的波动是由市场消费不足引起的（如英国经济学家约翰·A. 霍布森提出，储蓄是个坏习惯，延迟了消费，使总消费小于总生产）；有的认为是由太阳黑子运动引起的（英国经济学家威廉·杰文斯作了统计分析，指出太阳黑子和天气周期性变动影响了农业生产，从而使工业活动也发生变化）。

他们在就业问题的观点与上述萨伊就业论的观点是一致的，即在市场体制下价格自动调节经济，劳动供求趋于均衡，趋于充分就业，反对政府干预市场。

就业周期理论带给我们如下启示：

相对于经济周期，就业周期存在一定的滞后，且复苏力度要小于衰退速度。即便当前经济出现回升迹象，应对失业也可能是一个长期问题。

在经济周期中，公共部门就业的特立独行会对私人部门造成挤出效应并加剧其波动。要稳定私人部门就业，就必须加快公共部门的就业改革，特别是加快公务员就业机制的改革。

中小企业对经济周期的反应强度要远大于大企业，是就业波动的核心所在，稳定就业的政策资源应重点投放在中小企业上。

生产型工人与低素质劳动力对经济周期的反应强度要大于非生产型工人和高素质劳动力，提升劳动者素质、加快结构转型，是应对失业问题的长期解决之道。

除需求冲击、技术冲击外，劳动力市场行为变量的变化也会加剧就业波动，政府可以通过政策工具来引导劳动力市场各类主体的行为，为平抑就业波动服务。

产出波动对就业的影响在一定程度上取决于政策环境，在经济复苏阶段，政府可以通过就业政策特别是劳动管制政策的优化，为经济复苏带动就业复苏创造条件。

第二节　凯恩斯的就业理论

一、凯恩斯就业理论的产生及其实质

1. 凯恩斯就业理论产生的历史条件

凯恩斯是英国著名经济学家，凯恩斯学派的创始人。20 世纪 20 年代经济的慢性萧条是凯恩斯就业理论萌芽的土壤，1929～1933 年的世界性经济危机则为

催生凯恩斯经济学提供了大气候。这次世界性经济危机爆发于1929年10月23日，首先由纽约股票价格大跌开始，然后波及美国各经济领域。通过国际贸易和国际金融等渠道，英国很快受到影响，也陷入危机。从1930年第一季度起，工业生产指数和出口贸易指数都明显下降，失业人数激增，1932年第三季度，失业人数高达300万人，失业率高达23%。这次大危机使整个资本主义世界经济倒退至1903～1909年的水平，而且扩展到金融市场和资本市场，囊括地区之大，持续时间之长，为历史所空前。凯恩斯在苦苦思索和研究过程中，实践和理论都给了其极大的启示。

这一就业理论主要体现在凯恩斯1936年出版的《就业、利息和货币通论》一书中。凯恩斯承认资本主义社会有“非自愿失业”现象的存在，但认为失业并不是资本主义制度的必然产物，而是“有效需求”不足的结果，只要采用国家干预经济的政策，增加“有效需求”，就可以实现充分就业。

从实践看，主要是罗斯福的“新政”计划对凯恩斯形成“就业通论”起了先导、促进、借鉴和印证的作用。

(1) 凯恩斯就业理论核心。

农业政策：缩小种植面积，减少农产品过剩，由国家拨款支持农产品价格，增加农民收入，改善和保护土壤肥力等。

工商业政策：采取工商业自行调整的政策，减少生产过剩，增加工资，缩短工时，提高物价。

劳工政策：以工代赈，减少失业，加大社会保险的实施（失业保险、养老保险、福利），加强工会力量，尽量消除劳资纠纷。

(2) 凯恩斯就业理论的特色。

从根本上否认萨伊定律。

否定古典的利率、投资与储蓄理论。

否定古典宏观经济的就业理论，提出总供给=总需求的观点。

否定政府的自由放任政策，提出政府干预主张。而凯恩斯就业理论的特征是，经济学的分析已经开始由个体转向总量，国家干预经济进行需求管理的提出。

2. 凯恩斯的充分就业原理

“充分就业”是凯恩斯就业理论中的一个基本概念。要了解凯恩斯的就业理论，首先需要明确凯恩斯提出的“充分就业”这一概念的特殊含义。1929～1933年的世界性经济危机给西方各国带来了空前规模的失业。传统所谓市场可以通过工资水平自动调节就业量，从而达到充分就业的学说破产了。主张国家干预的就业理论出现，并成为“二战”后主要西方国家的主流经济理论。其代表人物是

凯恩斯。凯恩斯认为，就业量取决于有效需求。失业之所以持续不断，是由于资本主义社会一般情况均存在“有效需求不足”的问题，即总供给价格和总需求价格达到均衡时的总需求不足，由此造成较多的社会失业，即不充分就业。

（1）造成有效需求不足的三个基本心理规律。

“边际消费倾向递减规律”，该规律使消费需求不足；

“资本边际效率递减规律”，该规律使投资需求不足；

“货币流动偏好规律”，也引起投资需求不足。

由以上三个心理规律决定的投资需求不足和消费需求不足，引发了有效需求不足，进而引起不充分就业。

凯恩斯在文中写到，在技术和设备不变的情况下，当工人就业人数增加时，劳动的边际生产物必然递减，所以，要想增加劳动力，降低工人的实际工资水平是很必要的。但是，在现实生活中，既然在货币工资不变但由于物价上涨而导致实际工资略微下降时，有的工人仍然愿意按照现行货币工资水平受雇于资本家，这就足以证明工资的效用依然大于劳动的边际负效用，否则劳动的供给就应当与劳动的需求相等，而不应大于对劳动的需求。

（2）凯恩斯的充分就业原理。

何谓充分就业？不存在非自愿失业。凯恩斯针对经济危机期间所出现的严重失业状况，提出了“充分就业”的概念。

所谓充分就业，就是在一个具体工资水平上，人人有事做。西方的传统经济学一直认为，在劳动市场自由竞争条件下，只要劳工市场上没有人为势力阻碍工资的自由涨落，总是可以通过工资涨落和劳动力供求之间的自发调整过程而实现充分就业的。在这种情况下，如果还有失业的话，那就只有“自愿失业”和“摩擦性失业”了，而不存在“非自愿失业”的可能性。凯恩斯认为，在资本主义社会中，除了有“自愿失业”和“摩擦性失业”之外，还存在“非自愿失业”。这是庇古等人所没有发现的失业类别。因此，劳动力市场失业的情况可分为三种：

第一，由某种专门劳动力市场供过于求造成的，叫作“摩擦性失业”。

第二，由于各种原因人们对现有的工作不喜欢而情愿待在家中，叫作“自愿失业”。

第三，由于在现行工资水平上，人们愿意工作而得不到工作，叫作“非自愿失业”。摩擦性失业可以通过对劳动力的技能训练和国民经济结构的调整而迅速解决，自愿失业则是劳动者队伍自身的选择，所以这两类失业不算真正的“失业”，不属于解决充分就业范围内的事情。只要解决了“非自愿失业”的问题，就可说得上充分就业了。

为什么会存在非自愿失业？凯恩斯认为，国民经济的均衡，亦即社会总供给与社会总需求的均衡，有两种情形：一种情形是国民收入全部转变为社会需求，从而在充分就业的高状态上实现均衡；另一种情形就是国民收入发生了漏出，没有全部转变为社会需求，这样就只能在低于充分就业的萎缩状态下实现均衡。凯恩斯认为，在资本主义社会，充分就业的高水平的均衡只是一个特例，大量存在的是低于充分就业的均衡。形成这种状况的原因，在于资本主义社会长期存在“有效需求不足”的问题。也就是说，在凯恩斯看来，资本主义之所以存在生产过剩和大量失业，问题出在需求方面，国民收入未能转变为足够的有效需求。这样，凯恩斯分析的重点就转向了社会总需求。

为什么会出现有效需求不足？根据三个心理规律的作用，凯恩斯认为，有效需求包括消费需求和投资需求。而在市场经济运行中，存在着三个影响人们消费和投资的心理规律，由于这三个心理规律的影响，使人们的收入往往不能全部转变为有效需求，结果造成了社会有效需求不足。

为实现充分就业，凯恩斯认为，必须摒弃自由放任的经济政策，依靠国家干预。为此提出了需求管理政策，即通过实施政府干预经济的政策刺激社会有效需求，从而达到促进生产，增加就业的机会。具体措施有：

第一，实行扩张性的财政政策，扩大政府开支。

第二，实行扩张性的货币政策，银行当局可借增加货币供应量通过货币乘数以刺激就业。

第三，实行政府干预对外贸易的政策，扩大出口，限制进口，以利于国内经济繁荣和增加就业。

第四，实行高额累进税政策，进行收入再分配，以提高消费倾向，通过消费的增加扩大社会就业量。

凯恩斯的有效需求不足理论在分析方法上可以作为制定政策的一个重要参考，但在具体理论内容上的借鉴意义是有局限性的。由此可见，凯恩斯提出的“充分就业”概念，现在所说的真正意义上的充分就业，不是指一切有劳动能力的人全体就业，而是指在某一货币工资水平下愿意就业的人的就业。这正如他自己所声明的：“在实际生活中，没有不自愿失业之存在。此种情形，称之为充分就业。摩擦的与自愿的失业，都与‘充分’就业不悖。”

如上节中所述，庇古不认为在自由竞争条件下会发生真正意义上的失业。他认为，即使有自愿失业和摩擦性失业的存在，也是暂时性的和局部范围内的。凯恩斯在书中指出了庇古的这个错误性的判断，是根据其关于工资规律的两个前提条件而得出的：一是工资等于劳动的边际生产物；二是当就业量不变时，工资的效用等于该就业量的负效用。凯恩斯为了说明“非自愿失业”的存在，只赞成

第一个前提，而否定第二个前提。

3. 凯恩斯就业理论的基础——有效需求原理

凯恩斯就业理论的基础是他的有效需求原理。“有效需求”一词，最早出现于马尔萨斯1800年的《政治经济学原理》一书中，马尔萨斯认为，“资本主义社会存在着一般商品生产过剩的可能性，原因是有效需求不足”。在1936年出版的《就业、利息和货币通论》一书中，凯恩斯对“有效需求”进行了明确的定义。

商品的有效需求是指在技术、资源与成本（生产要素成本）不变的条件下，总供给价格和总需求价格达于均衡状态时的总需求，因为只有社会的总供给曲线与总需求曲线的交点，才能决定社会的就业量，因而才说得上是“有效”的需求。

为什么社会就业量取决于总供给曲线与总需求曲线的交点呢？在《就业、利息和货币通论》一书中，凯恩斯是用总供给函数和总需求函数的关系来说明有效需求与就业量之间的关系的。凯恩斯认为，这是由于社会产量的总供给价格Z是一定就业量N的函数，即Z=φ（N），φ说明Z随着N的变化而变化的关系，凯恩斯认为总供给价格和总就业量之间的关系也是一种函数关系，这一关系也可以称为总供给函数，同样，总需求价格D也是一定就业量N的函数，用数学表达为D=f（N），f说明D随着N的变化而变化的关系即总需求函数。凯恩斯认为，总供给价格Z与总需求价格D并不是在总就业量N取任何特定值时均相等，只有在N取某一个特定值时才相等。凯恩斯在书中写道：“假设当N取某特定值时，预期收益大于总供给价格。即D大于Z，则雇主们见有利可图，必欲加雇工人，必要时不惜抬高价格。竞购生产元素，直至N之值使Z与D相等而后止。故就业量决定于总需求函数与总供给函数相交之点，在此点，雇主们之预期利润达至最大化。D在总需求函数与总供给函数相交点之值，称为有效需求。”也就是说，凯恩斯认为全社会的总就业量是由有效需求决定的，总就业量究竟是稳定在较高水平上还是稳定在较低水平上，就取决于这个有效需求的大小。

因为各个厂商都以追求利润最大化为目标，当总供给大于总需求从而利润低于平均水平时，就会压缩生产，减少供给，解雇工人；当总供给小于总需求从而利润高于平均水平时，就会扩大生产，增加供给，增雇工人；只有当总需求价格等于总供给价格时，才会达于均衡的状态。因此，凯恩斯认为，总供给价格和总需求价格达于均衡状态时的总需求，就是所谓的“有效需求”。凯恩斯的这个定义是就商品的总需求与商品的总供给价格的关系说的。这个关系说明，商品的总供给价格是由商品的总需求价格决定的。

凯恩斯认为，总需求价格与总供给价格之间可能出现以下三种情况，即总需求价格大于总供给价格；总需求价格小于总供给价格；总需求价格等于总供给价格。当总需求价格大于总供给价格时，资本家就愿意多雇用工人，以扩大产品总量。当总需求价格小于总供给价格时，资本家就会减少雇用工人，以缩减产品总量。只有当总需求价格等于总供给价格时，资本家才既不增雇工人以扩大生产，也不减雇工人以缩减生产，因为这时资本家预期获得的总利润已达到最大化，而生产和就业也只有在这个时候才达到均衡状态。社会上的总就业量，以及总产量，也只有在这时才被确定下来。在总需求价格与总供给价格达到均衡状态时，如果资本家再增雇工人，即他们向社会提供的就业量确有增加，特使其利润减少。在凯恩斯看来，就业量虽然取决于总需求价格等于总供给价格的均衡状态，但在短时期内，由于资本家供给的商品产量一般不可能有大的变动，因此就业量实际上取决于此时的总需求，亦即有效需求。

商品的有效需求同时又指投资与储蓄达于均衡状态时的需求。凯恩斯认为，商品的总需求 D，包含两部分：一个是对于消费资料的需求 D_1；另一个是对于投资物（即生产资料）的需求 D_2。当商品的总供给价格与总需求价格达于均衡状态时，总需求价格 D（$=D_1+D_2$）等于国民收入 Y，由于国民收入包含两个部分：消费 C；投资 I。由于 $D-D_1=D_2$，即投资。而在国民所得 Y 中减去消费 C 等于储蓄 S，也就是在总需求价格中，减去对消费品的需求，剩下的就是对生产资料的需求，即投资，$Y-C=S$，由于 $Y-C=D-D_1=Z$，故 $S=Z$，即储蓄等于投资。故有效需求同时又指在投资与储蓄达于均衡状态时的需求。当总供给价格等于总需求价格时，两者都等于国民收入。即总供给价格 = 总需求价格 = 国民收入。由于国民收入等于消费与储蓄之和，因此国民收入中减去消费，剩下的就是储蓄（其形式很多，既包括向银行存款，也包括在手中保留一定的现金）。同时，当国民收入 = 总供给价格 = 总需求价格时，国民收入减去消费也就等于总供给价格减去对消费品的需求，所以储蓄就等于对生产资料的需求，即等于投资。这样，有效需求也就等于投资与储蓄达于均衡状态时的需求。这就是凯恩斯对关于有效需求所下的第二个定义。这个定义是就有效需求决定国民收入，从而决定就业的工人人数的关系说的。

凯恩斯认为，在实际生活中，投资与储蓄之间的关系也存在三种可能的情况。如果投资小于储蓄，那么总需求价格将小于总供给价格，这就会促使资本家削减工人以缩减生产量，从而减少国民收入值。如果投资大于储蓄，那么总需求价格必然大于总供给价格，此时资本家觉得有钱可赚，便会增加工人的数量以扩大生产规模，从而增加国民收入。随着国民收入的增加，人们的消费开始增加，储蓄也相应增加，直到增加的储蓄量等于增加的投资量。相反，随着国民收入开始减少，储蓄必然随之减少，直到减少的储蓄量等于减少的投资量为止。结果，在储蓄与投资达到均衡状态时，就业总量也就在这时被确定下来。只有这时的需求才是决定就业量的有效需求。

综上所述，凯恩斯在他的就业理论中，十分强调有效需求决定就业量的原理。尽管对有效需求的两个定义表述不同，但在凯恩斯看来，这两个定义在本质上是完全一致的。因为两者实际上都是将与总供给相一致时的总需求称为有效需求。区别只在于用第一种方法定义时，有效需求（总供给与总需求的均衡点）所决定的是均衡的就业量；而用第二种方法定义时，有效需求（投资与储蓄的均衡点）所决定的是均衡的国民收入水平。他认为，在资本主义社会中，只依靠市场自发的供给与需求的变动，或者自发的储蓄与投资的变动而形成的有效需求，一般都不能消灭非自愿失业，进而实现充分就业。凯恩斯用自己的有效需求不足的理论从根本上否定了萨伊定律，论证了长期非自愿失业存在的可能性。凯恩斯认为，传统西方经济学的这一假定是不符合资本主义社会一般状况的。他写道："经典学派之前提，只适用于一种特例，而不适用于通常情形。经典学派所假定的情形，是各种可能的均衡位置之极限点，而且这种特例所含属性，恰不是实际经济社会所含有的。结果是理论与事实不符，应用起来非常糟糕。"在凯恩斯看来，庇古等前人对就业理论研究的错误，在于他们是以资本主义为大前提的，认为市场可以通过自由竞争的模式进行自动调节从而达到充分就业。而凯恩斯则认为，在资本主义市场中，由于有效需求不足的存在，并不是总能达到充分就业的，而是市场中实际的就业量常常会小于充分就业。

二、非自愿失业——有效需求不足的原因分析

既然凯恩斯认为"非自愿失业"存在的原因在于社会的有效需求不足，那么他就需要进一步解释这一问题，即为什么资本主义社会总是有效需求不足，从而使就业量常常小于充分就业。根据凯恩斯的失业理论，总需求与总供给均衡时的就业并非是充分就业，因为这其中有非自愿性失业的存在。而非自愿性失业的存在，是有效需求不足导致的，那么有效需求不足是怎样产生的呢？在凯恩斯看来，有效需求不足是由消费需求不足和投资需求不足共同造成的，而消费需求和投资需求不足的根源在于人们的三个基本心理规律，即边际消费倾向递减规律、资本边际效率递减规律和货币流动偏好规律。在他看来，对有效需求，从而就业量起决定性作用的，就是这些因素。

1. 边际消费倾向递减

所谓消费倾向，按照凯恩斯的说法，是收入与消费之间的一种函数关系（以Y表示收入，C表示消费，则C = f（Y））。凯恩斯认为社会总消费的大小，一方面取决于总收入（国民收入）的大小，另一方面取决于"消费倾向"的高低。

一般来说，国民收入增长，消费需求也会随之增长，这两者之间是成正比关系的。但是国民收入并不会全部都被用于消费，习惯上人们总是只把收入的一定比例用于消费。消费倾向就是反映由于人们这种习惯而形成的收入与消费之间比例关系的概念。

消费倾向又有平均消费倾向和边际消费倾向之分。凯恩斯认为，有效需求可以分为消费需求与投资需求两个部分。消费需求的大小，一方面取决于国民收入（亦即总收入）的多少，另一方面取决于人们“消费倾向”的高低。他认为，收入的多少对消费需求的影响是比较明显的，一般而言，收入的增加必然导致消费的增加。但在不同数量的收入中，人们究竟以什么样的比例用于个人消费，这就要看“消费倾向”的高低了。所谓“消费倾向”，按照凯恩斯的解释，是表示收入与消费之间的一种函数关系，而不是消费的绝对量。凯恩斯在此基础上进一步分析和考察了决定消费倾向高低的若干客观因素和主观因素。

平均消费倾向表示全部收入中用于消费的比重，即总消费量与总收入之比（C/Y）；边际消费倾向表示，在新增加的每单位收入中用于增加消费的比重，即消费增量与收入增量之比（C′/Y′）。

根据凯恩斯的消费函数理论，他认为在现实生活中，影响一个社会的消费量的因素很多。

（1）影响消费倾向的客观因素。

工资单位的变化，即工人劳动一小时所得到的货币工资数量的变化；

收入水平；

在计算净收入时并未考虑到的资本本身价值的突然变化；

贴现率或利率的变化；

商品价格水平；

财政政策的变化，包括所得税、资本利润税、遗产税等政策的变化；

个人对未来收入的预期突然变化；

消费者偏好，风俗习惯等。

在凯恩斯看来，以上因素虽然都可能影响人们的消费倾向，但除了财政政策的突然改变外，其他因素并不十分重要。

然而，这些因素中起决定意义的是收入水平。他通过研究发现，随着收入的增加，消费也会随着增加，凯恩斯把消费和收入的这种关系称为消费函数或消费倾向，用公式表示为：

$C = c(Y)$ 或 $C = \alpha + \beta y$

把增加的消费和增加的收入之比率，也就是增加的1单位收入中用于增加的消费部分的比率，称为边际消费倾向（MPC），其计算公式为：

$MPc = \Delta c / \Delta y$ 或 $\beta = \Delta c / \Delta y$

（2）影响消费倾向的主观因素。影响消费倾向的主观因素主要包括以下内容：①建立一定数量的准备金，以防不测之变；②预防未来收入不如当前收入宽裕，而个人及家庭的费用未来又大于当前；③希望得到一定的利息以及使货币增值，即愿意牺牲一个较小的现在消费而享受一个较大的未来消费；④使以后的开支可以逐渐增加，生活水平逐渐提高；⑤享受独立感及有能力感；⑥获得从事投机或发展事业的本钱；⑦遗留财产与后代；⑧满足纯粹吝啬的欲望。

以上八项是促使人们不愿多消费而愿意储蓄的主观因素；与此相反，有的动机，如享受、短见、慷慨、失算、炫耀、自豪等，则往往促使人们将所得用于消费。

随着进一步的深入研究，凯恩斯还发现，消费不仅会随着收入的增加而增加，由于人们天生就有爱好储蓄的心理倾向，因而消费在短期内是相对稳定的，消费的增加不及收入的增加多，也即边际消费倾向（MPC）随着收入的增加有递减的趋势。最后凯恩斯认为，边际消费倾向随着收入的增加而出现递减的趋势，这就必然引起对消费需求的不足。

凯恩斯认为，在不同社会和不同的时期内，个人节制消费的主观动机虽然因多种因素影响而有所不同，但在某一特定的社会中和时期内，决定消费的各种主观因素都是比较固定的。于是，凯恩斯从经济事实出发，得出了一个基本心理规律，这就是“一般而论，当所得增加时，人们将增加其消费，但消费之增加，不若其所得增加之甚”。因此，边际消费倾向是正数，但小于1。凯恩斯断言：“一般而论，所得之绝对量愈大，则所得与消费间之间隙亦愈大。满足个人及其家属之目前基本需要，乃第一要素，等到生活已达到相当舒适程度。行有余力，才积聚资本。故一般而论，设真实所得增加，则储蓄在所得中所占之成数增加。但不论储蓄所占成数是否增大，任何现代社会大概都适用下述基本心理法则：当一社会之真实所得增加时，其消费量不会以同一绝对量增加，故储蓄之绝对量增大——除非同时在其他因素方面有异常重大之变发生。”

在凯恩斯看来，一个社会越富裕，它的消费倾向就愈低，储蓄倾向就愈高；反之，则情况就会相反。因此，要在一定的总收入水平上刺激消费者的消费需求，从而增加劳动力就业量，就必须想办法提高消费倾向才行。因此，凯恩斯认为，当收入增加时，人们的消费也会随之增加，但总不如收入增加得那么多，就是说，消费的增长速度总是落后于收入的增长速度。因此，总收入的绝对量愈大，收入总量与消费总量之间的差距就越大，消费在收入中所占的比重就越低。所以，随着社会收入水平或人们富裕程度的提高，消费倾向呈现出递减的趋势，这样就导致消费需求的不足，并成为造成社会有效需求不足的原因之一。为此就要设法刺激消费，提高社会消费倾向。

凯恩斯认为，现代资本主义社会不能实现充分就业的原因之一，就在于消费倾向的低下，这是因为：在消费增加越来越小于收入增加的条件下，资本家不愿意让就业的工人全部用来生产消费品，用凯恩斯的话来说，即“当就业量——亦即总所得——增加时，无须把所有就业增量全部用来满足消费增量”。如果资本家采取那样的做法，其结果必然是造成资本家利润的减少。“非自愿失业”现象的存在，在一定程度上也就在于人们的边际消费倾向日趋低下所导致的对消费品需求的缺乏。基于上述论断，凯恩斯在《就业、利息和货币通论》一书中主张刺激消费，抑制储蓄倾向，以便增加就业。凯恩斯用“消费倾向”这个心理因素来说明资本主义社会消费需求不足，而导致就业不足，是不科学的。在资本主义制度下，消费需求不足是由资本主义制度本身所造成，生产与消费之间这种对抗性矛盾的根源在于资本主义制度本身，而不是外部因素所导致的。

2. 资本边际效率递减规律

资本边际效率递减规律是凯恩斯用来说明有效需求不足原因的另一基本依据。凯恩斯认为，决定就业量的社会总需求或者有效需求由消费需求与投资需求共同决定。消费需求由于边际消费倾向递减规律的作用显得不足，但消费倾向被凯恩斯假定在短期内是既定的，那么在既定的消费倾向的条件下，就业量的均衡水平取决于现期的投资数量。也就是说，解决就业问题需要增加投资。凯恩斯曾说：“为了能维持既定的就业量，就必须由足够数量的现期的投资来补偿总产量多出在该就业量时社会所愿意消费的数量部分。”即要靠投资来弥补消费支出与总需求量之间的差额。但是，社会的投资需求也是不足的，凯恩斯利用资本边际效率来说明这一点。所谓资本边际效率，就是资本家预期新增加的每单位投资与这一投资可能带来的新增利润量之比，亦即新增加的每单位投资预期可得到的利润率。投资被认为是一种牺牲当前消费以求获取未来收益的行为。因此，对投资所得利润率的预期，即资本边际效率的高低，对投资需求的大小有着直接的影响，这两者之间是成正比关系的。

（1）影响资本边际效率的因素。

资本家心理因素的影响。未来收益的高低，只能靠预期判断，这种预期是与对经济形势及其未来走向的判断联系在一起的，如果判断乐观，预期收益就高，投资的热情也就高涨；如果判断悲观，预期收益就低，投资的热情就会降低。

利息率。资本家进行投资时还会以当时的利息率作为现实的衡量标准。如果资本边际效率低于现行的利息率，资本家就会把钱存入银行或用于购买债券，只有当资本边际效率高于利息率时，他才会增加投资。

在利息率不变的情况下，社会投资需求的高低则完全取决于资本边际效率的

高低，而这个问题说到底是一个心理问题，是对未来的信心问题。凯恩斯认为，资本家对投资前景很容易丧失信心，因此很容易出现投资需求不足，造成经济停滞。要增加私人投资，就要积极创造一种能够使资本家保持乐观情绪和信心的环境和气氛。但即使如此，由于资本边际效率总是趋向于递减，投资需求也会经常呈现不足。凯恩斯认为，由于"消费倾向"这一基本心理规律的作用，必然引起消费需求不足，使总需求价格与总供给价格之间的差额增大。在这种情况下，除非用增加投资需求的办法来弥补这个差额，否则，就业量不可能增加。但凯恩斯断言，资本主义社会在没有国家干预经济的情况下，投资需求也是不足的。

（2）资本边际效率趋向递减的原因。

如果资本家对经济前景的预期比较悲观，那么资本边际效率肯定会趋于低落。如果资本家的预期比较乐观，投资就会高涨。在一个竞争性的市场上，这一方面会使供给增加、供给价格降低，从而使新增产品的销售收入趋于下降。

投资的高涨会使资本产品的需求增大，引起这类产品供给紧张，价格上涨，从而使生产成本增大。这两方面情况结合在一起，使得在乐观预期情况下，资本边际效率也会趋于递减。此外，像投资所冒的风险也会使资本边际效率趋于递减。

凯恩斯说："我把资本边际效率定义为一种贴现率，而根据这种贴现率，在资产的寿命期间所提供的预期收益的现在值能等于该资本资产的供给价格。"所谓资本边际效率指每单位资本预期利润率，即增加一单位投资预期可以得到的利润率。在其他条件不变的前提下，投资增加，生产越多，资本家预期利润率就越低，资本边际效率有下降趋势。资本边际效率之所以下降，一方面由于投资品产量增加时，成本提高；另一方面，当投资品供给价格增加时，资本家预期资本品的未来收益将会下降，再加上资本家对未来的估计缺乏信心，所以他们预期资本边际收益率常常偏低且不稳定。这样，私人投资能力越来越弱，从而影响到投资需求的减少，进而导致有效需求不足。

凯恩斯在他的就业理论中十分强调资本边际效率在决定投资需求量中的作用，他把这看成是促使资本家进行投资的重要动力。但由于资本边际效率有趋于下降的"规律"，因而这个引诱投资的力量日趋减少，就使资本家在一定程度上不愿意大量增加就业人数。这也就是资本边际效率的规律对于就业所产生的不利影响。

凯恩斯还认为，资本家进行投资，除了要看资本边际效率的高低以外，还要看现行利息率的高低。如果资本边际效率低于现行利息率，进行投资就不如把这笔资本存入银行或购买有价证券合算。只有当资本边际效率高于现行利息率时，资本家才会增加投资，直至资本边际效率降到与现行利息率相等时为止。正如凯恩斯所说，“当前之实际投资量。一定会达到一点，使得各类资本之边际效率，皆不超过现行利率。这个道理应当很明显。换言之，投资量一定会达到投资需求表上之一点，在该点上，一般资本之边际效率等于市场利率”，因此，如果现行利息率不变，则投资量的大小就取决于资本边际效率的高低。资本边际效率愈高，投资量愈大；反之，则愈小。

凯恩斯认为，资本家在对资本资产的未来收益进行预期时，一方面要根据当前已知的某些情况，其中主要有：现有各类资本资产的数量，目前有哪些消费品工业部门需要更多的资本资产才能有效地满足消费者的需求。另一方面，资本家对资本资产未来收益的预期还要根据未来的发展情况，即未来资本的类型与数量，消费者的嗜好，有效需求的强度，以及用货币计算的工资单位的大小等。此外，未来新的竞争条件、价格的变化、战争、出口市场、税收负担、劳资争议等因素，都会对未来收益的大小产生影响，因此也都需要在预期未来收益时加以考虑。

由于随着投资增加，资本存量增加，一方面资本资产的成本会增加（同样一台机器所费更多），另一方面，资产所产物品的供给增加，因而预期收益会减少。所以资本边际效率（MEC）随投资量的增加而递减，是一条自左向右下方倾斜的曲线。这种随投资增加而递减，在短期内主要是由于资本物成本上升，在长期内主要在于资本存量的大量积累。最后，凯恩斯得出结论，这种资本资产边际效率（MEC）递减，势必会抑制资本家投资的积极性，从而使得投资需求不足。

3. 货币流动偏好规律

凯恩斯理论认为，资本家投资量的大小，不仅取决于资本边际效率，而且还取决于利息率。因为当资本边际效率下降时，如果资本边际效率扣除利息率后的纯利润率较大，投资有利可图，资本家就会继续增加投资；如果没有剩余，资本家就不会再进行投资。所以，实际的投资量还要受利息率的影响。利息率的高低取决于对货币的需求，因此利息率受另一个心理规律的支配——货币流动偏好规律。

流动偏好是凯恩斯用来说明利息率的特殊用语。他解释道：“一个人的流动性偏好系用此人在各种不同的情况下愿意以货币形式加以保存其资产的价值。”既然人们有以货币的形式来保存自己资产价值的偏好，那么一旦放弃这种偏好，就要有相应的报酬或代价，于是他又说，“利息率是在一个特定时期内放弃流动性的报酬”，或者利息率的高低可以“衡量持有货币的人不愿意放弃流动性的程度”。

人们产生流动性偏好的原因，主要是由于人们对货币的不同需求，如交易动机、谨慎动机和投机动机。他认为这三种动机是人们不易变更的心理需求，正因为如此，决定了人们的流动性偏好的大小，进而决定了对货币需求量的大小。在货币供给量不变的条件下，流动偏好越强，对货币需求量越大，利息率越高，从而投资越少；反之，则相反。如果流动偏好一定，那么货币的供给越大，利息率则越低；反之，亦相反。总之，在凯恩斯看来，利息率是由流动性偏好和货币供给量共同决定的，利息率与流动性偏好成正比，与货币供给量成反比。

凯恩斯企图以此说明，投资虽然会随着利息率的降低而增加，但利息率的降低会受到流动偏好这个心理规律的限制。所以，资本家仍然缺乏投资引诱，以至于投资需求不足，进而社会上的有效需求不足。

流动偏好又称灵活偏好，被凯恩斯认为是影响有效需求的第三个基本心理规律。人们在心理上更喜欢以现金形式来保存自己的一部分收入或财富。这种愿意用货币形式保持自己收入或财富的心理动机，称之为“流动偏好”。

（1）心理动机——“流动偏好”。

交易动机。即需要手头持有一定数量的现金，为了应付业务上或日常生活中的开支，人们手中需要保持一定数量的现金，以备个人或业务上作当前交易之用。他认为交易动机又可细分为“收入动机”与“业务动机”。前者是指人们持有现金是为了度过从所得收入到支出这一段时期。这一需求的强度，主要取决于收入的多少以及从取得收入到支出的时间长短。后者是指持有现金是为了度过业务上从支出成本到收回贷款这一时期，而商人持有货币则是用以度过从进货到售货这一段时期。这一需求的强度，主要取决于当前产品的价值大小以及这些产品需要经过几道手才能到达消费者手中。

谨慎动机。即保持一定数量的货币，以便应付未曾预料到的某些必要开支，解不时之需。人们出于谨慎的考虑，会在手中保留一部分现金，以防意外和用于应急等，包括未曾预计到的有利进货时机。凯恩斯认为，由这类动机引起的对货币需求的强度大小，在相当程度上要看当需要现款时；用暂时借款等方法取得现款的可靠性程度以及所付的代价大小而定，即要考虑合算还是不合算。如果保持现款不能购买一种可以获利的资产，而持有现款还需付息，使持有现款的成本增加，则就会削弱持有特定数量现款的动机。

投机动机。人们为了寻求获取更大收益的机会并及时抓住这种机会，也往往保留一部分现金在手中。由于股票和债券等有价证券的市场价格很不稳定，瞬息万变，有的人看涨，有的人看跌，看涨的人会马上用货币买进证券，而看跌的人则会保存一定数量的货币在手，以便等到证券下跌以后再买进，待再上涨以后卖出，从中取利。这就是人们的“投机动机”。凯恩斯非常强调“投机动机”这一因素的重要性，并认为投机动机的强弱经常随利息率的改变而改变。如果现行利息率高而预测它将会下降，即债券价格将上涨，人们就乐意立即放弃一定时间的灵活偏好，用货币购买债券，这时，对货币的需求量也会减少；反之，如果现行利息率低而预测它将会上升，即债券价格将下跌，人们就宁愿放弃现在短期的利息，保存货币，或出售债券以保留货币，这时，对货币的需求就会增加。由此可见，由投机动机引起的灵活偏好对利息率变动的反映是比较灵敏的。至于在某个一定的利息率水平上货币需求的状况，则主要取决于灵活偏好的强度。因此，凯恩斯断言，灵活偏好这个心理因素的强度是决定货币需求量，从而也是决定利息率水平的重要因素。

（2）流动偏好存在的影响。

流动偏好主要有如下影响：

1）使得大量货币收入滞留于人们手中，不能及时充分地转化为储蓄和投资，因而直接压低了社会总需求的水平。

2）为了鼓励人们放弃流动偏好，就要提高利息率，流动偏好造成了迫使利息率抬高的压力，这样就使得资本边际效率与利息率相比便趋于偏低，从而影响投资需求的扩大。

凯恩斯认为，利息率的高低是由货币需求和货币供给的相互关系决定的。如果人们对货币的需求大于货币的供给，利息率会提高；反之，则利息率会下降。在货币的供给数量不变时，利息率取决于人们对货币的需求。由此可见，利率存在下降刚性。凯恩斯认为，资本家的投资引诱取决于资本边际效率和利息率两个因素。当资本边际效率下降时，如果利息不降低，甚至上升，以至于从资本的边际效率中减去利息后所形成的差额为零或负数时，资本家就不会再增加投资，甚至减少投资。只有当资本边际效率下降幅度小于利率下降幅度时，企业家因有利可得才会增加投资。因此，从长期看，在资本边际效率下降的同时，又存在利率刚性，这就必然造成投资需求不足，以致难以通过投资需求的增加来弥补因边际消费倾向递减而引起的消费需求不足的差额，从而造成社会的有效需求不足，使社会的就业水平经常处在“小于充分就业”状态，即存在“非自愿失业”的现象。

综上所述，在凯恩斯看来，作为社会有效需求重要组成部分的投资需求是由资本边际效率与现行利息率的对比关系决定的。资本边际效率大于现行利息率，则增加投资有利可图，就业量就会扩大。假定在决定投资需求的两个因素中，资本边际效率不变，那么，利息率的高低将直接影响投资需求的增加或减少，从而影响就业量的增大或减少。因此，在凯恩斯的就业理论中，有关利息率水平的分析也是一个重要的内容。

凯恩斯根据自己的有效需求理论，以封闭的资本主义经济体系作为考察对象，把社会总需求分为消费需求和投资需求，并分别从消费和投资两个方面分析了有效需求不足的原因，并根据有效需求原理，论述了人们三个心理规律的存在是失业的原因所在。这样，他便否定了传统庸俗经济学依靠市场机制自动实现充分就业均衡的错误观点，一定意义上揭示了资本主义社会客观存在的矛盾。但是，凯恩斯把失业现象最终归结于人们的三个心理规律，显然是不科学的。而且，凯恩斯并没有依据有效需求原理真正指出资本主义经济的根本矛盾，只是要替资本主义制度辩护，虽然开辟了经济学的“新纪元”，但是并未改变其适应国家垄断资本主义的本质。

三、凯恩斯的就业政策

凯恩斯所分析的社会不能达到充分就业的原因，在于总有效需求不足。有效需求不足又根源于“消费倾向递减、灵活偏好陷阱、资本预期收益递减”三个原因。由此，凯恩斯针对上述原因，从宏观的角度，提出了一套国家干预、扩大需求、对付危机和力图达到充分就业的政策。

1. 政府干预

凯恩斯政策主张的基本特点在于他认为失业与经济危机的根源是有效需求不足，而有效需求不足又是人们相对稳定的三个心理规律共同作用的结果，因此，这就不能像传统经济学所主张的，仅仅依靠市场机制自发调节来解决此问题，排斥国家对经济的干预；相反，他认为必须依靠政府干预来提高社会的消费倾向和投资引诱，从而扩大有效需求，否则不可能摆脱失业和经济危机。凯恩斯明确指出通过增加有效需求以解决失业的问题。他说：“最明智的方案是在两个方面同时行动。有鉴于资本边际效率的日益为甚的下降，我支持旨在由社会控制投资量的政策；而与此同时，我也支持各种增加消费倾向的政策。”

国家的干预实施手段，主要有以下几种：

（1）提高社会的消费倾向。凯恩斯指出，国家可以通过税制对消费者的消费倾向施加政策导向，刺激平均消费倾向的提高。

第一，利用降低银行利息率的货币政策，减少人们的储蓄，增加消费支出。

第二，通过其他手段对消费倾向施加政策导向性影响。如国家通过降低个人所得税或提高累进个人所得税的同时，提高对低收入者的社会福利，以增加居民的可支配收入，从而增加其消费支出。

（2）增加投资。在凯恩斯看来，投资的增加不仅会促进就业，而且随着投资量的增加，由于乘数效应，收入会成倍增加，即使居民消费倾向下降，也会增加消费支出。

所以，为了扩大有效需求，“最聪明的办法还是双管齐下……两政策可以同时并用：增加投资，同时提高消费。”可见，在凯恩斯的经济政策中，主张实行国家干预经济的思想是十分明确的。为了解决失业和走出经济危机的困境，他提出了一系列的经济政策，其中最主要的是财政政策、货币政策和对外经济政策。

2. 扩张性财政政策

凯恩斯认为，IS 和 LM 曲线的交点上同时实现了产品市场和货币市场的均衡。然而，这一均衡点往往不是充分就业的均衡。在这种情况下，仅靠市场的自发调节，无法实现充分就业均衡，这就需要依靠国家用扩展性的财政政策进行调节。而所谓扩展性的财政政策，就是指当认为总需求非常低，即出现经济衰退时，政府应通过削减税收、降低税率、增加政府支出或双管齐下以刺激总需求，从而实现社会的充分就业。削减税收、降低税率措施，可以给个人和企业多留下可支配收入，进而增加消费需求，从而增加生产和就业；改变所得税结构，使高收入者增加些赋税负担，使低收入者减少些负担，同样可以起到刺激社会总需求的作用；增加政府对商品与劳务的购买支出以及转移支付，例如，政府扩大对商品和劳务的购买，加大公共建设的投资，提高政府在社会福利保险、贫困救济和补助等方面的转移支付，可以扩大私人企业的产品销路，还可以增加消费，刺激总需求。

3. 利率调节的货币政策

凯恩斯货币政策的主要内容是：通过中央银行调节货币供给量以影响利率，进而间接影响社会总需求，达到宏观经济稳定、均衡增长的目标。由于中央银行的特殊职能，凯恩斯认为，主要是运用调整法定准备金率、再贴现率和公开市场业务三种手段来实现货币政策目标。在经济衰退时，可以设法降低利率，刺激投资和消费，有利于经济的增长和就业的增加；在经济高涨时，要设法提高利率以抑制投资和消费，缩小社会总需求，防止经济过热。

凯恩斯认为，虽然财政政策与货币政策的运用都可以对刺激有效需求起作用，但是财政政策对有效需求的促进作用是直接的，货币政策通过利率起间接作用。所以，应以财政政策为主，以货币政策为辅。他写道：“我现在有点怀疑，仅仅用货币政策操纵利率到底有多大成就。所以我希望国家多负起直接投资的责任。理由是：各种资本品的边际效率，在市场估计办法之下，可以变动甚大，而利率可能变动范围太小，恐怕不能完全抵消前者的变动。”

4. 保持贸易顺差的对外经济政策

解决社会的有效需求不足，凯恩斯的政策主张除了财政、货币政策外，他还提出了在对外经济方面应保持贸易顺差的政策主张。

（1）可以增加该国的黄金外汇，扩大国内支付手段，为抑制国内通货膨胀创造更有利的条件，因为它有利于降低利息率和提高资本边际效率，增强投资引诱。

（2）又因扩大出口，限制进口，而增加了社会需求，从而为国内创造了更多的就业机会。凯恩斯钟情于重商主义，在对外贸易问题上的立场，与重商主义比较接近。但他推崇的贸易顺差，却不像重商主义那样极端。凯恩斯认为投资不仅包括国内投资，也包括国外投资。国内投资取决于国内利息率，国外投资取决于贸易顺差的大小。

（3）对外投资提供了外汇的必要来源，而且也为降低利息率提供了有利条件。

（4）扩大对外商品输出和资本输出，都可以扩大本国有效需求，为国内滞销商品和过剩资本找到出路，从而带来较多的就业和国民收入。

但是，贸易顺差不是越大越好，一定要保持适度的原则。贸易顺差太大，流入的贵金属过多，从而使利息率降低到有足够的投资量提高就业量，使工资提高，国内生产成本大幅度增加，造成出口困难，对贸易造成不利。所以，政府必须干预对外贸易活动，以使贸易顺差保持在一定的范围之内。

5. 增加货币发行，压低利息和工资

通过增发货币和压低利息，来刺激投资，从而增加就业。但是，在这样的情况下，必然造成通货膨胀和物价上涨，并导致工人的实际工资下降。凯恩斯认为，有节制的通货膨胀和提高物价、降低实际工资，有利于刺激投资。

第三节　现代经济学的就业理论
——凯恩斯后的就业理论

一、菲利普斯曲线——失业与通货膨胀论

1. 菲利普斯曲线的内容

（1）菲利普斯曲线（Phillips Curve）。

1958 年，由英国经济学家 W. 菲利普斯在《1861～1957 年英国失业和货币工资变动率之间的关系》一文中最先提出，是关于失业与通货膨胀相关变动的理论的数量描述图形。菲利普斯曲线是用来表示失业与通货膨胀之间交替关系的曲线，通货膨胀率高时，失业率低；通货膨胀率低时，失业率高。此后，经济学家

对此进行了大量的理论解释，尤其是萨缪尔森和索洛将原来表示失业率与货币工资率之间交替关系的菲利普斯曲线发展成为用来表示失业率与通货膨胀率之间交替关系的曲线。

失业率高表明经济处于萧条阶段，这时工资与物价水平都较低，从而通货膨胀率也就低；反之，失业率低，表明经济处于繁荣阶段，这时工资与物价水平都较高，从而通货膨胀率也就高。失业率和通货膨胀率之间存在着反方向变动的关系。

（2）菲利普斯曲线逻辑推导。

根据菲利普斯曲线，可以做出如下推导：

货币工资的增长率是劳动市场上对劳动的过度需求的增函数，即 $W = f(N_d - N_s)$，$f' > 0$；

用劳动的过度供给的负数来代表劳动的过度需求，即劳动的过度需求 $= N_d - N_s = -(N_s - N_d)$，最终的工资调整方程可写成 $W = -g(N_s - N_d)$，$g' > 0$；

可以用失业率 U 来代替劳动的过度供给。当劳动的过度供给上升时，失业率上升；当劳动的过度供给减少时，失业率下降；当劳动的过度供给为 0 时，劳动市场处于均衡。$W = -g(U)$，$g' > 0$。含义：当 U 上升时，货币工资增长率下降；当 U 下降时，货币工资增长率上升。如图 3－1 所示。

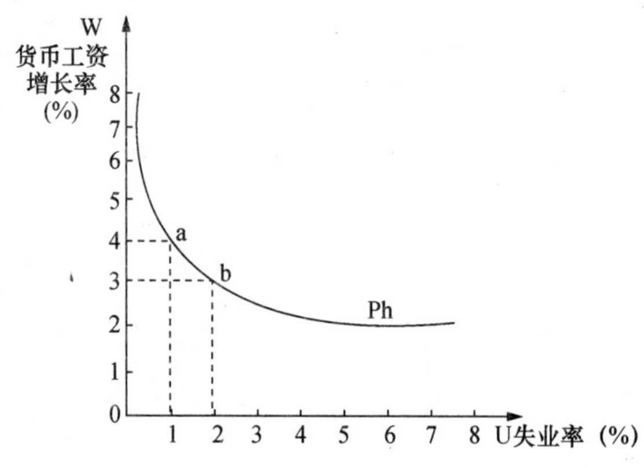

图 3－1　菲利普斯曲线

图中，横轴 U 代表失业率，纵轴 W 代表通货膨胀率，向右下方倾斜的 Ph 即为菲利普斯曲线。这条曲线表明，当失业率高时，货币工资增长率就低，当失业率低时，货币工资增长率就高。

2. 菲利普斯曲线的三种表达方式

（1）“失业—工资”菲利普斯曲线。

菲利普斯曲线表明的是失业率与货币工资变化率之间的关系，可称之为“失业—工资”菲利普斯曲线。这是由当时在英国从事研究的新西兰经济学家菲利普斯本人于1958年最早提出的。其表现形式是：在以失业率为横轴、货币工资变化率为纵轴的坐标图上，由右下方向左上方倾斜的、具有负斜率的一条曲线。它表明：失业率与货币工资变化率两者呈反向的对应变动关系，即负相关关系。当失业率上升时，货币工资变化率则下降；当失业率下降时，货币工资变化率则上升。在一轮短期的、典型的经济周期波动中，在经济波动的上升期，失业率下降，货币工资变化率上升；在经济波动的回落期，失业率上升，货币工资变化率下降。于是，这条曲线表现为一条先由右下方向左上方移动，然后再由左上方向右下方移动的曲线环。

这条曲线环呈现为略向左上方倾斜、位势较低，且较为扁平的形状。“向左上方倾斜”，说明失业率与货币工资变化率为反向变动关系；“位势较低”，说明货币工资变化率处于较低水平；“略”向左上方倾斜和“较为扁平”，说明货币工资变化率的变动幅度不大。

（2）“失业—物价”菲利普斯曲线。

菲利普斯曲线表明的是失业率与物价上涨率之间的关系，可称之为“失业—物价”菲利普斯曲线。这是由美国经济学家萨缪尔森和索洛于1960年提出的。萨缪尔森和索洛以物价上涨率代替了原菲利普斯曲线中的货币工资变化率。这一代替是通过一个假定实现的。这个假定是：产品价格的形成遵循“平均劳动成本固定加值法”，即每单位产品的价格是由平均劳动成本加上一个固定比例的其他成本和利润形成的。这就是说，物价的变动只与货币工资的变动有关。这种菲利普斯曲线的表现形式与上述第一种菲利普斯曲线相同，只不过纵轴改为物价上涨率。这条曲线表明：失业率与物价上涨率两者亦呈反向的对应变动关系。在一轮短期的、典型的经济周期波动中，在经济波动的上升期，失业率下降，物价上涨率上升；在经济波动的回落期，失业率上升，物价上涨率下降。

（3）“产出—物价”菲利普斯曲线。

菲利普斯曲线表明的是经济增长率与物价上涨率之间的关系，可称之为“产出—物价”菲利普斯曲线。这是后来许多经济学家所惯常使用的。这种菲利普斯曲线以经济增长率代替了第二种菲利普斯曲线中的失业率。这一代替是通过“奥肯定律”实现的。美国经济学家奥肯于1962年提出，失业率与经济增长率具有反向的对应变动关系。这样，经济增长率与物价上涨率之间便呈现出同向的对应变动关系。在这一关系的研究中，经常不是直接采用经济增长率指标，而是采用“现实经济增长率对潜在经济增长率的偏离”，或是采用“现实产出水平对潜在产出水平的偏离”。这一“偏离”，表明一定时期内社会总供求的缺口和物价上涨的压力。现实经济增长率表明一定时期内由社会总需求所决定的产出增长情况，而潜在经济增长率则表明一定时期内、在一定技术水平下，社会的人力、物力、财力等资源所能提供的总供给的状况。潜在经济增长率可有两种含义：一种是指正常的潜在经济增长率，即在各种资源正常地充分利用时所能实现的经济增长率；另一种是指最大的潜在经济增长率，即在各种资源最大限度地充分利用时所能实现的经济增长率。这里采用的是第一种含义。这种菲利普斯曲线的表现形式是：以现实经济增长率对潜在经济增长率的偏离为横轴、物价上涨率为纵轴的坐标图上，从左下方向右上方倾斜的、具有正斜率的一条曲线。这条曲线的走向与第一、第二种菲利普斯曲线正好相反。这条曲线表明：现实经济增长率对潜在经济增长率的偏离与物价上涨率两者呈同向的对应变动关系，即正相关关系。当现实经济增长率对潜在经济增长率的偏离上升时，物价上涨率亦上升；当现实经济增长率对潜在经济增长率的偏离下降时，物价上涨率亦下降。在一轮短期的、典型的经济周期波动中，在经济波动的上升期，随着需求的扩张，现实经济增长率对潜在经济增长率的偏离上升，物价上涨率随之上升；在经济波动的回落期，随着需求的收缩，现实经济增长率对潜在经济增长率的偏离下降，物价上涨率随之下降。这样，这条曲线表现为一条先由左下方向右上方移动，然后再由右上方向左下方移动的曲线环。这条曲线环呈现为略向右上方倾斜、位势较低且较为扁平的形状。“向右上方倾斜”，说明现实经济增长率对潜在经济增长率的偏离与物价上涨率为同向变动关系；“位势较低”，说明物价上涨率处于较低水平；“略”向右上方倾斜和“较为扁平”，说明物价上涨率的变动幅度不大。

以上三种形状的菲利普斯曲线，反映了美国、英国等西方一些国家在五六十年代的情况。它们分别表明了失业率与货币工资变化率之间的反向对应关系、失业率与物价上涨率之间的反向对应关系、经济增长率与物价上涨率之间的同向对应关系。将这三种形状的菲利普斯曲线称为基本的菲利普斯曲线，将它们分别表明的两个反向和一个同向的对应变动关系称为基本的菲利普斯曲线关系。

3. 修订的菲利普斯曲线

通货膨胀问题是西方国家第二次世界大战结束以后至今难以克服的严重经济问题。20 世纪 60 年代以后，许多西方经济学家把通货膨胀的主要原因归结为货币工资增长率超过劳动生产率增长率，并假定这样一个公式：

物价上涨率 = 货币工资增长率 - 劳动生产率增长率

这样，菲利普斯所提出的“失业率与货币工资变动率”相关关系的曲线，经过补充修改，就用来进一步反映“失业率与通货膨胀率”的相关关系。在这里，物价上涨率简单地等于通货膨胀率，这时的相关关系见图 3 - 2 所示。

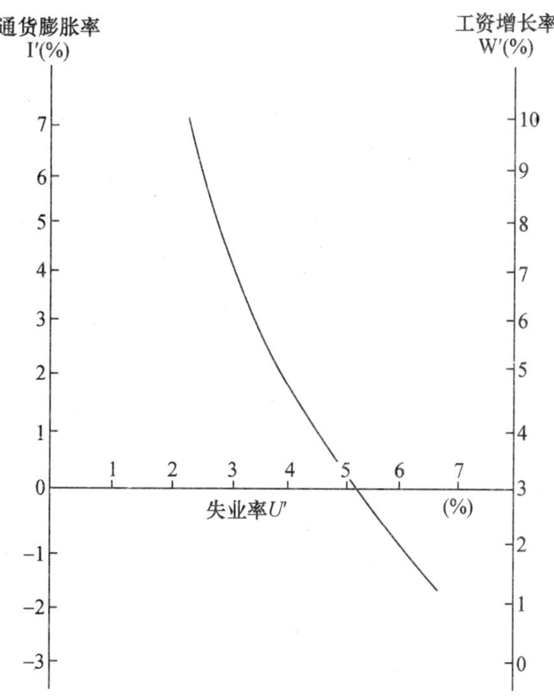

图3－2 完整的菲利普斯曲线

图中横轴为失业率，纵轴分为两个：左边为通货膨胀率（物价上涨率），右边为工资增长率。当失业率低时，工资增长率与通货膨胀率均高；当失业率高时，工资增长率与通货膨胀率均低。这意味着，在政策抉择上，要减少失业、达到充分就业，就必然出现高通货膨胀；要稳定物价、减少价格上涨，抑制通货膨胀，就必然出现高失业。通货膨胀与失业之间也是存在替代关系的。

4. 预期扩展的菲利普斯曲线

员工关心工资的购买力而不是货币工资本身，雇主也不关心名义工资而关心劳动的真实成本，这使人们对原始菲利普斯曲线的真实性提出质疑。因为实际工资才是真正重要的，所以名义工资变化率必须用通货膨胀率来纠正。工资变化率部分地由预期通货膨胀率决定，部分地由实际失业率决定；通货膨胀率等于工资变化率减去生产率增长率。只有生产率的增长率才能使这条垂线移动。

这里的长期与短期，不是一个时间概念，而是一个经济概念。看预期是否正确，通货膨胀预期是否能全部进入工资合同，不是，就是短期；是，就是长期。

5. 菲利普斯曲线的恶化

短期内，由于通货膨胀和失业之间存在着此消彼涨的交替关系，因此从政府的宏观经济政策目标来说，是沿着短期菲利普斯曲线的选择，把失业率和通货膨胀率都控制在"临界点"以内的安全范围内。

但是，当菲利普斯曲线突破原有的惯性持续上升时，会使整个菲利普斯曲线偏出临界点以内的安全范围。这时除非临界点也往上提高，否则就不存在所谓的安全范围了。

更进一步的看法（如美国货币学派经济学家弗里德曼提出的）是，如果政府长期采取人为的干预措施，使市场机制失去作用，那么菲利普斯曲线还有可能成为一条呈正相关的曲线，在这种情况下，政府的任何干预都会失灵。

菲利普斯曲线作为一种理论学说，说明了两个重要问题：第一，凯恩斯认为通货膨胀与失业不会并存，但是，菲利普斯曲线表明，通货膨胀与失业是并存的，是此长彼短的交替关系，而不是"有此无彼"。这反映了西方世界的社会现实。第二，菲利普斯曲线把通货膨胀与货币、工资变动率相联系，这基本上是把通货膨胀原因归结于工资增长上，也就是"成本推动型通货膨胀"。

二、后凯恩斯学派的就业理论

1. 后凯恩斯学派的地位

凯恩斯理论对资本主义国家的经济政策产生了深远的影响。凯恩斯经济学出现后，引起西方经济学的一场革命，使得经济学从传统的微观分析、主张自由经济发展为宏观总量分析和主张国家干预。在凯恩斯的《就业、利息和货币通论》问世十年之后，凯恩斯主义经济学便登上了西方世界"官方经济学"的宝座。这样，凯恩斯经济学在西方经济学理论和西方经济发展现实中都占据了统治地位，成为影响卓著的"凯恩斯主义"。

此后一直到20世纪60年代末和70年代初，凯恩斯主义都盛行于西方资本主义各国，资本主义似乎进入了"凯恩斯主义时代"。但是70年代以后，随着资本主义固有的矛盾的发展和深化，西方国家普遍地陷入经济衰退和通货膨胀双重结合的所谓停滞膨胀的困境中，西方经济学理论经历了第二次危机，于是试图修补凯恩斯主义的各种理论便相继产生。由此形成了"后凯恩斯经济学"或"新凯恩斯主义"。后凯恩斯经济学至今在众多的西方经济学理论证派中保持着最重要理论的地位。后凯恩斯主流经济学的就业学说，也就成为现代市场经济就业理论中的最主要理论之一。

2. 后凯恩斯经济学两大流派的分歧

（1）后凯恩斯经济学两大流派分类。

新古典综合派。以美国著名经济学家萨缪尔森为主要代表的凯恩斯主义学派。

新剑桥学派。以英国经济学家琼·罗宾逊、卡尔多等为代表的后凯恩斯经济学。

新剑桥学派与新古典综合派虽然同属于凯恩斯主义，但两者在研究方法、基本理论观点，以及政策主张上的分歧是十分显著的。新剑桥学派把新古典综合派称作“冒牌的凯恩斯主义者”，而新古典综合派则把新剑桥学派视为“异端”。这两个学派之间的争论在经济学史上被称为“两个剑桥之争”。但应当强调指出，两个支派在本质上是没有什么不同的，均属于凯恩斯学派。它们都是资本主义制度的忠诚卫护士，是国家调节经济的拥护者，对凯恩斯就业理论和政策的基本内容都是信奉的。

（2）两大流派共同支持的观点。

承认资本主义社会在自由放任情况下有大量“非自愿失业”的存在，并用“有效需求原理”来解释这种失业，认为有效需求不足是这种失业产生的原因。

“有效需求原理”是凯恩斯整个就业理论的实体。总就业量取决于“有效需求”。在没有国家干预经济生活（即自由放任）的情况下，资本主义社会一般总是有效需求不足，以致不能达到充分就业；反之，在国家干预经济的条件下，只要国家能够以“充分就业”为目标，采取各种政策措施，刺激“有效需求”，“充分就业”就能够实现。

有效需求总量是由消费需求和投资需求两个组成部分构成的。有效需求不足就是由于消费需求不足和投资需求不足使然。

在消费需求方面，就短期而论，消费量的变动主要取决于收入量的变动，而不是由于一定收入下消费倾向的变化。消费倾向在短期内是相对稳定的，要大量增加不容易，于是转而强调投资在增加就业方面的重要作用。这样，在消费倾向相对稳定的前提下，投资就成为就业一般理论体系中的关键性变数。在这种前提下，只有投资增加，就业才能增加。

从研究方法上看，新剑桥学派认为，自己的使命在于恢复凯恩斯理论的本来面目，恢复凯恩斯本人所采用的历史分析方法。琼·罗宾逊曾写道：凯恩斯在《就业、利息和货币通论》中的主要方法是历史的，“凯恩斯革命”的本质是以“历史概念”代替“均衡概念”。新古典综合派却用“均衡概念”来解释现实世界，这违背了凯恩斯的本意。琼·罗宾逊还指出，如果采用历史分析方法，那么制度因素的作用是重要的。例如，对于收入分配问题，应当强调制度因素对于工资和利润之间分配格局的影响，而不能像新古典综合派那样单纯从生产要素投入量的变化和生产要素投入的边际生产率来解释收入的分配。

（3）两大流派的分歧。

从基本理论观点来看，新剑桥学派认为，资本主义社会的症结在于收入分配失调，而这种失调不可能通过现存条件下的经济增长来解决；相反，现存条件下的经济增长还会加剧这种失调。其理论依据是：由于利润收入与生产技术的物质条件有着直接的关系，经济增长率越大，生产技术的物质装备程度越高，纯产品中归于利润的份额就越大，而归于工资的份额就越小。这样，随着经济增长，收入分配将会变得更加有利于利润的收入者，而不利于工资收入者。新剑桥学派的这一观点与新古典综合派不同，因为新古典综合派或者在分析经济增长时撇开收入分配问题不谈，或者认为在稳定的经济增长过程中，假定一切收入都按照边际生产率来分配，那么分配将被认为是合理的。

关于经济增长问题，新剑桥学派进一步提出，增长的目的究竟是为了什么？它认为新古典综合派回避了这一实质性的问题，从而导致"为增长而增长"、"增长就是一切"。琼·罗宾逊写道：增长本身不是目的，如果说增长是为了解决消费问题，那就应当询问究竟由谁来消费？消费的是什么产品？如果增长是按照大公司的决策进行的，那么这种增长将不会保证资源的合理配置和公众需要的满足。

从政策建议和主张来看，新剑桥学派是坚决反对新古典综合派所奉行的赤字财政、通货膨胀、工资与物价管制政策的。它认为，当前资本主义国家的生产停滞和通货膨胀，在很大程度上应归咎于实行了"冒牌凯恩斯主义"的政策。新剑桥学派建议削减庞大的政府开支，特别是军费支出，实行严格的进口管制，扶持出口事业。它认为，这样既可以缓和通货膨胀，又可以改善国际收支状况。新剑桥学派的基本的政策建议是实行收入再分配，缩小社会的贫富差距。由于它认为资本主义社会的症结在于收入分配失调，所以它把收入再分配政策看成是"医治"这一病症的主要手段。它主张的收入再分配政策包括下列具体措施：征收高额所得税、遗产税，给予低收入家庭以救济，发展公共服务部门，以减少失业者和增加公众的福利等。

三、现代资产阶级的其他就业学说

凯恩斯主义的需求管理和国家干预思想在很长时间内都是西方治理失业问题的良方，但 20 世纪 60 年代末凯恩斯学派对"滞胀"问题应对失效，而产生了现代货币主义学派、理性预期学派、供给学派、新奥地利学派、伦敦学派、弗莱堡学派、芝加哥学派、公共选择学派、新制度主义经济学派等。由于凯恩斯主义对出现的"滞胀"显得束手无策，其理论受到了货币主义、供给学派以及理性预期学派等学派的挑战。

1. 货币主义

以弗里德曼为代表的货币主义提出了三个主要概念：

（1）货币数量论。

认为货币的数量决定商品的价格和货币的价值，在其他条件不变的情况下，商品价格水平变化与货币数量成正比，货币价值变化与货币数量成反比。

（2）自然失业率。

这是一种在任何时候的经济中都存在着的与劳动市场和商品市场的实际结构相一致的失业率。

（3）持久收入假说。

认为持久收入是消费者长期内能获得的预期收入，并与他们的持久消费之间表现为固定比例关系。

强调货币政策的重要作用，反对用扩大财政政策支出为主的财政金融政策来缓和失业，并主张自由汇率或浮动汇率制，以反对凯恩斯的非充分就业理论。

2. 供给学派

以阿瑟·拉弗、费尔德斯坦为代表的供给学派否定了凯恩斯“有效需求不足”的基本论点。

（1）肯定萨伊定律；

（2）主张由供给来调节需求，降低税率刺激供给；

（3）放松政府的干预和限制，加强市场调节作用，转而从供给面寻求实现充分就业的途径；

（4）产量增长取决于生产要素投入和生产率增长，而生产要素的变动又取决于各种要素的激励。

3. 理性预期学派

以卢卡斯、穆斯等为代表的理性预期学派将理性预期和自然失业率概念引入经济变量之中，认为劳动力的供给依赖于人们对工资水平的理性预期。

第四节 传统经济学解决就业问题的对策

以上西方经济学各流派对就业问题的分析，提供了极其丰富的解决就业问题的对策。可以概括为以下几个方面。

一、货币政策

狭义上指中央银行为实现其特定的经济目标而采用的各种控制和调节货币供应量或信用量的方针和措施的总称，包括信贷政策、利率政策和外汇政策。广义上指政府、中央银行和其他有关部门所有有关货币方面的规定和采取的影响金融变量的一切措施。

通过在全国范围内增加发行货币量，使各银行的各货币利率降低，对信贷的宽松程度进行放松，刺激全国范围投资和进行消费需求刺激，提高全国就业水平。但是由于存在导致通货膨胀的威胁性，对货币政策采取扩张性手段的作用是非常有限的。

在经济发展阶段，通货膨胀不一定是解决失业问题的有效工具。

二、人力资本政策

人力资本政策就是企业对于不熟悉工作的劳动力，通过一定的手段与培训，提升工人的技能，把不适合职位的下岗工人进行培训，使他们满足企业的需要，以此缓和劳动力市场的失业问题。

在国家经济发展时期，只是增加物质投资而不进行人力资本的投资，劳动力就业问题不能从根本上解决，反而会使资本投资回报率下降。

要对职工进行基础文化教育和职业技能教育。员工上岗后要通过一系列的在职培训，提高在岗劳动者的知识文化水平和劳动技能水平。

三、收入政策

收入政策是后凯恩斯主流学派提出的政策主张之一，指政府为了影响货币收入或物价水平而采取的措施，其目的通常是为了降低物价的上涨速度。是政府为降低一般价格上升的速度而采取的强制性或非强制性的限制工资和价格的政策。目的在于影响或控制价格、货币工资和其他收入的增长率，是货币政策和财政政策以外的一种政府行为。

收入政策可以采取的手段主要有以下几种：

（1）工资—物价指导线，即由政府根据长期劳动生产率来确定工资和物价的增长限度，要求把工资—物价增长限制在劳动生产率平均增长幅度内。

（2）对特定工资或物价进行“权威性劝说”或施加政府压力。

（3）实行工资—物价管制，即由政府颁布法令对工资和物价实行管制，甚至实行硬性冻结。

（4）以税收政策对工资增长率进行调整。

对失业补助金制度进行改革，从而对下岗失业者就业进行刺激。

四、财政政策

财政政策是指政府通过对财政收入和支出总量的调节来影响总需求，使之与总供给相适应的经济政策。它包括财政收入政策和财政支出政策。

实行财政政策的具体手段主要有：

1. 改变政府购买

改变政府购买是政府相机抉择财政政策经常使用的手段。在经济萧条、总支出不足时，政府要扩大商品和劳务的购买，如增中军费开支、修筑高等级公路、建立新的福利设施等，以便创造更多的就业机会；相反，在经济繁荣、总支出过大时，政府则减少对商品和劳务的购买数量，比如推迟某些军事科研，压缩或缓建一批公共工程，以便压缩总需求，缓和通货膨胀的压力。

2. 改变政府的转移支付

改变政府的转移支付也是逆经济风向的。当经济萧条时，政府可以提高对退伍军人、失业人员和退休人员的各类补助，或者增加对农产品的补贴，以便扩大财政支出，刺激私人消费水平的提高，从而扩大总需求；相反，在经济繁荣时，政府则压缩用于福利、补贴等方面的支出，或者延长补贴支付的时间，以便减少总需求，降低通货膨胀率。

3. 调整税率

在经济萧条时期，政府应减少税种或降低税率，增加人们可支配收入，以便刺激需求；反之，在经济过热时，则可以暂时提高税率，或增加一些临时特别税种，减少人们的可支配收入，抑制需求。

要想提高就业，要降低税率，从而导致劳动强度的增加，有利于经济增长。因此，减税可以促进就业水平的提高，同时，要减少政府支出，降低公司所得税，比降低个人所得税更能增加就业，因为这样能使单位成本不变而公司收入增加，从而增加劳动需求；而降低个人所得税率，能够提高小企业所有者的积极性，增加产量、同时又增加就业。

五、产业政策

积极应对危机、全力保增长。指导地方发挥产业政策作用，妥善应对国际金融危机。关注和支持工业设计、新能源汽车等新兴产业的发展，培育发展新技术、新产品和新行业，从而促进就业。

积极推进技术改造。建立技术改造专项资金管理工作机制，专项资金的使用范围、安排原则、项目管理程序。研究编制了技术改造项目和产品目录，明确技术改造的方向和重点，引导社会投资。配合有关单位组织实施了技术改造项目，使劳动力进行技术升级，提高技能，增加就业机会。

必须处理好产业关联上下游产业之间的关系，处理好投资需求与消费需求的关系，保持平衡的比例关系。应实行均衡增长模式，保持各部门的存货平衡，保持充实的外汇储备，保证扩张性政策通过投资乘数和就业乘数来增加就业，即保持国民经济部门结构合理，才能促进就业。

选择适合本国因素特点的产品结构。

六、制度创新及改革

制度创新是指在人们现有的生产和生活环境条件下，通过创设新的更能有效激励人们行为的制度、规范体系来实现社会的持续发展和变革的创新。而制度创新及改革包括以下几个方面：理论创新、实践创新、管理制度创新、管理方式创新、营销创新等。从制度上进行创新，才能从根本上提高劳动力就业。

七、其他政策

如对消费者实行消费指导和调节：防止因为市场供求失衡造成消费波动；政府要实行宏观经济调控；实行并鼓励企业加大出口、限制进口政策；增加劳动力福利政策。增加劳动力培训教育；实行有关的人口政策、农业政策等。

上述对西方各种就业理论所进行的述评，为分析我国劳动就业问题提供了很好的理论基础。

第五节　就业理论对解决我国社会就业问题的启示

一、形成自己的特色

根据创造就业机会的不同方式可以把就业模式分为：美国模式、日本模式、荷兰模式。美国模式的主要特征是自由经济和高新产业的制高点战略、弹性的劳动力市场，结果是美国不缺工作，但是缺钱，主要问题是在实现高就业的同时收入差距急剧拉大。日本模式具有东方文化的某些特征，准终身雇佣制，比较僵化的劳动力市场，福利较低，就业比较充分。荷兰模式在欧盟成员国中，目前荷兰是失业率最低的国家之一，许多国家是不缺钱，但缺工作，荷兰既不缺钱，也不缺工作。荷兰的主要经验是，不用对社会产生巨大动荡的国家福利制度进行重大改革来降低失业率，提倡通过协商解决问题。协商的主要领域是工资形成过程和社会保障制度。长期固定名义工资合同，实现工资缓慢增长，政府介入集体谈判。在工资增长的情况下，关闭为企业职工提供优厚的社会保障；反过来，由于社会保障优厚，大家能够接受低工资增长。这种就业模式的分类为我国缓解就业

问题提供了参考。

任何一种模式都具有自己明显的优点和缺点，这就要看一个国家到底追求怎样的生存状态。同时，由于各国传统文化的差异，各国经济发展阶段和经济结构的差异，尤其重要的是在劳动力市场政策、社会心理状态和社会组织结构方面的差异，在很大程度上决定了任何一种模式都不可能完全脱离它的国家而存在。因此，其他国家只能进行一些局部的借鉴。我国在改革开放之初主要采取的是安置就业模式，国家政府自动参与劳动力资源的配置，企业没有自主的用人权，个人一般也要听从安排没有自由择业的权利，而且这种安置就业只限于城镇居民，不包括广大的农民，这种模式下我国基本上不存在劳动力市场。自改革开放以来我国面临着就业制度的重建，到目前为止基本上以自主就业模式为主，政府已经不再直接参与劳动力资源的配置，而是通过建立完善劳动力市场，由市场力量配置劳动力资源。我国当前已经初步建立劳动力市场，但是还需要进一步完善。

1. 弹性就业模式迅速发展的原因

（1）我国就业制度的改革，劳动力市场的建立促进我国劳动资源合理配置，相应的产生多种灵活的就业方式。

（2）我国就业压力巨大，大量下岗失业人员和农村劳动力向城镇的转移，致使城镇就业压力大，人们不得不采取这种弹性就业模式。

2. 弹性就业模式没有发展成流行的就业形式的原因

（1）我国就业观念相对落后，企业和个人还没把弹性就业看成正式的就业模式，认为非全日制的工作只是临时的就业。

（2）相关的政策制度及配套制度不健全，中国传统的社会保障制度特别是企业福利制度，都是以正式的就业者为对象的，除非万不得已，人们一般不愿接受没有社会保障的其他就业形式。

二、发展多种经济形式，小型企业是增加就业机会的重要途径

针对多年来我国经济工作中的经验教训，邓小平于1980年12月25日在中共中央工作会议上的讲话中说："继续广开门路，主要通过集体经济和个体的多种形式，尽可能多地安排待业人员。""今后建设新企业以中小企业为主，建必要的大企业。搞中小企业，管理水平也提高得快。"这些话字字千斤重，击中了我国经济建设中重视大企业建设忽视中小企业，重公有制经济，忽视非公有制经济的错误倾向，使多种经济形式得到了很快发展，使处于失业状态的城镇人员，顺利地找到了就业岗位。随着国家加强对个体私营经济的扶持，非公有制经济将会获得更大的发展良机。

靠发展中小企业解决就业难题。我国要建立健全支持中小企业发展的法律法

规，使它们的发展能够得到长期稳定的政策支持。在企业规模上，注重扶持中小企业。中小企业具有投资少、见效快、活力强等特点，无论是发展高新技术产业，还是发展加工、贸易、服务业，中小企业对促进就业都具有非常重要的作用。大部分中小企业多而且发展比较好的地方，就业压力就偏小。因此，我国在实施大企业发展战略同时，一定要重视中小企业的发展。而发展中小企业，需要有一个良好的政策环境。政府在投融资、税收、技术服务、市场开发、信息咨询、人员培训等方面，应加大对中小企业的扶持力度，特别是要加强银行贷款的支持。由于中小企业，尤其是小企业贷款风险大、审贷成本高，使它们在申请贷款方面往往处于不利地位。我国应尽快建立专门为小企业贷款服务的政策性机构，以解决小企业贷款难问题，促进中小企业的发展活力。让它们在解决我国就业问题方面发挥更大的作用。

三、提高劳动者素质，增加智力投资

针对长期存在的忽视教育、忽视培训的错误倾向，邓小平于 1985 年 5 月 19 日在全国教育工作会议上的讲话中说："我们国家，国力的强弱，经济发展后劲的大小，越来越取决于劳动者的素质，取决于知识分子的数量和质量。一个十亿人口的大国，教育搞上去了，人才资源的巨大优势是任何国家比不了的。有了人才优势，再加上先进的社会主义制度，我们的目标就有把握。""人家常说要增加智力投资，利用这次机会，有计划地对大批干部、工人进行正规教育，提高他们的政治水平、文化水平、技术水平、经营管理水平，就是一种能够收到很好的效果的智力投资。要使全体干部工人充分理解这种培训的重大意义，逐步把这种培训变为适用于全体干部工人的经常制度。"这对解决我国早期存在的企事业单位普遍存在的人浮于事，对于在产业结构和经济结构调整中产生的职工下岗和结构性失业问题，具有重要作用，对于实现社会主义现代化和中华民族的复兴都具有决定性的、深远的意义。

提高劳动者素质手段具体如下：

1. 加强人力资源能力建设

解决就业问题，不应是一个被动安置劳动人口的过程，而应是一个主动人力资源能力建设，提高人口素质，促进经济加快发展的过程。20 世纪 80 年代以来，一些西方学者对经济发展机制的研究和对国家之间经济增长率差别变化趋势的分析都表明，人力资本既是发达国家保持经济增长的关键因素，也是发展中国家实现经济增长、解决就业问题的必要条件之一。因此，要积极推进人力资源能力建设，通过普及教育提高人力资源的素质，充分发挥人力资源对经济增长的决定性作用，把就业人口压力转变为用高素质人力资源创造财富的巨大动力，使我国从人口大国变为人力资源强国，把人力资源优势转变为经济优势。

2. 发展职业教育，提高劳动者的就业竞争力

按照市场的需求，大力发展职业教育，可以减少结构性失业。不仅要遵循终身教育的原则，不断加强对在职职工的培训，通过培训使职工具有适应产业结构变化的技能，提高职工的工作能力，而且要努力提高下岗失业人员的再就业能力。同时要引导职业教育和高等教育按照市场的需求发展，使教育的扩大根据市场需求的变化而变化。

3. 引导劳动者转变就业观

（1）树立正确的就业观。要改变只有国企、到正规部门从事稳定的工作，有充分的福利和保障才算就业的观念，要把就业的领域扩展到非公有制经济领域。随着所有制结构的调整和完善，私营、个体、外资等非公有制经济将异军突起，也会提供大量的就业岗位，今后到非公有制经济领域就业将是吸纳国企无法吸纳的员工就业的方向。另外，就业不能局限于原来的行业、职业，如有些员工从过剩的第二产业中转移出来，可以在新的经济增长点如各类新兴社会服务、家庭服务、物业管理等第二产业中找到就业机会。要树立自谋职业的思想，树立就业靠市场竞争的意识，自觉地学技术、学本领，提高自身素质，提高就业的竞争能力。

（2）树立正确的择业观，要在择业标准上，适应市场的需要，适应现有岗位的要求，根据自身的素质，寻找合适的工作。只有自身的技能素质适应岗位需要时，个人的就业才能成为可能。

人们都希望找到一个好的职业和好的岗位，但好的职业岗位对劳动者的技能、素质的要求也相应地较高。在就业形式上，也不能仅着眼于正规、全日制的工作岗位，非全日制、临时工、小时工、承包工以及弹性工时等多种灵活的就业形式，都可以成为今后就业的方向，所有这一切，都需要人们转变就业观念。劳动者还可以选择继续深造，出国进修，搞科研项目，这样不仅可以缓解就业压力，还可以增加自己的人力资本，为将来找工作做好更充分的准备。对于高知识水平就业群体，还可以选择响应国家的政策号召，到需要人才的地方寻找发展出路。地方政府在国家大政方针框架下出台吸纳人才的地方优惠政策，鼓励高知识水平人才面向基层、面向农村、面向社区就业，响应国家的“三支一扶”政策，为当地的发展和国家的就业问题贡献力量

四、促进经济结构转型吸纳更多就业

大力提高我国第一产业、第二产业生产的社会化、专业化程度，刺激生产服务需求的提高，促使生产服务业吸纳更多的就业。随着我国改革开放的深入，引

进了国外一些先进的管理运作模式，这极大地提高了我国生产的社会化和专业化程度，例如物流服务的发展就极大地推动了物流业的发展，从而创造更多的就业岗位。因此在第一产业、第二产业结构的优化升级过程中，政策要鼓励生产服务从企业的核心竞争力中分离出来，提高生产服务需求，拓展生产服务业的就业空间。对于先行发展地区来说，适应劳动力和土地成本提高的动态比较优势变化，实现产业结构向技术密集型升级，符合增长方式转变的要求。而对于中西部地区来说，承接部分劳动密集型产业的转移，也是产业结构的升级，同样可以符合增长方式转变的要求，要具体情况具体分析。改革发展和结构调整要与扩大就业紧密结合。在产业类型上，在发展技术密集型产业的同时，更加注重发展新型劳动密集型产业，特别是要大力发展第三产业，这是促进经济社会发展的必然要求，也是解决就业问题的主要出路。按照我国的经济发展水平计算，我国第三产业每提高一个百分点，就可以增加 700 万个就业岗位。可见，发展第三产业，创造就业机会的潜力有多大。在发展第三产业时，应重点发展投资少、见效快、效益好、就业容量大的行业，如商业、社区服务业、旅游业、金融业等。目前我国第三产业发展缓慢，与发达国家的发展速度比相去甚远。比如印度，它的工业化水平远远落后于我们，但它的第三产业占 GDP 比重比我们高出 10%。因此，我们应加快发展第三产业，消除阻碍第三产业发展的体制障碍，比如户籍管理制度、社会保障制度、劳动力流动的政策规定，还有行业垄断等，尽快扭转该产业发展的长期滞后局面，充分发挥其吸纳就业的巨大潜力。

五、完善劳动力市场制度

目前我国已经建立了劳动力市场，市场已经成为配置劳动力资源的主要力量，但是有些地方还需要完善：一是健全劳动力市场信息服务系统，劳动力市场作为配置劳动力资源的基础手段，要求通过和供求信息的采集、发布、传递来实现供求双方的沟通，以期达到双向选择、合理配置劳动力资源的目的。二是完善劳动争议、劳动仲裁、劳动保护等方面的法律法规，动用劳动监察手段对劳动力市场进行监督，解决劳动力资源配置过程中出现的争议问题，以便保护企业和劳动者择业的合法权益，促进劳动力市场的正常发育和运行。

劳动力市场机制能够极大地促进劳动力市场的繁荣，促进就业的增加。城市政府应改善妨碍市场机制发挥作用的法令法规、政策等，使市场机制成为促进城市就业的基本手段。中央政府应充分发挥政府的宏观调控作用，比如产权的界定和保护、合同的实施、适当的监管等。还要制定出符合经济规律，符合市场机制发展的长远规划，引导劳动力市场健康发展，但不能越俎代庖，代替劳动力市场对劳动力的自由流动进行限制。我们要不断探索完善社会主义市场经济条件下的

充分就业的途径和办法，建立起一种有效的劳动力激励竞争机制，使全体劳动者能在市场机制的作用下真正实现竞争上岗、自主择业，使劳动力资源得到最优化配置，得到最充分最合理地利用，从而发挥出最大效益。只有通过劳动力市场的调节使劳动力供给与需求实现动态平衡，才能实现充分就业的目标。

1. 规范企业工资制度

我国应该形成市场化的企业工资决定机制，推进工资集体协商制度，引导企业积极构建工资分配和增长机制，保障职工行使对工资增长和分配的知情权、参与权和监督权，使职工共享企业发展成果，构建和谐的劳动雇佣关系。同时政府应该制定政策，完善劳动工资合同方面相关法律，使工资较有弹性，以工资来调节就业率。应大力建设以最低工资保障制度、工资指导线制度、人工成本预测预警制度等为主要内容的工资宏观调控体系，提高基层就业基础工资标准，并探索建立预防和解决企业工资拖欠问题的有效机制。使各类企业在生产发展、经济效益正常的基础上适度增长职工工资。针对少数企业拖欠职工工资的现象坚持处罚和预防措施一起实施的原则，重点在于治本，加大劳动监察执法力度。

2. 完善就业服务和就业援助制度

就业服务和就业援助就是政府为扩大就业提供的公益性服务。通过提供就业服务，政府有效地向劳动者传播供需信息，提供咨询指导与技术培训，同时向用人单位输送劳动人员，显著地缓解了就业压力，维护了社会稳定。通过提供就业援助，政府最大程度上为下岗工人提供了再就业机会，为失业人员创造了就业机遇，并通过生活保障制度保证了就业人员的经济生活。另外，国家还通过立法手段再次为未就业人员的劳动就业提供了法律保障。政府通过举办公共就业服务向用人单位和求职者免费提供就业服务，帮助各类就业困难群体实现就业。

就业援助是指各级人民政府采取税费减免、贷款贴息、社会保险补贴、岗位补贴等办法，通过公益性岗位安置等途径，对就业困难人员实行优先扶持和重点帮助。概括来说，就业援助方式主要包括失业保障制度、就业保障制度、下岗失业人员再就业保障制度与就业困难人员“优先扶持、重点帮助”，这四种方式各自的对象不同，覆盖了未就业人员保障工作的主要方面。目前，虽然，已在《就业促进法》中对就业服务与就业援助工作做出了规定，但重点在于工作中的贯彻落实和对该制度的不断完善和发展。

3. 完善社会保障制度

弹性就业模式在缓解我国就业压力方面发挥着举足轻重的作用，推行弹性就业一方面要转变人们的就业观念，另一方面要完善我国社会保障制度，建立适应就业模式多样化的社会福利制度，使选择弹性就业模式的劳动者有同等的享受社会保障的权利。社会保障制度是国家通过立法而制定的社会保险、救助、补贴等一系列制度的总称，是现代国家最重要的社会经济制度之一。作用在于保障全社会成员基本生存与生活需求，特别是保障公民在年老、疾病、伤残、失业、生育、死亡、遭遇灾害、面临生活困难时的特殊需要。由国家通过国民收入分配和再分配实现。整个社会保障体系由社会福利、社会保险、社会救助、社会优抚和安置等各项不同性质、作用和形式的社会保障制度构成。现代国家必须制定社会保障法律规范，保证社会保障制度真正得到贯彻实施。在市场经济条件下，劳动力作为主要的生产要素，需要在不同地区、不同所有制的企业合理流动，如果没有社会化的社会保障制度为劳动者提供养老、医疗、失业等保障，劳动力就无法流动，劳动力资源的合理配置就难以实现。建立和完善社会保障体系，有利于保证劳动力平等进入市场，参加竞争，使劳动力资源得到充分开发和合理利用，以维护经济更快更好地发展。劳动者在劳动中可能发生工伤风险、疾病风险和失业风险，女职工又要生育子女。这将使部分职工丧失劳动能力和劳动岗位，失去和减少维持生活的收入来源。此外，劳动者也必然会由青年走向壮年，最后步入老年而丧失劳动能力。如果这些人的基本生活得不到保障，他们就难以生存下去，必将影响社会的稳定和发展。建立和完善社会保障制度，就使劳动者在暂时或永久丧失劳动能力时，可以获得社会给予的物质帮助和保障，能够正常地继续生存下去。这就解除了劳动者的后顾之忧，有利于调动职工的劳动积极性，有利于社会的稳定。可见，社会保障制度是社会和经济发展的“稳定器”。

第四章　职业生涯发展理论

第一节　金兹伯格职业决策研究

金兹伯格是职业发展理论的缔造者，他和萨帕成为该理论的主要代表人物。

一、职业选择是一个决策过程

美国著名职业问题专家金兹伯格等经过实证研究，首先提出了职业发展理论。金兹伯格等指出，职业选择决策是一种发展过程，它不是一个某一时刻一下就完成的“决定”，而是基于人们选择观念，这种观念要经过若干年才形成。在职业选择的过程中，包含一连串的决定，每一个决定都和童年、青年时期个人的经验和身心发展有关。

二、职业选择是决策的优化过程

金兹伯格认为，职业选择的实现，也是个人意识与外界条件的折中和调适。他还进一步指出，个人最终所做的职业决策，是寻求个人所喜爱的职业与社会所提供、个人能获得的机会之间的最佳结合。

三、影响职业决策的因素

金兹伯格指出，影响职业选择的因素包括：现实因素、教育因素、个人的情感和人格因素、职业价值与个人价值观因素。

第二节 金兹伯格的“职业性”成熟理论

在金兹伯格的理论中，青年的职业选择观念可以分为三个阶段，即他们的职业性成熟程度分为三个阶段。

一、空想期

空想期，即幻想期。这一时期实际是人的少年儿童时期，该时期以儿童想象“早日长大成人，成人后干某种工作”的空想或幻想为特征。这种空想不受个人能力与现实的社会职业机会限制，似乎想干什么工作，将来就能干什么工作。实际上，这种职业想象往往是幼儿的一种模仿行为。

二、尝试期

尝试期，也称试验期或暂定期。这一时期大约从 10 ~ 12 岁开始，到16 ~ 18 岁结束。尝试期的特征，是人已经脱离了儿童的盲目、随意性幻想，开始考虑未来个人的满足，真正考虑对职业的选择了。但这一时期，青年人所依据的是自己的兴趣、智力、价值观，并依据这些主观的范畴对待职业选择的目标调节等问题。

三、现实期

现实期一般从 16 ~ 18 岁开始。这一阶段即人们正式的职业选择决策阶段。上两个时期的“选择”是主观的选择，而这时期的选择是真正的选择，是将主观选择与个人客观条件、外界客观条件（环境）、社会需要相结合的选择。这种承认客观、从现实出发的选择是一种折中和调适。现实期的特征，是缩小个人选择的范围。具体来说，现实期又可以分为三个小的阶段：

1. 探索阶段

青年人试图把自己个人的选择与社会的职业岗位需要等现实条件联系起来。

2. 结晶阶段

青年人对一种职业目标有所专注，并努力推进这一选择。

3. 特定化阶段

青年人为了特定的职业目的，进入更高一级的学校或接受专业训练。已有工作但不满意者，想重新进修，再找工作，也属于这个阶段。

金兹伯格的职业发展理论，见图4－1。

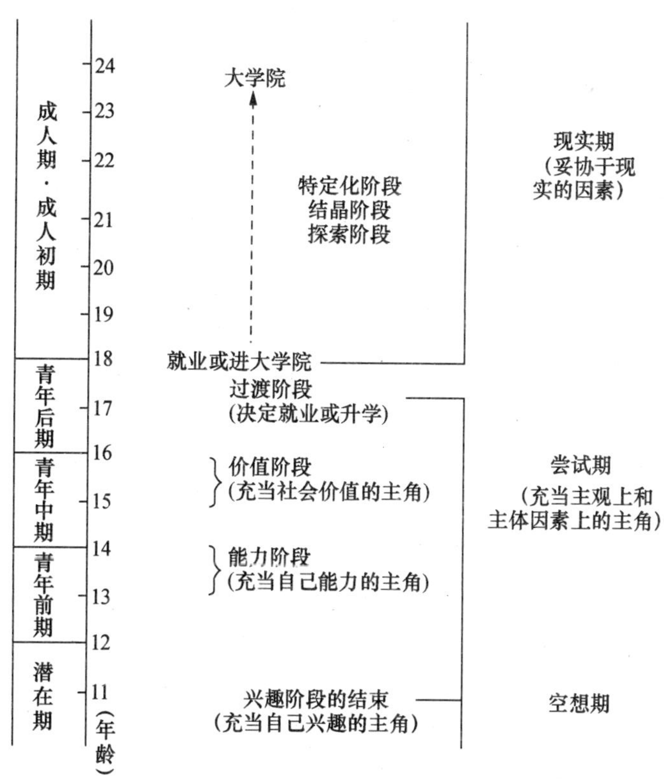

图4－1　金兹伯格的职业发展理论

第三节　萨帕关于职业发展研究

一、萨帕职业生涯整体发展理论

美国学者萨帕把职业发展理论扩大到整个人生，比金兹伯格的学说更为详细和更进一步。其主要包括以下论点：

1. 人是有差异的

第一，人的才能、兴趣和人格各不相同。

第二，人们因自己的上述特性而各自适应于若干种职业。

第三，各种职业均具有对于人的才能、兴趣和人格要求的一套特定模式，但是职业与人均有一定的改变余地。

第四，职业生涯模式的不同性质，是由人们不同的家庭地位与经济状况，个人智力水平与人格特征，以及个人的机遇所决定的。

2. 职业选择与调适是一个连续过程

第一，人们对于职业的偏爱和所具资格，人们的生活与工作情境，以及人们的自我概念，都会随时间和经验而改变，这使得职业的选择与调适成为一种连续的过程。

第二，职业选择与调适过程可以概括为探索阶段和固定阶段两大阶段。

第三，探索阶段中，又分为空想、尝试和现实三个时期。

第四，固定阶段中，又分为尝试、固定两个时期。

第五，从更大的范围看，人的职业生活的成长、探索、固定、维持、衰退各个阶段的总和，即构成一连串的人生阶段。

3. 职业发展过程具有可塑性

第一，职业性发展的过程，从根本上说，是一种完成自我概念的过程。这种自我概念的建立过程，也是一种折中、调和的过程。“自我”是个人自身条件与外界各种条件、各种反响相互作用的产物。

第二，个人与社会、自我概念与现实之间的折中、调和，是人们把自身放入社会的职业角色的过程。这种角色扮演，也是一个人从青年的空想，到职业选择咨询商谈，再到工作初任等的系列性演进过程。

第三，一个人工作的满意（进而是生活的满意）程度，视个人的才能、兴趣、人格特征和价值观能否找到对应的归宿，或者说视上述各方面宣泄的适应程度而定。

第四，职业性发展的各个阶段可以通过指导而加以改善。这里既包括培养人的职业才能与职业兴趣使人达到成熟，也包括帮助人在职业选择上的试行选择和帮助人的自我概念的发展。

二、萨帕职业生涯阶段论

对于人的一生整个职业生涯阶段的规划方法，著名的有萨帕的职业发展理论。

在萨帕的理论中，从终生发展角度出发，把整个人生分为成长阶段、探索阶段、立业与发展阶段、维持阶段和衰退阶段。由于成长阶段属于非职业范畴，故把它省略，即职业生涯分为四个阶段：探索阶段、立业与发展阶段、维持阶段和

衰退阶段，处于各个阶段的人有不同的追求，见表4－1。

表4－1　不同职业发展阶段的特点

职业发展阶段	对工作方面的要求	情感方面的要求
探索阶段 （25岁前）	1. 要求从事多种不同的工作 2. 希望自己探索	1. 进行探索性的职业选择 2. 在比较中逐渐选定自己的职业
立业与发展阶段 （25～45岁）	1. 希望干具有挑战性的工作 2. 希望在某一领域发展自己的专业知识技能 3. 希望在工作中有创造性和革新 4. 希望在经历3～5年以后转向其他领域	1. 希望面对各种竞争，敢于面对成败 2. 能处理工作和人际关系矛盾 3. 希望互相支持 4. 希望独立自主
维持阶段 （45～60岁）	1. 希望更新技能 2. 希望培训和辅导青年	1. 具有中年人较稳健的思想感情 2. 对工作、家庭和周围的看法有所改变 3. 自我陶醉以及竞争性逐渐减弱
衰退阶段 （60岁以后）	1. 计划好退休 2. 转向咨询和指导性工作 3. 寻找自己的接班人 4. 寻找组织外的其他活动	1. 希望把咨询看作对他人的帮助 2. 希望能接受和欣赏组织外的其他活动

（1）探索阶段。

这一阶段开始于青年人刚涉足工作，到25岁左右结束，这是一个自我考察、角色扮演、探索职业方向的阶段。在这个阶段，青年力图更多地了解自我，并做出尝试性的决策，同时通过经验的积累，不断地改变自己的职业期望。

这一时期的职业生涯规划特点是：个人在试探性地选择自己的职业，试图通过变动不同的工作或工作单位而选定自己一生将从事的职业，在这个时期里，员工希望经常调换不同工作的愿望十分强烈，如在本单位得不到满足，则往往会跳槽。因此，跳槽率也高。从企业组织来说，就要了解就业初期青年人的这一特点，给予选择职业方面的引导，并努力为他们提供多种工作，特别是具有挑战性又能吸引他们兴趣的工作机会和他们自我探索的机会。

萨帕对这个阶段还进行了细分，把它分为试验、过渡和试行三个阶段（见表4－2）。

表4-2　探索阶段

试验阶段（15~17岁）	个体通过想象、讨论、观察、访问、见习、社会实践等活动，开始考虑自己的需要、兴趣能力、价值观及谋职机会等，并据此做出试验性的职业选择
过渡阶段（18~21岁）	当个体进入劳动力市场和进行专门训练时，从过去的理想进入当前的现实，对自己已有的职业期望进行一定的现实性调整
试行阶段（22~24岁）	进入基本上适合自己的领域，开始正式的职业生涯，并试图将其作为自己的终生职业

（2）立业与发展阶段。

这一阶段的年龄一般在25~45岁，经过早期的试验和探索之后，一个人就逐渐显现出一种安定于某种职业的倾向，这时就进入了立业与发展阶段。在立业与发展阶段，一个人基本上找到了一个比较适合自己的职业，并寻求在这一领域里有所建树，以建立自己的地位。

这一时期职业生涯规划的特点是：个人在职业生涯中，主要关心的是在工作中成长、发展和晋升，这些对他们的激励作用也最大。一般来说，处于这一阶段的员工，自己都有成长和发展的计划，并会为其目标的实现而竭尽全力。企业组织对处于这一职业阶段的员工要多提供在知识、技能上具有挑战性的工作和任务，并放手让他们大胆去干，让他们有更高的自我决策、自我管理的独立性。同时，要给他们的工作提供咨询和各方面的大力支持，为其创造良好的机会，使他们在从事具有挑战性的工作任务中成长、发展。通过对他们的成果给予表扬等各方面的激励，以促使他们向更高的方向发展。

这一阶段，又可以细分成适应和稳定两个阶段（见表4-3）。

表4-3　立业与发展阶段

适应阶段（25~30岁）	此阶段因人而异，有些人较长，有些人较短，有些人不经过这个阶段直接进入职业稳定状态。在这个阶段中，若一直不能适应，就有可能转换职业。如果一个人要转换职业，他们个人职业发展又会从探索期重新开始
稳定阶段（30~45岁）	个人已经适应了整个职业环境，明确了自己在岗位中的责任和权利，能够顺利、成功地解决职业中的各种问题，并开始在职业中体会到满意感和成就感，并确定将现有职业作为自己的终生职业

从个人角度看，进入组织是一种受训和入伍的过程，是了解内情、领会如何共处的过程。同样的过程从组织角度看，是上岗、基础训练、个人社会化人组织的主要准则和价值观，以及测试新雇员是否能在一种工作或职业道路上正确地贯

彻它们。它导致了一种可行的心理契约——个人有所奉献与组织预期有所获取之间，以及组织针对个人期望收获而有所提供的一种配合。

个人进入职业生涯的适应阶段，又可以将它划分为三个阶段。第一阶段是“进入”，包括个人方面的准备和培训，在接受一项工作以的发生的招聘和挑选过程，以及实际雇用决策和初次工作分配。第二阶段是“社会化”，包括了解内情、如何融入组织中、如何共处、如何工作等所有早期过程。这是个人和组织相互测试的时期。心理契约的某些细节明朗化了，个人对组织以及他或她在组织内的前途构思了一幅图画，组织对新雇员及其前途也勾勒出一个轮廓。

最后的阶段，可以称之为“相互接纳”，它包括各种程序。通过职业仪式正式或非正式地授予新雇员以正式成员资格，给予其特殊的地位或特权、富于挑战的和重要的工作任务，以及达成一种可行的心理契约。这个时期结束时，新雇员成了一名完全被组织接纳的成员，但仍然处于职业的早期阶段，尚未取得“任职”或永久性成员资格。

个人的需要和预期与组织的需要和预期之间的一种充分配合使职业在组织中延续。事实上，许多职业中期问题都源于组织和个人双方在早期职业阶段上的失望。重要的是要认识到，这种过渡引起了两股巨大力量之间的一种对抗：个人由20多年的早期社会化和教育所形成的才干、个性、态度、价值观、抱负和期望，与组织提出的何种工作是有价值的，应该如何进行工作，一个百效雇员应该像什么等方面的要求和文化准则之间的对抗。

（3）维持阶段。

这一时期的年龄一般在45～60岁，人到了这一阶段，通常已经有了一定的成就和地位，自己需要做的工作就是最大限度地维持和巩固已有的地位。

当然，处于这一阶段的人，尚有发展的可能，但相对来说，他们对成就和发展的期望减弱，而希望维持或保留自己已得的地位和成就的愿望则加强。同时，他们也希望更新自己专业领域的知识或技能，以便在经济停滞或萧条时保持免遭裁员，或在被裁员时另谋其他出路。

在这一时期，有部分人也可能做出新的职业选择，重新调整自己的职业生涯；也有部分人可能进入“事业高原”阶段，知识和能力已经停滞，开始步入衰退阶段。大多数处于这一职业阶段的员工，都有自己的计划，一方面希望再出一些成果，另一方面则是注重更新自己的知识和技能或学习其他领域的知识技能。

从组织的角度来说，则更要关心并向他们提供有利于更新知识、技能或学习其他新领域知识、技能的机会。

（4）衰退阶段。

这一阶段一般为60岁以后的职工，这一阶段属于退休阶段。我国男性员工的退休年龄一般在60岁左右，而西方，例如在北美则一般在65岁左右。处于这一阶段的人正在准备退休，原来的工作停止，开始发展新的角色，寻求不同的工作方式，以满足身心的需求。许多人希望为适应退休后的环境而学习或培养自己某一方面的爱好，如书画、音乐、下棋等有利于身心健康的活动。组织要准备采取不同的方式重视在他们退休前为他们多创造条件，以培养或促进他们对某一娱乐活动的兴趣和爱好，并要有计划地为退休员工多开展一些他们喜爱而又利于他们身心健康的娱乐活动。

三、萨帕职业生涯层面论

萨帕认为，人生的整体发展是由时间、领域和投入程度决定的，即职业生涯包括时间（T）、领域（B）和投入程度（D）三个层面。

1. 时间层面

职业生涯的时间层面，按人的年龄和生命历程划分为成长、试探、建立、维持和衰退五大阶段。

2. 领域层面

职业生涯的领域或者范围层面，英文为Breadth或Soope，是指一个人终生所扮演的各种不同角色，如儿童、学生、公民、赋闲在家者、工作者或家庭主妇等。

3. 深度层面

深度，即职业生涯的投入程度，指一个人在扮演每一个角色时所投入的程度。

这一理论也称为“彩虹理论”，如图4－2所示。

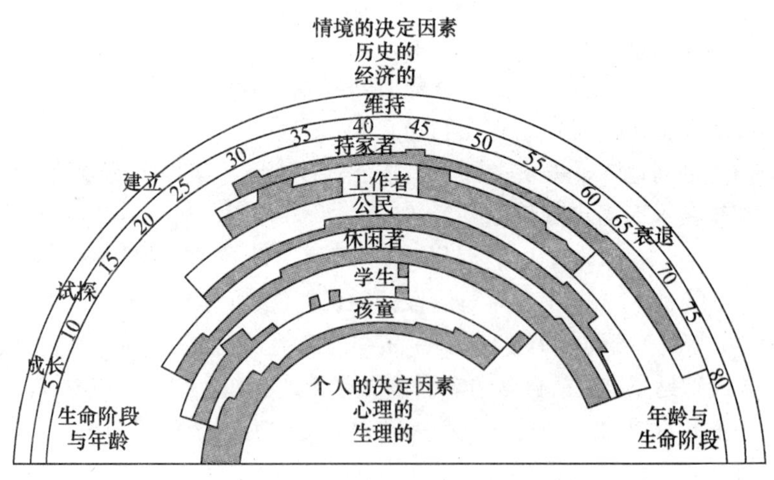

图4－2　萨帕的人生发展三层面

第四节　利维古德有关职业生涯拟合的研究

一、利维古德三因素与三阶段论

荷兰学者勃纳德·利维古德有着更加开阔的思路，他对人的发展和生活道路问题进行了多年的研究。他从人的生理、心理和精神三方面因素拟合、统一的角度，对人生进行了分析。

利维古德在大量分析他人关于生涯阶段学说的基础上，将人生划分为“生长期、平衡期、衰老期”三大部分。在生长期，人的成长超过了衰退；在平衡期，人的成长与衰退之间是平衡的；在衰退期，衰退的速度加快。

利维古德指出，在成年之前的生长期，生理发展规律影响最大；在成年、中年阶段的平衡期，心理发展显得最为明显；在人到老年、处于生命后期的衰退期，精神发展则成为主要特征。

利维古德从事过广泛的“人”的研究，包括儿童、青年、成年、老年各个时期的人，并从事医疗、精神病理、教育、培训、管理人员、企业方面的研究。他集上述研究于一身，将之归结为“人的发展”，并相当关注人生的发展阶段，其立足点是“帮助一个人寻求新的前途”和主张人的“自我终身教育”。

二、利维古德职业生涯分期论

基于上述理论，利维古德指出，人的职业生涯包括下述时期：

1. 青年期

青年期大约是16～22岁。这段时期是人的“觉醒”时期，其青少年时期的幻想破灭，而要从现实出发做出人生的抉择。这时的青年已经具有“成为与众不同的有作为的人”的意识，但是，青年期在职业抉择方面往往有盲目性。

2. 成年初期

成年初期，即人的“初入成年阶段”。这一阶段是人在20多岁的时期。

成年初期的人开始对自己的行为负责，并从主观与客观的相互关系中确立自己的地位。他们要成家和“立业”，要在工作变换中寻找自己的价值。

3. 组织阶段

这一阶段大约是28～35岁。在这一时期，人们尝试性地寻找好工作的职业变换行为停止，而是要从自己现在从事的职业中找出路了。

4. 继续阶段

这一阶段是35~40岁。该阶段也是维持阶段，这时的人们真正地现实了。当工作顺利时，即心安理得，感到“顺心”。

5. 危机阶段

危机阶段处于整个40多岁的时期。在这一阶段，人的体力开始衰退，在期末又进入了生理的更年期。这一阶段人的精神有进入危机的倾向，对取得的一切，对自己追求的目标，以致对自己原本所持的价值观等统统产生怀疑。同时，人们在精神方面还出现不同的分化，有的人觉得成功，有的人觉得失败。

6. 晚年阶段

这一阶段即人的50多岁的时期。在该阶段，人生的发展会再次出现不同的分化，有的人还会出现成功的新高峰。到了56岁以后，人们倾向于对一生的生涯际遇做出总结。

利维古德的“初入成年阶段”与“组织阶段”，是人们确定职业生涯时尤其要注意、思考和明智处理的。

第五节　薛恩的职业周期研究

一、薛恩职业理论的价值

爱德加·薛恩（Edgar H. Schein）是美国著名的心理学家和管理学家，其《组织心理学》、《职业动力学》等著作具有重要的学术影响和实践价值。例如，薛恩的协调组织与个人目标，实现一系列匹配的理论模型，成为人力资源管理学科的基本理念①；他提出的“职业发展”观，是实现现代管理的组织发展的重要基础。

二、薛恩职业周期的划分

薛恩把人的职业生涯划分为10个阶段，他把个人的发展与人在组织中的角色紧密联系起来，在阐述职业生涯发展方面有着深刻的见解，该学说也有着相当高的实用价值。这里对薛恩职业周期的每个阶段角色特征、面临的问题和特定的任务学说介绍如下（见表4-4）。

---

① ［美］爱德加·薛恩. 职业的有效管理［M］. 北京：三联书店，1992.

表 4-4　职业周期的阶段划分

阶段	面临的广义问题	特定任务
1. 成长，幻想，探索（0~21岁）（角色：学生，候选人，申请人）	1. 为进行实际职业选择打好基础 2. 将早年职业幻想变为可操作的现实 3. 对于社会经济水平和其他家庭状况造成的现实压力进行评估 4. 接受适当的教育或培训 5. 开发工作世界中所需要的基本习惯和技能	1. 发现和发展自己的需要和兴趣 2. 发展和发现自己的能力和才干 3. 学习职业方面的知识，寻找现实的角色模式 4. 从测试和咨询中获得最大限度的信息 5. 查找有关信息和工作角色的可靠的信息源 6. 发展适合自己的价值观、动机和抱负 7. 做出合理的教育决策 8. 在校品学兼优，以保持尽可能开放的职业选择 9. 在体育活动、业余爱好和学校的各项活动中进行自我测试，以发展一种现实的自我意向 10. 寻找试验性工作和兼职工作的机会，测试早期职业决策
进入一个组织或初任一个职业		
2. 进入工作世界（16~25岁）（角色：应聘者，新学员）	1. 进入劳动力市场，谋取可能成为职业基础的第一项工作 2. 达成意向正是可行的心理契约，保证自己和雇主需要都能满足 3. 成为一个组织的成员——穿越第一个包含边界	1. 学会如何找一项工作，如何申请，如何度过一次工作访谈 2. 学会如何评估一项工作和一个组织的信息 3. 通过挑选和自测 4. 做出现实和有效的第一项工作选择
3. 基础培训（16~25岁）（角色：实习生，新手）	1. 应付工作和成员资格实际上是怎么回事的现实冲击 2. 尽快成为一名有效的成员 3. 适应日常的操作程序 4. 作为正式的贡献者被承认，穿过下一个包含边界	1. 克服缺乏经验带来的不安全感，增加一种信任感 2. 译解文化，尽快"了解内情" 3. 学会与第一个上司或培训者相处 4. 学会与其他受训者相处 5. 接受始业仪式或其他做一名新手有关的仪式，从中学到点东西（多干下手活和单调乏味的任务） 6. 负责地接受所进入组织和承认的正式符号：制服、徽章、身份证、停车证、公司手册

续表

阶段	面临的广义问题	特定任务
4. 早期职业的正式成员资格（17～30岁）（角色：新的正式成员）	1. 承担责任，成功地履行第一次正式分配的有关义务 2. 发展和展示自己的特殊技能及专长，为进入其他领域的职业成长打基础 3. 在自己的独立需要与组织约束和一定的时期附属、依赖、要求之间寻求平衡 4. 决定是否在这个组织和职业中干下去，或者在自己的需要和组织约束及机会之间寻求一种更好的配合	1. 有效地工作，学会如何处事，改善处事方式 2. 承担部分责任 3. 接受附属状态，学会如何更好地与自己的上司和同事相处 4. 在有限的工作区内发展进取心和主动性 5. 寻求良师和操作人 6. 根据自己的才干和价值观，以及组织的机会和约束，重估当初决定追求的工种 7. 准备做出长期承诺或一定时期内的最大贡献或者流向一个新职位和组织 8. 应付第一项工作中的成功感和失败感
5. 只是成员资格，职业中期（25岁以上）（角色：正式成员，任职者，终生成员主管，经理）（个人有可能停顿在这个阶段）	1. 选定一项专业，成为一个多面手或进入管理部门，如何保证成为一名专家 2. 保持技术竞争力，在自己选择的专业（领域）内继续学习 3. 在组织中确立一种明确的认同，成为人所共知的人 4. 承担较高的水平的责任，包括对他人和对自己的工作 5. 成为职业中的一名能手 6. 根据抱负，所寻求的进步类型，用以衡量进步的指标等，开发个人的长期职业计划	1. 取得一定程度的独立 2. 提高自己的业绩标准，相信自己的决策 3. 慎重估价自己的动机、才干和价值观，依次决定要达到的专业化程度 4. 慎重估价组织和职业机会，依次制定下一步的有效决策 5. 解除自己与良师的关系，准备成为他人的良师 6. 在家庭、自我和工作事务间取得一种适当的平衡 7. 如果业绩平平，任职被否定，或失去挑战力，应付失败情绪
6. 职业中期危机（35～45岁）	1. 针对自己不得不决定求安稳，换工作或迎接新的更大的挑战的想法，着重重估自己的进步 2. 从中年习得的普遍性内容方面（梦想和希望与现实的比较）估价职业抱负 3. 决定工作和个人职业在自己的一生中究竟有多大的重要性 4. 适应自己成为他人良师的需要	1. 开始意识到个人的职业锚——个人的才干、动机和价值观 2. 现实地估价个人职业锚对个人前途的暗示 3. 就接受现状或者争取看得见的前途做出具体选择 4. 围绕所做出的具体选择，与家人达成新的平衡 5. 建立与他人的良师关系

续表

阶段	面临的广义问题	特定任务
7. 非领导者角色的职业后期（40岁至退休）（角色：骨干成员，有贡献的个人或管理部门的成员，有效贡献者或朽木）（许多人停留在这个阶段）	1. 成为一名良师，学会发挥影响，指导、指挥别人，对他人承担责任 2. 扩大兴趣和以经验为基础的技能 3. 如果决定追求一种技术职业和职能职业的话，要深化技能 4. 如果决定追求全面管理角色的话，要担负更大范围的责任 5. 如果打算求安稳，在工作或职业之外求成长的话，接受影响力和挑战能力的下降	1. 坚持技术上的竞争力，或学会以经验为基础的指挥代替直接的技术能力 2. 发展需要的人际和群体技能 3. 发展必须的监督和管理技能 4. 学会在一种政治环境中制定有效决策 5. 应付“崭露头角”的年轻人的竞争和进取 6. 应付中年危机和家庭的“空巢”问题 7. 为高级领导角色做准备
穿越包含和等级边界		
8. 处于领导角色的职业后期（可能年轻时获得，但仍会被看作是在职业“后期”）（角色：总经理，官员，高级合伙人，企业家，资深幕僚）	1. 为组织的长期利益发挥自己的才干和技能 2. 学会整合别人的努力和扩大影响，而不是进行日常决策或事必躬亲 3. 挑选和发展骨干成员 4. 开阔视野，从长计议，现实地估价组织在社会中的作用 5. 如果身为有贡献的个人或企业家，学会如何推销观点	1. 从主要关心自我，转而更多地为组织福利承担责任 2. 负责地操作组织机密和资源 3. 学会操作组织内部和组织与环境边界两方面的局面 4. 学会在持续增长的职业承诺与家庭，特别是配偶的需要之间谋求平衡 5. 学会行使高水平的责任和权利，而不是软弱无力或意气用事
9. 衰退和离职（40岁至退休，不同的人在不同的年龄衰退）	1. 学会接受权利、责任和中心地位的下降 2. 基于竞争力和进取心下降，学会接受和发展新的角色 3. 学会管理很少由工作支配的一种生活	1. 在业余爱好、家庭、社交和社区活动、非全日制工作等方面，寻找新的满足源 2. 学会如何与配偶更亲密地生活 3. 估价完整的职业，着手退休
离开组织或职业		
10. 退休	1. 适应生活方式、角色和生活标准的急剧变化 2. 运用自己积累的经验和智慧，以各种资深角色对他人进行传帮带	1. 在失去全日制工作或组织角色后，保持一种认同感和自我价值观 2. 在某些活动中依然尽心尽力 3. 运用自己的智慧和经验 4. 回首过去的一生，感到有所实现和满足

当然，以上阶段以年龄来划分也不是绝对的，有的人可能进入某个阶段早，有的人可能晚一些，需要个人注意某阶段的特征。

职业生涯路线是整个人生规划的展开，我们在确定自己的人生目标后，就必须考虑向哪一路线发展。即是走行政管理路线，向行政方面发展；还是走专业技术路线，向业务方面发展等。例如，你可把你职业生涯路线设计为：进大学学习技术与管理知识→在政府部门锻炼人际交往能力→到大公司担任中层管理人员→到小公司担任高层管理人员→成为大公司高层管理人员。至于朝向哪一个方向，要根据个人情况而定。

发展路线不同，要求也就不同，这一点不能忽视。因为即使同一职业，也有不同的岗位。有的人适合搞行政，可在管理方面大显身手，成为一名卓越的管理人才；有的人适合搞经营，可在商海大战中屡建功勋，成为一名经营人才。

在确定职业生涯目标和职业路线之后，这时就要选择相应的职业，职业选择是我们实施职业生涯规划最关键的一环。在选择职业阶段，我们一般先要选择行业，再选择行业中的某一些或某一类职位。

三、薛恩的职业生涯留系点研究

1. 职业生涯留系点的意义

美国管理学家爱德加·薛恩的职业生涯留系点理论，是职业生涯发展理论中一个很重要的内容。它反映人们在有了相当丰富的工作阅历以后，真正乐于从事某种职业，反映了一个人进入成年期的潜在需要和动机，并把它作为自己终身的职业归宿的思想原因。在经过长期的职业实践后，人们对个人的“需要与动机”、“才能”、“价值观”各方面有了真正的认识，即寻找到了职业方面的“自我”与适合自我的职业，这就形成人们终身所认定的、在再一次职业选择（包括真实的和假定的选择）之中最不肯舍弃的东西，即“职业生涯留系点”。[①] 或者说，某种因素把一个人“系”在了某一种职业上。薛恩指出，根据定义，这种系留点在有工作之前是不存在的，它是“自我意向的习得部分，与自省动机、价值观和才干相联系”。[②]

在我国近年的职业生涯著作中，人们一般把这一理论称为“职业锚理论”，即人们因为某种思想原因选中了一种职业，就此“抛锚”、安身。也有的学者把它翻译为“职业着眼点”。[③]

薛恩和巴林等人对麻省理工学院的44名管理系硕士研究生进行了长达10多年的追踪研究，进行了大量采访、面谈和态度测量，并根据这些资料进行研究分析，结论是这批人在毕业时所持有的就业动机与职业价值观，与10多年后的实际状况心理需求、就业动机、职业价值观和现实职业岗位各方面，都有一定的出

---

① ［美］爱德加·薛恩．组织心理学［M］．北京：经济管理出版社，1987.

② ［美］爱德加·薛恩．职业的有效管理［M］．北京：三联书店，1992.

③ 王蕃．组织行为学［M］．上海：上海财经大学出版社，2002.

入。前者与后者的差异原因在于，大学毕业生对自己的认识和对外界的认识有盲目之处、不准确之处，要经过相当长的时间，受到客观实践的矫正。薛恩指出重要的作为“自我概念”中是“人对自身才能的感知”，是真正有了职业经历、工作体验后，才能够正确、清楚地估测出来。

2. 五种职业生涯留系点

薛恩把麻省理工学院管理学院毕业生的留系点划分为五种类别：

（1）技术性能力。这种人的整个职业生涯核心，是自己擅长的技术才能和职能方面追求的工作能力的发挥。其价值观是愿意从事以某种特殊技能为核心的挑战性工作。这类毕业生最后从事的是技术性职员、职能部门领导等职业。

（2）管理能力。这种人的整个职业生涯核心，是追求某一单位中的高职位。他们沿着该单位的权力阶梯逐步攀升，直到一个全面执掌权力的高位。这种管理能力体现为分析问题、与人们的周旋应付和在不确定情况下做出难度大的决策。笔者认为，他们追求的目标为总裁、常务副总裁等。薛恩的这种管理能力留系点，是一些人的企业型职业人格（霍兰德分类法）、挑战性工作、处理复杂问题的能力发挥和高地位性尊重需要的结合。

（3）创造力。这种人的整个职业生涯核心，是围绕着某种创造性努力而组织的。这种努力的结果是他们创造了新产品、新的服务业务，或者搞出什么发明，或者开拓建立了自己的某项事业。在这批毕业生中，有的人为之奋斗的事业、创造、发明已经成功，有的人则仍然在奋斗和探索着。

（4）安全与稳定。这种人的整个职业生涯核心，是寻求一个组织机构中安稳的职位，这个职位有长期就业、稳定的前途，能够达到一定的经济独立从而充裕地供养家庭功能。

（5）自主性。这种人的整个职业生涯核心，是寻求“自由”、自主地工作，从而能够自己安排时间，能够按照自己的意愿安排工作方式和生活方式。这类人最可能离开常规性的公司、企业，但是其活动与工商企业活动及管理工作仍然保持着一定的联系，如教书、搞咨询、写作、经营一家店铺等。

3. 其他职业生涯留系点

薛恩和巴林对名牌大学管理专业毕业生的研究，其结论的适应性是有着一定范围的。鉴于社会职业的广泛性，薛恩还提出了四种不同于名牌大学管理系科毕业生的社会从业人员可能具有的职业生涯留系点。

（1）基本认同。基本认同，其含义是在一些社会阶层较低的职业层面，一个人的头衔、制服和其他职务标记可以成为“自我”定义的基本根据。薛恩指出，具有这种留系点的一目了然的工具，外在地定义了人，是将头衔、制服、标志或其他的职业角色，一般是认同一个有权或有声望的雇用单位，以其为工作的符号，即使这类外在符号可能与自己从事的工作关系不大。例如，肉类加工厂工人在被问到他们的工作时，他们会说自己是“大公司”的人；同样，低级公务员会说自己为联邦政府工作；再如，大学的工友或传达室人员会说他们是哈佛大学或麻省理工学院的工作人员。

（2）服务。服务，亦即劳务（薛恩的中译本《职业的有效管理》中，将该留系点翻译为“劳务”）。薛恩认为，在社会福利部门、某些医疗部门、教育部门以及行政部门，工作特点体现了自由（允许个人表达基本需要）、发挥才干和协助他人与合作的价值观。在这些部门，人际能力和协助本身就是目的，在这种单位中工作的一些人就以进行服务、付出劳务为留系点。由于妇女带有很大的附属性，她们之中会有较高比例的人优先考虑以服务型职业为其留系点。这一类别，是与霍兰德的社会型职业人格相吻合的。

（3）权力欲及扩展。薛恩指出人们有追求权力的需要和运用权力的才干，但其存在状态是复杂的。在政治家、教师、医生和部长中，可以看到有些人的留系点正是要控制和左右他人。

但是，有些人的权力追求与前述的“管理能力留系点”可能有一定的重合，也可能与其他需要和才干相结合，这就出现了一种比纯粹关心权力更好的情况——即“全面管理”的留系点取向。

（4）多样化。有些人在人生和工作中有着多种追求。正如薛恩指出，在各行各业也都有“心神不定”的人，有些人多才多艺，他们的基本需要和价值观是表达这种特点，而不是在一个较短的时期内深入地发挥受到更多限制的才干。用通俗的话说，这些人追求当“博学的杂家”而不是“精深的专家”。据一些教授、技工、商人、顾问、经理和检修工讲，吸引他们和使他们安于本职工作的东西，是他们遇到了层出不穷、形形色色的挑战。寻求多样化是这些人生命周期的组成部分①。

---

① ［美］爱德加·薛恩．职业的有效管理［M］．北京：三联书店，1992.

第五章　职业生涯设计

第一节　职业生涯设计概述

一、职业生涯设计的含义及其目的

职业生涯又称职业发展，它是有关一个人一生中在某种或某几种职业岗位上工作、活动的连续经历。职业生涯设计则是对个人一生职业发展道路的设想和规划。为了有效地实现自我价值以便保证在事业上取得更大的成就，每个人都需要对个人所从事的职业、要为之服务的工作单位和组织、要担负的职务以及在工作岗位上的发展道路进行全面的规划，确立明确的目标，并为实现各阶段的事业目标而自觉地进行有关个人的知识、技术与能力等方面的人力资本投资活动。职业生涯设计的目的绝不只是帮助个人达到和实现目标，更重要的是帮助个人真正了解自己，并且进一步评估内外在环境的优劣、限制，在“衡外情，量己力”的情形下设计出各自合理且可行的职业生涯发展方向。例如，在市场竞争激烈和组织机构变革的情形下，个人面临职业生涯抉择的时候，不但要掌握个人的职业生涯竞争优势，更得配合周围环境变动趋势，才能把握稍纵即逝的机会，发挥个人潜能，实现预定目标。客观合理的职业生涯设计，是个体迈向成功的第一步。

美国著名职业问题专家萨帕认为，职业生涯是指一个人终生经历的所有职位的整体历程，是生活中多种事件的演进方向和历程，是个人独特的自我发展组型。中国台湾学者林幸台认为，职业生涯包括个人一生中所从事的工作，以及所担任的职务、角色，同时也涉及其他非工作或非职业的活动和那个人生活中衣食住行、娱乐各方面的活动与经验。韦伯斯特（Webster）把“生涯”的外延进一步扩大，他指出，职业生涯是个人一生中职业、社会与人际关系的总称，即个人终生发展的历程。

一个人的职业生涯是一个漫长的过程。他可以遵循传统观念，一生只从事一种职业，持续而稳定地在该岗位上晋升、增值；也可以根据个人的兴趣、能力、价值观以及工作环境的变化而经历不同的岗位、职业甚至行业。当然，大多数人还是希望从事一种相对稳定、适合自己的职业。

人的一生，人的生命价值，在一定意义上说，就在于其职业生涯方面的成就和成功。在一个人有限的生命中，职业生涯往往占有绝对重要的位置。有统计资料显示，大部分人职业生涯时间占可利用社会时间的80% ~90%。职业生涯伴随我们的大半生，甚至更长远，拥有成功的职业生涯才可能实现完美人生。

职业生涯的意义，首先，在于它是满足人生需求的重要手段。现代人大部分时间是在社会组织中度过的。我们的大部分人生需求都要通过职业生涯来满足。作为个人生命中投入时间和精力最多的人生组成部分，职业生涯使我们体验到爱与被爱的幸福、受人尊敬、享受美和成就感的快乐。相对而言，人的素质愈高，精神需求就愈高级，对职业生涯的期望也就愈大。其次，职业生涯也是促进个人全面发展的重要手段。现代人追求全面发展，随着生活水平的提高，人们的自我意识逐步增强。人们在渴望拥有健康、丰富的知识、能力、良好的人际关系的同时，也渴望在事业上有所建树，并享有幸福和谐的家庭生活和丰富多彩的休闲时光。我们追求成功的职业生涯，最终是要获得个人的全面发展。

二、职业生涯设计的基本步骤

职业生涯设计基本上可分为自我觉醒、目标设定、生涯策略、生涯评估四个步骤，无论你的人生是多彩多姿还是稳定不变都要经历这样的程序。

1. 自我觉醒

在职业生涯设计中，一个人必须对自己本身及环境做深层次的觉醒，以作为设定职业生涯目标及策略的基础。

在自我觉醒中，首先要察明自己为人处世所信奉遵循的价值观念，明确为人的基本原则和追求的价值目标。其次要熟悉自己掌握的技能，应剖析、了解自己的优势和弱点。对自我及环境了解越透彻，越能做好职业生涯设计；反之，职业生涯设计难以成功。

（1）分析自身优劣势。

利用 SWOT 分析法①分析自身的优劣势以及来自外部环境的机会和威胁：画一个表格（见图 5－1），然后逐一分析，并填上自己的分析结果。

① 广西壮族自治区教育厅组编．大学生就业指导［M］．桂林：广西人民出版社，2004.

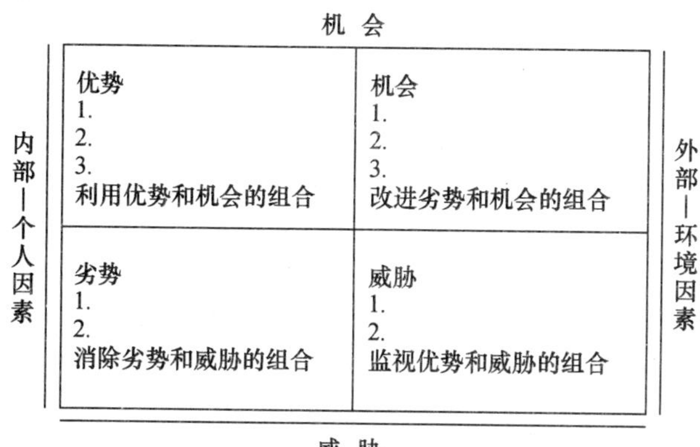

图5－1　SWOT分析

优势分析：

——你曾经做过什么。即已有的人生经历和体验，如过去担任的职务，曾经参与或组织的实践活动，获得过的奖励等。这些可以从侧面反映出一个人的素质状况。在自我分析时，要善于利用过去的经验选择，推断未来的工作方向和机会。

——你学习了什么。在学校学习期间，你从专业学习中获得什么，接受过什么培训，自学过什么，有什么独到的想法和专长。

——最成功的是什么。你可能做过很多事情，但最成功的是什么？为何成功？是偶然还是必然。通过分析，可以发现自我性格优越的一面，比如坚强、果断，以此作为个人深层次挖掘的动力之源和魅力闪光点，这也是职业规划的有力支撑。

劣势分析：

——性格弱点。如不善交际、感情用事等。

——经验或经历中所欠缺的方面。例如：学管理学专业，却没有当过学生干部，至今没有管理经验；学中文或新闻专业，没有到报社或杂志社实习，缺乏实践经验；学市场营销专业，没有营销策划和实践体验，等等。这些都是经历的欠缺。

机会分析：

——对社会大环境的认识与分析。当前社会政治、经济、科技、文化发展趋势是否有利于所选职业的发展，具体在哪些方面有利。

——对所处环境和以后所选择的单位的外部环境分析。目前哪些因素对自己有利，将来所选择的单位在本行业中的地位和发展趋势如何，市场竞争力如何。

——人际关系分析。哪些人对自己的职业发展起到帮助，作用多大，会持续多久，如何与他们保持联系。

威胁分析：

——对所处环境和以后所选择的单位内部各种危机进行分析。行业是否萎缩，单位是否重组或改制，有无空缺职位，竞争该职位需要哪些具体条件，有多少人和自己竞争这个职位，目前有哪些因素对自己不利，等等。

（2）确定目标，形成目标方案。

经过分析后，确定自己的职业目标，并形成目标方案。目标方案基本内容包括：

个人基本情况。姓名、性别、血型、性向、出生地、出生年月、学历、专业、优势、劣势、机会与威胁等。

目标规划。人生目标和阶段目标，以及其他具体目标，如家庭目标、健康目标、收入目标和学习目标等。

阶段目标的要求、指导思想和行动方向。

［案例］

个人职业生涯规划书

1. 基本情况

姓名：××；性别：男；血型：B 型；性向：领航兼增值型；出生地：广西桂林；出生年月：1984 年 9 月；学历：大学本科二年级；专业：汉语言文学；职务：宣传委员。

SWOT 分析——优势：①有较好的文字功底和写作能力，曾在高中和大学一年级上学期发表过不少文章；②有 3 年的学生管理经验（高中班级团支部书记 3 年，大学一年级班级学习委员 1 年）；③善于沟通，善于与人相处，适应能力强；④分析问题时头脑冷静，善于发现问题和解决问题。劣势：做事有些随心所欲。机会：①工作能力得到老师和同学的认同，有望在下半年的换届选举中当上系分团委新闻部长；②目前在某报社当实习记者，得到指导老师和领导的赏识，有望毕业时能到该报社当一名记者。威胁：①英语基础较差，毕业时有可能拿不到学位证；②我国新闻行业发展迅速，对新闻记者的素质要求越来越高，必须充分利用在校期间的学习机会，学好新闻基础知识，加强新闻采写能力锻炼，争取毕业时顺利进入报社。

2. 目标规划

总体目标：成为一名知名记者和报社总编。

阶段目标：23～24 岁，当一名合格的见习记者；24～30 岁，成为报社的骨干；30～35 岁，成为知名记者并当上副总编；40 岁当上总编。

学习目标：2006 年，毕业时顺利拿到学士学位；30 岁以前，通过自学或参加在职研究生班学习，拿到硕士学位。

家庭目标：28～30 岁结婚；30 岁开始十年期供楼。

健康目标：坚持锻炼，注意身体健康，避免拖累家庭和影响事业。

3. 2004～2006 年的生涯规划

知识经济时代要求高素质的人才。具有厚实的专业知识基础和适应社会需求的技能，才能在激烈的竞争中立于不败之地。

理念：机会是靠自己的努力和时刻准备着的意念创造出来的；人生只有两种痛苦：一种是努力时的痛苦，另一种是后悔时的痛苦。有志者事竟成。

行动方向：①本学期通过普通话二级乙等水平测试；②大二下学期，拿到计算机国家一级证书；③大三下学期通过国家非英语专业英语四级水平考试；④毕业论文达到优秀；⑤专业考试均达到 80 分以上。

2. 生涯路线设定

就整个职业生涯来说，目标设定可以是多层次、分阶段的。越来越多的人为了追求挑战，愿意在职业生涯中从事不止一个行业的工作。当然，有时环境迫使我们放弃原有的职业。一个多层次的目标设定可以使我们更快地摆脱窘境，保持开放、灵活的心境。一个远大雄伟的抱负很少能够一气呵成，应当分解成若干易于达到的阶段性目标。由于职业生涯跨越一个人的青年、中年和中老年时代，人在各时期的体能、精力、技能、经验、为人处世的特点有着明显差别，所以，有针对性地制订阶段性目标将更为可行。见图 5－2。

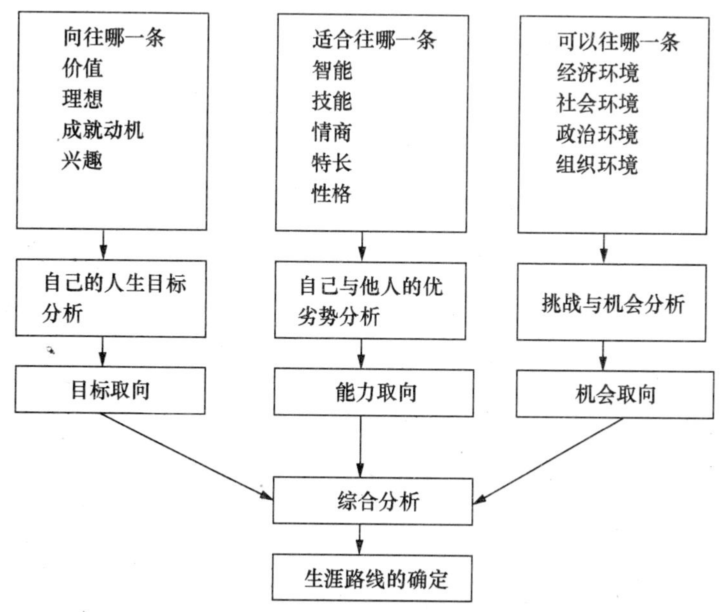

图 5－2 职业生涯路线的确定

3. 生涯策略

生涯策略指为实现生涯目标的行动计划。撰写求职简历，应聘面试，参加组织培训，构建人际关系网，谋求晋升，以及跳槽换工作等，都可以看成是生涯策略。生涯策略还包括工作之外的一些前瞻性的准备，包括参加业余的进修班学习，掌握一些额外的技能或专业知识（如拿注册会计师证，攻读 MBA 学位等）。此外，生涯策略还包括为平衡职业目标和其他目标（如生活目标、家庭目标）而做出的种种努力。如果忽视了后两者的努力，要想长久保持工作中出色的表现几乎是不可能的，职业目标的实现也会遇到许多牵扯精力的障碍。

4. 生涯评估

生涯评估是指在达到职业目标的过程中自觉地总结经验和教训，修正对自我的认知和最终的职业目标，对于职业目标的描述界定，在刚开始时大多数是模糊的、抽象的，有时甚至是错误的。在努力工作一段时间之后，有意识地回顾自身的言行得失，可以检查验证自我觉醒的结论是否贴切，更可以证明自己对职业目标的设想方向是否正确，是过高还是过低。调查表明，不少人是在一段时间的尝试和寻找之后，才了解自己到底适合于哪个领域哪个层面的工作，这段时间在缺乏反馈和修正的情况下可能长达几年甚至十几年，在自我觉醒和目标设定正确时，反馈和修正则可以纠正分阶段目标中出现的偏差，同时极大地增强实现目标的信心，见表 5－1。

表 5－1 生涯反馈

1. 分析基准	（1）我的人生价值是什么 （2）环境是否有利于我的成长 （3）成长最大的障碍在哪里 （4）我现有的技能和条件有哪些
2. 目标与标准	（1）我处于职业生涯哪一阶段，这一阶段特点为何 （2）可行的生涯方向是什么，为什么这个目标对我而言是最可能的目标 （3）如何判断自己的成功
3. 生涯策略	（1）职业生涯发展内部路线与外部路线为何 （2）如何进行相应的角色转换 （3）如何进行相应的能力转换 （4）对我而言还有什么不能解决的问题呢
4. 生涯行动计划	（1）执行计划是否做到从长期计划—年度计划—月计划—周计划—日计划的分解 （2）我将分别在何时进行上述每一行动计划 （3）有哪些人将会/应当加入此一行动计划
5. 生涯考核	（1）什么我做得好？什么做得不好 （2）我还需要什么？是需要学习，需要扩大权力？需要增加经验 （3）怎样应用我的培训成果？我拥有什么资源 （4）我现在应该停止做什么？开始干什么？培训和准备的时间如何安排

续表

6. 生涯修正	（1）职业的重新选择 （2）职业生涯路线的重新选择 （3）人生目标的修正 （4）实施措施与计划的变更等

第二节 影响少数民族大学生择业的因素

职业生涯是个人发展的基础，又是个人发展的历程体现。在这个重要而又漫长的过程中，每个人的职业生涯都会受到教育、家庭、性格、价值观、性别、健康状况、社会环境、机遇等主观和客观因素的影响。

教育是赋予个人才能、塑造个人人格、促进个人发展的社会活动。它奠定了一个人的基本素质。一个人通过接受教育或培训，形成了自己特有的知识结构、能力和才干，对人的生涯有着巨大的影响。

首先，获得不同的教育程度的人在职业选择与被选择时，具有不同的能量。这关系到一个人职业生涯开端与适应期是否良好，还关系到以后的发展、晋升是否顺利。从一般规律看，有较高教育水平的人，在就业以后会有较大的发展，即使工作不尽如人意，其流动能力与动机也较强。

其次，人们所学专业及职业种类，对其职业生涯有着决定性影响。一专多能者、专业水平和应用技术俱佳者，往往得到更多的机会，在职业生涯发展中居于主动。

最后，人们所接受的不同等级的教育，所学的不同学科门类，所在的不同院校及其不同的教育思想，会使受教育者形成不同的思维模式，从而采用不同的态度来对待自己，对待社会，对待职业生涯的发展。

家庭是人的第一学校。一个人的家庭也是造就其素质以至影响生涯的主要因素之一。人从幼年起，就会受到家庭的深刻和潜移默化的影响，导致形成一定的价值观和行为模式。有的人还从家庭中自觉或不自觉地习得某些职业知识或技能。此外，一个人的家庭成员，在其择业或就业后的流动中，往往给予一定的干预或影响，也会对人的职业生涯产生很大的影响。

性格对一个人的职业生涯有极大的相关性。一般人具备的性格可能是其中一种或两种以上的混合类型。从事与自己性格相适合的工作，才能让人充分施展自己的才华，全身心地投入工作，取得好的绩效。如果性格与工作不合，再好的能力也难以发挥。

个人的需求与动机和一个人的追求、价值观、行为方式等都会直接影响到职业生涯的进展，同样的工作对不同的人有着不同的价值，而同一个人对不同的职业会有不同的态度与抉择。美国教育测试服务中心的学者归纳出有物质报酬、名望、权利、安定性、自主性、专精、亲和、多样性、创意、休闲、追寻意义 11 种职业价值观。在就业时，人们会根据对不同的职业的评价和价值取向来选择自己的职业。人们在不同的年龄阶段、不同的阅历，特别是不同的职业经历状况下，都会针对自己的主观和客观条件，在对职业的选择和调整方面有不同的动机和需求。

当然社会环境及组织也是影响职业生涯的重要因素。首先，社会的政治经济形势、社会文化与习俗、职业的社会评价及其时尚等，这些大环境因素决定着社会职业岗位的数量与结构，决定着其出现的随机性与波动性，也决定了人们对不同职业的认定和步入职业生涯、调整职业生涯的决策。其次，除非你自己创办公司，一个人的职业空间来自于组织。因此组织中的人力资源观念、管理措施及管理者的水平，也是影响个人职业生涯的重要因素。

个人职业生涯选择有明显的个性化特征，是因为个人的职业生涯发展阶段和历程不同，在规划职业生涯时所考虑的因素有所不同，规划重点也有所不同。但是，一些因素是共有的。比如，对自我的全面认识、对外部环境的评估、个人目标的抉择以及落实目标的措施等，这些因素就是个人职业生涯规划的要素。我国学者罗双平用一个精辟的公式总结出了职业生涯规划的三大要素，即“职业生涯规划 = 知己 + 知彼 + 抉择”。三大要素之间的关系与具体内容如图 5 – 3 所示。

知己知彼是职业目标确定的前提，是职业生涯规划行动方案得以顺利实施的保障。职业生涯规划的三大要素是缺一不可的。对于大学生来说，现在规划职业生涯也并不太晚，因为职业生涯规划是一个长期过程，它贯穿于每个人的职业准备及职业生涯的全过程。

那么，职业生涯选择应该包括哪些内容呢？应该考虑这样几个问题：你的人生理想是什么？你的生活目标是什么？选择什么样的职业来实现你的人生理想和生活目标？具备怎样的知识层次和能力才能胜任理想职业？这几个问题的答案，就是职业生涯规划的内容了。

人人都有梦想和憧憬，有的人一生只有一个梦想，并为实现这个梦想奋斗一生。他的梦想从孩童时期的模糊认识开始，在岁月历程中随着知识的增长、经验的积累以及所处的环境的影响而逐渐清晰、明澈，不断地增强实现这个梦想的欲望，以至为它奋斗一生。这类人毕竟是少数，多数人的梦想是飘忽不定的。孩童时代想当一名科学家，少年时期想成为一名战斗英雄，上大学时希望毕业后能在

商界成为声名赫赫的企业家。正如雷思·古尔森所说："也许这种模糊和游移的感觉才是我们内心真实的东西，幼年时期毫无禁忌地去发挥自己的想象力，成年后则会因种种现实的可能性、可行性有意无意地压抑它，使它总是处于若隐若现之中。"

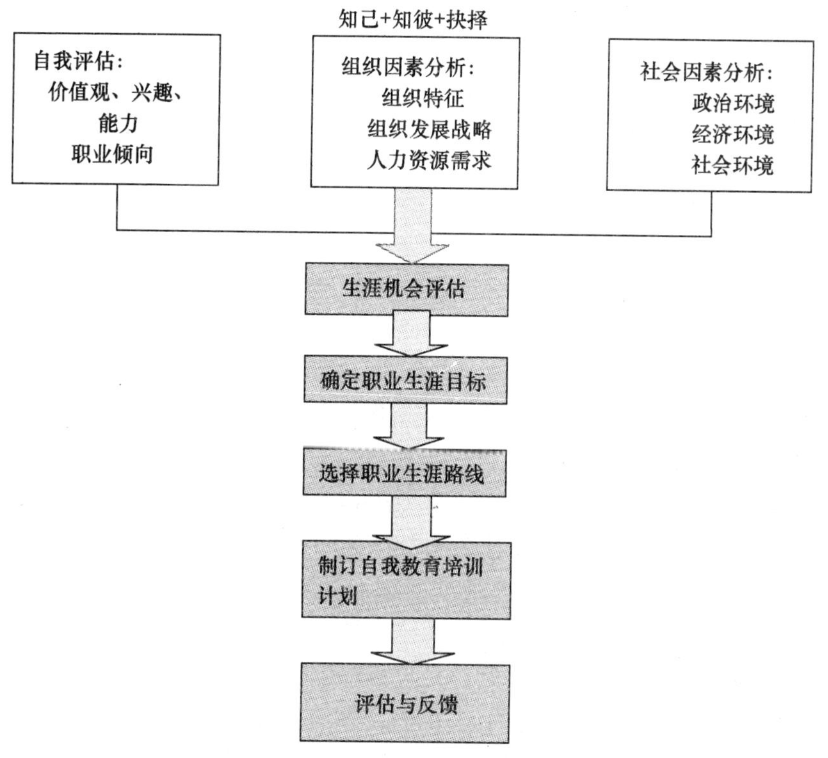

图5－3 职业生涯规划框架

怎样才能发现自己内心真实的需要并进行理想规划呢？将自己曾经有过的人生理想和生活目标一一列举，按照时间和强烈程度进行排序，把那些持续时间长、程度最强烈的理想和目标找出，便可清晰地看到自己的人生理想和生活目标。尽管梦想和现实是有距离的，但不要因为梦想太遥远就认为它没有意义，无论这些梦想多么缥缈，它们之间总有某种同一性贯穿着，找到这种同一性，就找到隐藏在自己潜意识中的真实需要。只要内心的需求不会太离谱，和现实有一定的联系，它就会成为一种动力，促使你朝着目标前进。

个人的社会价值和人生价值主要体现在职业生涯中，选择了一种职业，就确定了个人的社会角色和人生角色。因此，职业选择至关重要。

心理学的研究表明，人与人之间的差异主要表现在身体素质、智力和个体特征上。个体差异的存在决定了一个人对于某种职业的适应性不同。而社会职业也是种类繁多、千差万别。每种职业因其自身性质和内容等差异，使得它对任职者的要求也不一样。任职者如果能找到符合自身个性特征、兴趣，又有适当能力去完成的职业，就能充分发挥其潜力，从而最大限度地提高工作效率、取得较好业绩，最终产生工作满意感、自我实现感。因此，少数民族大学生在进行职业选择规划时，要充分考虑自己的自信心、兴趣、能力、气质、性格、价值观以及所学专业。

一、自信心与职业选择

自信是指人对自己的个性心理与社会角色进行的一种积极评价的结果。它是一种有能力或采用某种有效手段完成某项任务、解决某个问题的信念。它是心理健康的重要标志之一，也是一个人取得成功必须要具备的一项心理特质。

1. 自信心、自我效能感

自信心（Self－confidence）是一种反映个体对自己是否有能力成功地完成某项活动的信任程度的心理特性，是一种积极、有效地表达自我价值、自我尊重、自我理解的意识特征和心理状态，也称为信心。自信心的个体差异不同程度地影响着学习、竞赛、就业、成就等多方面的个体心理和行为。

美国作家爱默生说："自信是成功的第一秘诀。"又说："自信是英雄主义的本质。"那么什么是自信呢？在心理学上，自信又叫自信心，指对自己力量的充分估计，从而对自己产生一种信心，是自我意识的重要成分，是人们成长和成才的重要品质。正如居里夫人所说："我们应该有恒心，尤其要有自信心。"一个人如果没有自信，就会自卑，看不到自己的优势；相反，一个人如果有很强的自信，在他面前几乎没有任何跨越不过的难关，因为他充分相信自己的能力，就会全身心投入，使原本不可能的事变为可能。我们通常所说的自信就是自己信得过自己，自己看得起自己。别人看得起自己，不如自己看得起自己。确立自信，就要正确地评价自己，发现自己的长处，肯定自己的能力。人们常说"人贵有自知之明"，这个"明"，既表现为如实看到自己的短处，也表现为如实分析自己的长处。确立自信，要学会欣赏自己、表扬自己，把自己的优点、长处、成绩、满意的事情统统找出来，在心中"炫耀"一番，反复刺激和暗示自己"我可以"、"我能行"、"我真行"，就能逐步摆脱"事事不如人，处处难为己"的阴影的困扰，就会感到生命有活力，生活有盼头，觉得太阳每天都是新的，从而保持奋发向上的劲头。"天生我才必有用"，自己给自己鼓掌，自己给自己加油，自己给自己戴朵花，自己给自己发锦旗，便能撞击出生命的火花，培养出像阿基米德

"给我一个支点，我将撬动整个地球"的那种豪迈的自信！

选择职业是一门推销自己的艺术。"推销自己"这个工作每个人一生都在做并会终其一生。它包括推销自己的性格、品行、价值观、人生观。求职如同推销商品一样，既要让人觉得这个商品好，又要让人觉得真实可信，这里面的确大有文章。聪明的推销员总会拿出适销对路的产品。放眼眼前的世界，推销自我不仅已成为时下青年人寻找机遇而又不失潇洒的流行语，同时也是市场经济态势下择业与实现自我价值的重要途径。而如何推销自我，找到演绎自己人生的舞台，怎样才能不与机会擦肩而过，自信是其中至关重要的因素。只要相信自己、充满自信，总会找到一条属于自己的路。

自信就是相信自己，人如果自己不相信自己，别人就更不可能相信你。成功学告诉我们成功是有公式的：

成功 = 想法 + 信心

当受到外界压力或不被外界承认的时候，比如说，谈判时别人（故意）指出你一些很不重要的缺点（以打击你），在公司有时出现的冷嘲热讽（如这个事怎么做成这样，而事实上你已经在客规条件的允许下做到了最好），你是否对自己的能力提出怀疑，从而出现不自信？

基于情商的自信是在正确认识自己和理解别人的前提下获得的，因此是有坚实基础的自信。法国存在主义哲学大师、诺贝尔奖得主但拒绝领奖的萨特说："一个人想成为什么，他就会成为什么。"如果你认为自己被打倒了，那么你就真的被打倒了。如果你想赢，但是又认为自己没有实力，那么你就一定不会赢。如果认为自己会失败，那么你就一定会失败。如果你不认为自己聪明，那你就不会成为一个聪明人。如果你不认为自己心地善良，即使他人认为你是一个善良人也无济于事。胜利始于个人求胜的意志和信心，胜利者都属于有信心的人。一个不能说服自己能够做好所赋予任务的人，不会有自信心。

事物本身并不影响人，人们只受对事物的看法影响。不要把自己想成一个失败者，而要尽量把自己当成一个赢家。人生来没有什么局限，无论男人或女人，每个人内心都有一个沉睡的巨人。不要自我贬低，我们都有力量变得强大。

自信——就是要从点滴的进步开始。

自信——就是要正视自己的缺点并勇于改正。

自信——就是要为自己鼓掌加油。

自信——就是勇敢地面对失败，百折不挠。

自信——就是要发挥自己的长处，在人生的旅途上不断闪光。

自信——就是信任自己，对自身发展充满希望。

自信是一种心态，是对自己能力的信任、非能力的信任和潜能力的信任。

（1）能力自信。自己能做的事，就相信自己能做，勇于将自己的能力体现出来，该出风头时就出风头，不惧人言。这种自信是保证将自己的能力正常而充分发挥的前提，是自信的第一个层次。如果你拥有这份自信，又没有任何外界影响，那么你所体现出来的就是做你能力范围之内的事。

（2）非能力自信。自己不能做的事，就是不能做，坦然处之，不会觉得自己不能做就低人一等，更不会影响自己对有能力事情的自信。你是围棋高手，却没有必要因为象棋不行而自卑。人无完人，每个人都有自己不能做的事，而人又是社会的，总会有人对你的非能力之事做出这样或那样的评价，甚至是诋毁。这时人往往会受到打击，会由于对自己非能力的不自信，而导致对自己能力的不自信。认为自己窝囊，什么事情都不行，要避免这种晕轮效应的发生。

一件事的成功，往往需要很多因素。而事实上你只要具备其中做好关键性因素的能力就可能获得成功，而你在非关键因素上的非能力，并不会影响成功。但往往在外界影响下，对非能力的不自信会导致对整个事情的不自信，导致失败。

例如，你应聘来到企业负责某项产品的市场营销工作，你相信自己对市场敏锐的感觉和自己的理论知识，但你缺乏这方面的工作经验。于是，很多人在你面前或背后说你做不好这件事，一定会失败，因为你没有经验。而当这种议论更多地被你知道后，你可能开始怀疑、畏缩，信心受到打击，而造成失败。但事实上，你一定要具备经验吗？不一定。营销最重要的一点是创新，不能经验主义，而你具备了创新的前提。虽然你没有经验，但你可以去学习经验，交谈或阅读有关书目，都可以达到这个目的。

如果一个人 365 天都做同样的事情，他相当于做了一次重复 364 次，所以，如果你用心，用一天的时间就可以学会别人一年的知识。他山之石，可以攻玉，你在其他方面的经验，可以对现在的工作有独到的启发。因此，没有必要因此而自卑。

非能力自信是能力自信的保证，你如果既有了能力自信，也有了非能力自信，就会在外界的影响下充分展示自己的能力。

（3）潜能力自信。人的能力是有很大潜力的，你本身具备的能力可能并未被你所认识，而人往往会遇到身处困境的情况，有一些事，你可能没有能力做，但你必须做，如背水一战，这时候你必须相信自己能做到，这就是潜能力的自信，这也是一定意义上的盲目自信，相信能做好自己必须做的事。人与人之间其实没有什么区别，只是有人敢做、有人敢说、有人敢想。别人做成的事你也能做，所以你要自信。

相信自己有本事去做事，而心安理得、心平气和叫自信；相信自己没本事，而不去做事，不做仍然心安理得，也是自信。所以做到自信要懂得自信的真正含

义：有一个良好的心态。对能做的事情相信能够做好，对不能做的事情坦然处之或学习不能做的事。培养自信的习惯，对事情进行分析，找出事情获得成功的关键因素，对非关键性因素，自己的非能力，要正确面对，要学会抓大放小。

与自信心最接近的是班杜拉（A. Bandura）在社会学习理论中提出的自我效能感（Self - efficacy）的概念。自我效能感指个体对自身成功应付特定情境的能力的估价。班杜拉认为，自我效能感关心的不是某人具有什么技能，而是个体用其拥有的技能能够做些什么。

那么，拥有自信心到底有什么作用呢？

（1）自信心伤害会改变人的命运。

作家三毛在初二的时候，数学成绩不好，老师不喜欢她。每到上数学课她就紧张，每次上课头昏脑涨，她特别怕老师的目光。由于数学课不好，经常遭到老师羞辱。后来出现了心理障碍，一想到上数学课就紧张，再到后来早上醒来一想到上学有数学课就昏倒了。

自信心伤害会改变人的命运。自尊自信能够给人以满足感，产生满意、快乐、积极的情绪。可以化渺小为伟大，化腐朽为神奇。

在一次足球比赛中，靠点球取胜。一个一流的足球名将竟然把球踢出了门外，教练问他为什么会失败？他说他满脑子想的就是千万别踢出门外。

（2）自信心影响一个人的能力。

一位心理学家想知道人的心态对行为到底会产生什么样的影响。于是他做了一个实验。首先，他让七个人穿过一间黑暗的房子，在他的引导下，这七个人都成功地穿了过去。其次，心理学家打开房内的一盏灯。在昏黄的灯光下，这些人看清了房子内的一切，都惊出一身冷汗。这间房子的地面是一个大水池，水池里有几条大鳄鱼，水池上方搭着一座窄窄的小木桥，刚才他们就是从小木桥上走过来的。

心理学家问：“现在，你们当中还有谁愿意再次穿过这间房子呢？”没有人回答。过了很久，有三个胆大地站了出来。其中一个小心翼翼地走了过来，速度比第一次慢了许多；另一个颤巍巍地踏上小木桥，走到一半时，竟趴在小桥上爬了过去；第三个刚走几步就一下趴下了，再也不敢向前移动半步。心理学家又打开房内的另外九盏灯，灯光把房里照得如同白昼。这时，人们看见小木桥下方装有一张安全网，只是由于网线颜色极浅，他们刚才根本没有看见。“现在，谁愿意通过这座小木桥呢？”心理学家问道。这次又有五个人站了出来。“你们为何不愿意呢？”心理学家问剩下的两个人。“这张安全网牢固吗？”这两个人异口同声地反问。

这个实验说明积极乐观的心态能够让你战胜恐惧。失败的原因往往不是能力低下，而是信心不足，还没有上场，精神上首先败阵。乐观的心态能够让你战胜恐惧，成功地通过一座座险桥。

在许多成功者的身上，我们都可以看到超凡的自信心所起到的巨大作用。这些事业取得成功的人，在自信心的驱动下，敢于对自己提出更高的要求，并在失败的时候看到希望，最终获得成功。

自信心的建立是正向强化的结果，自信是竞争中的心理力量，积极的心理自我暗示产生自信意识，消极的心理自我暗示产生消极、自卑意识。

三只青蛙掉进鲜奶桶中。第一只青蛙说："这是命。"于是它盘起后腿，一动不动等待着死亡的降临。第二只青蛙说："这桶看来太深了，凭我的跳跃能力，是不可能跳出去了。今天死定了。"于是，它沉入桶底淹死了。第三只青蛙打量着四周说："真是不幸！但我的后腿还有劲，我要找到垫脚的东西，跳出这可怕的桶！"于是，第三只青蛙一边划一边跳。慢慢地，鲜奶在它的搅拌下变成了奶油块。在奶油块的支撑下，这只青蛙奋力一跃，终于跳出了奶桶。

2. 少数民族大学生缺乏自信心的表现

（1）自卑的心理。

自卑是自信的误区，是自我情绪体验的一种形式，是个体由于某种生理上的缺陷或其他原因所产生的对自我认识的态度体验，表现为对自己的能力或品质评价过低，轻视自我或看不起自己，担心失去他人尊重的心理状态。高校少数民族学生多来自偏僻穷困的农村、边远山区、牧区，经济落后导致他们见少识陋、胆小、基础差。一些学生很少参加同学的聚会、交流，常有"我不会"、"我不知道"之类的话。由于穿着打扮、言谈举止、气质、外貌、缺少特长等原因与城里同学格格不入而闷闷不乐、郁郁寡欢。城乡之间的差异使他们感受到了巨大的心理压力。

（2）抑郁、焦虑的心理。

抑郁是一种过度忧愁、伤感的情绪体验，是大学生群体中常见的情绪困扰。主要表现为：情绪低落，不愿社交，自卑，学习、生活兴趣减退或丧失。并伴有失眠、食欲不振、疲劳、头昏、头痛等。有少数人处于长期抑郁状态，导致抑郁症。从中学到大学，无论是学习环境还是学习内容、学习方法、学习目标等都发生了很大的变化。多数学生经过一段时间的调试适应，能比较快地适应新的学习环境。然而，部分少数民族大学生却难以适应这种环境变化。尤其是一些个性敏感、性情急躁的少数民族大学生易陷入较深焦虑、抑郁状态。

（3）交际困难产生的心理压力。

一些少数民族大学生的交际困难表现在不懂交际的技巧与原则，不会与人沟通，不会独立生活。有的因自卑而自闭，有的为了交际而牺牲原则等。"风声雨

声读书声，我不吱声；家事国事天下事，关我何事”，“宿舍里面不吭声，互联网上诉衷肠”，这反映了大学生的交际现状。①

3. 自信心培养

自信的人善于自我发掘，正确认识自己的强项和弱点，并且能够利用自己的优势面对环境。开放并敢于接受建议，不是自我封闭，善于自嘲而表现出轻松幽默。活跃，善于表现自己。自我尊重，由于自尊而受到别人的尊重，又不会因为过于自尊而表现出拘谨。勇于面对，心胸坦然。能够与之直接沟通，善于沟通，不是拒人于千里之外。诚实，虚伪是不自信的表现。对他人的需要敏感，善于发现别人的需求。

（1）大胆地表现自己。

自信对一个人的成功至关重要，这句话每个人都可能听过无数次，但是真正从骨子里自信起来，的确是很难做到的事情，而且不是人人能够做到。

当我们需要建立信心的时候，可以在脑子里不断强化这个观点：这种情况下人都是有自卑情结的，任何人都会自卑。接下来我们开始对自己说：自己肯定没有问题，我了解的肯定比别人多，研究的肯定比别人深，他们是外行，我是内行。而且要知道，人都是有自卑情结的，人与人其实没有什么不同，只是有人敢说、有人敢做、有人敢想。这样不断正向强化，我们就会马上信心大增。如此会形成良性的循环，让我们更加有信心，对生活更加热爱。

（2）用激情来做事。

自信来源于激情。离开了对生命、对生活、对工作学习、对自己周围一切的热爱，人便没有了激情，更谈不上自信。因此，我们应该始终保持一颗乐观、充满热爱的心，保持不灭的激情，从而用自信、用激情成就自我，感染他人。我为那些不能为工作而激动的人遗憾。这不仅仅是因为他永远不会满意，同时也是因为他永远不会获得任何有价值的东西。

张某在宝洁实习刚一个星期，由于对这个行业简直就一无所知，几乎没有任何出色的业绩，仅仅出售了几瓶洗浴液。看着旁边其他品牌的促销员，心中真不是滋味。学习经济管理四年，期间的刻苦努力不说，只为将来能干出一番业绩来。可是刚小试人生，就对自己的才智与能力打了一个折扣。其实他一点也不笨，营销的理论都知道，为什么在实际的销售中没有业绩呢？面对一天不如一天的现状，他开始想能不能继续胜任这份工作。

张某找经理说了自己的想法，经理劝他要对自己充满信心，不要放弃，如果自己对自己都没有信心，那么别人对你还会有信心吗？他要求张某再坚持一个星

① 张晓荒．关于少数民族大学生自信心培养的思考［J］．经济与社会发展，2006.10.

期，并且参加全体员工工作会议，每个人都要讲自己在销售中遇到的实际情况，再说是如何考虑，如何解决的。经理的话使他感受到了一种自我激励的存在，没有人可以帮他，只有靠自己了。他终于找到了困扰他的主要问题：对自己的工作缺乏长久的激情，对自己也缺乏信心。

激情对每个人来说都是十分重要的，我们做任何事情只有信心是不够的，还要用足够的激情来改变自己的心情。对每一次职业选择都应该用十二分的努力去对待，让我们自身的状态达到最佳，从而去感染周围的人。

（3）跌倒了站起来。

一位父亲很为他的孩子苦恼。因为他的儿子已经十五六岁了，可是一点男子气概都没有。于是，父亲去拜访一位禅师，请他训练自己的孩子。禅师说："你把孩子留在我这里。三个月以后，我一定可以把他训练成真正的男人，不过，这三个月里面，你不可以来看他。"父亲同意了。三个月后，父亲来接孩子。禅师安排孩子和一个空手道教练进行一场比赛，以展示这三个月的训练成果。教练一出手，孩子便应声倒地。他站起来继续迎接挑战，但马上又被打倒，他就又站起来……就这样来来回回一共16次。禅师问父亲："你觉得你孩子的表现够不够男子气概?"父亲说："我简直羞愧死了！想不到我送他来这里受训三个月，看到的结果是他这么不经打，被人一打就倒。"禅师说："我很遗憾，因为你只看到了表面的胜负。你有没有看到你儿子那种倒下去立刻又站起来的勇气和毅力呢?这才是真正的男子气概啊！"

（4）建立理念。

仔细想一想下列十个问题，并从思维的角度写一篇自传：

1）我生活中最有意义的10次经历是什么?

2）我的哪些经历对我的行为产生了影响？是什么影响?

3）我在生活中做得最好的12件事是什么?

4）我在生活中做得最坏的12件事是什么?

5）对我的观念和行为的形成产生最大影响的12个人是谁?

6）我生活中什么时候最幸福？为什么此时比其他时候幸福?

7）我生活中什么时候最悲哀？为什么此时比其他时候悲哀?

8）我从自传中发现自己最有意义的事是什么?

9）阅读自传后，我想在哪些方面改变自己?

10）我怎样计划未来才能使自己掌握自己的命运？我对未来有什么期望?

以上每个问题都要充分地回答，仔细思考问题并回答。认清你过去的行为，但不要评价或批评自己。从过去的经历中吸取经验，这样你便能充分利用现在，拓展自己的思维。

（5）自我暗示。

1）展望未来：默念简洁的句子，要简单有力。例如：“我越来越进步”、“我越来越有钱”等。

2）正面：这一点极为重要。例如：“我会越来越富有”。

3）现实性：你的句子要有“可行性”，以避免与心理产生矛盾与抗拒。如果你觉得“我会在今年之内赚到100万元”不太可能的话，请选择一个你能够接受的数目。例如：“我今年之内会赚到50万元或30万元。”

4）意象：默诵或朗诵自己定下的语句时，要在脑海里清晰地形成意象。除非你能够在脑海中见到自己成功的模样，否则你永远不会成功。

5）感情：意想自己健康，你要有浑身是劲的感觉：意想自己创业致富，你要有富裕人生的感受。专家指出：“当你朗诵（或默诵）你的希望时记住要把感情贯注进去……否则光在嘴里念是不会有结果的，你的潜意识必须依靠思想和感受的协调去运作。”

4. 自信心测试

请如实回答下列各题：

1. 一旦你下了决心，即使没有人赞同，你仍会坚持做到底吗？ 是 否
2. 参加晚宴时，即使很想上洗手间，你也会忍着直到宴会结束吗？ 是 否
3. 如果想买性感内衣，你会尽量邮购，而不亲自到店里去吗？ 是 否
4. 你认为自己是个较完美的人吗？ 是 否
5. 如果店员的服务态度不好，你会告诉他们的经理吗？ 是 否
6. 你经常欣赏自己的照片吗？ 是 否
7. 别人批评你，你会觉得难过吗？ 是 否
8. 你很少对人说出你真正的意见吗？ 是 否
9. 对别人的赞美，你持怀疑的态度吗？ 是 否
10. 你总是觉得自己比别人差吗？ 是 否
11. 你对自己的外表满意吗？ 是 否
12. 你认为自己的能力比别人差吗？ 是 否
13. 在聚会上，只有你一个人穿得不正式，你会感到不自在吗？ 是 否
14. 你是个受欢迎的人吗？ 是 否
15. 你认为自己很有魅力吗？ 是 否
16. 你有幽默感吗？ 是 否
17. 目前的工作是你的专长吗？ 是 否
18. 你懂得搭配衣服吗？ 是 否
19. 危急时，你很冷静吗？ 是 否

20. 你与别人合作无间吗？　是　否
21. 你认为自己只是个寻常人吗？　是　否
22. 你经常希望自己长得像某某人吗？　是　否
23. 你经常羡慕别人的成就吗？　是　否
24. 你为了不使他人难过，而放弃自己喜欢做的事吗？　是　否
25. 你会为了讨好别人而打扮吗？　是　否
26. 你勉强自己做许多不愿意做的事吗？　是　否
27. 你任由他人来支配你的生活吗？　是　否
28. 你认为你的优点比缺点多吗？　是　否
29. 你经常跟人说抱歉吗？即使在不是你错的情况下？　是　否
30. 如果在非故意的情况下伤了别人的心，你会难过吗？　是　否
31. 你希望自己具备更多的才能和天赋吗？　是　否
32. 你经常听取别人的意见吗？　是　否
33. 在聚会上，你经常等别人先跟你打招呼吗？　是　否
34. 你每天照镜子超过三次吗？　是　否
35. 你的个性很强吗？　是　否
36. 你是个优秀的领导者吗？　是　否
37. 你的记性很好吗？　是　否
38. 你对异性有吸引力吗？　是　否
39. 你懂得理财吗？　是　否
40. 买衣服前，你通常先听取别人的意见吗？　是　否

自信心测试依下表计算你的分数：

1. 是→1 否→0　2. 是→0 否→1　3. 是→0 否→1
4. 是→1 否→0　5. 是→1 否→0　6. 是→0 否→1
7. 是→0 否→1　8. 是→0 否→1　9. 是→0 否→1
10. 是→0 否→1　11. 是→1 否→0　12. 是→1 否→0
13. 是→0 否→1　14. 是→1 否→0　15. 是→1 否→0
16. 是→1 否→0　17. 是→1 否→0　18. 是→1 否→0
19. 是→1 否→0　20. 是→1 否→0　21. 是→0 否→0
22. 是→0 否→1　23. 是→0 否→0　24. 是→0 否→1
25. 是→0 否→0　26. 是→0 否→1　27. 是→0 否→0
28. 是→0 否→1　29. 是→0 否→0　30. 是→0 否→1
31. 是→0 否→0　32. 是→0 否→1　33. 是→0 否→0
34. 是→0 否→1　35. 是→1 否→0　36. 是→1 否→0

37. 是→1 否→0　38. 是→1 否→0　39. 是→1 否→0

40. 是→0 否→1

如果你的分数为25分以上，说明你对自己信心十足，明白自己的优点，同时也清楚自己的缺点。不过，在此警告你：如果你的得分超过30的话，别人可能会认为你很自大狂傲，甚至气焰太盛。你不妨在别人面前谦虚一点，这样人缘才会好。

如果你的分数为12~24分，说明你对自己颇有自信，但是你仍或多或少缺乏安全感，对自己产生怀疑。你不妨提醒自己，在优点和长处各方面并不输给别人，特别强调自己的才能和成就。

如果你的分数为11分以下，说明你对自己显然不太有信心。你过于谦虚和自我压抑，因此经常受人支配。从现在起，尽量不要去想自己的弱点，多往好的一面去衡量，先学会看重自己，别人才会真正看重你。

二、兴趣与职业选择

1. 兴趣、职业兴趣

兴趣是一个人积极探索某种事物的认识倾向，是引起和维持注意的一个重要的内部因素。兴趣是指建立在需要基础上，带有积极情绪色彩的认知和活动倾向，是个人对其所处环境中的人、事、物所产生的喜爱程度，是个人力求认识、掌握某事物，并经常参与该种活动的心理倾向。当个人对某事物有兴趣时，会对它产生特别的注意力，对该事物感知敏锐、记忆牢固、思维活跃、情感浓厚、意志坚强。兴趣是人们活动的重要动力之一，是活动成功的重要条件。

职业兴趣是一个人对自己所从事的职业的一种积极态度。职业兴趣的发挥要经历三个阶段：有趣、乐趣、志趣。有趣是第一阶段，乐趣是第二阶段，志趣是兴趣发展的高级阶段，当乐趣与一个人的社会责任感、理想、奋斗目标结合起来的时候，乐趣就成了志趣。人对职业活动的兴趣往往会发展成为活动的内在动机，对职业活动产生持续作用。在包括职业活动在内的认知活动中，个体的需要得到满足，对该活动的兴趣不但不会减弱，反而会更加丰富和深化，产生与更高的认知活动水平相应的新的兴趣。当我们对自己所从事的学习、娱乐、教育、贸易、管理等职业活动真正感兴趣时，会全身心地投入其中，从中得到快乐和满足；反之，我们对所从事的职业活动缺乏真正的兴趣，即使外在表现不错，也会索然无味难以得到真正的满足。

良好而稳定的兴趣使人从事各种实践活动时，具有高度的自觉性和积极性，个人根据稳定的兴趣选择某种职业，兴趣就会变成巨大的个人积极性，促使你在职业生活中做出成就；反之，如果你对所从事的职业不感兴趣，就会影响你积极性的发挥，难以从职业生活得到心理上的满足，不利于工作上取得成就。

不同的人有不同的兴趣，有的人对研究自然科学感兴趣，有的人对研究社会科学感兴趣；有的人兴趣倾向于情感世界，活跃于人际关系领域；有的人则倾向于理性世界，在数学、公式领域内自由翱翔；有的人对智力操作感兴趣，对读书、写作、演算、设计乐此不疲；有的人则对技能操作感兴趣，对修理、车、钳、刨、铣、摄影、琴、棋、书、画津津有味。不同的职业也需要不同的兴趣特征，一个擅长技能操作的人，靠他灵巧的双手，在技能操作领域得心应手，但如果硬要他把兴趣转移到书本的理论知识上来，他就会感到无用武之地。正是这种兴趣上的差异，构成人们选择职业的重要依据。故兴趣在职业活动中的作用应引起人们重视，特别是对于即将选择职业的大学生，更应引起注意。

2. 兴趣可以开发智力

兴趣是一种强大的精神力量，它可以使人集中精力去获得知识，并创造性地开展工作。古今中外著名的科学家、艺术家，他们之所以能对人类做出贡献，莫不是由于他们的创造兴趣和他们对事业的责任感相结合而凝成的一股强大力量，推动他们不懈地努力而取得成功的。当一个人对某种事物发生兴趣时，就能调动整个身心的积极性，积极地感知、观察事物，积极思考，大胆探索，情绪高涨，想象丰富，并具有克服困难的意志；反之，“牛不喝水强按头”是不会取得好效果的，当然也就不可能充分发挥一个人的聪明才智。

3. 兴趣可提高人的工作效率

一个人对某一工作有兴趣时，枯燥的工作也会觉得丰富多彩，趣味无穷。兴趣使工作不再是一种负担，而是一种享受。兴趣可以调动身心的全部精力，以敏锐的观察力、高度集中的注意力、深刻的思维和丰富的想象投入工作，从而有助于工作效率的提高。据研究，如果一个人对某一工作有兴趣，就能发挥他全部才能的80%～90%，并且长时间保持高效率工作不感到疲倦；而对工作没有兴趣的人，只能发挥其全部才能的20%～30%，也容易精疲力尽。多方面的兴趣可以使人善于应付多变的环境。如需变换工作，只要自己感兴趣，也能很快熟悉，适应新的工作。

英国著名女人类学家古道尔从小喜欢生物，她中学毕业后，对黑猩猩的强烈兴趣，使她不畏艰险，只身进入热带森林与黑猩猩一起生活了10年之久，并获得了极宝贵的第一手资料，为揭开黑猩猩的秘密做出了贡献。

在学校里被人骂为“傻瓜”、“低能儿”而被勒令退学的爱迪生，在发明的王国里却显示了杰出的才华。在课堂上“智力平平”的达尔文，在大自然的怀抱里显得异常聪明和敏锐，成为进化论的创始人。是什么使他们由“愚蠢”变得聪明了呢？是兴趣。谁找到了自己最感兴趣的工作，谁就等于踏上了通向成功的道路。获得诺贝尔物理奖的华人丁肇中说过："兴趣比天才重要。"因为对一个人来说，对工作感兴趣，就有钻劲，有钻劲就会出成就。这就是兴趣的作用所在。

爱好是成功的基础，兴趣是最好的老师，是把工作融于娱乐之中的重要条件之一。兴趣和职业深深地结合，可以铸就一个人一生辉煌的职业生涯。微软公司就是一个很好的例证。

比尔·盖茨生于美国西雅图的一个中产家庭，小时候瘦小笨拙，但酷爱电脑。由于兴趣所致，13 岁便开始编写电脑程序，14 岁已在学校一个与电脑有关的组织中担任主席，17 岁向学校出售自己的第一个程序，赚了 4200 美元。他 19 岁的时候就读于著名的哈佛大学，然而，兴趣的魔力使他依然放弃了别人梦寐以求的在哈佛大学求学的机会，中途退学，与朋友保罗·艾伦创办了微软公司。

1980 年，微软成功地推出了 MS－DOS 操作系统软件，1985 年，微软又推出了革命性的视窗系统，从此微软在电脑领域称霸世界，比尔·盖茨也因此连续四年蝉联世界首富。2000 年，英国《星期日泰晤士报》公布的全球大富豪中比尔·盖茨拥有资产 6489 亿美元。比尔·盖茨之所以能取得如此巨大的成功，原因是多方面的。其中一个重要的根源就是他喜欢电脑软件事业。1999 年，比尔·盖茨在辞去微软总裁的记者招待会上曾深情地说："我将回到我最喜欢的领域——未来科技上，把我的时间完全奉献给我的建立杰出的软件与规划未来的策略。"正是这种执着的爱，不断地推动着比尔·盖茨在电脑海洋畅游，去搏击科技的惊涛骇浪。

从心理学的角度分析，一个人只有热爱某项事业，才能从内心深处喷发出对该事物的求知欲和探索的欲望，才能以苦为乐，以苦为荣，锲而不舍，最终取得辉煌的成就。

因此，大学生在选择职业时，应尽可能地从自身的兴趣、爱好出发，选择自己所喜欢的职业。

由上面的分析可以看出，兴趣对人生事业的发展至关重要，所以兴趣自然是职业选择应考虑的重要因素之一。为便于大家根据自己的兴趣，选择合适的职业，下面将加拿大职业分类词典中的 10 种职业兴趣类型与职业的吻合做一简要介绍。

——愿与事物打交道。相应的职业诸如制图、勘测、工程技术、建筑、机器制造、精算师、会计等。

——愿与人接触。相应的职业如记者、推销员、服务员、教师、行政管理人员、外交联络等。

——愿干有规律的工作。相应的职业如邮件分类、图书管理、档案管理、办公室工作、文字录入、统计等。

——喜欢从事社会福利和助人工作。相应的职业如律师、咨询人员、科技推广人员、医生、护士等。

——愿做领导和组织工作。相应的职业如行政人员、企业管理干部、学校领导和辅导员等。

——喜欢研究人的行为。相应的职业大都是研究人、管理人的工作，如心理学、政治学、人类学、人事管理、思想政治教育等研究工作以及教育、管理工作。

——喜欢从事科学技术事业。相应的职业如生物、化学、工程学、物理学、地质学等工作。

——喜欢抽象的和创造性的工作。相应的职业如社会调查、经济分析、各类科学研究工作、化验、新产品开发等。

——喜欢操作机器的技术工作。相应的职业如飞行员、驾驶员、机械制造、建筑、石油、煤炭开采等。

——喜欢具体的工作。相应的职业如室内装饰、园林、美容、理发、手工制作、机械维修、厨师等。

4. 国外职业兴趣的研究

开展职业兴趣研究较早的是斯特朗（Stlong），1929 年，他初步建立了斯特朗职业兴趣量表（Stlong Vocational Iterest Blank，简称 SVIB）。其弟子坎贝尔后来进行了修订，但仍被称为斯特朗职业兴趣量表。在量表中，斯特朗等人通过七部分的分类测试，了解个体的不同职业兴趣。其中前面五部分分别为“职业”（含 131 种不同职业）、“学校课程”（含 36 种学习科目或课程）、“活动”（含 51 项常人活动事项）、“休闲活动”（含 39 种与休闲活动特别相关的活动）、“人物类型”（含 24 种日常生活中易接触到的人物），采取从“喜欢”、“不喜欢”或“无所谓”三选一的方式回答；第六部分为“两种活动的偏好”（较特别的 30 项题目）以二选一的方式选择更喜欢的职业活动；第七部分为“个人特质”（含 14 种个人特质），采取从“是”、“否”或“无法决定”三选一的方式回答。斯特朗职业兴趣量表以此测试来帮助个体了解自己对于具体活动的兴趣程度。

此外，著名的霍兰德职业兴趣理论（第三章已介绍）获得了欧美、澳大利亚、日本等国家和地区的实证研究的验证与支持，成为许多职业指导机构必备的理论之一。

三、性格与职业选择

1. 什么是性格

性格是个人对现实的稳定的态度和与之相适应的习惯化了的行为方式中的心

理特性的综合。它是一个人个性中与众不同的，最明显、最突出、最主要的标志和特征。因此，它在个性中具有核心意义。从性格的概念可以看出，性格特征主要表现在两个方面的心理活动上，一方面，表现在人对事物所持的态度上的特点。态度是个人对某一事物所持的评价与内在反应倾向。人对态度对象会做出种种不同的评价——赞成或者反对，肯定或否定，同时还表现出一种内在反映的倾向，即行为活动的准备状态。正是这些对现实的稳定态度，形成了一个人的性格特征。另一方面，表现在与态度相应的行为方式上的特征。例如一个对学习抱有正确态度的学生，在学习行为上则表现为勤奋刻苦，而一个学习态度欠端正的学生，在学习行为上则表现为不刻苦、不努力。

理解性格的概念，我们还必须明确，并不是人对现实的所有态度和与之相应的行为方式，都是性格特征。那些一时性和偶然性的态度和行为方式，不能称为性格特征。例如一个人偶尔撒了一次谎，就不能说他具有不诚实的性格，一个人偶尔帮助别人做了一件好事，也不能说他具有助人为乐的性格。只有态度和行为方式具有稳定性和习惯化的性质，才成为人的性格特征。

性格是一种十分复杂的个性心理特征。性格的复杂性恰恰是人们所处的社会生活环境的复杂性的反映。每个人的性格都是典型性与个别性的统一。性格的典型性是某一集团、某一阶层或某种职业的人们共有的性格特征。这是由于他们具有大致相同的经济、政治和文化生活的条件，从而形成了该集团、阶层或职业成员共有的、典型的性格特征。例如，军人具有军人所共有的性格特征，教师具有教师所共有的性格特征等。性格的个别性是指性格的个别差异。这是因为，作为一定社会集团、阶层或从事某种职业的成员，其具体的社会地位、交往情况、生活条件以及所受教育是千差万别的，这一切必然影响着个人的性格形成。可见，人的性格是共性和个性的综合体现。

2. 性格的结构和特征

（1）性格的心理结构。

性格是十分复杂的心理构成物。一般将完整的性格结构及其多种特征，归纳为下述四个方面：

第一，表现在对现实的态度方面的性格特征。

一个人对现实的态度，主要是指表现在对现实的态度方面的性格特征。对他人、对集体、对社会的态度；对劳动、对工作、对学习的态度，对自己的态度等。对社会、集体和他人的态度所构成的性格特征主要有善于交际或乐于独处，关心集体或缺乏集体忠诚感，对同志富于同情心或对人冷漠等。对劳动、工作和学习态度的性格特征，主要有勤劳或懒惰，认真或马虎，细致或粗心，富于创造精神或墨守成规，俭朴或浮华等，表现在对自己的态度的性格特征，主要有谦虚或骄傲，自负或自卑等。

性格的态度特征不同，有的人诚实、正直、谦逊，有的人自私、虚伪、自傲，有的人勤奋、认真、创新，有的人懒惰、自卑、墨守成规。

第二，表现在理智方面的性格特征。

凡属认识过程和智力方面的一切稳固的特点，构成了性格在理智方面的特征。如在对事物的感知方面，有人观察精细，有人观察粗略；在想象方面，有人想象丰富并富于创造性，有人想象内容贫乏，缺乏创造性；在思维方面，有人喜欢动脑筋，善于独立思考，有人则习惯于扛“顺风旗”，人云亦云。

第三，表现在情绪方面的性格特征。

性格的情绪特征主要表现在情绪的强度、稳定性、持久性和主导心境四个方面。性格在情绪的强度方面的特征表现为一个人受情绪的感染和支配的程度以及情绪受意志控制的程度。如性情温和或性情暴躁，性格在情绪的稳定性方面的特征表现为一个人情绪的起伏和波动的程度，如有人多情善变，有人则稳重大方，性格在情绪的持久性方面的特征表现为情绪对人的活动影响的长短，有的人情绪影响活动的时间较长，有的影响较短，主导心境方面的特征是指主导心境的性质的特征，如有的人经常是无忧无虑，人们常称这种人为“乐天派”，也有的人终日愁眉苦脸，心事重重。

性格的情绪特征也不同：有的人情绪体验深刻，易被情绪支配，控制力较弱，对工作影响较大，有的人情绪体验微弱，意志控制能力强，不易被情绪所左右，情绪对工作影响较小；有的人情绪稳定持久，情绪起伏波动较小，有的人则患“冷热病”，易激动，情绪不稳，在成功面前忘乎所以，在失败面前又可能垂头丧气；有的人经常处于精神饱满、欢乐之中，朝气蓬勃，乐观向上，有的人则经常抑郁低沉，无精打采。

第四，表现在意志方面的性格特征。

个人的意志品质构成了性格的意志特征。意志品质在人的性格特征中占有十分重要的地位，它主要表现为自觉性或盲目性，独立性或依赖性，果断或优柔寡断，坚强或软弱，沉着冷静或轻举妄动，自制或冲动，勇敢或怯懦等。实践表明，对于人的性格意志特征，只有和社会的道德规范结合起来考虑才能给予正确的评价。性格的意志特征不同，有的人自制、果断、勇敢，有的人冲动、盲目、怯懦，有的人顽强、严谨、坚持，有的人优柔寡断、虎头蛇尾、轻率马虎。

（2）性格结构的特性。

第一，性格结构的整体性。

性格结构的整体性是指各种性格特征之间有着内在的关系和联系，从而形成一个完整的性格系统。其中，对现实的态度方面的性格特征具有核心意义，处于

首要地位。比如，一个人在对工作，劳动和学习方面的态度的性格特征是对工作认真负责、任劳任怨，在学习上表现为勤奋好学、虚怀若谷，那么在性格的意志特征方面往往表现为坚持不懈、锲而不舍、办事果断、自制力强，在性格的理智特征方面往往表现为观察仔细、全面，善于独立思考；在性格的情绪特征方面则往往表现为深沉、炽热、富于同情心。相反，假若一个人在对自己和别人的态度上，表现为轻视别人的短处，嫉妒别人的长处，虚伪、不诚实、自高自大、追名逐利、见利忘义，这种人表现在工作上，往往也是不负责任，马马虎虎，喜欢做表面工作，不关心集体，不遵守社会公德。

由于性格特征存在着一定的内在联系，所以人们可以根据某人的一种性格特征推知他的其余某些性格特征。对爱说假话的人，不管他是在微笑还是在流眼泪，人们都存有戒心。

第二，性格结构的复杂性。

性格特征的整体性、统一性并不是绝对的，因为客观现实充满着各种各样的矛盾，所以人们的各种性格特征之间也会发生某些矛盾并表现在态度和行为中，从而表现出性格特征的复杂性。例如，在商业场合中我们会发现，有的人平日十分和气、温顺得像只小绵羊，然而一到经商场所却非常机敏、狡猾。

人在不同情景下表现出性格特性的变异，并不意味着性格特征的支解和分裂，恰好说明了性格结构的丰富性和统一性。所谓大勇大智、爱憎分明，就是由于性格结构的整体性与复杂性是性格结构的两个不可分割的侧面。

性格结构的复杂性决定了性格表现的复杂性，因此，只有在各种条件和环境下多方面地观察性格，才能洞察一个人的性格全貌，切不可根据一时一事下结论。

第三，性格结构的稳定性与可塑性。

性格是在后天长期实践活动中形成的。性格一经形成，便具有一定的稳定性。正因为性格具有稳定性，我们才有可能识别一个人的性格，才能根据他的性格特征预测他在一定情境中可能出现的行为。

但是，正由于性格是在社会实践活动中形成的，所以，随着社会实践活动的改变，人的性格也是可以改变的。这就是性格的可塑性。正由于性格具有可塑性，我们才有可能自觉主动地培养良好的性格和改造不良的性格。

3. 性格的类型

性格的类型是指在一类人身上所共有的性格特征的独特结合。许多心理学家试图从不同的角度对性格进行分类，以便更深入地探讨性格的实质，进而了解一个人。但是由于研究对象本身的复杂性，至今还没有一个大家公认的分类学说。现将几种影响较大的分类学说介绍如下：

（1）机能类型说。

英国心理学家A. 培因和法国心理学家T. 李波按照理智、意志、情绪三种心理机能在性格体系中何者占优势来确定性格的类型，因此称为机能类型说。他们依此把人的性格分为：理智型、意志型、情绪型和中间型。

- 理智型：理智型的人习惯用理智来衡量一切并支配自己的行为。
- 意志型：意志型的人具有较明显的目标，不易受暗示和干扰，行动主动。
- 情绪型：情绪型的人，情绪体验较深，易动感情，举止受情绪的影响比较明显。
- 中间型：介于两种性格类型之间的称中间型。如理智—意志型等。

（2）内倾—外倾类型说。

最初由瑞士心理学家C. G. 荣格提出，而后为大多数心理学家接受的一种观点，是按照个体心理活动倾向于外部或倾向于内部划分为外倾型和内倾型的一种类型学说。

- 外倾型：心理活动外显，易暴露，这类人性格开朗，活泼好动，喜欢交际，心直口快。
- 内倾型：心理活动内向，不易外露，这类人一般表现为沉静，少言寡语，不善交际。

（3）独立—顺从类型说。

最初由奥地利心理学家A. 阿德勒提出，而后为大多数心理学家所接受的一种观点，是按照个体独立性程度不同，划分为独立—顺从的一种类型学说。

- 独立型：善于独立地发现问题、解决问题，处理问题有主见，不易受暗示，在紧急情况下不慌张。
- 顺从型：独立性差，易受暗示，缺乏主见，容易接受别人的意见，习惯于照别人的意见办事，紧急情况下表现为惊慌失措。

除上述三种类型说外，还有社会文化类型说、特性说等。

性格的类型对于选择职业具有重要的理论意义和实践意义。因为性格类型说是按一定的标准把性格分成各种类型，可以使我们加深对性格本质的认识。同时，全面准确地了解性格类型，在选择工作时，就可尽量考虑自己的性格特征，做到有的放矢。性格类型的自我分析又可作为个人选择职业的重要依据。

近年来，许多用人单位在选人时出现一种新观念，他们认为，性格比能力重要。其原因是，如果一个人能力不足，可通过培训提高，但一个人的性格不好，要改变起来可就困难多了。所以在招聘新人时，往往将性格的测试放在首位。当性格与职业相吻合时，才会有进一步对其能力进行测试考察的意愿。

对性格引起重视的另外一个原因是，性格是个性中具有核心意义的成分，几乎涉及人的心理过程及个性特征的各个方面。观察一下日常生活中的人群，我们就可以发现千差万别的性格特征。

那么，性格与职业如何进行匹配呢？通常个人在选择职业时，应根据自己的性格，选择适合个人性格特点的职业和工作。一般来说，外向型性格的人更适合与外界广泛接触的职业，如管理人员、律师、政治家、推销员、记者、教师等。内向型性格的人比较适合从事有计划的、稳定的、不需要与人过多交往的职业，如科学家、技术人员、会计师、统计员、资料管理人员、一般办公室职员等。

在实际生活与工作中，纯属于外向型或纯属于内向型的人并不多，大部分人属于混合型。因而，在实际的吻合过程中，应根据个人的性格与职业的要求，具体情况，具体处理，不能一概而论。当然，人的性格在一定阶段还具有可塑性，对此每个人在职业选择时也应当作适当评估。

四、能力与职业选择

能力是直接影响活动成效，与能否顺利完成活动任务相联系的个性心理特征。

首先，能力是与能否顺利完成活动任务相联系的主观条件，而不是主观条件以外的各种外部环境因素；其次，能力是主观条件中影响某种活动顺利完成的最直观、最基本的个性心理特征，而不是态度、性格、意志等其他间接因素；最后，能力总是和人的学习、工作、劳动等具体活动相联系，离开了这些活动能力就无法发展和考察。

能力可分为一般能力和特殊能力。一般能力是指顺利完成各种活动所必备的基本能力，它们是在认识活动中表现出来的。例如，观察力、注意力、记忆力、想象力及思维能力。一般能力亦称智力，它是以思维能力为核心的各种认知能力的综合表现，适用于广泛的活动范围。特殊能力是在某种特殊活动领域内所表现出来的能力，例如，音乐家的节奏感，画家的色彩鉴别能力，数学家的抽象思维能力等。一般能力与特殊能力存在着有机联系，一般能力是特殊能力发展的条件和基础，特殊能力的发展又能促进一般能力的发展与提高。

人要顺利完成某项活动不能靠单一的能力因素，必须是多种能力的有机结合。例如，一个作家所应具备的不仅是良好的语言文字表达能力，而且需要精细的观察力、丰富的想象力、周密的思考力和高水平语言文字表达能力的完美结合。在一个人身上，多种能力的完美结合被称为才能。才能的杰出表现，往往被誉为天才。

知识、技能和能力的性质虽然不同，但它们之间却有相互影响和促进作用：

一方面，能力是在掌握知识、技能的过程中发展的，离开了学习和训练，能力就不能得到发展；另一方面，知识、技能的掌握又以一定的能力为前提条件，能力制约着知识、技能掌握过程中的深度、广度、速度、难度、巩固度和通达度。一个从不学习知识和进行劳动操作的人，不可能是有能力的；而一个智能低下的人，学习知识和掌握技能，也会是十分困难的。这说明，知识、技能和能力之间存在着相互影响和促进作用。

能力分为一般能力和特殊能力。一般能力通常人们又称为智力，包括注意力、观察力、记忆力、思维能力和想象力等。特殊能力是指从事某项专业活动的能力，也可称为一个人的特长，如计算能力、音乐能力、动作协调能力、语言表达能力、空间判断能力等。由此可见，能力是一个人完成任务的前提条件，是影响工作效果的基本因素。同样，对任何一种职业而言，必须要求从业者具备相应的能力。能力是职业适应性的首要的和基本的制约因素。因此，大学生在择业时，必须考虑到能力与职业的吻合问题。

1. 能力影响职业抉择

对每个人而言，能力有大有小，能力不同，对职业选择就有差异。从能力差异的角度来看，在职业抉择时应遵循以下几个原则：

（1）能力类型与职业相吻合。

人的能力类型是有差异的，因而应注意能力类型与职业类型的吻合。比如，从思维能力来看，属于形象思维型的人比较适合从事文学艺术方面的职业和工作，抽象思维型的人比较适合于从事哲学、数学等理论性较强的职业和工作，而具体动作思维型的人则比较适合于从事机械等方面的工作。

（2）能力水平要与职业层次一致或基本一致。

对一种职业或职业类型来说，由于所承担的责任不同，又可分为不同层次，不同的层次对人的能力有不同的要求。因而，在根据能力类型确定了职业类型后，还应根据自己所达到或可能达到的能力水平确定相吻合的职业层次。只有这样，才能使能力与职业的吻合具体化。

（3）发挥优势能力的作用。

每个人都具有一个多种能力组成的能力系统。每个人在这个能力系统中，各方面能力的发展是不平衡的，常常是某方面的能力占优势，而另一些能力则不太突出。大学生在进行职业选择时，应主要考虑自己的最佳能力，选择最能运用其优势能力的职业。

2. 如何评估自己的能力

通过评估量表就可以了解个人能力，从而进行职业选择。

下列各项问题能使你对自己能力的评估工作简化而具体。你不妨尝试一下，只需回答“是”或“否”即可。

恪尽岗位职责的能力：

□ 1. 在工作上或非工作上，为达到目标，你习惯于面对困难和解决困难吗？

□ 2. 你是否尽可能避免个人的偏见和冲突，以免影响工作？

□ 3. 如果做错，你会承认错误以及从中吸取教训吗？

□ 4. 你能面对问题并努力去解决它，而不让它持续地困扰你吗？

□ 5. 有私人问题时，你仍能集中精力工作吗？

□ 6. 有紧急事情发生时，你能不惊不慌，平心静气地解决它吗？

计划的能力：

□ 1. 在工作上和非工作上，你会从事长远规划的设计吗？

□ 2. 对于工作，你是否至少在一个星期以前就筹划完善，知道做什么和如何做吗？

□ 3. 你熟悉计划的技巧和计划的评核术吗？

□ 4. 当你被指定从事某一专门工程时，在开始动工之前，你能详尽地规划你的工作方法吗？

□ 5. 你常常在规定时间内完成工作吗？

组织的能力：

□ 1. 在工作上和非工作上，为实现更大目标，你有指派他人工作的经验吗？

□ 2. 你是否了解你的工作部门的组成方式、协调作业、报告系统、各成员的职责及主要负责人的控制幅度吗？

□ 3. 你熟悉组织的基本原理以及目前管理上组织的形态如何变化吗？

□ 4. 你对整个公司或企业的组成有明确的了解吗？

控制能力：

□ 1. 你现在的工作是否符合工作部门的时程表及计划？

□ 2. 你知道本部门的报告系统如何写吗？

□ 3. 你知道整个单位的报告制度是如何运行的吗？

□ 4. 你会将自己的工作划分为几个部分，并为每一部分建立标准吗？

□ 5. 你是否定期检查工作成效？

□ 6. 你知道资料处理如何进行以及它在你的工作部门所占的地位吗？

□ 7. 你有提醒自己在一定时间完成工作的制度吗？

口头表达能力：

□ 1. 你花很多的工作时间用于说话和倾听吗？

□ 2. 当你陈述问题时，别人能正确地知道你的意思吗？

□ 3. 当你表达很重要的事情时，你能清晰地表明你的目标吗？

□ 4. 你能够让新同事听懂如何从事交付给他的工作吗？

□ 5. 从你得到的“反馈”中，你已知道听者确实知道你所说的内容吗？

□ 6. 当你听他人讲话时，你能集中精力吗？

文字表达能力：

□ 1. 你现在的工作需要写备忘录、报告及书信吗？

□ 2. 对于比较复杂的问题，你曾写过超过十页的报告吗？

□ 3. 在工作外，你经常写作吗？

□ 4. 当你写作时，你对文章的语法、逻辑性、清晰程度、说服力、可读性有信心吗？

□ 5. 如果你曾是一位技术专家，你现在能写一篇让外行人也能读懂的报告吗？

把握整体目标的能力：

□ 1. 你知道你的工作对组织整体目标的贡献吗？

□ 2. 你知道其他部门在整个组织上的功能吗？

□ 3. 你知道其他部门在整个组织上的相互关系吗？

□ 4. 你肯让你的上级知道会影响部门成效的一些事情吗？

□ 5. 当其他人员协助改变你的工作或部门时，你会与他们合作吗？

□ 6. 当有分外工作时，你心甘情愿去做吗？

领导能力：

□ 1. 其他同事是否也偶尔向你请教问题？

□ 2. 当批评别人的时候，你的评语是否出于建设性？

□ 3. 你有最好的办法激励部门内和你熟悉的同事努力工作吗？

□ 4. 当其他人有特殊成就时，你赞扬他们吗？

□ 5. 其他人是否有不论何事都由你决定的倾向？

□ 6. 如果你对某项工作能做得很好，你仍愿意分派给别人做吗？

□ 7. 你与你的同事相处得很好吗？

决策能力：

☐ 1. 在工作上，你能胜任于作重要的决策吗？

☐ 2. 作决策时，你用系统方法吗？

☐ 3. 面对决策，你心中畏惧吗？

☐ 4. 你敢于承受决策的责任吗？

☐ 5. 你是否有把握，你所做出的许多困难决策，至少多半正确？

创造能力：

☐ 1. 现在，你所从事的工作需要有创造性的能力吗？

☐ 2. 当你听到其他的创新时，你是否能举一反三地尝试移植到自己的工作上？

☐ 3. 在工作上和非工作上，你是否常常在想用更好的办法来做事？

☐ 4. 面对困难而又一时找不到确切的办法时，你经常能提出创造性的见解吗？

主动能力：

☐ 1. 在目前的工作上，工作的方法大部分是你自己选择的吗？

☐ 2. 你是否随时主动工作，而不是被要求或被指挥时才做？

☐ 3. 工作碰到困难时，在求助上级之前，你是否尝试自己解决？

☐ 4. 开会时，你是否热心参与？

☐ 5. 你是“今日事今日毕”的人吗？

适应能力：

☐ 1. 当你碰到与你的意见或计划相反的见解时，你愿意倾听别人的反对意见吗？

☐ 2. 你对可能影响你的工作的新趋势保持警觉吗？

☐ 3. 你会承认错误而改变对其他观念、方法、人的看法吗？

☐ 4. 你会试着去了解“渐进求变”的优点而尽力去求其实现吗？

☐ 5. 你处理问题时，是否能不受先入为主的观念的影响？

☐ 6. 受批评时，你认为那是学习、改进的机会吗？

记分：

在完成上述12项评估项目之后，分别统计你的“是”和“否”。然后计算每一技巧能力的分数。首先写下你的能力分数。例如，你认为你的“主动能力”

是中等的，就在中等一栏里记下2；你认为它是最重要的，就记下3。然后将这两个分数相加，得到的是发展分数5。分数不同，意义也不同。

技巧或能力	能力分数			重要性分数			需要发展分数
	1 强	2 中等	3 差	1 不重要	2 重要	3 最重要	
1. 恪尽岗位职责							
2. 计划							
3. 组织							
4. 控制							
5. 口头表达							
6. 文字表达							
7. 把握整体目标							
8. 领导							
9. 决策							
10. 创造							
11. 主动							
12. 适应							

以下为五种不同的得分及其含义，与此对照，你就知道该怎么做了。

2分：不需要发展工作。

3分：需要继续维持现状。

4分：需要少量的发展工作。

5分：需要中等程度的发展工作。

6分：最需要发展工作。

五、气质与职业选择

一般来说，气质对人们所从事的职业并不具有决定性作用，其作用主要表现在对工作性质和效率的影响上。相应地，不同职业对人的气质特点也有一定的要求。比如在许多高新技术企业中，都存在着人机关系问题，机器的操纵要求人员具备某些气质特征。如果是人机关系失调，即人的动力性行为失误，就会影响工作效率以致造成工作失误。因而，在把性格、能力、兴趣作为职业决策的最主要标准时，也要考虑人的某些气质特点并加以顺应，以进一步提高职业适应性。

1. 什么是气质

气质是个人典型的稳定的心理活动的动力特征。

首先，气质是心理活动的动力特征。所谓心理活动的动力特征，主要包括心理活动的速度、强度、稳定性、灵活性，以及心理活动的指向性特点，心理活动发生的速度，指知觉的速度、思维的敏捷性、情绪发生的快慢等心理过程的速度。心理活动的强度，指情绪的强度、意志努力的程度等心理过程的强度。心理活动的稳定性，指情绪的稳定性、注意的集中性等。心理活动的灵活性，指思维的灵活性、注意转移的灵活性等；心理活动的指向性，指心理活动是倾向于外部世界，经常从外界获得新印象，还是倾向于内心世界，经常体验自己的情绪，分析自己的思想和印象。例如，有的人脾气暴躁，容易发火；有的人遇事沉着，不动声色；有的人活泼好动，能说会道；有的人则多愁善感，胆小怕事。这些都是心理活动的动力特征即气质的表现。气质只决定人的心理活动的方式，而不决定人的精神生活内容，它与人的动机、兴趣、理想、信念、价值观没有多大联系。

其次，气质是一种典型的、稳定的个性心理特征。气质的这些动力方面的特点是比较稳定的，它不以活动的动机、目的、内容为转移，贯穿于人的一切心理活动和行为方式之中，这就是说，一个具有某种气质特征的人，常常在内容很不相同的活动中显示出同样性质的动力特征。例如，一个具有情绪易于激动这种气质特征的学生，在受到老师表扬时，往往兴高采烈、喜形于色，在文娱表演或体育比赛前常常坐立不安，在考试时容易心慌意乱，与同学讨论问题时，也显得言辞激烈、情绪激昂。一个人的气质具有极大典型性和稳定性，它仿佛使一个人的整个心理活动都染上了个人的独特色彩。正如巴甫洛夫指出的：气质是每一个个人的最一般的特征，是他们神经系统的最基本的特征。而这种特征在每一个人的一切活动上都打上了一定的烙印。

最后，气质是一种天赋的个性心理特征。气质是人的高级神经活动特征的心理表现，在很大程度上受制于先天的生物遗传因素，在人出生的最初阶段就可以观察一个人的气质特点。例如，有的婴儿比较活泼好动，哭声响亮，对外界刺激反应迅速；有的则比较安详宁静，声微胆小，对外界刺激反应比较缓慢。这就是气质最早、最真实的流露。研究表明，年龄越小，气质的表现越明显，遗传关系越接近，气质的表现也越相似。又如，把两个同卵双生儿分别放在两个不同的生活和教育环境下培养，他们的气质比遗传特征不相同的异卵双生儿相似得多，而且长时间内没有发现显著差异。可见，气质具有天赋的性质，这些与生俱来的气质特征构成了每个人的心理活动的独特风格，它为个体能力、性格的形成和发展提供最初的心理基础。

2. 气质的分类

人们一般把气质分为四种，即多血质、粘液质、胆汁质和抑郁质，四种不同的气质类型具有不同的心理特征。

多血质的心理特征属于敏捷而好动的类型。由于神经过程平衡且灵活性强，这种人更易于适应环境的变化，性情开朗、热情，善于交际。在群体中精神愉快，相处自然，常能机智地解脱窘境。在工作和学习上肯动脑筋，常表现出机敏的工作能力和较高的办事效率。对外界事务有广泛的兴趣，不安于循规蹈矩的工作，情绪不够稳定，易于浮躁，时有轻诺寡信、见异思迁的表现。

粘液质的心理特征属于缄默而安静的类型。由于神经过程平衡且灵活性低，反应较迟缓，无论环境如何变化，都能基本保持心理平衡。凡事力求稳妥、深思熟虑，一般不做无把握的事，具有很强的自我克制能力。与人交往时，态度持重适度，不卑不亢，不爱抛头露面或做空泛的轻谈，严格恪守既定的生活秩序和工作制度。行动缓慢而沉着，有板有眼，因此，能够高质量完成那些要求有坚韧不拔、埋头苦干的品质和长时间地集中注意力、有条不紊地工作。其不足之处是过于拘谨，不善于随机应变，常常墨守成规，故步自封。

胆汁质的心理特征属于兴奋而热烈的类型。表现为有理想有抱负，有独立见解，反应迅速，行为果断，表里如一。在言语、面部表情和体态上都给人以热情直爽、善于交际的印象。不愿受人指挥而喜欢指挥别人。一旦认准目标，就希望尽快实现。遇到困难也百折不挠，有魄力，敢负责，但往往比较粗心，自制力较差，容易感情用事，有时有刚愎自用、鲁莽的表现。由于神经过程的不平衡，工作带有明显的周期性，能以极大的热情投身于事业，一旦筋疲力尽，情绪顿时转为沮丧而心灰意冷。

抑郁质的心理特征属于呆板而羞涩的类型，精神上难以承受或大或小的神经紧张，常为微不足道的小事引起情绪波动。情绪体验的方式较少，极少在外表流露自己的情感，但内心体验却相当深刻。喜欢独处，交往拘束，兴趣爱好少，性格孤僻，在友爱的集体，可能是一个很易相处的人，对力所能及的工作，认真完成，遇事三思而后行，求稳不求快，因而显得迟缓刻板。学习工作易疲倦，在困难面前怯懦、自卑、优柔寡断。

由于气质更带有自然的属性，它们之间没有好坏之分。任何一类气质的人在现实生活中，既可以是优秀的人才，也可能成为碌碌无为之辈，问题的本质不在于气质类型及其心理特征，而在于对生活的信念和追求。

气质类型是表现在一类人身上共有的（相似的）心理特性的典型结合。构成气质类型的心理特性有：感受性、耐受性、不随意反应性、反应的敏捷性与灵活性、可塑性与稳定性、内外向性、情绪兴奋性、情绪和行为特征（见表 5－2）①。

① 朱智贤．心理学大词典［M］．北京：北京师范大学出版社，1989.

表 5－2　气质类型和心理特性

心理特性＼气质类型	多血质	粘液质	胆汁质	抑郁质
感受性	低	低	低	高
耐受性	较高	高	较高	低
敏捷与灵活性	快、灵活	慢、不灵活	快、不灵活	慢、不灵活
可塑与稳定性	有可塑性	稳定	可塑性小	刻板性
不随意反应性	强	弱	强	弱
内向与外向性	外向	内向	外向	内向
情绪兴奋性	高	低	高	体验深
情绪和行为特征	愉快、机敏、不稳定	冷漠	容易激怒	悲观

具有表中的四种气质类型典型特征者称为“典型型”，近似其中某一类型者称为“一般型”，具有两种或两种以上类型合称为“混合型”或“中间型”。那么，按照组合的规律，应该有 15 种气质类型：

$C_4^1 + C_4^2 + C_4^3 + C_4^4 = 4 + 6 + 4 + 1 = 15$

即：①多血质；②胆汁质；③粘液质；④抑郁质；⑤胆汁—多血质；⑥胆汁—粘液质；⑦胆汁—抑郁质；⑧多血—粘液质；⑨多血—抑郁质；⑩粘液—抑郁质；⑪胆汁—多血—粘液质；⑫多血—粘液—抑郁质；⑬胆汁—粘液—抑郁质；⑭胆汁—多血—抑郁质；⑮胆汁—多血—粘液—抑郁质。

在全人口中，气质的一般型和两种类型的混合的人占多数。典型和两种以上类型混合型的人占少数。

苏联心理学家达维多娃曾经形象地描述了四种基本气质类型的人在同一情境中的不同行为表现。例如，四个不同气质类型的人来看戏，但都迟到了，表现出不同的行为。多血质的人立刻明白，检票员是不会放他进入剧场的，但入楼厅容易，就跑到楼上去了；胆汁质的人和检票员争吵，企图闯入剧院，他辩解说戏院里的钟快了，他进去看戏并不会影响他人，并且企图推开检票员进入剧院；粘液质的人看到不让他进入剧场，就自我安慰地想“第一场戏总是不太精彩的，我可以在小卖部等一会，在幕间休息时再进去”；抑郁质的人会说：“我运气不好，偶尔看一次戏，就那么倒霉”，接着就回家去了。

以下是不同的人气质的面部表情。

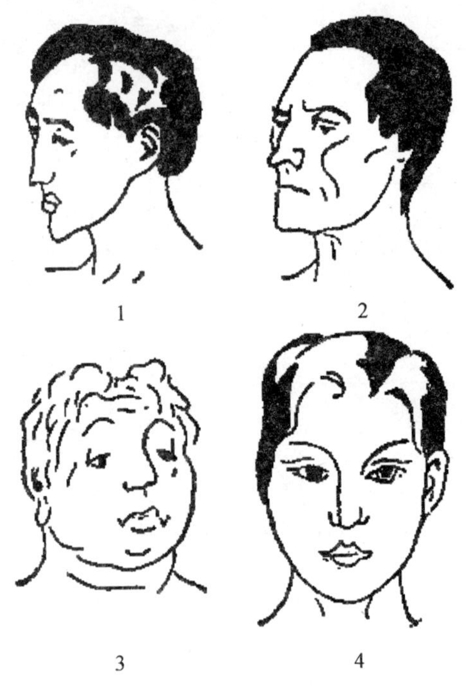

1. 抑郁质；2. 胆汁质；3. 粘液质；4. 多血质

图 5-4　气质类型

3. 气质对职业选择的意义

气质特征是职业选择的依据之一。某些气质特征为一个人从事某种工作提供了有利条件。一般地说，持久、细致的工作对粘液质和抑郁质的人较为合适，对多血质和胆汁质的人则不大适合。要求迅速灵活反应的工作对多血质和胆汁质的人较为合适，而粘液质和抑郁质的人则较难适应。

由于气质各种特征之间可以起互相补偿的作用，因此，在一般的实践活动中，某种气质类型对工作效率的影响并不显著。根据中国科学院心理学工作者对先进纺织女工的研究表明，一些看管多台纺织机床的女工属于粘液质，她们注意力的稳定性补偿了她们从一台机床到另一台机床转移的困难；另一些纺织女工属于活泼型，她们的注意力转移容易和迅速补偿了注意力容易分散的缺陷。

对于一些特殊的职业，如宇航员、运动员、雷达观测员等，对人的气质特征提出特定的要求，从事这些职业的人必须经过气质特征的测定，进行严格的选择和培训，才能胜任这类活动。苏联宇宙航行员加加林在起飞前 7 分钟还能睡得很好，情绪稳定性是他成为宇航员的重要条件。心理学家艾森克特别指出，外向的人不能很好担任“警戒”任务。根据他的看法，雷达管理员应该由内向的人来担任。表5－3是气质与职业类型的匹配。

表5－3 气质与职业类型的匹配

类型	工作特点	对应职业
多血质	适合做社交性、文艺性、多样性，要求反应敏捷且均衡的工作，而不太适合做需要细心钻研的工作；可从事广泛的职业	外交人员、管理人员、驾驶员、医生、律师、运动员、新闻记者、冒险家、服务员、侦察员、干警、演员等
胆汁质	适合做反应迅速、动作有力、应急性强、危险性较大、难度较高而费力的工作，不适宜从事稳重、细致的工作	出色的导游员、勘探工作者、推销员、节目主持人、演讲者、外事接待人员等
粘液质	适合做有条不紊、刻板平静、难度较高的工作，不适宜从事剧烈多变的工作	外科医生、法官、管理人员、出纳员、播音员、会计、调解员等
抑郁质	适合做兢兢业业、持久细致的工作，不适宜做要求反应灵敏、处理果断的工作	技术员、打字员、排版工、检查员、登录员、化验员、刺绣工、机要秘书、保管员等

4. 职业气质的测量

对于自己的气质的评价，应注重观察法、作业研究与测验、问卷法相结合，对外显气质和内含性格特征综合考察，才能得出客观合理的评价结果。对于职业气质评价，应更多地结合自己的职业活动实践，运用以下量表加以评价，便于有效地指导职业活动。

本测验60道题目，可帮助你确定自己的职业气质类型。回答这些题目时，应实事求是，怎样想的、怎样做的，就怎样填写。你认为最符合自己情况的记2分，比较符合的记1分，介于符合与不符合自己情况的记0分，比较不符合的记－1分，完全不符合的记－2分。

（ ）（1）做事力求稳妥，不做无把握的事。

（ ）（2）遇到可气的事就怒不可遏，非把心里话说出来才痛快。

（ ）（3）宁可一个人干事，不愿很多人在一起。

（ ）（4）到一个新环境能很快适应。

（ ）（5）厌恶强烈的刺激，如尖叫、噪音、危险等。

（ ）（6）和人争吵时总是先发制人，喜欢挑衅。

（ ）（7）喜欢安静的环境。

（ ）（8）善于和人交往。

（ ）（9）羡慕那些善于克制自己感情的人。

（ ）（10）生活有规律，很少违反作息时间。

(　)(11) 在多数情况下情绪是乐观的。
(　)(12) 碰到陌生人觉得很拘束。
(　)(13) 遇到令人气愤的事，能很好地自我控制。。
(　)(14) 做事总是有旺盛的精力。
(　)(15) 遇到问题常常举棋不定，优柔寡断。
(　)(16) 在人群中从不觉得过分拘束。
(　)(17) 情绪高昂时，觉得干什么都有趣；情绪低落时，又觉得干什么都没意思。
(　)(18) 当注意力集中于一事物时，别的事物难以使我分心。
(　)(19) 理解问题总比别人快。
(　)(20) 碰到危险时，常有一种极度恐惧感。
(　)(21) 对学习、工作、事业怀有很高的热情。
(　)(22) 能够长时间做枯燥、单调的工作。
(　)(23) 符合兴趣的事，干起来劲头十足，否则就不想干。
(　)(24) 一点小事就能引起情绪波动。
(　)(25) 讨厌做那种需要耐心、细致的工作。
(　)(26) 与人交往不卑不亢。
(　)(27) 喜欢参加热烈的活动。
(　)(28) 爱看感情细腻、描写人物内心活动的文学作品。
(　)(29) 工作学习时间长了，常感到厌倦。
(　)(30) 不喜欢长时间谈论一个话题，愿意实际动手干。
(　)(31) 宁愿侃侃而谈，不愿窃窃私语。
(　)(32) 别人说我总是闷闷不乐。
(　)(33) 理解问题时常比别人慢些。
(　)(34) 疲倦时，只要短暂的休息就能精神抖擞，重新投入工作。
(　)(35) 心里有事，宁愿自己想，不愿说出来。
(　)(36) 认准一个目标就希望尽快实现，不达目的，誓不罢休。
(　)(37) 同样学习、工作一段时间后，常比别人更疲倦。
(　)(38) 做事有些莽撞，常常不考虑后果。
(　)(39) 别人讲授新知识、新技术时，总希望他讲慢些，多重复几遍。
(　)(40) 能够很快忘记那些不愉快的事情。
(　)(41) 做作业或完成一件工作总比别人花费的时间多。
(　)(42) 喜欢大运动量的剧烈活动，或参加各种文体活动。
(　)(43) 不能很快地把注意力从一件事转移到另一件事上去。

(　)(44) 接受一个任务后，就希望把它迅速解决。
(　)(45) 认为墨守成规要比冒险强些。
(　)(46) 能够同时注意几件事物。
(　)(47) 当烦闷时，别人很难使我高兴起来。
(　)(48) 爱看情节起伏跌宕、激动人心的小说。
(　)(49) 对工作抱认真谨慎、始终如一的态度。
(　)(50) 和周围人们的关系总是相处不好。
(　)(51) 喜欢复习学过的知识，重复做已经掌握的工作。
(　)(52) 希望做变化大、花样多的工作。
(　)(53) 小时候会背的诗歌，我似乎比别人记得清楚。
(　)(54) 别人说我“出语伤人”，可我并不觉得这样。
(　)(55) 在学习生活中，常因反应慢而落后。
(　)(56) 反应敏捷，大脑机智。
(　)(57) 喜欢有条理而不嫌麻烦的工作。
(　)(58) 兴奋的事情常使我失眠。
(　)(59) 每天讲新概念，我常常听不懂，但是弄懂以后就很难忘记。
(　)(60) 假如工作枯燥无味，马上就会情绪低落。

确定气质类型的具体方法是：

(1) 将每题得分填入下表相应“得分”栏内。

(2) 计算每种气质类型的总分数。

(3) 气质类型的确定。如果某气质类型的得分明显高于其他种，均高出4分以上，则可定为该种气质类型。此外，如果该气质类型得分超过20分，则为典型类型。如果该得分在10~20分，为一般型。若两种气质得分相近，差异小于3分，又明显高于其他两种达4分以上，可判定为两种类型的混合型。同样，如果三种气质得分均高于第四种，而且很接近，则为三种气质的混合型。

胆汁质	题号	2	6	9	14	17	21	27	31	36	38	42	48	50	54	58	总分
	得分																
多血质	题号	4	8	11	16	19	23	25	29	34	40	44	46	52	56	60	总分
	得分																
粘液质	题号	1	7	10	13	18	22	26	30	33	39	43	45	49	55	57	总分
	得分																
抑郁质	题号	3	5	12	15	20	24	28	32	35	37	41	47	51	53	59	总分
	得分																

确定了自己的气质类型后，则可对应前面表 5－3 中的内容，了解自己的气质特点及职业适合性。

第三节　情商与职业选择

一、情商概述

情感智商这一表达人内在能力的术语，是美国耶鲁大学的彼得·沙洛维和新罕都什尔大学的约翰·梅耶教授在 1990 年首先提出的。1995 年 10 月，美国《纽约时报》专刊作家丹尼尔·戈尔曼出版了《情感智商》一书，把情感智商这一研究新成果介绍给大众，该书迅速成为世界性的畅销书。一时间，“情感智商”这一概念在世界各地得到广泛的宣传。

1. 什么是情感智商

简单来说，情感智商是自我管理情绪的能力，和智商一样，情商是一个抽象的概念，情绪商数是一个度量情绪能力的指标。

戈尔曼在他的书中明确指出，情商不同于智商，它不是天生注定的，而是由下列 5 种可以学习的能力组成：

（1）了解自己情绪的能力：能立刻察觉自己的情绪，了解情绪产生的原因。

（2）控制自己情绪的能力：能够安抚自己，摆脱强烈的焦虑忧郁以及控制刺激情绪的根源。

（3）激励自己的能力：能够整顿情绪，让自己朝着一定的目标努力，增强注意力与创造力。

（4）了解别人情绪的能力：理解别人的感觉，察觉别人的真正需要，具有同情心。

（5）维系融洽人际关系的能力：能够理解并适应别人的情绪。

心理学家认为，这些情绪特征是生活的动力，可以让智商发挥更大的效应。所以，情商是影响个人健康、情感、人生成功及人际关系的重要因素。

关于它的重要性，各方面的专家学者都发表了自己的见解。丹尼尔·戈尔曼认为：“仅有 IQ 是不够的，我们应用 EQ 来教育下一代，帮助他们发挥与生俱来的潜能。”EQ 的创始人沙洛维博士和梅耶博士说：“EQ 已成为 20 世纪最重要的心理学研究成果。”

一个人的成功 = 20% IQ + 80% EQ

这里表达了两个含义：其一，智商在公式中的份额只有20%，但它标定了入围成功的基准线。智商的平均值为100，通常智商80%以上的人能够从事正常的学习、工作和生活。所以公式中的IQ应该是指智力正常的人，尤指智商100以上者。其二，情商占据80%的比例，在智力正常的前提下，是情商而不是智商在更大程度上决定了一个人是否成功。

2. 情商的核心内容

情商，是一个人了解自身感受，控制冲动和恼怒，理智处事，面对各种考验时保持平静和乐观心态的能力。是指在对自我及他人情绪的知觉、评估和分析的基础上，对情绪进行成熟的调节，以使自身不断适应外界变化的这样一种调适能力。如果你今天情绪好，你发现你会影响别人。如果你心态很差，你发现你今天做事很不顺利。为什么不顺利？因为你心情太差了，你情绪太差，会影响别人。所以，高情商的人，要能够控制好自己的情绪，要想影响别人首先要能够控制自己的情绪，不要让自己的坏情绪影响别人的情绪，最后影响工作。现在是知识经济时代，人的感情越来越丰富，人读书越多，感情越丰富，越需要在情商上能够和别人互动。

情商的核心内容可以用以下四句话描述：知道别人的情绪；知道自己的情绪；尊重别人的情绪；调控自己的情绪。

二、情商的修炼

优秀的性格才能成就优秀的事业，而优秀的性格需要出色的情商。情商是情绪管理方面的智力，它表现的范围很广泛，包括细微的事情。因此，在任何时候都能够表现出一个人情商的水平。

1. 细节修炼

情商是一个人的综合素质，人的每一个微小行为都可以反映出他的情商，大到大型谈判合作，小到与朋友间的闲聊。“不论我们在什么场合使用什么语言，你所说的都是对你自己的写照”（爱默生）。所以说，人的一言一行，一颦一笑，只字片语都是整个人内心的完全写照。所以要想打造自己的行为必须从头打造自己。故而打造高情商的过程不仅仅是读几本书、听几节老师的讲座、记下几条行为准则的过程，而应是通过这些有益的启示自己反复领悟、实践并让这些思想通过每一个细小的实践过程逐渐感化自我的过程。

培养自己每一个行为习惯的过程又都是重塑一遍自我的过程，也就是说在修炼我们某一个细微行为或是培养某个习惯的时候，就是对我们整体情商、心态、观念的调整。这就是修炼时应从小处着眼的道理所在。高情商者能在日常生活中及时调整自己获得快乐，以下是五条通向快乐的途径：不要存有憎恨的念头，不要让忧虑沾染你的心，简单地生活，多分享，少欲求。

2. 换位思考

培养高情商需要学会换位思考，即站在对方的角度去思考。移情又称为换位思考、感情转移与同理心、设身处地。移情就是“感人之所感”，并同时能“知人之所感”。是既能分享他人情感，对他人的处境感同身受，又能客观理解、分析他人情感的能力。移情可以表现为很多种形式。移情是在情感的自我感知基础上发展起来的，移情首先要面对自己的情感。我们愈坦诚，研读他人的情绪感受也就愈加准确。

每个人天生都会有一定程度的体察他人情感的敏感性。人如果没有这种敏感性，就会产生情感失聪。这种失聪会使人们在社交场合做傻事，或是误解别人的情绪，或是说话不考虑时间地点，或是对别人的感受无动于衷。所有这些，都将破坏人际关系。移情不仅对保持人与人之间的和睦关系非常重要，而且对任何与人打交道的工作来说，要在工作中做出优异成绩，移情都是至关重要的。无论是搞销售，还是从事心理咨询，或给人治病以及在各行各业中当领导，只要是了解他人的情感对工作有着举足轻重的影响，那么移情能力就是取得优秀业绩的关键因素。

移情并不一定总是通过听别人说话来实现，人们总是用讲话声调、面部表情或其他非语言方式来表达自己的感受。这些察觉细微信息的能力是建立在基础的情感能力之上的，特别是自我觉察力和自我控制能力，一个缺乏自我觉察力以及不能控制自身情绪的人是无法去揣摩别人的心情感受的。弗洛伊德曾经说过：“人无秘密可言，即使他们嘴不作声，指头也定会喋喋不休。内心的秘密总会通过每一个毛孔泄露出来。”因此，移情要善于察言观色，善于抓住人们情感变化的蛛丝马迹来分析。移情的精髓就在于不通过对方说话的内容而知道对方的感受怎样。

3. 移情换位因人而异

移情换位这个工具是为了能够了解别人的感情，并引起共鸣性的情感反应，从而缔结良好的人际关系。移情需要区别不同的人，因人而异。如何对待老年人？老年人的辉煌已经过去，他们已经没有能力再造辉煌，他们最大的需要是年轻人对他们过去的认同和现在能力的认可，承认他们的过去，引起他们对过去成功的回忆，并对他们过去的成功给予赞美。如果家中有老人，要经常同他们沟通，经常同老人沟通可以保持他们头脑的活力，由于心情愉快地做事而获得健康。子女要做的就是认同，并欣赏他们的能力，哪怕带有一点善意的谎言。这样可以使他们有一个愉快的心情和快乐的晚年。

青年人刚刚来到社会上，没有什么成绩、财富和社会关系，他们有的是时间、精力和学习力。特别是一些自尊心强、重感情的人，很重视别人对自己的看法，对别人的行为、眼神、表情、很短的一句话都很敏感，所以对青年人需要多

给予认同和赞美，让他们对未来感到充满希望。

年长的人也许因为年轻人做事毛糙而诋毁他们，可是自己是否想过，当自己处于他们同样年龄段时还不如他们，不能用50岁人的城府要求20岁人的心智。青年人重视别人的肯定和未来发展。

中年人兼有青年人和老年人的特点，既有辉煌的过去，也有广阔的未来，所以通过沟通赢得中年人的方法是承认他们的过去，鼓励他们的未来。

小孩的特点与生俱来，自信、快乐、创造，后天的教育和激励改变了他们的天性。因此我们要缔造孩子的自尊、自强、自立、自信。从孩子降生那一刻起，使得孩子有安全感，并施加积极的影响。对小孩应该关注、照应、理解，如果对孩子的恐惧漫不经心，会压垮其自信心。

善于移情的人首先是善解人意，体察入微的。他们也能够通过倾听别人的意见和想法注意到他人的情感变化；能够察言观色，体谅别人的需求和感受；能够对别人关心的事保持一种积极的态度。善于移情的人还可以帮助别人发展。他们也能够了解并鼓励人们发挥自己的长处、技能和潜力，能够提供有价值的信息反馈，并且明察人们的发展需求，同时，他们也能够及时给人们提供指导，培养其技能。这种能力对从事销售工作的人是非常重要的，从长远来看，善于移情的能力对于培养顾客和挽留顾客有着非同寻常的意义。

善于移情的人还能够有效地利用人群的多元化，通过不同的人孕育机遇。他们能够尊重来自不同生活背景的人，与他们和睦相处；能够理解不同的世界观，敏锐觉察不同群体的差异；同时能够把多样性看作是机会，构筑不同人群成功发展的环境。在销售活动中，他们能创造出更多的机会。

4. 操之在我

（1）操之在我的含义。

操之在我就是自己情绪的控制完全在于自己，完全把握自己的情绪，超级主动，使得自己的情绪不会被别人所左右。

基于情商的影响力训练是一个能使人生完美的学问。受过情商与影响力训练的人学会移情换位以后，能够接近完美，能够正确认识自己、理解别人、对别人的需求敏感，特别是由于思考力度增加而对人性有更深刻的认识，思维更加游刃有余，张弛有度。而没有受过情商与影响力训练的人，可能在行为和语言的方式上还略显粗放。因此，高情商的人还要面临一个问题，就是如何避免被伤害。避免被伤害的工具就是“操之在我”，又叫“超级主动”。

操之在我的基本原理是不能被别人的语言所伤害。如果你自己不伤害自己，别人就不可能伤害你。别人的语言对你来讲是一种声音，这种声音对你能否起作用，完全在于你自己对这种声音的反应。

一位总统夫人曾说："棍子和石头也许能够打断我的骨头，而言语永远也不能伤害我。"

操之在我的人在力所能及的范围内努力改变小环境。不负责任地推卸、抱怨、牢骚，而自己又不做任何努力，等同于平庸。抱怨和牢骚既破坏了自己的心情，又于事无补。

一个人跟瑜伽师傅学习搬山术，念咒语却没有办法把山移过来。瑜伽师傅说："搬山术的目的是拉近你和山的距离，既然山不过来，那你就过去。"山不过来，我就过去。如果你不能改变环境，就改变自己。改变不了别人，那就只有适应别人。

操之在我的心态是我们在逆境中保持恒心，在困难时保持勇气的一件有力武器。正确领悟其内涵，相信对我们职业生涯道路必将产生深远的影响。

（2）操之在我的基本法则。

人的心情的确会受到外界各种因素的影响，情绪具有很强的感染性，看到别人的微笑或发怒的表情时，自己面部肌肉会产生轻微的动作反应，因而会出现同样的特征。每个人都会面对很多不如意或者吃亏的事情，面对这种境况时，如果可以做到自我解嘲，自我调节，从问题的另一个方面去考虑其得失利弊，不好的事情也许可以变成好的事情，而好的事情也并不意味着结果一定好。要学会把握自己的心情，自信、独立、乐观、勇敢、热爱生命、相信自己，并且面对未知认真思考，适应变化，承认相对真理，不受其他事情的干扰和影响，把生活把握在自己手中，变成生活的主宰者，见表5-4。

表5-4 受制于人与操之在我的思考方式对比

受制于人	操之在我
看见了具体	看见了抽象
看见了危机	看见了机会
看见了失败	看见了教训
看见了行为	看见了观念
活在后悔里	活在盼望里
活在过去的失败里	活在现在的努力
害怕我可能失败	害怕我未曾尝试，去开发潜能
害怕我可能受伤	害怕我可能未曾经历成长的阵痛
害怕我屡试屡败	害怕我未曾给予希望第二次机会
我是浩瀚银河中微不足道的无名小辈	我是独一无二的存在
我的存在只是偶然巧合	命运早为我的一生作了个美丽计划

1）获得主动。

一个刚刚大学毕业的女士到一家公司去应聘，敲开了一家合资公司办公室的门，迎接她的是外方经理。外方经理操着生硬的中国话说："对不起，我们已经招聘完了。"女士说："我的简历留给你，如果有希望给我打电话。"女士走到走廊的尽头时，下意识地回头看了看，结果发现外方经理把她的简历扔进了碎纸机。

女士觉得自己受到了巨大的侮辱，她不做任何打算了，回来找到外方经理说："对不起，我知道您很忙，不会记得我。我想要回我的简历，明天我再来。"外方经理愣住了，已经把人家的简历销毁了。外方经理说："你的简历已经弄脏了，不适合再给你了。"女士回答："脏了我也要。"外方经理问："你的简历制作多少钱?""10 元钱。""给你 10 元钱。"外方经理掏出了 20 元钱，女士说："我那是 10 元钱，不卖 20 元钱，再给你一份简历，请你记住：我不是应聘一个应该进废纸篓的职业，也不是一份应该进废纸篓的简历。"说完头也不回地走了。外方经理一直看着这个女士消失在走廊尽头。第二天，外方经理打电话给她，请她来上班。

2）调控情绪，学会制怒。

发生争执时的调整措施有：数 10 下再开口，转移注意力，做几次深呼吸。同时，谅解的心是最佳灭火剂，学会宽容和谅解。高情商的重要标志是学会制怒，不轻易受到伤害。人必须适当宣泄自己的情感来使得自己达到平衡，但是君子不会无辜伤害别人的感情，换句话说，君子伤害别人的感情必须是有意识的。这里的君子就是受过很好的情商训练、理性思维很强的人。苏轼就有"天下有大勇者，猝然临之而不惊，无故加之而不怒"的诗句。

马卡连柯曾经说："伟大的意志不仅善于期待并获得某种东西，而且善于迫使自己在必要时拒绝某种东西。没有制动就不可能有机器，没有抑制力就不可能有任何意志。"

人的情绪中有两大暴君（愤怒与欲望）与单枪匹马的理性抗衡，感性与理性对心理的影响相反，人的激情远胜于理性。不能生气的人是笨蛋，而不去生气的人才是聪明人。一个人必须学会自我调控，控制自我的感情和情绪。

3）管理情绪。

"操之在我"属于情商范畴的一个自我情绪管理技巧。它是指一个人要能够控制自己的情绪，不受制于人，不为环境因素所左右。其理论基础在于外因通过内因起作用。环境事件、他人言语等外部刺激构成外因，自己的观点、看法是内因，而自己的情绪、行为表象则是作用的对象。

人的情绪表现受众多因素的影响，例如他人言语、先发事件、个人成败、环境氛围、天气情况、身体状况等。但这些因素都可以按照来源分为外部因素（或刺激）和内部因素（看法、认识）。两种因素共同决定了人的情绪表现和行为特征，其中人的观点、看法和认识等内部因素直接决定人的情绪表现，而个人成败、恶言恶语等外部因素则通过影响情绪内因而间接决定人的情绪表现。

尽管在现实社会生活中，人们总是会因为不顺心的事情而大发脾气或低落消沉。丢东西时惊慌、谩骂，受到指责时愤愤不平，遭到侮辱时挥拳相向，遇到失恋时借酒消愁，屡遭失败时灰心丧气，遇到难题时捶胸顿足，被人冤枉时火冒三丈，身体不适时心烦气躁……这些，似乎让人感觉，个人的情绪表现是由这些不顺心的事情直接决定的。但事实并非如此，只是因为人在成长的过程中形成了太多固定的思维模式，当受到“不顺心”的环境事件的刺激时，人们总是会往坏的方面想，而无视事情积极的方面。所以，正是因为个人的看法、认识等内因对外部刺激形成的固定的反应，才使得外因更多地直接决定了个人情绪。

操之在我的情绪管理技巧则要求人们能够灵活地调整内因对外因的固定反应，当外部刺激可能导致个人情绪、行为的恶性变化时，人的看法、认识要能够能动地自我调整，逆向思维，发掘积极的因素，阻碍外部刺激对情绪、行为的不良作用，保证情绪的稳定、乐观和行为的积极、正常。操之在我的方法能够变悲为喜、缓解矛盾、抑制愤怒，使一个人心胸豁达、轻松愉快、处事冷静。操之在我的关键在于从多角度去思考问题，善于发现积极的成分，而不是困死在思维的独木舟上。善用操之在我的人不断激励自己使用积极的思维，始终保持轻松、愉悦的心情和健康、开放的心态。

4）激励自己。

事业上的成功者，大都是能够掌握自己心态并且善于自我激励的人。一旦掌握自我激励，自我塑造的过程也就随即开始。我们成长和成熟的过程，就是不断塑造自己的过程，选择乐观的还是悲观的态度，这一点非常重要。这也正是“操之在我”的心态发挥决定性作用的地方。这种心态的选择可能给我们带来激励，也可能阻碍我们进步。“操之在我”中的自我激励是一种乐观向上的自我塑造的方法，塑造自我的关键是甘做小事，但必须即刻就做。塑造自我不能一蹴而就，而是一个循序渐进的过程。这儿做一点，那儿改一下，将使你的一天（也就是你的一生）有滋有味。

今天是你整个生命的一个小原子，是你一生的缩影。大多数人希望自己的生活富有意义，但是生活不在未来。我们越是认为自己将来有充分的时间去做自己想做的事，就越会在这种沉醉中让人生中的绝妙机会悄然流逝。只有重视今天，自我激励的力量才能汩汩不绝，要学会“活在当下”。

清晰地了解自己、把握自己的心态和规划自己的目标——领导自己是走向人生成功的第一步。但塑造自我却不仅限规划目标。莎士比亚说得好：“行动胜过雄辩。”要真正塑造自己，必须奋起行动。我们每个人就好比是一幅正在描绘中

的杰作，而今天就是这幅杰作的一个色块。在“操之在我”这块坚挺、厚重的调色板下，调好自己的每一笔浓墨淡彩，描绘出自己人生的杰作！做到操之在我，你将拥有更多的激情、财富、力量和内心的平安！

5）成功把握自己。

成功把握自我有七大法则。

自我意识——意识到你的情感、你的思想，以及它们对你产生影响的方式。意识到你的行为及其影响你与他人的方式，把注意力集中在你想要做出改变的任何行为或态度上，以便充分意识到你意欲改变的东西。

自我接受——无条件地接受自己，包括你所思考和感受到的，以及所做的事情，通过对现在这个“你”的接受，你就能自由、客观地做出计划，从而实现对自己的完善。

自我负责——对你的感知方式、思维方式，以及行为方式承担责任。对上述诸方面给自己和他人所带来的影响承担责任，要明白一点，如果你想对他人负责，首先你应该为自己负责。

自我管理——明确自己的需要和目标，探索和评定自己的选择和所具备的条件，量力而行地做出决策，然后实施这些决策。

自我期望——将自己要获取的成功形象化、有声化，建立一种积极的自我意象。

自我支持——赋予自己成功实现决策所需要的支持。对自己在进展过程中所迈出的每一步都要加以肯定。

第一，自我意识。

意识到自己的态度、情感和价值，不仅会加强对自己的理解，而且还有助于对存在于意识内部的、能影响自己行为的、使你获得成就的力量有所理解。意识到自己的行为及其对别人产生影响的方式，将会促使你发生变化，从而保证你能成功地与他人打交道。所以，花些时间来考虑你的情感，鉴别你对某些对你来说显得很重要的事情的态度，探寻存在于你的意识内部的动机力量，都是必不可少的。最为关键的是，你应该意识到你对自己的情感和想法。这将会提高你的自我意识，并有可能使你运用一种保证你获取成功的方式来管理自己。尽管自我意识、自我接受和积极的自我意象能促进自我发展，但这绝不意味着你应该成为以自我为中心的人。实际上，由于自我意识推动了你对自身的理解。因此，它将会使你加强对人类的一般特性的理解，从而使你对他人的需要更为敏感，更为关切。

自我意识是自我发展得以建立的基础，为保证自身发生有效变化，你就不得不密切关注自己的行为方式及其对自己和他人的影响，关注你所感知和重视的事物，以及你履行自我信念的过程。在你尚未理解某台机器当前的运转机制之前，你可能不会去考虑提高机器的运转效益。另外，在你着手对机器或自己进行完善之前，也没有必要对之有完全的理解。

图5－5表明了你的思想、情感和行为之间的某些联系和关系。

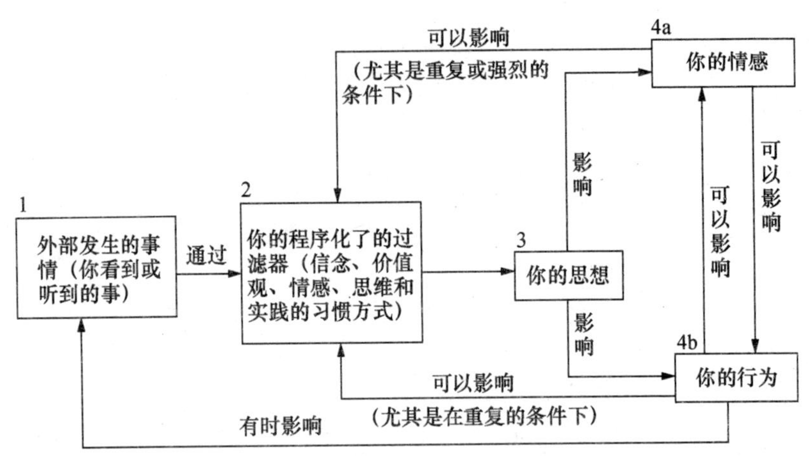

图5－5　思想、情感和行为间的关系

当你体验到外部发生的事情时：①你所听到的、看到的、触到的、嗅到的或尝到的每一件东西，均通过了你的程序化了的过滤器。②这些过滤器是以你过去的经验为基础，由价值观、态度、习惯和期望所组成的。这一程序对你从环境中实际感知到的事情产生了影响，包括你如何去观察和聆听他人的言行。然后，你的这种感知影响了你对这件事的想法。③你如何去思考这一事件，又影响了你对这件事的情感和行为，你如何去做事情，如何去表达情感，能对你的习惯和程序化了的过滤器产生影响，这又会影响对未来发生事件的感知。

如果你想使自己的情感对你的行为产生影响的话，那么这是可以做到的。反之，你的行为也会影响你的情感，如果那也是你的选择的话。但能对你的环境以及你的环境中的人产生影响的，就只有你的行为了。由此，这种行为又去影响未来的外部发生的事情，然后通过你的感知进入下一个循环。

为了具体说明图5－5，举个例子。如果你去参加一次面试（外部发生的事情），而你的经验表明在众多人面前说话是件愉快而又重要的事情。那么，你的程序化了的过滤器将会促使你以积极的态度去感知这一行动。你所思考的或许就是如何使这次年会成为一个重要的机会，你的最终情感也许是兴奋的和愉快的。你的行为也许会表现出以欣赏的姿态去从事这一件事情。

另外，如果你过去的经验（你程序化了的过滤器）使你感到，在严肃的听众面前讲话是件令人恐惧、充满危险的事情，那么你准备应聘时，你所思考的或许就是担心招致尴尬和失败，而这种担心是你原来就有的。你的最终情感也许是焦虑的或害怕的，你的行为或许就是找个借口谢绝此事，或花大量时间为此做准备。倘若你后来做出了应聘行为，在你与考官交流时，你体验到了一种冷静自信的情感，或是对考官的赞许感到高兴，那么这种体验将会在你的程序化了的过滤器中开始产生一种变化。这就可能会使你把下次的机会看作是无威胁的事情了。显而易见，思想影响情感和行为。例如，假如你认为某种不好的事情要发生了，你的情绪和举动都会显得忧心忡忡，或做一些事情来防止这种令人不愉快的事件发生。假如你害怕在公共场合讲话，你或许会拒绝这种体验，或绞尽脑汁，为自己做较好的准备。

对你来说，行为对情感的影响可能是不明显的，假如你正体验着一种恐惧和紧张的情感，但却有意识地以镇静的方式发生行为（如果这就是你所希望的并想体验的方式的话），那么你就会感到比较镇静。如果你想体验出自信的情感，就强迫自己发生你认为充满自信时应该发生的行为。按你选择的感受方式发生行为，你就能增加实际感受这种方式的机会。

由于这些不同的因素间的联系尤为密切，因此改变一种因素以实现对另一种因素的影响，是很有可能的。一般来说，控制自己的行为，控制自己的思维方式，要比直接控制自己的情感容易得多。改变你的思想，改变你的行为，你就能改变自己的情感，以及你对外部事件的程序化了的态度和感知。

自我意识的含义就是清醒地意识到自己的程序化了的过滤器、思想、情感、行为，以及它们对自己和他人的影响方式。你可以通过自我观察，通过读书或向他人请教，通过对自己的行为、情感、价值观、信念的思考、写作或交谈，以及就你的行为对他人产生影响的方式，向他人请求反馈信息等来获得对上述的认知。

第二，自我接受。

一定程度的自我接受，是一种健康而不可缺少的个性，也是在任何领域中挖掘自我潜力的条件。我们常常用一些术语，诸如“自我实现”、“真实性”和“中心性”来描述那些具有健康的自我概念、积极的自尊心，以及无条件接受自我的人们。

自我接受并不意味着你应该完全顺从自己目前所处的状态，而是说不管怎样，先接受自己，不要自我欺骗，不要自我贬低，更不要感到耻辱难堪。自我接受也意味着接受那些能改变自己，使自己更接近你所希望的更高境界的所有潜力。我们知道，一个嗜酒者若想戒酒并有可能解决自己的问题之前，他必须把自己视为嗜酒者而接受自己，否则他就不可能改掉自己的毛病。在你希望解决某些较小的问题时，这些原理对你也是适用的。如果你把自己视为一个有价值的人，正在从事、正在感受、正在思考你想改变的任何事情，那么无论你想做出怎样的改变，你都会取得较大的成功。这种接受会使你摆脱情绪的干扰，使你能正视你目前的习惯所带来的后果，使你能考虑适合于你的其他选择。人们总试图掩盖对自己感觉不好的事实。他们把强烈的自信作为门面，以冷漠作为面纱，或给自己罩上优越无比的外衣来掩饰自己的自我形象。这些人可能不会改变其根本的自我概念，除非他们首先能诚实地看待自己缺乏无条件的自尊的事实。

对自己的情感采取一种健康的、可接受的态度，对成功地把握自我是非常重要的。但是，来自文化的信息却会在此给你造成障碍。有关情感的观念会影响你积极地处理这些情感的能力。在你所接受的教育中，你或许受过这样的教育，某些情感如气愤、害怕、痛心或嫉妒，是可耻的，应给予抑制。如果是这样，当你体验了那些情感时，在这些被禁止体验的情感上面又压上了耻辱感和罪过感，这只能使你的事态变得更为复杂，使你更加难以积极地处理自己的情感。你也可能受过这种教育，即应抑制自己的情感。对消极情感的体验是软弱的表现。没有意识到它的后果，你或许已经学会了抑制自己的情感，甚至达到了愚弄自己，使自己不愿感受内心的真实状态的地步。

第三，自我负责。

主宰着自己。“我主宰着自己的态度、思想、情感、行为和价值观。我为自己的情感、思想和行动负责。我已决意做所有我想做的事情。只要我想，我是能改变我的思维情感或行为方式的。”

如果你相信自己能控制自己的思维和行为方式，那么你就能有选择性地实行各种控制，更能良好地塑造自己，相信自己能以某种方式去思维和行动，并不能使它们自动地发生。然而，这却是非常重要的一步。每当你有意识地克服困难，使自身发生变化之际，你都应该肯定并强化你的信念——你有能力控制自己。这会加强你的能力，为下一步变化铺平道路。

就你本身来说，有些事你无法改变，有些则改变起来过于困难，得不偿失。尽管你不能对自己的某些方面有所控制，你也不要灰心丧气。对每个人来讲，潜在的有益的自我发展的机会很多，足以使人们终身去追求它们。不要因为自我的某些方面难以改变就放弃努力，而是应在你力所能及的范围内，把注意力指向某些无限的自我发展的领域里。如果把你的行为方式或感受事物的方式归咎于他人、情境或环境，都会使你的生活受到他人的控制。如果你想使自己有所变化，你就需要主宰自己，你不仅需要感知到，而且更需要接受你的控制自己的行为、情感和思想的能力。你不可能控制你周围的人或世界，但你能控制自己，能控制

你应答环境的方式。

只要你不低估自己的潜力，你比别人更了解自己，更了解自己的成就，更了解自己的动机，那你就是你自己最好的评定者和指导者。因此，你有责任识别自己的问题，有责任把握住完善自己的时机，你还要对自己的力量、智谋，以及潜力承担责任。

第四，自我管理。

倘若你想成功地使自我产生变化，就有必要掌握自我管理的有效技巧，你可以用以下六个步骤来解决你个人的问题，并管理你自身的变化。

步骤一：识别你的需要、机会或愿望。

步骤二：寻找可能的解决方法或选择。

步骤三：评定选择。

步骤四：做出决定。

步骤五：实施决定。

步骤六：评定结果。

在自我完善过程开始之前，应将那些混杂在这一过程中的所有问题相互分开，并制订计划，逐一攻克。识别许多反映出你的变化或本身就是你的变化的部分的较小的具体行为。把你正在考虑的变化分隔成具体的行为单位，这将有助于你评定、计划和实现变化。找出可能与所期望的情感有联系的各种思想，然后说明情感和态度如何在具体的行为范例中得到体现。在识别了各种可能性选择之后，考虑一下每种选择的利弊，努力预见可能会破坏每种选择的障碍，然后找出克服或防止每一种障碍的方法。在你评定自己的选择时，要现实地看待自己。选择一个你自信能达到的开始目标，并制定一个总体目标。尽量把你的要求定得高一些。把每一个目标分解成若干个小步骤，并制定一些清晰的、现实的、可获得的、具体的即时目标。真实地看待自己的愿望，时刻提醒自己自我信赖和自信原则，即自我期望和自我支持原则的重要性。考虑一下那些有可能成为你实现愿望的困难，计划一下自己该怎样处理那些偶发事件。在做了你所计划的事情之后，评定一下结果。

第五，自我期望。

自我期望是自我实现的预言书。你可能去做的事往往是你花费一定的时间想象自己在做，或告诉自己将要去做的事情。如果你把自己看成是一个害羞的人，那么你的行为就会表现出你是个害羞的人。如果你认为自己是个有信心的人，那么你的举动就会刻画出这种自我形象。因此，你很有必要了解自己看待自己的方式，探索你的自我概念和自我期望，并改变不利于你的态度。如果你的习惯向自己发出“失败”的信息或形成失败的形象的话，那么你就必须下更大的功夫，使成功有声化、有形化，以消除那些编制在你的潜意识深处的消极思想。

一些方式也能帮助你把期望集中在你自己所希望的事情上。例如，把一些简单的话录在磁带上，在睡觉前、穿衣或开车的时候反复地播放，这对某些人来说，不失为一种有益的方法。有的人写下一些简短的话，把它放在经常能看见的地方，事实证明这也是一种有益的方法。你应找到一些适合于你，又能使你想获得成功的有形化、有声化的方法。

如果我们总是认为自己被一些因素所限制，那么突破这些限制，发掘自己的潜力，就会受到阻碍。你应该意识到自己具有实现变革、发展，进行学习和提高自己的无法测量的潜力，那么你就可以开始利用这些潜力了。

第六，自我支持。

我们都喜欢而且也需要支持。如果你能为自己提供支持，那么，你获得支持的源泉将永远不会枯竭。你找不到一个在你一生都能支持你的人。因此，应当学会成为自己的支持者。

当你处在自我发展的过程时，支持具有特别重要的作用。使自我产生变化并非总是件容易的事。你一旦做出了改变某事的决定，就要尽可能地支持自己，以保证自己成功地达到目的。你可以通过寻找强化性的环境，照顾自己的需要，以及通过对自己的肯定来做到这一点。

①寻找强化性的环境，寻找一种能强化你的自我决策的环境。多接近那些肯定你和你的目标的人，或读一读能强化你的价值观和决策的书籍，都能帮助你顺利地通过使自我发生变化时相当困难的最初阶段。②满足自己，你想从你所有的智谋中获得益处，帮助你成功地把握自己，当你没有那些不适宜驱使你走向歧途的需要时，你就能对自己实施最佳程度的控制了。③肯定自己，发展了自我赞许的能力，你对他人的依赖就会减少，你就会对自己私自完成的、无须让他人知晓的有益行为感到高兴，就会注意自己的优点，促进你的健康的自我形象的发展。

三、情商与职业选择成功

一个人要想取得选择职业成功，必须有一定的智能。但拥有高智能并非一定就意味着选择职业成功，然而，只要你拥有积极健康的情绪就一定能选择职业成功。

长期以来，人们在研究选择职业成功的学问的时候，总是将人智商的高低看成是事业是否成功、人生是否灿烂的最为重要的先决条件。这就给人造成了一种错觉，似乎高智商就意味着选择职业成功，低智商和一般智商似乎就无选择职业成功的可能，与选择职业成功无缘。而对情绪的研究则较少，甚至有些观点认为

情绪不过是困扰生活的一些因素罢了。然而最新的研究成果表明：智商的确有一定的意义，如果对大多数人进行一个整体观察，发现低智商的人大多从事劳力工作，而高智商的人大多从事费心的工作，而且智商高的人往往比智商低的人平均薪水要高。

然而问题并非如此简单，统计数据仅仅只能表明高学历、高智商的人的平均薪水比低学历、低智商的人高。而在同一项统计中人们还发现，我国现阶段收入最高的人群却并非高学历、高智商的人，有很多公司的老总文化程度并不高，有的是高中文化程度，有些是初中甚至还有小学文化程度的老总，但这些老总麾下却网罗着大批高学历、高智商的精英。这些高学历、高智商的人反倒成了低学历、低智商的人的追随者，并为他们所追随的人创造财富，作为回报，他们从他们所追随的老总那里领取较高的薪水。

1. 选择职业成功的秘诀

如何才能选择职业成功，研究决定选择职业成功的关键因素是什么，这个问题说起来很复杂，但其中几种因素对选择职业成功的作用是显而易见的，如要选择职业成功就需要行动，而且是积极的行动。要选择职业成功就要开发人的潜能，只有从你自身开发出更多的潜能，你才可能比他人获得更大的选择职业成功。

现在让我们再看看，在我们的身体中又是什么东西在决定着我们的行动，是什么东西在调控着我们，使我们能够释放出潜能。让我们看看著名的心理学家哈德佛的一项实验。

哈德佛让三个人在三种不同的情况下尽全力抓紧握力器。在一般清醒的状态下，他们平均的握力是 101 磅。

第二次实验则将两个人催眠，并告诉他们，他们非常虚弱。实验的结果，他们的平均握力只有 29 磅，即不到他们正常力量的 1/3。

然后，哈德佛再为这三个人做第三次实验。在催眠之后，告诉他们说他们非常强壮，结果他们的握力平均达到了 140 多磅。当他们在思想上很肯定地认定自己有力量之后，他们的力量增加了 50% 。

越来越多的实验和事例都证明，一般人以为的高智商就等于高成就这一公式并不成立，人生的成就取决于其他的因素。在其他因素中无疑情商对人的影响最大。因此，可以这样说，我们人类有两个脑、两颗心、两种智力——理性与感情。生命的成就同时取决于两者，绝非智商所能单独主宰，主导我们行动和激发人类潜能的主要动因不是智商而是情商。如果缺乏情商的配合，智商绝对不可能得到最大的发挥，甚至可以说智商发挥的前提就是看情绪在不在最佳状态。如以人的决策为例，决策需要较高的智商，因为决策需要有纯粹的逻辑思维这样一些智能，高智商的人在决策时能做出更科学的决策，但是不是意味着决策就不需要这样一些非理性的情商呢?

在人际关系日趋复杂的现代及未来社会中，谁要是不了解人的行为不但由智商而且由情绪控制，那我们就可以说那个人已经落伍了；相反，谁懂得了这个道理，不但要在提高智商上下功夫，更要在提高情绪控制力上下功夫，谁就会拥有未来。

2. 情商的价值

几个真实的统计数据和试验结果，表明了情商的巨大作用。资深学者丹尼尔·戈尔曼宣称："婚姻、家庭关系，尤其是职业生涯，凡此种种人生大事的选择成功与否，均取决于情感商数的高低。"一份有关调查报告披露，在"贝尔实验室"，顶尖人物并非是那些智商超群的名牌大学毕业生；相反，一些智商平平但情商甚高的研究员往往以其丰硕的科研业绩成为明星。其中的奥妙在于，情商高的人更能适应激烈的社会竞争局面。

宾夕法尼亚大学的马丁·赛格曼教授根据多年研究，发表了他的"乐观成功理论"。他认为，一个具有自信和乐观精神的人往往比缺乏自信、悲观失望的人更容易取得选择职业成功，尽管两者在智商上相差无几。赛格曼在新加坡对保险公司15000名新员工做了跟踪调查，这些人都经过两次测试，一次是公司常规的摸底测试，另一次是赛格曼的信心测试。结果有几位员工在摸底测试中不及格，但却在信心测试中达到"超级乐观者"的水平。果然，这几名"超级乐观者"证明了自己是最优秀的推销员，他们在第一年就比那些"悲观者"多推销21%，第二年更高出57%。从此以后，"都市生活"保险公司便把"赛式测试"作为招收新员工的主要测试手段。

第四节　职业选择遵循的制度

一、就业准入制度

就业准入制度是根据《中华人民共和国劳动法》和《中华人民共和国职业教育法》的有关规定，对从事技术复杂、通用性广，涉及国家财产、人民生命安全和消费者利益的职业（工种）的劳动者，必须经过培训，并取得相应的职业资格证书后，方可就业上岗的制度。我国人力资源开发有两大体系：一种是学历文凭制度，以教育部门为主导，经过正规教育，最终取得"学历文凭证书"，它

反映了学生学习的经历，是文化理论、知识水平的证明；另一种是国家职业资格制度，以劳动部门为主导，经过一定训练，最终取得“职业资格证书”，它反映了劳动者为适应职业劳动需要而运用特定的知识、技术的能力。这两大体系相互衔接与沟通，保证我国经济发展的需要。随着加入世贸组织的逐步深入，大学生就业压力的不断增加，加之社会、用人单位对人才需求观念的转变，大学生在进行学历教育的同时，还需取得与所学专业相关的资格证书，以便增加职场的竞争能力，为此，大学生应对就业准入制度要有所了解。

1. 就业准入制度的意义

实施就业准入控制，推行职业资格证书制度，一是可以规范劳动力市场建设，为劳动者就业创造平等竞争的就业环境；二是可以实现劳动力资源合理开发和配置，并使其纳入良性发展轨道；三是可以促进劳动者主动提高自身的技术业务素质，使我国的就业从安置型就业转为依靠素质就业，达到使劳动者尽快就业和稳定就业的目的。

2. 我国职业资格准入制度的确立

我国从1994年开始实施职业资格证书制度。推行职业资格证书制度，是落实党中央、国务院提出的科教兴国战略方针的重要举措，也是我国人力资源开发的一项战略措施。这对于提高劳动者素质，促进劳动力市场建设，促进经济发展等都具有重要意义。随着我国人才评价制度逐渐与国际接轨，随着现代职业对从业人员要求的不断提高，我国职业准入制度已初步确立，职业资格证书成为人们择业的“通行证”。到目前为止，我国人事部门已在23个行业建立专业技术人员职业资格证书制度，劳动部门也明确规定了90个必须持职业资格证书就业的工种。2000年7月1日，由劳动和社会保障部发布的《招用技术工种从业人员规定》正式实行。该规定要求企业招用技术工种从业人员必须从持有职业资格证书的人员中录用。它标志着国家开始在全国范围内实行劳动力市场就业准入控制政策，其基础就是职业资格证书制度。

职业资格证书制度是国际上通行的一种对技术技能人才的资格认证制度，是我国劳动就业制度的一项重要内容，也是一种特殊形式的国家考试制度。主要内容是：按照国家指定的职业技能标准或任职资格条件，通过政府认定的考核鉴定机构，对劳动者的技能水平或职业资格进行客观公正、科学规范的评价和鉴定，对合格者授予相应的国家职业资格证书的政策规定和实施办法。

3. 什么是职业资格

职业资格是对从事某一职业所必备的学识、技术和能力的基本要求。职业资格包括从业资格和执业资格。从业资格是指从事某一专业（职业）学识、技术和能力的起点标准。执业资格是指政府对某些责任较大、社会通用性强、关系公共利益的专业（职业）实行准入控制，是依法独立开业或从事某一特定专业（职业）学识、技术和能力的必备标准。

从业资格和执业资格同属于职业资格，反映了职业资格含义的不同层次。获取从业资格只证明已达到从事某职业对所掌握知识、技能的最低要求，而获取执业资格则反映其已达到了独立开业或独立从事某种专业技术工作所需要的专业知识和技能水平。

4. 什么是职业资格证书

职业资格证书是表明劳动者只有从单一专业（职业）所必备的学识和技能的证明。它是劳动者求职、任职、开业的资格凭证，是用人单位招聘、录用劳动者的主要依据，也是境外就业、对外劳务合作人员办理技能水平公证的有效证件。职业资格证书是职业标准在社会劳动者身上的体现和定位，是对劳动者具有和达到某一职业所要求的知识和技能标准的认证，分为《从业资格证书》和《执业资格证书》。

目前，人事部已会同有关部门建立了23类专业技术人员职业资格证书制度（包括执业资格和从业资格），如注册建筑师、执业药师、房地产估价师、拍卖师、珠宝玉石质量检验师、注册税务师、假肢与矫形器制作师、企业法律顾问、矿产资源储量评估师、价格监证师、棉花质量检验师、房地产经纪人等。此外，依照有关法律，国家还推行了注册会计师、执业医师和执业律师等资格制度。

我国将在许多专业领域加快实施职业资格特别是执业资格制度，并逐步实现与世界各国进行执业资格互认，建立与国际接轨的完整的执业资格制度体系。

二、职业资格的考试类型及方法

1. 如何获取职业资格证书

个人可自主申请参加职业技能鉴定。申报职业技能鉴定，首先要根据所申报职业的资格条件，确定自己申报鉴定的等级。如果需要培训，应到经政府有关部门批准的培训机构参加培训。职业技能鉴定分为知识要求考试和操作技能考核两部分。知识要求考试一般采用笔试，技能要求考核一般采用现场操作，如加工典型工件、生产作业项目、模拟操作等方式进行。经职业资格考试合格的人员，由国家授予相应的职业资格证书。证书由国家人事部统一印制，各地人事（职改）部门具体负责核发。

2. 什么是职业技能鉴定

职业技能鉴定是一项基于职业技能水平要求而进行的标准参照的考核活动。在我国，职业技能鉴定是根据国家法律、法规，按照国家职业标准，由政府劳动

保障行政部门批准的考核鉴定机构，负责对劳动者实施职业技能考核鉴定。

职业技能鉴定分为五个级别：初级、中级、高级、技师、高级技师。

3. 职业技能鉴定的申报条件

参加初级鉴定的人员必须是学徒期满的在职职工或职业学校的学生。

参加中级鉴定的人员必须是取得初级技能证书，并连续工作 5 年以上或是技工学校以及其他职业学校毕业生。

参加高级鉴定的人员必须是取得中级技能证书 5 年以上，连续从事生产作业的，或是经过正规高级技工培训并取得结业证书的人员。

参加技师鉴定的人员必须是取得高级技能证书，具有丰富的生产实践经验和操作技能特长、能解决本工种关键操作技术和生产工艺难题，具有传授技艺的能力和培养中级技能人员能力的人员。

参加高级技师鉴定的人员必须是任技师 3 年以上，具有高超精湛技艺和综合操作技能，能解决本工种专业高难度生产工艺问题，在技术改造、技术革新以及排除事故隐患等方面有显著成绩，而且具有培训高级工和组织带领技师进行技术革新和技术攻关能力的人员。

申请职业技能鉴定的人员，要根据申报职业的资格条件，确定自己申报鉴定的等级，向当地职业技能鉴定所（站）提出申请，填写职业技能鉴定申请表。

报名时应准备好照片、身份证、培训毕（结）业证书、《技术等级证书》或工作单位劳资部门出示的工作年限证明等。申报技师、高级技师任职资格人员，必须持本人的技术成果和工作业绩等证明材料，并提交本人的技术总结和论文等资料。

4. 职业技能鉴定的主要内容及形式

职业技能鉴定的主要内容包括职业知识、操作技能和职业道德三个方面。这些内容是依据国家职业技能标准、职业技能鉴定规范（即考试大纲）和相应教材确定的，并通过编制试卷来进行鉴定考核。

职业技能鉴定的方式分为知识要求考试和操作技能考核两部分。知识要求考试一般采用笔试，技能考核一般采用现场操作，如加工典型工件、生产作业项目、模拟操作等方式进行。计分一般采用百分制，两部分成绩都在 60 分以上为合格，80 分以上为良好，95 分以上为优秀。

不同专业的具体考核内容应参照本专业当年技能鉴定考试大纲。

三、了解职业技能鉴定机构及证书

1. 职业技能鉴定机构

（1）劳动和社会保障部所属职业技能鉴定中心。参与制定国家职业技能标准和组建国家职业技能鉴定题库。开展职业分类、标准、技能鉴定理论研究及咨询服务，推动全国职业技能竞赛活动。

（2）各省、自治区、直辖市劳动行政部门所属职业技能鉴定中心。组织本地区职业技能鉴定工作和具体实施考评员的资格培训，开展职业技能鉴定有关问题的研究和咨询服务，推动本地区职业技能竞赛活动。

（3）经劳动和社会保障部批准，有关行业可建立行业的职业技能鉴定中心。参与国家职业技能标准以外非社会通用的本行业持有工种的职业技能鉴定工作和考评员资格培训，开展职业技能竞赛活动。

（4）职业技能鉴定所（站）。具体承担对待业人员、从业人员、军地两用人才、各级各类职业技术院校和其他职业培训机构的毕（结）业生，进行职业技能鉴定的事业性机构。

2. 职业资格证书和职业技能鉴定证书

职业资格证书制度建设坚持政府指导下的社会化管理原则，按照总体发展目标，针对不同类型地区的具体情况，实行分类指导。沿海经济发达地区和内地大中城市，应结合本地区经济结构调整、高新技术产业和现代服务产业发展对技术技能人才培养和使用的需要，推进职业资格证书制度建设；中西部地区应结合当前本地区经济增长、经济结构调整和主导产业的培育对培养大批适用的技术技能人才的要求，加快建立和完善培训与技能鉴定系统；经济困难的地区和行业，应以解决就业难点实现解困脱贫为重点，结合扩大就业机会，支持劳动者自谋职业和流动就业，逐步强化职业资格培训和鉴定。

为了适应我国加入世贸组织后在人员资格认证方面与国际标准接轨和互认的需要，1998 年 11 月，劳动和社会保障部颁发了《关于对引进国外职业资格证书加强管理的通知》，并开始对国外职业资格证书的法律效力进行审核和注册工作。目前，劳动和社会保障部职业技能鉴定中心通过与英国伦敦城市行业协会（C&G）和英国工商会考试局（LCCIEB）合作，已开展了英国商贸零售管理和服务人员、英国 NVQ 行政管理人员职业资格证书的考试和颁证活动。

（1）职业资格证书的获取。

从业资格证书。从业资格证书是建立在从业资格确认的基础上，从业资格确认工作由各省、自治区、直辖市人事（职改）部门会同当地业务主管部门组织实施，通过学历认定或考试取得。具备下列条件之一者，可确认从业资格：

第一，有本专业中专毕业以上学历，见习一年期满，经单位考核合格者。

第二，按国家有关规定已担任本专业技术员职务或通过专业技术资格考核取得初级资格，经单位考核合格者。

第三，在本专业岗位工作，经国家或国家授权部门组织的从业资格考试合

格者。

执业资格证书。执业资格证书是国家授予执业资格考试合格人员的专用证书。执业资格考试的报名条件、考核内容、考核标准由于专业不同有所差异，但都是由国家劳动人事行政部门综合管理。

目前，我国有7个专业实行注册制度，它们是注册会计师、注册律师、注册建筑师、注册拍卖师、房地产估价师、资产评估师、监理工程师，其他专业还只是实行考试制度，它们是教师、医师、中药师、统计师、造价工程师、国际商务专业技师、法律顾问。随着职业资格制度的不断发展，将会有更多的专业建立执业资格制度。到时，执业资格证书无疑是市场经济条件下获取就业资格的通行证。

（2）执业资格的注册。

注册是对专业技术人员执业管理的重要手段，未经注册者，不得使用相应名称和从事有关业务。国务院有关业务主管部门为执业资格的注册管理机构。各省、自治区、直辖市业务主管部门负责审查、注册，并报国务院业务主管部门备案，各省、自治区、直辖市人事（职改）部门负责对注册工作的监督、检查。

申请执业资格注册，必须同时具备下列条件：遵纪守法；遵守职业道德；取得《执业资格证书》；身体健康，并能坚持在相应的岗位工作；经所在单位考核合格。

再次注册者，应经学位考核合格并取得知识更新、参加业务培训的证明。国务院业务主管部门负责确定必须由取得执业资格人员充任的关键岗位的工作规范，并负责检查监督关键岗位的执业人员上岗及执业情况。对违反岗位工作规范者要进行处罚。对尚未取得执业资格证书的人员，要进行强化培训，限期达到要求。对经过培训仍不能取得执业资格者，必须调离关键岗位。

应特别注意，取得《执业资格证书》者，应在规定的期限内到指定注册管理机构办理注册登记手续。逾期不办者，执业资格证书及考试成绩不再有效。还应注意，不同专业的执业资格注册规定有所不同。

（3）职业技能鉴定证书。

职业技能鉴定证书包括技能等级证书、技师合格证书和高级技师合格证书。它是劳动者职业技能水平的凭证。同时，按照原劳动部、司法部（劳培字〔1992〕1号）《对出国工人技术等级技术职务证书公证的规定》，职业技能鉴定证书是我国公民境外就业、劳务输出法律公证的有效证件。证书由原劳动部统一印制，并由劳动行政部门按规定核发给职业技能鉴定合格者。

第五节 制定个人职业生涯规划

一、制定职业生涯目标规划

如何根据自己的实际，确立职业生涯目标，并逐步实现目标，确立自己的职业地位和竞争力量是我们希望解决的问题。

1. 目标分解

职业生涯规划，是指根据自己设定的长远的职业生涯目标，将大目标分解成一些子目标，按子目标的落实思路和策略制定具体的日程表，再分析实现的步骤、程序、检查办法等，通过实现短期目标，最后实现长远目标，如图5－6所示。

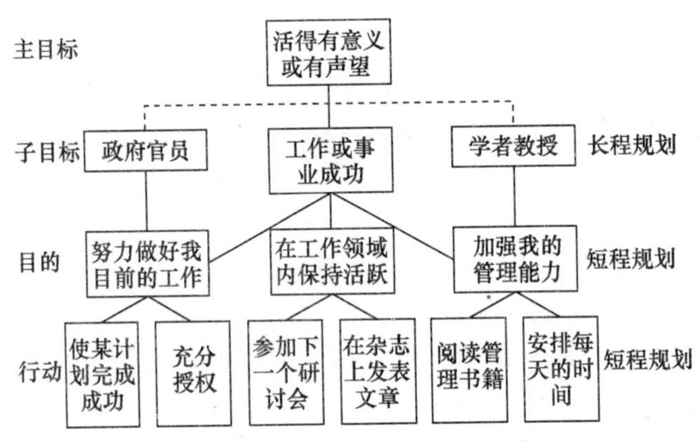

图5－6 “目标树”规划模式

图中的职业规划者长远的职业生涯追求就是活得有价值或有声望，而获得价值或声望有多种职业生涯道路，其中政府官员、大学教授、事业成功等都是可能的选择，如果选择了工作和事业成功，要实现工作和事业成功又需要做好本职工作，在工作领域保持一定的知名度，有一定的职业发展能力，最后将这些短期的目标付诸实施。这只是一个例子，其实在生活和工作中，人们每天都在进行这样的规划。如果近期的目标能很好地与远期目标结合起来，人最终能很好地接近自己的理想，取得职业生涯的成功。

2. 实施步骤

在制定了长远的职业生涯目标后，往往有许多具体的职业生涯小目标，如何有效地实现这些小目标，也需要精心地规划和设计。通常实现具体目标要经历如下阶段（见图5－7）。从整个过程来说，有以下几个常见的步骤：确定目标，如果该目标符合整个的长远职业生涯目标，则将目标具体化，并设计成可以执行和操作的行动以及程序；如果有多种供选择的程序，可通过比较，挑选一种最理想的方案，然后实施，并检查实施的结果。如果符合目标，就进入下一个目标，否则可能需要重新评价实施方案，如果还有问题，还应该从目标出发进行总结、更正。特别值得注意的是，在进入企业后，员工的所有职业生涯规划都会受到企业的约束，开明的企业可能会提供比较宽松的、有利于员工职业目标实现的条件和机会，但仍然有许多企业虽然不反对员工的自我发展，但也不可能会为他们的发展创造条件。

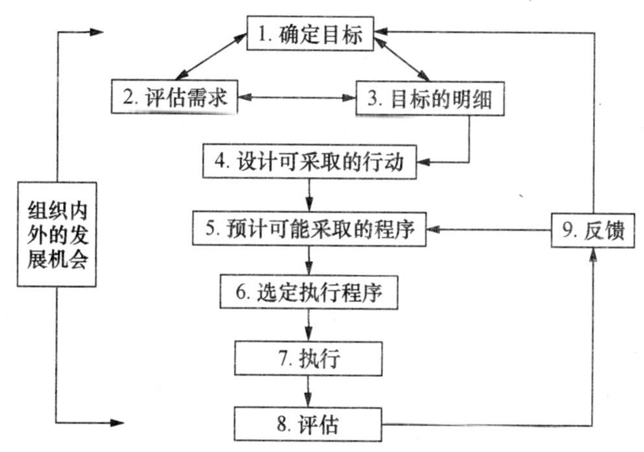

图5－7 职业目标规划实施过程

那么为什么要确立目标？确立目标有什么作用？如何确立目标？如何达到目标？这是下面将要介绍的内容。

3. 了解目标的属性

目标有两个基本属性：明确度和难度。它们共同影响人的行为结果。通常，明确的目标可使人们更清楚要做什么，怎么做，付出多大的努力才能达到目标，而且让人们清楚是否达到了各个阶段的目标，以便调整自己的行为，减少行为的盲目性，提高行为的自我控制水平。难度依赖于人和目标之间的关系，同样的目标对某些人来说是容易的，而对另一些人来说，就可能是难的，这取决于他们各自的能力和经验。一般来说，目标的绝对难度越高，人们就越难实现它。将目标难度和清晰性结合在一起研究时发现，人们对于明确的、有挑战性的目标完成得最好，而对于模糊的、有挑战性的目标完成水平属中等；模糊的、没有挑战性的目标导致最低水平的表现。

明确的目标和一定的难度，导致员工的行为表现成绩（绩效）显著主要是因为它们导致了指向目标的个人努力程度的增加。当然，指向目标行为的努力并非只受任务本身的影响，还受与完成任务相关的其他因素的影响，这些因素主要是目标承诺、自我效能感、反馈和完成任务的策略等。

所谓目标承诺是指个人被目标所吸引，认为目标重要。因此，设置合理的目标（目标就有吸引力，也可能达到），个人就会接受目标，并产生激励作用。自我效能感是指个体在处理某种问题时对自己处理问题能力的自我估计，它是以个体的能力、经验、训练、过去的绩效为基础的。当对某个任务的自我效能感强时，目标承诺也会增加，所付出的努力也增加，最后可能提高工作成绩。反馈是告诉人们在实现目标时，哪些方面完成得好，哪些方面有待改善。特别是将反馈与目标实现状况结合时，效果特别好。

二、职业生涯目标的设计原则

长远职业生涯目标的实现有一个过程，需要将大的长远的目标，逐步分解成小的近期目标，在实现小的目标的基础上，逐步接近长远的大的目标。但这种大的目标的实现，离不开科学的决策，即目标理想应该符合自己的现实，否则，这个目标会过于高远，不可能实现，比如想当总统、院士或知名的科学家等。只有将理想建立在现实的基础上，有愿望而且又有能力、有条件，才是科学合理的。

比如，一个人想成为职业管理者，职业管理者除了要有实践经验外，还要有理论素养。实践经验的获得可以通过在工作中做有心人，不断地观察、思考、总结，逐步积累。理论方面，可以通过自学书籍、阅读报纸和杂志、参加相关培训等落实，但培训一是时间，二是花费较高，而且学习不系统、不现实。经过反复思考，可能觉得读 MBA 比较理想，通过学习，可以系统了解国外管理的理论和经典案例，还可以结合国内的实际，和许多有共同爱好、兴趣的人探讨，结交许多同行、朋友，而且攻读 MBA 时间上有保障，于是最终决定采取这种方式。如果一个人希望考在职的 MBA，就要了解：报名有什么要求？自己是否符合要求（如学历是否符合要求？单位是否同意？经费从哪里筹集？家庭是否同意？子女或老人由谁照顾等）？考什么？如何准备（如考外语、数学、管理学等课程，过去有什么基础，有没有学习过这样的课程？自己有没有竞争力？有没有这样的参考书籍？有没有相关的考前培训班等）？所以，要根据目标设计原则去采取行动。

1. 行为的明确性

要明确描述出员工与主管在每一工作职责下所需完成的行动方案。

2. 目标的可测量性

目标应该是可以衡量的，要有定量数据，如数量、质量、时间等。

3. 可实现性

它包括两方面的含义。首先必须是合理的，并且是在员工可控制的范围之内的；其次必须是“要经过一定努力”才可以实现的，要加把劲儿，而不仅是过去目标的重复。

4. 相关性

该目标要与公司目标、部门目标尤其是与个人的职业发展目标相联系。

5. 时限性

即在特定的时间内完成。

6. 重点集中性

目标不可定得太多，太多就意味着没有重点，一般3~5条即可。

7. 授权激励性

有的工作个人可以完全做主，有的需要考虑企业的限制，要考虑企业的制度制约。

8. 重要等级性

个人在目标设定时，要把全部的权重依重要性不同分配给不同的关键任务。这样可以分清不同工作的轻重缓急，而且在评估中也会有不同的重要性的体现。

目标设置是否合理，可以根据以上原则予以评估，如果符合这些标准，可能目标设置合理规范，否则就需要更正。

三、个人进行职业生涯规划的自我管理技术

个人在进行职业生涯规划时，通常会遇到许多问题，下面列举了几个常见的关键问题：

- 个人的特点是什么？能力、兴趣、专业、潜能如何？适合的发展类型，是管理导向还是技术导向？
- 未来的职业生涯目标是什么？
- 职业生涯发展的方向和顺序是什么？
- 可能的机会与选择是什么？
- 需要有哪些信息和资料的帮助？会遇到什么障碍？是否能克服？如何克服？

前面的五个问题是解决发展方向的问题，这与职业选择的原理是一样的，而

最后一个问题涉及技术问题，即遇到问题如何解决。如果圆满回答了这些问题，职业生涯规划就成功了。

1. 设计职业生涯道路

职业生涯发展有一定的阶梯，爬阶梯的人，有的顺利，有的不顺利。顺利的人往往目标确立得比较早，而且具备相应的能力，审时度势，意志坚定；不顺利的人，则可能左右摇摆，职业生涯目标探索期较长。

对于大学生来说，比较顺利的职业生涯路线如图 5－8 所示。此图提供了两种典型的职业生涯发展道路，一条是从事管理活动，另一条是从事专业技术活动，如研究、开发。当然，现在大学生的职业生涯路远远不只这两种，而且会出现 S 型（螺旋上升型）、W 型（横向转换、起伏型）等形态。这里主要是为了说明人们在进行职业生涯道路设计时的思路，故没有刻意去描述职业生涯发展的曲折性。然而，不管事实上出现哪种形态，都需要就当时、当事的情境，按照自己的追求目标，确定符合职业生涯追求的目标及子目标，并一步一步地走下去，最终实现自己的职业目标。

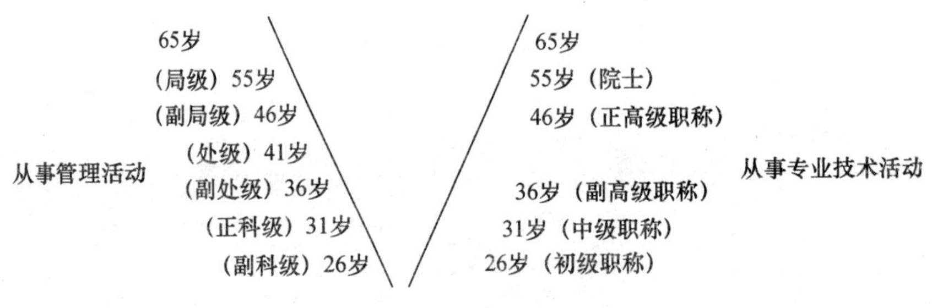

图 5－8　职业生涯路线

当然，职业生涯目标可以在进入企业之前进行理论上的大致设计。然而，在实际工作中，这种设计可能会因社会政治、经济环境等发生变化。职业生涯设计中的目标往往是在动态平衡中逐步修正、完善的。如果原来的目标过高，很难实现，就要适当降低；反之，就要适当提高。

职业生涯目标可能是在某一个企业内实现，也可能是在多个组织内实现。由于知识经济的作用，企业的不确定性增强，因此，在动态环境下，以职业生涯目标为指针，审时度势地制定短期的目标，可能更加现实。

2. 实施职业生涯规划

有了一个好的计划，还要利用该计划，督促自己严格按计划实行。由于种种原因，在许多情况下，可能出现许多紧急的工作，让人无法一一应对，这时就应该分轻重缓急予以解决。但不能埋头干活，而忘记了努力的方向。职业生涯行动计划就是努力的方向。为了保证自己的行动能与努力的目标一致，就需要最大限度地根据你的个人职业生涯发展规划，约束自己的行为。

下面提出了几项帮助你实施职业生涯规划的措施：

（1）保证经常回顾你的构想和行动规划，必要时做出变动。有些人有计划，但总是不将计划放在心上，只要有事做，就不知道自己努力的方向在哪里，缺乏时间观念，结果贻误发展机会。

（2）如果你的理想蓝图已经发生变化，你的构想和行动规划也要做出相应的变动，从而目标和策略也应随之改变。计划毕竟是计划，往往需要和现实结合起来，动态性地管理，否则，缺乏灵活性，也会导致计划落空。

（3）把你的构想和任务方案存入电脑文件，或贴在床头等可经常看见的地方。为了避免自己忘记重要的工作及时间表，最好将这些内容放在自己经常能看见的地方，如写在日历上，时刻提醒自己。特别是随着年龄的增大，事情增多，记忆力下降，尤其要注意日程表。

（4）当你做出一个对生活和工作极其重要的决定时，请考虑一下你的构想和行动规划，并确保你正在仔细考虑的决策与你的本意相符。在有些情况下，可能有一些重要的诱因，能获得短期内的收获，但从长期考虑有损失。比如你是一个项目的主管，辉煌的事业正在逐步地推进，但有一个出国的机会，个人的短期利益可以得到满足，但你的出国很可能导致事业的损失，如何处理？如果项目成功了，可能以后有很多机会出国，但项目不成功，则可能失去出国的机会。这种时候，需要冷静地思考，权衡利弊及对策，做出符合职业生涯发展利益的决策。

（5）与好朋友讨论你的构想和行动方案，并询问实现构想的途径。向好朋友公开自己的计划，往往能督促自己行动。如果计划只是自己知道，往往在遇到困难时，人们容易退步，而且心理上没有压力，因为计划是自己知道，别人不知道。如果你想考博士，但担心考不上，一听说竞争很激烈，有可能要失败，许多人就退却了；而聪明的人，事先将自己的设想告诉家人和朋友，先征求别人的意见和建议，再采取行动。一方面，三个臭皮匠，顶个诸葛亮，可以集团体的智慧，帮助设计最佳的策略和方案；另一方面，可对自己进行约束，增加责任心及激励力量。

（6）注意抓住机遇以实现你的目标。职业生涯实现的渠道很多，除了自己创造的机会外，个人还应该注意抓住企业所提供的机会，为实现自己的职业目标打下基础。如你所在的单位有培训机会，千万不要因为工作太忙、家庭事务太多、身体状况不佳、今后还有机会等理由而放弃。也许机会失去永远不再来，也许失去此次机会，就失去了一个晋升或选择更有挑战的职业的机会。

（7）保证至少每三个月检查一次你的工作进度。过程监督十分重要，监督可以发现计划的问题，可以考察计划的落实情况，可以有针对性地提出解决方案。如果感到工作和生活过于舒适，那就意味着目标定低了，需要进行调整，适时适当地调高目标。这样，可以使自己的目标难度更合理，使成就水平更高。如果感到自己的生活节奏很慢，效率很低，没有实现原计划的职业生涯目标，首先要考虑自己的动机水平是否足够。如果不是职业目标太难，就应该加强紧迫感，使自己不要脱离职业规划的轨道，一旦长期偏离，个人就会放弃原来的计划，使计划成为一纸空文。可能有时应酬太多，应该学会拒绝，增加在职业生涯目标上的精力投入。

（8）要有毅力。参加工作后，学习和技能培训与纯粹的学生时代不同了，可能要谈婚论嫁，可能工作十分繁忙，可能朋友非常多，这些都会影响到自我职业生涯发展的规划，时间不再是整块的，而是靠自己去挤，通常较多的是牺牲节假日和八小时之外的时间，这就需要毅力，需要亲戚、朋友的理解和支持，否则，计划很难长期执行。有时候工作太累了，很想休息；有时候朋友约你去旅行，很有诱惑力；有时很多人都在娱乐，自己也有兴趣参加。如果没有计划观念和自觉性，通常会使计划流产。一旦起初的计划落空，以后也容易放弃，这是人们一定要注意的。

3. 职业生涯目标的实现策略

制定了各级职业生涯目标，如何采取适当的策略如期达到职业生涯目标？实现各级职业目标主要采取以下两种策略：第一种是练内功的策略，主要是通过培训，提高自己的竞争力，并在实际工作中取得业绩，获得外界认可；第二种是练外功的策略，主要是通过改善与外部环境的关系，或适度表达自己的愿望来达成自己的职业目标，具体有两种，即自我展示策略和注重关系策略。自我展示主要是向管理者，或掌握发展资源的人表达自己的发展愿望以及自己的能力和表现。注重关系则是处理好与掌握发展资源者的关系，获得有利于职业目标实现的资源，尽快实现职业目标。这些策略可以单独实施，也可以一同实施。当然，一同实施的人，发展更有优势。

第六节　把握职业发展机会

如果你已经在工作，应该怎样在工作中把握你的职业发展机会呢？为了更好地把握我们身边的职业发展机会，需要了解传统的职业发展模式。

一、传统的职业发展模式

（1）建构更多的联结（认识更多的人）来扩张你的人际网；

（2）编织更强的铰链（得到更多的经验及技术）使自己的影响更权威；

（3）建立自己的技能“工具箱”，可将技能随身携带到任何地方。

传统思维对职业生涯的管理，多将其视为一级级台阶，人们进入职场后，即顺着一步一步向上爬，直到最顶端为止。不过这个观念近年来有较大的转变。现在越来越强调团队合作，很多工作都植根于项目或团队的基础上，因此头衔变得越来越不重要，薪资及工作品质本身才是价值所在。另外，组织结构扁平化发展，与传统的升迁观念也有所不同。

二、现代的职业发展要求

（1）热爱自己的工作，同时清楚了解自己的强弱项；

（2）不停地学习新技术及管理技巧；

（3）试着去得到一些国际的经验；

（4）创造一些能获得晋升的新发展机会；

（5）把预期放在实质的晋升或拿到更多、更大的项目上；

（6）必须保持自己杰出的表现。

一个热爱现有工作的人往往比不热爱这份工作的人愿意多付出一些额外的努力，也往往因此而表现更卓越，同时，在精神面貌上更易于受到好评。由于产业环境变动越来越激烈，组织及员工均要不断地学习新技能，不但要学得新、学得快，还要应用得新、应用得快，因为组织越来越强调“创新求胜”。近年来，很多企业建立内部创业制度，也是源于此因。若要追究近年产业环境变动日趋激烈的原因，“全球化竞争”是个不可忽视的变量，尤其对于多国籍企业及跨国企业而言，经理人必须放眼全球，因此，具有国际经验的人才变得炙手可热。

三、职场中的晋升

人人关心自己的职业发展机会，特别是关心是否有升迁机会。据调查，企业的高层管理人员中有一半左右来自企业内部，只要你积极准备，晋升的机会就有可能垂青于你。那么，你应该从哪些方面入手呢？

1. 了解企业的文化

你可以通过阅读企业历史书籍，熟悉企业的历史，逐渐认同本企业的文化和价值观。

2. 了解自己的职业兴趣

你可以参加一些比较正规的职业兴趣测验了解自己的兴趣所在，以便在工作中有意识地将自己的兴趣、职业爱好、能力倾向同企业的发展需要结合起来。

3. 与他人建立良好的人际关系

个人的成功往往和其所处的团队是分不开的，积极健康的人际关系，愉快的工作环境，能有效地促进你工作的发展和帮助你选择职业成功。

小测试：人际交往能力测验

1. 你常常主动向陌生人做自我介绍吗？ 是 否
2. 你喜欢结交各行业的朋友吗？ 是 否
3. 你喜欢参加社会活动吗？ 是 否
4. 你喜欢发现他人的兴趣吗？ 是 否
5. 你与有地方口音的人交流有没有困难？ 是 否
6. 你喜欢做大型公共活动的主持吗？ 是 否
7. 你愿意做会议主持人吗？ 是 否
8. 你在回答有关自己的背景与兴趣的问题时感到为难吗？ 是 否
9. 你喜欢在正式场合穿礼服吗？ 是 否
10. 你喜欢在宴会上致祝酒词吗？ 是 否
11. 你喜欢与不相识的人聊天吗？ 是 否
12. 你喜欢成为公司联谊会上的核心人物吗？ 是 否
13. 你在公司组织的活动中愿意扮演逗人笑的丑角吗？ 是 否
14. 你喜欢在孩子们的联谊会上扮演圣诞老人吗？ 是 否
15. 你曾为自己的演讲水平不佳而苦恼吗？ 是 否
16. 你与语言不通的人在一起时感到乏味吗？ 是 否
17. 你与人谈话时喜欢掌握话题的主动权吗？ 是 否
18. 你喜欢倡议共同举杯吗？ 是 否
19. 你希望他们对你毕恭毕敬吗？ 是 否
20. 你在宴席上是否借机开怀畅饮？ 是 否
21. 你是否饮酒过度而失态？ 是 否
22. 你与地位低于自己的人谈话时是否轻松自然？ 是 否

说明：

本测试22题中只有5、8、13、15、16、19、20、21题，选择“否”得1分，其他测试题选择“是”得1分。

评析：

当你的得分是0～4分时：你是一位孤独的人，不喜欢任何形式的社会活动。你难免被他人视为古怪之人。

当你的得分是5～10分时：也许是由于羞怯或少言寡语的性格，你没有表现出足够的自信。当你应该以轻松热情的面貌出现时，你却常常显得过于局促不安。

当你的得分是11～16分时：你在大多数社交活动中表现出色，只是有时尚缺乏自信，今后要特别注意主动结交朋友。

当你的得分是17～22分时：你在各种各样的社会场合都表现得大方得体，从不拒绝广交朋友的机会。你待人真诚友善，不狂妄虚伪，是社交活动中备受欢迎的人物，也是公共事业的好使者。

4. 积极参加企业的各种开发活动

通过这些活动，你可以发现自己的不足，并进行修正。你还充分调动了自己的潜能，锻炼了从事新工作的能力，并获取了更多的经验。另外，你对企业的目标有了更清楚的认识。

5. 了解你所在领域的最新潮流

通过继续教育等方式，学习和掌握有关技能，并想办法应用在目前的工作中，以不断适应本领域变化。

6. 善于表现自己

向你的上司提出更好的建议，申请更多的工作，并希望更多地分担他的压力。用行动向他表明你已经具备了担任更高职务的能力。

四、个人发展与职业发展机会的寻求

1. 跳槽的原因

人们为什么要跳槽呢？主要有四个方面的原因：

（1）提高待遇，增加收入。有一项调查显示，[①] 近八成人说如果收入变化不大，就不会跳槽。薪酬是一个重要的因素，因此，一个人会因为待遇收入问题而做出合理的选择。

（2）更大的发展空间。有的职业者在就业时考虑的首要因素就是个人的发展空间问题。是否有机会培训，是否有机会晋升，是否有机会得到重用，这些因素更多地体现了一个人的职业价值取向。职业价值观不同，所体现的职业追求相应的也是不同的。

（3）避开恶劣的人际环境。有的人在人际关系处理上不能适应现有职位，因此，在不能忍受现有人际关系时，便会考虑是否跳槽。

（4）充分发挥自己的潜能和能力。有的人觉得现在的工作会浪费自己的能力和机会，于是便决定出去闯闯，去换一换新环境，接受一项全新的事业，以得到充分的挑战。

2. 跳槽的时机

如果你注意以下五种迹象，你将会知道什么时候应该停止挣扎而另外去找一份你真正喜欢的工作。

---

① 郑玉善．团队跳槽原因、防范及事后处理［J］．人才资源开发，2005（7）．

(1) 怀疑自己不合格。如果你工作感到痛苦，这可能是自己工作表现不佳而又不愿正视这个问题。因此应该扪心自问：自己到底干得如何？即使没有得到公开的负面的反映，仍然可以发觉一些蛛丝马迹，表明你的工作没有达到事实上的标准，你可以请老板对你的表现作一个评定，以确定是否仍符合他的要求，或者是请教一位精明而诚信的同事（最好他的级别比你高），让他为你做一个非正式的评估。

如果你从哪一方面都得不到建设性意见，不知为何感到自己的工作表现欠佳，这可能确实到了该找一个能给你更多支持的工作环境的时候了。

(2) 你与上司不合拍。如果你的表现符合上级的期望，但仍感觉不快，这可能是你与上司个人风格不同的缘故。一种较好的测试方法是：你在上司身边时，感觉如何，是自在放松还是紧张不安？他提供的“帮助”是否更像是批语？是否他希望迅速答复而你总需要时间来反应？或者你的上司难以相处？如果你发现确实有这种情况，最好向人事部门征求意见。有许多人意识不到他们可以有效地与他人交流，当然，如果普遍的看法是“没什么希望”，那么你就可以考虑着手准备自己的求职简历了。

(3) 你与同事不合拍。你的同事不全是你最好的朋友，如果你属于直截了当、性格开朗的那种人，而你的同事却是忧郁不坦率的，可能对你的心境有不良的影响。如果想了解你是否与企业文化相适应，可以问问自己：当你与公司的人交往时，是否觉得格格不入？你是否对引起他们兴趣的话题感到乏味和无聊，你在工作中是否感到有些不自在？如果是这样的话，那你可能已陷入一个无法展现自己的环境。在找到适合你自己的工作环境之前，你是难以快乐起来的。

(4) 工作过于轻松。如果你闭着眼睛能工作时，这可能表明你的能力已远远超越你的职位而自己却不知道。你可以问自己几个问题：你仍然能够从工作中学习别的东西吗？想进一步发展你正在使用的技能吗？有无长远发展的机会？多数人当不能从工作中学到东西时，他们会疲惫无聊的。

(5) 对于这一行感到怪怪的。许多人选择职业多少有些偶然性，结果可能胜任这项工作，但并未发现自己真正的兴趣所在。几个小问题可以帮助你发现是否在干自己想干的工作：如果你可重新选择，你还会选择同一职业吗？你是迫不及待地阅读你这一行的报刊，还是将它们扔到一边？你有兴趣阅读这一领域有名人物的自传吗？如果不是，你该考虑去见职业咨询顾问或参加求职测试或讲座，寻求新的职业发展机会了。

五、组织中的职业发展轨迹与职业发展机会的寻求

1. 施恩的职业发展途径

美国心理学家施恩提出了关于职业发展的职业圆锥模型，描绘了个人在组织

中的发展路线（见图 5 - 9）。施恩的职业锥体表现了在机构内部的三种发展途径：向内的、垂直的和水平的。

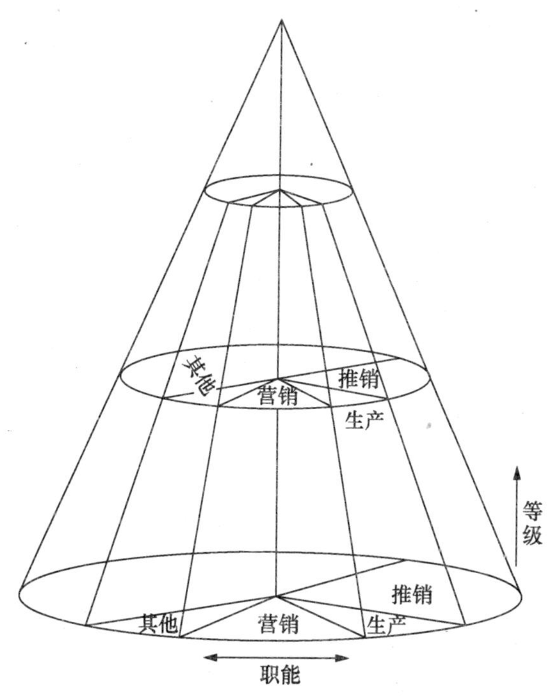

图 5 - 9 职业发展圆锥模型

2. 三种职业发展途径的可借鉴性

（1）第一种发展途径是向核心集团靠拢。这可能是三种中最令人陌生的，因为它并不一定要伴以职位或职衔上可见的变化。另外和其他不一样的是，它并不要求获得新技能，在这个意义上的进步是在人际关系中形成的。

新雇员需要用实际行动证明给上司看，自己是值得信赖的，并且献身于公司。对于新雇员来说，第一步考验往往是这样的：上司说出了一个机构内部秘密，如做某项特别决定的原因，或是谁现在得到了老板的欢心以及为什么。

分享这个秘密意味着雇员要在实施某个行动或决定时给予帮助和支持。如果雇员经受住了考验，上司的其他任务也会源源不断地到来，所分享的这些秘密会变得越来越重要。如果这个雇员后来成了决策核心集团中心人物的话，在机构内部地位的形成不仅因为“你做了什么”，而且还因为“你认识谁”；相反，如果雇员经不住考验，没有保守住秘密的话，后果是惨重的：丢失升职机会，没人向他提供会影响工作地位的消息。当然，通过考验有时也非唯一选择或最好选择。

总的来说，地位越高，得到机构内部秘密消息的渠道就越多，处于高级领导层的人需要有大量的消息来帮助决策。所以，向核心集团的迈进往往也会伴以升职或头衔的改变。但是在许多情况下，经理会招进一名职位较低的信得过的职员来参加重要决策，因为该职员具备特定的知识或具备非正式领导的地位。

（2）第二种发展途径是垂直运动。这也是最为人熟知的一种。对于大多数人来说，能否在公司的职务阶梯上往上爬是评判成功的普遍标准。我们都有对这样的故事耳熟能详的例子：一名没有太多技能的工人，通过勤奋工作和坚持不懈的努力，最后一路晋升，直到坐上总经理的宝座。而一个新雇员是否值得信赖，是否具有承担更重要的职责的能力，如处理复杂的事务或管理别人，是衡量该雇员是否有升职潜能的标准。对压力的承受能力和有无接受额外职业培训的意愿也对职员是否能升职起重要作用。

（3）第三种发展途径是在机构内部不同功能部门之间的轮换。职员不是在向上攀爬，而是在同一级别的不同职位水平移动。许多管理项目都使用这种形式让雇员接触机构的方方面面，比如说，未来的销售代表需要先在生产部门待几个星期，然后再依次去其他部门工作，直到获取公司各个环节的工作经验。对于有些人来说，这种短期的水平切换为将来的长期发展打下了基础。留在不同部门担任相同级别工作的人并非少见，他们在这种情况下形成一套适用性很强的技能来完成相关的事务。另外，这种水平移动还创造了不少新的学习机会，让人得以保持职业知识常新。广泛的经验，伴以管理技能的完善，是寻找升职或新的工作机会的人不可多得的财富。

第六章　少数民族大学生求职宝典

在对目前的就业情况有了大致的了解，明确了影响职业成功的制约因素和职业选择理论之后，我们就来探讨一下怎样成为求职场中的胜利者。

明白了自己求职的目标和自身的定位后，开始真正着手求职，这个时候，你就可以运用你聪明的大脑，想尽一切办法去做好它，职场是一场没有硝烟的战场，要打好这一仗，同样必须有勇有谋，双管齐下，才能胜券在握。根据许多招聘会多家公司的招聘主管的体会，现在的大学毕业生在求职中存在着很多误区，而这些都是直接导致自己求职失败的原因。

（1）对企业一无所知。

很多毕业生应聘企业很随意，在一次招聘会上，一家化妆品公司的招聘主管让应聘大学生说出几款该公司代理的品牌名字，没想到求职者一个都答不出来。这位招聘主管说："对公司这么陌生，在求职前不去了解该公司，很难想象他对自己的职业生涯有所规划。这样不负责的人，我们肯定不会用。"记者了解到，这种情况招聘单位遇到很多。

（2）自以为是。

对于一些大学生而言，并非找不到任何工作，而是由于对工作的期望值过高，对一些低档次的工作不屑一顾，盲目地追求一些脱离自身实际的"高工资、高待遇"的理想工作。这种"半吊子"型的人才，在就业压力日益增大的今天必然要走向失业。

（3）应聘职位太盲目。

不少大学生并不知道某个职位的职责分工是什么，只会从字面上去理解。一家公司"营业服务部"下属的商品企划室招聘人，结果许多大学生看到"服务"二字，就以为是做服务工作无人应聘。而当公司把"服务"两字去掉后，马上就有很多人投简历。人事主管告诫说，如果对职位不明白可以询问用人单位，不要单从字面上去片面理解，这样很可能会错过一个好机会。

（4）不愿到基层去吃苦。

大学生刚刚踏入社会，刚进入企业，很难立刻进入角色。一些公司规定所有新参加工作的大学生都要到一线去锻炼一年，有的同学一看不能马上搞设计、搞管理工作，要“吃一年的苦”，就打退堂鼓不愿意干了，白白丢掉了很好的工作。

(5) 独立性欠缺。

许多大学生在学习中只知死啃书本，没有足够的社会实践，每次应聘都要父母参与求职，自己则缺乏主见。还有的毕业生笔试、面试通过后，在与公司签约的时候，父母到场与用人单位说长道短谈条件。对于这种行为，多家公司的人事主管都表示反感。“找工作的前提是，你是一个独立的人，有自己的判断能力，能对自己负责。”一位人事经理说。

上兵伐谋，下兵攻城，反思上述求职失败的原因，在求职中必须讲究一些策略，才能使你从众多竞争对手中脱颖而出。

第一节　就业求职策略

一、自我推荐

1. 学会推销自己——做一个诚实的求职者

求职过程就是把自己推销出去的过程，推销自己是件很头痛的事，但也很关键。

有这样的一个例子：

日本有一个推销员，他在推销一块土地的时候，费了九牛二虎之力，却总是失败。

其实，这块土地的地理位置和其他条件都很不错，唯一的缺点就是噪声较大，这个推销员每次向客户推销时，总说这块土地的好处，极力掩盖它的不足，可客户一实地考察，立刻发现它的噪声问题，于是客户不愿意买这块地了。

后来，这个推销员失败很多次后，改变了方法，当再有客户来时，他先说了这块地的优越之处后，又格外强调了这块土地的不足之处，“这块地离工厂不远，噪声大了些，这也是这块地较为便宜的原因，如果你不介意这一点，把它买下来，是很合算的”。

客户到了这块地后，仔细看了周围的环境，对这个推销员说：“你是一个诚实的人，开始我还以为噪声有多大呢？现在看来，比我想象中小多了。这块地我买下了。”

这个成功推销的诀窍就在于推销员说了实话，是先以诚恳打动了客户，自己敢于提到自己的缺点，这样就会使人认为，既然你连你最忌讳的缺点都说了，那么你说的其他的，肯定也是真实的了。并且，当你先告诉客户的不足之处，让客户有了心理准备，相比在事先不知道的情况下，看到这个缺点的感受和震撼要小很多。可以说，这个缺点就不能称之为多么大的缺点了。所以我们在求职时，有些缺点如果无法掩盖，必然会被用人单位发现的话，那么，你最好诚实一些，主动说出来，这样你的缺点就不会影响你的求职，并且能让用人单位更加信任你。

2. 根据用人单位的需求去推销自己

现代企业对人才的要求最基本的是三个方面：第一个是能力，包括知识、技能和经验；第二个是过去的表现和成绩；第三个是文化，也就是求职者个人的价值观，每个公司都有自己的文化和价值观，他们更注重求职者对公司文化的认同。

据调查，一些企业无一例外地都强调了求职者的综合素质。很多企业认为一个优秀的人才应该具备这样的素质：有社会责任感；有工作责任心；循序渐进，永不言败，注意成果积累而不好高骛远；挖掘潜力，自信心强；敢于担风险；敢于挑战自我，而不是压制别人；热爱生活，热爱家庭，乐观进取；有一技之长；另外，还要求在工作中必须敬业。相形之下，求职学生的成绩表倒不是最重要的了。

青岛啤酒集团人力资源部的陈余则认为，优秀的高校毕业生人才，应该不同于学校里所评定的优秀学生，当然学习成绩好说明这个人可能非常能吃苦，也可能非常聪明，但并不能说明这个人在工作中就是一个优秀的人才。比如对于市场营销来看，也许一个高校课程学得非常好的学生并不具备作为一个优秀营销人才的基本素质。它包括了表达能力、说服能力、交际能力等多方面因素。因此，一个优秀的市场营销人才就不能单纯从考试成绩上来体现，而是一个综合素质和实践经验的问题。

二、获取信息策略

1. 信息收集

找工作前的信息收集是你准备求职的重中之重，谁掌握的信息多（包括求职渠道、公司信息、社会形势、国家政策、学校规定等），谁就掌握了战场的主动权。打赢职场信息战，关键是信息的收集，信息的整理。以下是几种常见的信息收集的途径：

（1）直接联系（成功率最高的求职方法）。

如果你对某公司心仪已久，可直接与它们取得联系。翻开电话簿，找到你心仪的公司，打电话去看它们是否在招你这样的人，或者不管对方有没有空缺，有没有登广告，立即找那些你感兴趣的企业。说明自己的来意，询问它们今年的人力资源需求情况、人事招聘计划，看有没有机会。

（2）亲朋好友介绍（比较稳妥且成功率高的求职方式）。

向朋友、老乡、亲戚等打听，看他们那里有没有好的工作机会，或者和以前的老师、教授联系，看看有没有门路。向亲朋好友打听各种工作机会，可以扩大找工作的网络，这样就可能多了几十对耳目替你找工作。如果要想更有效，事前便应该给亲戚朋友一些较详细资料，例如你要求的工作类别、个人专长等。

（3）就业辅导中心。

应届毕业生可以充分利用所在学校就业辅导中心这个渠道，学校就业指导中心在这段时间会给毕业生提供很多的就业信息。传统用人单位招聘计划、联系方式等，信息虽不大但比较有效。或者通过当地政府人力资源部就业辅助中心寻求机会。

（4）招聘讲座。

每年岁末和次年的 2 月、4 月，一些有实力的大公司就开始进驻学校，举行招聘讲座。在讲座中毕业生不仅可以较详细地了解企业各方面的情况，还可以就自己关心的问题进行提问。如果你对某个企业感兴趣，它的招聘讲座最好不要错过。

（5）招聘洽谈会。

学校举办的招聘洽谈会举办在每年的 11 月底到第二年的 3 月初，有的是某个大学单独举办，有些是几所学校联合举办，近几年，由于毕业生分配压力增大，地方政府也开始举办面向应届生的招聘洽谈会。各地举办洽谈会的具体时间可向学校毕业分配办公室、当地人事局或人才交流询问，这是就业中常见也最常用的求职方式，但注意，这仅仅只是其中的一种方式而已，千万不要把自己限制在学校内。

有关校园招聘小资料：

“国内很多企业喜欢从社会上招聘已经成型的人才，而像 IBM、宝洁这样的跨国大企业却很重视校园招聘，这种差异显示出企业人力资源管理理念的差距。”中华英才网总裁张建国在“2006 · 大师说策”北京千名人力资源精英大会上这样说。

拒绝大学应届毕业生，重视已经具备成熟经验的求职者，不愿培养新人，把新人当作“只吸一口甜水就扔掉的甘蔗”，这些都是当前很多企业的选人、用人状况。针对这种“选人观”，张建国在接受采访时坦言，只想省事而不愿培养自己人才的企业永远不会成为行业内的领先者，这只能说明企业自身还没有建立成熟的人力资源管理体系，没有一套行之有效的职业培训系统。

“好的企业是非常注重员工培养的，比如宝洁，它把校园招聘作为人力资源

管理的根基来经营，做好校园招聘不是简单的技术问题，而是文化理念问题。”中华英才网总裁张建国认为，校园招聘其实是符合企业可持续发展目标的，因为大学毕业生具备三个优势：

第一，从大学刚毕业的人培养性和可塑性很强，更容易认同企业的文化和价值观，更能够接受企业的理念和标准的行为规范，“只有认同本企业的员工才能全身心地为企业创造价值，如果你的员工是带着一身经验来的，他们再能干，却无法认同企业本身，这对企业来说就是一个可怕的黑洞。”

第二，大学毕业生的学习能力和求知欲一般都很强，培养潜力很大，企业完全可以从中发现未来的管理人才，这些完全理解企业目标和文化的“内生儿”，与企业的价值体系是完全接轨的，不需要很长的磨合期，这就比再从外面“空投”企业管理者成本低很多。“如果企业总是哪个部门缺人了，就头痛医头、脚痛医脚地随便招人进来，而没有一个成系统的招聘规划，那最后的结果就是企业年年招人，却始终无法从企业内生出优秀的管理人才。”

第三，校园招聘是企业最方便、成本最低的大规模引进人才的渠道，高校是企业可以集中挑选高素质人才的最佳场所，“比如微软从全国高校中可以选拔出200个精英，而这200人如果从社会上依靠猎头公司一个一个寻觅，成本就非常高了。”

校园招聘具备这么多优势，但很多中小企业还是认为自己与此无关。“我碰到过很多中小企业都说，我们是小公司，没有能力来培养新人。”中国人民大学教授、著名人力资源管理专家彭剑锋说，“其实不然，一个企业如果想发展壮大，用人是非常关键的，应该从一开始就建立规范的人力资源管理体系，否则人力资源管理系统的不完整必然会成为企业做大做强的阻碍。”

同时，张建国提醒即将走出校门的毕业生，面对很多企业不重视培养新人的现实，要提高自己承受委屈和压力的能力，要思考如何锻炼自己的职业技能，提高终身就业能力，这样未来的职业道路会越走越宽。

资料来源：中国人才网，www. newjobs. com. cn.

（6）招聘广告。

有些公司在校园或者媒体公布招聘信息。如果是本地公司，你最好能上门拜访，一方面了解自己应聘的可能性，另一方面了解公司的实力。对于外地公司，如果是知名企业，可以根据要求直接将自己的应聘材料寄过去；如果是不知名的企业，必须慎重，不能仅凭广告而轻信对方的承诺，免得上当。

（7）网上求职。

随着 Internet 的普及，一般大公司及高新技术公司都有自己的网站，你可以在它们的网站上咨询最新的招聘信息，有的网站甚至可以在线进行应聘登记。不过，如果你认定了某家公司，在签约之前还是要亲自到该公司去一趟，以便了解该公司的实际情况。

另外，也可以在网上找到一些自己想要的资料。BBS 是绝对不能忽略的，这里的信息一般比较新，但需要注意区别。在给用人单位发 E－mail 的时候，切忌以附件的形式发您的简历。因为考虑到网络安全的原因，用人单位一般不愿意冒险打开应聘者的附件资料。

2. 通过网络进行信息收集

表 6－1 是求职的网站名，供读者参考。

表 6－1　求职网站

搜狐招聘频道	中华英才网	前程无忧	中国国家人才网
e 职独秀人才网	智联招聘网	中国人才热线	招聘求职易才网
中国人力资源网	中国人才网	中国俊才网	中国房地产人才网
中国酒店人才网	鲁能人才网	中国海峡人才市场	中国天英人才网
网易职业频道	中国工程机械人才网	钱江人才热线	南方人才网
人力资源频道	银河人才网	博思人才网	新乾人才热线
HR110 人才直通车	中华航运物流人才网	重庆联英人才网	91 中国人才招聘网
大学生兼职中心	中国伯乐人才网	我翻我译人才网	job88 人才网
中国人力资源开发网	买卖提招聘求职网	齐鲁人才热线	招才网
中国高校就业联盟网	天地人人才网	长江人才网	易才网
择业网	中华物流人才网	神州人才在线	上海共通人才网
教培英才网	简历吧	菊城人才网	中国职业咨询网
华东人才网	HR 沙龙—人力资源沙龙	伯乐招聘网	成功招聘网
苏州新长城人才网	百大英才百大网	温州人才招聘网	我的简历网
河南人才在线	易之易工作网	上海猎头网	中国毕业生网
中国教育人才市场	简历中国	E 职时空	杭州工作网
教育培训工作在线	天津工作在线	天基人才网	中国招聘热线
招聘求职网·北京站	大佛山人才网	天津人才网	中国大学生就业见习网
口碑培训	内蒙古荣达人才网		

三、善于总结经验

求职者总会犯一些前人已经犯过多次的错误，可谓是屡教不改。把前人的教训作为自身的经验，站在前人的肩膀上是一种极佳策略。

1. 避免期望值过高

不少毕业生自认为学识渊博，做什么工作都不费吹灰之力，他们在择业时极容易出现“高不成、低不就”的现象。因此，清醒地认识自己非常重要。其实，先低就、再高就是一种非常务实的求职方法。

2. 对薪酬要求适度

一些毕业生不但要求月薪高，生活好，还讲究住房、奖金等林林总总的物质享受，如果用人单位稍不满足他们的要求，他们便潇洒地“移情别恋”。对于这种现象，一些企业人士这样说：“企业竞争也是人才竞争，可人才太多，动不动就讲待遇，眼光又高，我们哪敢用他们。”当今企业用人越来越趋于理性化，严格控制人力成本，对企业来讲它看重的是你能不能给企业创造财富。

3. 过硬的综合素质

就业能力不单纯指某一项技能，而是大学生多种能力的综合体现。当前，在部分大学生中出现了重专业轻基础、重书本轻实践、重功利轻素质、重共性轻特长、重实用轻人文的“五重五轻”倾向，发展不全面，综合素质不高，就业效果不理想。

4. 突出核心竞争力

就业是大学生参与社会活动的一种主要方式，就业能力的高低必须在实践中体现出来，经过社会的检验，得到社会的承认。就业不仅是综合素质的展示，更是核心竞争力的较量。部分大学生缺乏“人无我有、人有我优、人优我特”的特色意识，容易造成竞争优势不明显。

5. 提高人文素质

当前，用人单位往往将本单位的文化、价值观、经营理念以及对人才素质的要求结合起来，要求大学生不仅要基础扎实、技能过硬，而且要意志坚强、人格独立、个性健康、品德高尚。个别大学生不注重科学素质与人文素质并重，不注重智力因素和非智力因素的协调发展，人文精神欠缺。

6. 就业技能不熟练

就业是大学生和用人单位双向互动的过程，要求大学生充分准备、准确定位、主动出击、果断决策。个别大学生职业意识模糊，自我定位不准，自荐材料无特色，职业心理准备不足，出现缺乏自信、过于理想化、盲目从众、瞻前顾后、见异思迁、高不成低不就等现象。

7. 大小企业一视同仁

相当一部分大学生认为，只有到大型企业去干，才能充分发挥自己的聪明才智。他们的理由是，大型企业具备了实现人生价值的物质和精神条件，机遇好，福利好，工作稳定，而小企业只有那么几十或几百号人，资金不雄厚，更谈不上有什么发展前途，其实，有些大型企业里面人才济济，竞争十分激烈，而一般的小企业，对人才的需求如饥似渴。小的企业往往在创业阶段，是很能锻炼一个人的能力的，看到一个小企业在自己和同事的努力下成长起来，其成就感是无法在大企业可以比的。另外，无论在大企业，还是在小企业里，只要有真才实学，脚踏实地，同样能干出一番事业来。

8. 对热门职业不从众

行政、人事、财会、计算机等工作是大学毕业生追求的热门，可毕竟僧多粥少，用人单位“百里挑一”。而一些冷门职业尽管急需大批人才，但问津者寥寥无几。因此，大学生不妨去应聘那些冷门职业，机会可能更大些。

9. 不可一味降低薪酬

因为当前经济形势的不确定因素，有些找工作的人认为应降低他们的薪水要求，使得他们在用人单位面前更具吸引力。货真价实是市场经济的基本特点，好货不便宜，便宜没好货，这在人才市场同样适用。用人单位将把薪水要求低的人视为“无用之才”，而对那些薪水要求比以前还高或差不多的人则另眼相看。假如你对薪水的要求明显低于市场价格，那么你不仅不能提高你应聘成功的概率，反而可能给别人自信心不足的印象。

10. 不可随便跳行业

有人认为如果找不到自己对口的工作，那就另谋高就。这种想法在求职中弊大于利。离开自己熟悉的工作，这意味着你将要重新与有经验的人竞争。在新的职业中你可能保不住你的那份薪水。

调换职业在经济上的影响是负面的。据统计，一般情况下，比以前的收入可能要平均损失 20% ~50%，需要好几年才能恢复现有的工资水平。

11. 到正在裁员的公司去求职

找工作的人喜欢避免那些正在解雇员工的公司，认为一个减员的公司怎么还会雇用新人呢？而在现实生活中，这些公司可能恰好就是求职人的最好去处。因为，有一些公司一边在裁员一边却又在招聘，这一点是当今劳动力市场上的“秘密”，在经历过经济困难的公司里，往往有最好的工作机会。

四、追求高薪取之有道

众所周知，高薪职位屈指可数，竞争之激烈可想而知。近年来，企业在人事费用上斤斤计较，其实，求职者如果能灵活运用一些策略，讲究一下方法，取得高薪将不再是难事。

1. 谨慎选择前景可期的公司

高薪资来自于公司的高绩效，如果公司经营状况堪忧，追求高薪无异于缘木求鱼。选择公司时，必须注意到以下两点：

第一，公司体制是否健全，求职者应着重分析导致绩效变坏的原因所在，更应关心的是影响绩效的结构性因素，而不是目前的绩效表现，如组织决策、管理者品质、员工素质、核心技术等。结构不良的组织，个人再努力都很难力挽狂澜，就如一部结构松散的汽车，迟早会散架。

第二，领导人是否具备前瞻性眼光。如果领导人具有前瞻性，眼光具有扩充性，绩效空间因此具有发展性。发展性的绩效空间，将提供员工放手一搏的舞台。于是，个人有发展空间，薪资增长自然水到渠成；反之，领导人急功近利、目光短浅，将没有稳定成绩的基础，薪资增长成为意外，高低之间并无规矩，高薪只是一种机遇，谈不上是成就。选择公司时，不妨随机和该公司员工聊聊，观其对领导人的评价。

2. 具备关键才能的求职者价值连城

如今科技进步，资讯发达，企业竞争已从传统的产品战，演变成为行销战、策略战等全面性的竞争。企业之争就是人才之争，掌握关键技能的人，已成为企业竞争的利器，这类人才成为企业高薪聘请的对象。所以，应时时注意企业整体环境发生了哪些转变，并考虑在这样的转变下，需要什么样的技能，以便及早准备，提升自我价值。

3. 丰富的阅历奇货可居

企业竞争激烈，使得企业愿意付高薪给两种人：第一种是掌握关键技术的专才，第二种则是阅历丰富的通才。阅历丰富的通才，可以有效整合企业内高度分工的各项资源。求职人应该把握各种机会向招聘公司体现出你丰富的阅历。

最后一招，也是最重要的一招，就是不要追求高薪，而要追求增加个人的价值。薪资是反映一个人或一件工作的价值。如果一味追求高薪，而忽略了薪资仅是个人价值的反映，不免舍本逐末。没有个人价值为基础的高薪，将仅是一时之快，乐极生悲。前几个秘诀，不外乎是创造价值的环境及表现价值的要领，全部皆以价值为核心。所以，追求高薪的第一步是要忘记自己要追求高薪，而尽全力创造价值及表现价值。

五、充分利用非语言交际

这是求职过程中的一种绝对必要也绝对重要的身体语言策略，它能使你在求职的相互交流中显得随意而又轻松。微笑有很多好处，它能让你很自然地与别人接触，能让别人信任你，欣赏你，也能让你处于一个很有激情很乐观的精神状态，随时表现出充足的信心。

1. 微笑

微笑，能够使你在招聘者眼中是一个积极乐观的人，这种品质是每个公司都很喜欢的。但作为现在的年轻人，有时很难做到这一点，尽管心里明白自己应该微笑，可总是笑不出来，无法把微笑保持在你的脸上。由于年龄的增长，我们逐渐变得成熟，而成熟中往往带有一种忧郁，我们不得不面对很多的问题，这些问题又不断地困扰着我们，使得我们无法微笑着去面对生活。这是现在城市年轻人的一个共性，也是时代的一个特征。

2. 示弱

我们在年龄增长的时候，不要过分地把自己包装得很成熟，不要把一些天真和单纯嘲笑为幼稚和愚蠢。有时候，什么都不要想，天真一些，也许能让你的生活更快乐。许多人不喜欢女孩太聪明，总希望看到她们的一些傻气，这种偶尔表现出来的傻气让我们觉得这个女孩更加可爱，更惹人喜爱。其实，男孩也是同样的，偶尔的傻气会让人觉得你更真。

因此，不要过多地装扮成很成熟的模样，做一些天真的趣事，往往会使你发现生活的乐趣，你就会慢慢地快乐起来，真正地变得积极，真正地微笑着面对每个人、每件事。

第二节 少数民族大学生求职的技巧

如果把简历比作是推销自己的个人广告，那么求职信就如同广告词，要简短而具有说服力，并且吸引人。有人认为没必要花太多精力写求职信，因为根本没人会读。其实不然，大多数的雇主仍把求职信看作对求职人员的第一印象。求职信一般是要和简历一起寄出去的。即使找工作时，雇主并未要求你这么做，你还是应该在简历中附上一封求职信。浏览求职信往往也是雇主筛选应聘者最常用的办法。

求职信也许作用不大，但如果你不把它附上，你的情形只会更糟。“一封没有自荐信的简历，就像一位没有开口说话的推销员站在你的门前。如果你想让一位陌生人走进你的屋子，你至少要看一看他的证件。”这正是求职信所要做的——它把一位完完全全的陌生人，介绍给读者。它必须简短概括，具有个性化。针对你所应聘的职位，把你可以做的工作和想做的工作逐一陈述。

一、推销自己的文字撰写技巧

1. 求职信

（1）求职信的适用范围。

求职信是欲就业或欲转新岗位的人向用人单位申请职业的信件。一般来说，它适用于这样一些情况：

用人单位发布出信息欲招收职员。用人单位由于工作需要招收新的职工或负

责人面向社会公开招聘，欲应聘的人员可根据用人单位发布的用人信息，对照自己的能力和特长向该单位申请就职。这种情况下所写的求职信往往目的性强，只要有符合条件的人员均可前往应聘。

求职者无明确的用人单位，而只是根据自己的特长而求职的。这样的求职也只是适用于那些有意招收员工的用人单位。

（2）求职信的特点。

求职信的特点主要有以下两点：

第一，自我推荐的特性。

求职信是写给可能招收自己成为其中一员的单位的。其目的就是推荐自己，以期成功地得到自己想要的工作岗位，所以从这一角度讲，求职信同推荐信是相同的，那就是要阐明自己的专长和技能，向用人单位推荐自己。

第二，个人对单位、组织的行文关系。

求职是面对集体、单位的，它不是个人与个人的书信交往，所以求职信是个人向单位向组织“发文”的一种专用书信。这也是求职信的一个显著特点。

（3）求职信的写作。

求职信是自我描绘的立体画像，是求职的第一阶段，其目的同个人简历一样，主要是引起招聘者的注意争取面试机会，但同个人简历又略有不同，求职信是针对特定的个人而写，而简历的写作却是针对特定的工作岗位，求职信可以说是对简历的补充和概述。

求职信一般由三部分组成：开头、主体和结尾。开头部分包括称呼和引言，称呼要恰当，引言的主要作用是尽量引起对方的兴趣看完你的材料，并自然进入主题部分，开头要人注目，说明应聘缘由和目的。

主体部分是求职信的重点，简明扼要并有针对性地概述自己的简历内容，突出自己的特点，并努力使自己的描述与所求职位要求一致，切勿夸大其词或不着边际，外企招聘人员尤其重视这一点。

结尾部分要做到令人回味，把你想得到工作的迫切心情表达出来，请用人单位尽快答复你并给予面试的机会，语气要热情、诚恳、有礼貌。

一般而言，完整求职信的需要具备四个要素：

- 开头

开头一定要开门见山地写明你对公司有兴趣并想担任空缺的职位，以及你是如何得知该职位的招聘信息的。

例如：

获知贵公司于____年____月____日在______报上招聘________的信息后，我寄上简历，敬请斟酌。

- 正文

求职信的第二部分要简短地叙述自己所学的专业以及才能，特别是这些才能将满足公司的需要。没有必要具体陈述详细内容，引导对方查看你的简历。此外，推销时要适度，不能夸大其词。

- 联系方式

在求职信中给出你电话预约面试的可能时间范围，或表明你希望迅速得到回音，并标明与你联系的最佳方式。

- 收尾

感谢他们阅读并考虑你的应聘。

（4）外企的求职信撰写。

外企求职信一般要用外语写，主要是英语，或准备好中、英文两份材料。写求职信的过程本身也就反映出了你的外语水平，故应尽量做到语言规范，符合外文习惯，减少语法错误。

求职信要有针对性。针对不同企业不同职位，求职信的内容要有所变化，侧重点有所不同，使对方觉得你的经历和素质与所聘职位要求相一致，因为外企招聘所需要的不是最好的员工，而是最适合其所聘工作的人。

外企求职信中不要流露出不自信的思想，外企忌讳的是不自信，这与中国传统的“谦虚是美德”略有不同，在写外企求职信中，不必太谦虚，应充分强调自己的长处和技能，对自己较重要的经历和实践要有较详细的叙述。

要本着诚实不欺的原则，不能无中生有，自吹自擂。因为西方人认为诚实守信是一个人的第一美德。有一个外企应聘者在求职信中写到自己的爱好兴趣时，写了喜欢旅游和赛艇，其人实际上很少外出，对赛艇更是一无所知，但为了以具有冒险精神及刺激性的形象吸引外企招聘者故意加了这两条。结果在后来面试中，主试者谈到自己也是个赛艇爱好者，但对赛艇转弯技术却不甚了解，想与该应聘者切磋。应聘者立即面红耳赤，手足无措，不得不承认其对赛艇一无所知。主试者不满其弄虚作假立即拒绝录用他。

在写外企求职信中，应注意写“怎么干”，这比“干什么”更重要。比如你担任过校学生会主席，不要只写头衔，更重要的是你是如何担任这个职位的，组织了哪些活动，有什么成绩，怎么组织这些活动达到既定目标。因为外企重视的不是你的身份，而是你如何在所任职位上发挥你的才能，他们大都以此来判断你的能力和潜力是否能胜任其所聘职位的工作。

在西方，求职信和简历是一样重要的。而在我国，虽然有的雇主不要求写求职信，有的猎头顾问或是企业招聘人员也没时间仔细阅读求职信，但求职信的作用还是不容小看。最近中华英才网上的一份网上调查——人事经理，您对求职信

的关注程度如何？结果显示34%参与调查的人事经理表示非常重视求职信，54%的人事经理表示将求职信作为重要参考，只有11%的人事经理根本不看求职信。

（5）标准的求职信内容。

一份标准的求职信内容包括：

写求职信的理由：从何处得悉招聘信息、你的申请目的、加入企业的原因，你要申请什么职位；

做自我介绍：说明你为什么适合申请的职位，提出你能为未来雇主做些什么，而不是他们为你做什么；

简明突出你的相关实力：即为什么你比别人更适合这个位置；

强调你所接受过的培训、你的经历、技能和成就；

结尾段落中提出你的进一步行动请求，这里你可以建议如何进一步联络，留下可以随时联系到你的电话或地址。当然如果能对阅读者表示感谢，效果会更好，以我们的经验，现在许多公司招聘任务是十分繁重的，招聘人员每天要阅读大量的简历，一句关切的问候会给人留下很深的印象。

（6）写求职信的注意事项。

求职信要短，但一定要引人入胜，记住你只有几秒钟吸引你的读者继续看下去。在求职信中要重点突出你的背景材料中与未来雇主最有关系的内容。通常招聘人员对与其企业有关的信息是最敏感的了，所以你要把你与企业和职位之间最重要的信息表达清楚。

言简意赅，切忌面面俱到。求职信的功用只是为你争取一个参加面试的机会，你不要以为凭一封求职信就可以找到一份你满意的工作，而且这种错误的心态会使你写的求职信啰啰嗦嗦。招聘人员工作量很大，时间宝贵，求职信过长会使其效度大大降低，1992 年哈佛人力资源研究所的一份测试报告的数据也证明了这一点，即一封求职信如果内容超过 400 个单词，则其效度只有 25%，即阅读者只会留下对 1/4 内容的印象。

不宜有文字上的错讹。一份好的求职信不仅能体现你清晰的思路和良好的表达能力，还能考察出你的性格特征和职业化程度。所以一定要注意措辞和语言，写完之后要通读几遍，精雕细琢，切忌有错字、别字、病句及文理欠通顺的现象发生。否则，就可能使求职信“黯然无光”或是带来更为负面的影响。切忌过分吹嘘。从求职信中看到的不只是一个人的经历，还有品格。

针对性和个性化让你的求职信从数百封的信件中“脱颖而出”。不少人事经理反映，现在求职信中最常见的问题是“千人一面”。的确，网络给求职者提供了更多的方便，但面对着互联网上成千上万的职位，有的求职者采用了“天女散花”式发求职信的方式，事实上它的命中率很低，结果不仅是“广种薄收”都达不到，而是多以“广种无收”告终。原因很简单，这种千篇一律、没有任何针对性的求职信，招聘人员看得太多了。此时，针对性已成为求职信奏效与否的“生命线”。另外，个性化也很重要。有的求职信没有任何豪言壮语，也没有使用任何华丽的词汇，却使人读来觉得亲切、自然、实实在在。

在求职信正式发送之前，给身边的人看一下。这也是求职信撰写中一个重要技巧，目的是避免歧义的产生，让求职信更好地传达出你所要传达的信息。

下面就是一则典型的求职信，以此为借鉴，让我们一起来看看怎样才能写出一封成功的求职信呢？

求职信范例1

××经理：

您好！我写此信应聘贵公司招聘的经理助理职位。我很高兴地在招聘网站得知你们的招聘广告，并一直期望能有机会加盟贵公司。

两年前我毕业于首都经济贸易大学国际贸易专业，在校期间学到了许多专业知识，如国际贸易、国际贸易实务、国际商务谈判、国际贸易法、外经贸英语等课程。毕业后，就职于一家外贸公司，从事市场助理工作，主要是协助经理制订工作计划，一些外联工作以及文件、档案的管理工作。本人具备一定的管理和策划能力，熟悉各种办公软件的操作，英语熟练，略懂日语。我深信可以胜任贵公司经理助理之职。个人简历及相关材料一并附上，希望您能感到我是该职位的有力竞争者，并希望能尽快收到面试通知，我的联系电话：×××××××××××

感谢您阅读此信并考虑我的应聘要求！

此致

敬礼！

您真诚的朋友：×××

×年×月×月

求职信范例2

尊敬的____先生/女士：

您好！请恕打扰。我是一名刚刚从____大学会计系毕业的大学生。我很荣幸有机会向您呈上我的个人资料。在投身社会之际，为了找到符合自己专业和兴趣的工作，更好地发挥自己的才能，实现自己的人生价值，特向领导作自我推荐。

现将自己的情况简要介绍如下：

作为一名会计学专业的大学生，我热爱我的专业并为其投入了巨大的热情和精力。在四年的学习生活中，我所学习的内容包括从会计学的基础知识到运用等许多方面。通过对这些知识的学习，我对这一领域的相关知识有了一定程度的理解和掌握，此专业是一种工具，而利用此工具的能力是最重要的，在与课程同步进行的各种相关实践和实习中，具有了一定的实际操作能力和技术，在学校工作中，加强锻炼处世能力，学习管理知识，吸收管理经验。

我知道计算机和网络是将来的工具，在学好本专业的前提下，我对计算机产生了巨大的兴趣并阅读了大量有关书籍，掌握了 Windows 98/2000、金蝶财务、用友财务等系统、应用软件 FoxPro、VB 语言等程序语言。

我正处于人生中精力充沛的时期，我渴望在更广阔的天地里展露自己的才能，我不满足于现行的知识水平，期望在实践中得到锻炼和提高，由此我希望能够加入你们的单位。我会踏踏实实地做好属于自己的每一份工作，竭尽全力地在工作中取得好的成绩。我相信经过自己的勤奋和努力，一定会做出应有的贡献。

感谢您在百忙之中所给予我的关注，愿贵单位事业蒸蒸日上，屡创佳绩，祝您的事业百尺竿头，更进一步！`

希望各位领导能够对我予以考虑，我热切期盼你们的回音。谢谢！

此致

敬礼！

联系方式：电话： ××××××××

手机： ×××××××××××

E－mail： ××××××

王成

××年××月××日

2. 简历

好的简历可以改变你的一生。简历往往是招聘人员了解你的第一个途径。一份好的简历，可以在众多求职简历中脱颖而出，给招聘人员留下深刻的印象，然后决定给你面试通知。

（1）简历是沟通能力的体现。

现代企业越来越强调沟通能力，简历是你与招聘单位的第一次沟通，你的目的是让对方认识和接收你，单位的目的是了解你。

对单位人事部来说，你可能是数以千计的应聘者之一，有些简历甚至没被认真阅读就被扔进垃圾桶，更多的简历在招聘人手中只停留 10 秒钟，也难逃相同的命运。那些书写潦草、满纸错字的简历根本就别想过关，即使你是个天才。

一定要重视简历的包装，但包装虽然重要，决定胜负的却是内涵。你是否真具有单位所需要的才能才是应聘成功与否的关键。在写简历时，要有效表达个人信息。

如果你不具备单位要求的条件，就算弄虚作假取得面试机会，也一样会被识破。但如果你正是单位所需要的人，却未取得面试机会，就该检查自己是否在简历中有效表达了个人信息。

简历的基本内容是必需的。别看简单，可总有不少人忘记写上自己的联系方法或是性别。以下内容是简历中不可少的内容：

个人基本信息、职业目标、教育背景、所受奖励、校园及课外活动、兼职工作经验、培训、实习及专业认证、兴趣特长。

（2）简历的成功要诀。

求职目标清晰明确。所有内容都应有利于你的应聘职位，无关的甚至妨碍你应聘的内容不要叙述。

突出你的过人之处。每个人都有自己值得骄傲的经历和技能，如你有演讲才能并得过大奖，你应详尽描述，这会有助于你应聘营销职位。

用事实和数字说明你的强项。不要只写上你“善于沟通”或“富有团队精神”，这些空洞的字眼招聘人已熟视无睹。应举例说明你曾经如何说服别人，如何与一个和你意见相左的人成功合作。这样才有说服力并给人印象深刻。

业绩是强有力的，所以，如果由于你的努力使某些事情发生了积极的、显著的变化，那么它就应该属于你的简历。如果你不知道该怎样描述自己的业绩，可以试一试下面这个简单的方法：先将目前负责的主要业务列一个表，然后向前类推，把你在每一个工作岗位上负责过的业务罗列出来。完成这一步后，再加入量化的业绩，比如，在“接管销售成绩欠佳的地区，制定了新的顾客服务程序和市场推广方案”的后面加上“在两年内使市场份额由原来的4.8%上升到6.5%”。

在描述业绩时，很多求职者都会犯数学错误，这会使他的简历大打折扣。例如，一个生产主管在简历中写到他使退货率下降了200%，而忘记了没有什么东西的下降幅度会超过99.99%。实际上，他是使退货率从6%减少到2%，准确的下降率是67%，这也是一个很大的业绩了。又比如一个人力资源经理说他使员工流失率下降了3%，实际上是流失率由8%减少到5%，下降率应该是38%，而不是3%。

不论在简历中还是在面试中，量化的业绩对你是非常有利的。因此，从现在开始就要学会将自己的工作成绩进行量化。这样，当你准备更换工作的时候，你不仅可以向招聘人员展示你的工作业绩，而且还拥有说明自己能力的最有力武器——数据。

自信但不自夸。充分准确地表达你的才能即可，不可过分浮夸，华而不实。

适当表达对招聘单位的关注及兴趣。这会引起招聘人注意和好感，同时可以请求面试机会。

写简历前先决定你的求职方向。你可以通过专业测评机构，也可以通过其他方式，在投递简历前先决定你的求职方向。

择业前一定要花点时间了解自己，找出自己的优势及弱点，确定自己的职业方向。然后要选择目标企业及职位，了解目标企业及职位需求情况，了解市场行情。切不可不考虑自身特点，不考察企业情况，盲目模仿他人的简历和择业目标。

人要衣装，佛要金装。简历对一个求职者来说重要性是不言而喻的。确切地说，只要获得面试的机会，投递简历就算是成功了。

（3）写简历的两要素。

第一，简历的内容要尽可能详尽、具体。使部门主管仅通过简历就能了解到你干过什么，你具有哪方面的能力，你所拥有的素质是否是他们所需要的。有些学生不明白这一点的重要性，把简历写得如同论文的大纲，使自己在无形中就处在了竞争的弱势。如果做过销售，就不要简单地写从事过销售工作。而是要具体地写清所从事的是食品业还是电子产品。完成了怎样的销售成绩，为公司带来了多少利润，如何击败竞争对手。如果做过公关策划，也要详细地罗列出活动的内容和影响。很多人力资源的主管感兴趣的并不是你有多少证书，你的社会活动有多丰富，他们看重的是你所从事过的工作是不是公司所需要的。

第二，尽量避免把简历写得平淡无奇。换句话说，不要千篇一律。要知道，人事主管常常会同时面对几百甚至几千份简历。很多学生因为求职过程的劳心劳力而对其敷衍了事。面对不同的公司，不同的岗位，永远只投递一份简历。这样的简历是最不受招聘单位欢迎的。如果能针对不同的公司表达不同的了解和兴趣，让别人感到你的诚意和坦白，毋庸赘言，你的简历一定会自然而然地鹤立鸡群。

（4）如何让你的网上简历更“抢眼”。

据统计，规模较大的企业一般每周要接收500～1000份电子简历，其中的80%在管理者浏览不到30秒钟后就被删除了。要让别人在半分钟内通过一份E－mail对你产生兴趣，其难度与跟用人单位直接见面相比难得多，关键在于你是否拥有一份个性化的电子简历。

放大你的“卖点”。

简历中有几栏是用来给对方留下深刻印象的，也是决定对方是否给你面试机会的关键。如何写好这几部分的内容很重要，请从以下几个方面着手。

● 成绩。以你的骄人业绩去打动未来的雇主。突出你的技能和成绩，强化支持标题。集中对能力进行细节描写，运用数字、百分比或时间等量化手段加以强化。强调动作，避免使用人称代词，如“我”、“我们”等。

• 能力。对各方面能力加以归纳和汇总，扬长避短，以你无可争议的工作能力和个人魅力征服未来的雇主。用词应简单明确，观点鲜明，引人入胜。

• 工作经历 。应当包括你所有的工作历史，无论是有偿的还是无偿的，全职的还是兼职的。在保证真实性的前提下，尽量扩充与丰富你的工作经历，但用词必须简练。不要只针对工作本身，业绩和成果更为重要。

• 技能。列出所有与求职有关的技能。你将有机会向雇主展现你的学历和工作经历以外的天赋与才华。回顾以往取得的成绩，对自己从中获得的体会与经验加以总结、归纳。你的选择标准只有一个，即这一项能否给你的求职带来帮助。

• 嘉奖。简历中的大部分内容是经历和成绩的主观记录，而荣誉和嘉奖将赋予它们实实在在的客观性。这是一个令雇主注意到你已获肯定的成绩的机会。强调此奖项是你资历的重要证明，突出此嘉奖与你所求职务的相关性。

• 职业生涯 。着重强调你在相关行业中所获得的特殊专业技能和取得的成就。在提及你的技能与成就时应越具体越好。此栏专门针对一些具体职业，需说明你所在的具体行业。

扣人心弦的“开场白”。

求职成功最基本的就是要对自己有一个客观全面的了解，然后再根据自身的情况准备好所需材料，一般包括求职信和简历。求职信是简历的“开场白”。这个开场白的功能是激发别人有兴趣阅读下文。为了使公司了解你申请的是哪个职位，并对你有更多的印象，发简历的时候，都应该写一封求职信并同时发出。发任何简历都应该写求职信，这是被许多求职者忽略的原则。

求职信和简历都应该用文本格式（txt）来写，这样虽然会限制一些文本修饰功能，如粗体，斜体等，你可以用一些符号来突出重点，如：“ + ”、“ – ”等；注意措辞和语言，信中千万不可有错别字；求职信和简历要一同发送，不要分开；信中有关键词也是很重要的，有些公司会通过关键词搜索来寻找符合它们条件的人选；在你的电子邮件软件里创建并保存一个求职信样式，这样稍加修改你就可以用它来申请其他的职位。

网上简历必须注意到一些特殊的需要。

有的放矢。人力资源部门总是收到许多不合格的简历，也就是说不适合该公司职位的简历。因此，在发简历的时候，你应该注明申请的是何职位，并应该了解你能否胜任这个工作。

不用附件。虽然以附件形式发送的简历看起来效果更好，但是由于病毒的威胁，越来越多的公司都要求求职者不要用附件发送简历。甚至有些公司把所有带附件的邮件全部删除。在这种情况下，尽管你的简历排版极为精心，却可能根本

没有人看。在电子简历中一般不要附有发表作品或论文，因为借由电子邮件附件传播病毒的可能性是一直存在的。另外，用人单位一般不会仔细阅读附带的作品。

美化“纯文本”。不少人事管理者抱怨收到的许多简历在格式上都很糟糕。用 E－mail 发出的简历在格式上应该简洁明了，重点突出，因为公司通常只看它们最感兴趣的部分。另外还有一个好办法就是把你制作精美的简历放到网上，再把网址告诉给公司即可。

精心设计一下纯文本格式的简历，以下有一些小技巧可供参考：①注意设定页边距，使文本的宽度在 16 厘米左右，这样你的简历在多数情况下看起来都不会换行；②尽量用较大字号的字体；③如果你一定要使自己的简历看起来与众不同，你可以用一些特殊符号等分隔简历内容。

最大限度地抢夺眼球。

网上求职时主要精力应该放在拥有人才数据库的招聘网站上，要把你的简历放到它们的数据库中。因为用人公司会来这些网站浏览或要人。总的来说，应该让用人公司带着明确的目的来找你，这要胜过自己向大量公司无目的地发放个人简历。

在申请同一公司的不同职位时，最好能发两封不同的电子简历，因为有些求职网站的数据库软件能自动过滤掉第二封信件，以免造成冗余。

在你发送电子简历时要错过高峰期，上网高峰一般在中午至午夜，这段时间传递速度非常慢，而且还会出现错误信息，因此，要择机而动。

（5）如何实现简历投递效用最大化。

你需要去寻找各种渠道，了解更多的信息，以便你可以抓住合适的机会。但是，这并不表示你要没有目标地胡乱投递。明明学的是管理，偏要去投递高技术类的工作；明明只达到助理的水平，看见有主管的职位，想也不想就去投了；明明想做文职，偏去投递销售类的职位；还有在同一个公司投了不同岗位性质和职级的两三个职位，像这样的情况举不胜举。这种没有目标性地胡乱投递，哪怕你的网撒得再大，你也是在做无用功，不会有真正的实效的。

首先，你要明确你想做哪类的工作，根据需要撰写完相应的简历。其次，通过招聘会、招聘类报纸和招聘网站寻找相应的职位。在这个过程中，有两点最为关键：

其一，学会去分析公司。目前的整个人才市场，相对来说也是鱼龙混杂的，好的公司不少，但也不乏对你的职业成长根本不利的皮包公司。看到中意的公司，不妨先通过网络、人脉了解一下该公司背景、经营情况、企业文化、有无负面报道等。如果各方面显示都还不错，那你就要仔细去阅读它们的职位描述。

其二，找到自我能力和企业需求的结合点。分析一下，这个职位主要的工作职责，它们对这个职位的基本要求，你达到它们的条件了吗？你怎样在给这家公司的简历中，突出它们的需求点。记住，千万不要用同一份简历去投递所有的公司，也不要每天只花十分钟就浏览好所有招聘类网站的新职位，并完成投递。不经过分析思考的盲目行为，是你的简历投递无效的最主要原因。

简历模板：

×××个人简历

【个人概况】

姓　　名：×××	性　　别：女	身高：161 厘米	免冠照片
出生年月：1981 年 5 月	民　　族：汉族	籍贯：山东蓬莱	
健康状况：良好	政治面貌：中共党员	毕业学校：××学院	
心理健康状态：健康	学　　历：本科	宿舍电话：×××××××	
移动电话：×××××××××××		电子信箱：××××××	
邮编：××××××			

【教育背景】

2000 年 9 月至 2004 年 7 月　就读于××××××学院电子工程系
专业：通信工程

【主修课程】

程控交换技术、光纤通信、移动通信、电磁场、通信电子电路、数字信号处理、数字电路、通信原理、电视原理、MCS－51 系列单片机实用技术、计算机网络工程、多媒体教程、C 语言、电子线路、电子测量等。

【专业能力】

掌握通信系统的基本原理、网络设计及有关技术，熟悉 GSM 系统、CDMA 无线通信系统、SDH，特别对移动通信、GPRS 技术进行了深入广泛的学习，能较好地运用相关知识，对移动数据通信新技术如 BLUE—TOOTH 等有一定的认识。

【工作经历】

2002 年 7 月在桂林国际会展中心“2002 年国际电子展览会”上，为台湾世

纪股份有限公司做软件产品展示员，介绍网络应用软件《沟通大师》和《沟通精灵》。

2003 年 3 ~4 月，独立为清华同方计算机有限公司完成技术培训教程《DATA WAREHOUS INTRODUCTION》的翻译工作。

2003 ~2004 年担任学院校园网的维护员。

【外语水平与 IT 知识技能】

国家英语四级成绩优秀；国家英语六级成绩合格。

全国计算机等级考试二级（C 语言）合格，甘肃省计算机应用水平测试（C 语言）成绩优秀。

熟悉使用 Office 软件，如 Word、Excel、Powerpoint、Frontpage 等，掌握动画软件 3DMAX。

具有较好的英文阅读、写作能力，良好的英语听说能力，掌握专业英语。

【获奖及成绩情况】

综合测评本专业第五名，学习成绩本专业第三名，平均分为 85. 4 分。

第一学年获校“优秀团员”称号和三等奖学金，第三学年被评为“三好学生”。

【自我评价】

个性坚韧，能吃苦耐劳，工作认真，有突出的钻研开拓精神。

为人热情乐观，兴趣广泛，适应性强，人际关系和睦。

【求职意向】

在电子行业企事业单位从事通信技术开发工作、通信网络维护工作或英文翻译。

二、面试技巧

1. 何谓面试

面试是由主试人与应试者当面交谈，或要求应试者现场操作以考察其综合素质与能力的一种方式，它较笔试有更大的灵活性，普遍运用于大学生就业活动中，是大学生应聘过程中关键的一步。用人单位通过面试，考察应试者的专业水平、综合素质、实际工作能力、应变能力、协调能力以及人品、性格等。是当前招聘单位广泛采用的遴选人才的主要方式。

（1）面试的类型。

主试组型。由聘方多人组成面试组，如分管人事的负责人或企业中人力资源部经理、业务部经理以及将来会与你共事的同事等。当应试者进入面试室时，主试组成员根据预先准备好的问题，逐一发问，对应试者业务素质、行为风格、人格特质等进行考核。

个别面试型。这种面试类型顾名思义即主试方和应试者都是“一对一”，它通常被主试方使用于第一轮面试中。有时其目的不是为了找出谁是希望中的员工，而是为了剔除一些素质相对较差的应试者。

小组面试型。这种类型的面试，主试方和应试者双方都是多个。即由数个主试人组成主试组，从不同角度轮流对一个应试者提问。其后要求别的应试者对同样问题依次进行回答。如主试人在某位应试者回答问题后，突然向其他应试者发问：对刚才某某的回答，其他的人有什么看法。这种类型的面试能使主试组在同一情景中，对所有的应试者进行权衡和比较，从而做出有利的选择。

小组讨论型。由一定数目的应试者组成一个临时的工作小组，讨论聘用单位给定的问题并做出决策。在小组讨论型面试中，主试方要么不给应试者指定特别的角色，要么只是给每个应试者指定一个彼此平等的角色。这两种方式都没有指定谁是领导，也不告诉应试者该坐哪个位置，而是让所有应试者自行组织、自行安排，主试人只是通过所安排的讨论题目，观察应试者的表现，给应试者的各方面评分。从而对应试者的素质水平、能力做出判断。这种类型的面试目的就是考核应试者的领导能力、组织协调能力、口头表达能力、洞察力、说服力、处理人际关系的技巧，等等。

综合型。招聘方通过多种方式，综合考察应试者多方面的才能。这些考核方式包括在公众面前的演讲、辩论、小组讨论、实际操作等。如某公司就“入世对中国中小企业的影响利大于弊”为题，以“4 对 4”的辩论形式来考核。再如另一公司的“画图说话”，即事先设定一些题目，让应试者用随机抽到的题目为主题画成图画，再用外语解释意思。目的是考察应试者的适应能力，以及应试者在一个全新的毫无准备的情境中处理问题的能力。

（2）面试的内容。

面试的类型尽管各种各样，面试的风格也可能因主试方的需要或个人偏好而有所不同，但是一个典型的结构化的面试一般都会包含以下四个组成部分。

自我介绍。这是应试者与主试人建立互动关系的第一步。在 2 ~ 3 分钟的简短陈述中，主试人将会对应试者的精神面貌、表达方式、对工作的渴望态度等进行初步判断，从而形成至关重要的第一印象。

背景陈述。这个方面主试人将重点考核应试者是否具备与未来工作要求相符

合的基本能力。主要问题有：为何选择本组织作为职业生涯的起点？职业目标是什么？以往的求职经历及从中得到什么？未来五年的职业发展计划？个人的优点与不足？所学专业论文发表情况，国际国内研究的前沿动态？等等。问题的核心其实就是“我们为什么要雇用你”。

交流讨论。这是任何一种面试过程中最关键的部分。主试人是在把应试者的资质与职业兴趣同可以提供的工作职位进行有机对应。讨论的内容可能是你未来工作中会遇到的难题，也可能讨论貌似与工作无关的宏观性战略问题，等等。很明显，如果没有对工作职位的充分了解，没有对用人单位惯用的思维方式、表达方式的熟悉，是较难回答好这两类问题的。

结束阶段。一般说来，主试人会利用面试最后的一点时间对该组织再进行简要的介绍，同时回答应试者仍不太清楚的一些问题，并说明你将在何时取得面试的结果。

（3）面试准备。

“凡事预则立，不预则废”，机遇往往偏爱有心人。因此，参加择业应试，首先要做好参加面试的充分准备。

面试的“硬件”准备：

1）精心准备若干份毕业生推荐表或自荐材料，表上最好贴上自己的相片。

2）准备好与求职相关的证明材料，如各科考试成绩表，各种竞赛、奖学金、荣誉称号获奖证书，普通话、外语、计算机等级水平证书，辅修专业证书，各种创作、科研成果证书等。

面试的“软件”准备：

1）认真梳理自己所学的专业知识系统。

2）尽量详细地了解用人单位的情况，如工作性质、业务范围、行业发展前景等。同时检查自己是否具备相应条件，尽量做到知己知彼。

3）向有关老师、同学请教面试的一般过程和技巧，或与同学、朋友进行模拟面试，听取他人的意见。

4）保持良好的心理状态。第一次面试求职，心情紧张是必然的。眼见周围强者如林，前来应聘的竞争对手个个气度不凡，越发使自己产生一种自卑的心理，这对面试是很不利的。为此，首先要从心理上战胜自己，相信每个人都有各自的长处和短处。只有战胜自己的过分紧张，才能在面试时大方、真诚、坦然应对，从而让自己思维敏捷，谈吐、举止得体，扬长避短，更好地展示自己的长处。其次是对理想职位的期望不能太高，期望太高，而事情的结果往往和预想的产生差距。而且理想职位期望值越高，有可能使自己面试的心理压力更大。过度的紧张容易破坏人的心理平衡，使人思维混乱、反应迟钝而发挥失常，导致面试的失败；相反，确定适度的求职期望值而向最好的方向去努力，往往有可能使自己如愿以偿。

面试的着装准备：

在择业求职中，着装、仪表的作用非常重要。得体的着装、端庄的仪表不仅能体现一个人的审美观，也能反映出人的内在素质和修养。得体的着装和良好的仪表会给主试人留下一个好印象，也为你的择业求职打下一个好基础。不同性别的毕业生，着装要求是有差异的。

2. 面试技巧

（1）聆听的技巧。

全神贯注，切莫分心。听人讲话应设法抛开令你分心的一切。你可以用两眼直视讲话者、赞许性地点头等，表明你在认真倾听，有些时候即使你的坐姿也能起到这种作用。你如果举止得体，彬彬有礼，便表明你对对方的话很感兴趣。

尊重他人，甘当听者。要集中精力认真“倾听”对方的话，要听清和正确理解对方的一字一句，不但要听出“话中话”还要听出“弦外之音”，这样才能做出敏捷的反应。涉世之初，大多数人都误以为成功的社交主要取决于个人的口才。其实并不全然如此。

适时插话，有所反应。同主试人谈话时适时插话，表明你不但在注意倾听，而且饶有兴趣，以使主试人不致因说话无反应而对你感到“兴味索然”。的确，大家都有这种体验：跟毫无反应的人谈话，好比朝挂断的电话大声吼叫，你很快就会感到自己太愚蠢而作罢。

察言观色，提高敏感度。在面试过程中，很多主试人所道并非肺腑之言，他们的真实想法往往隐藏起来，所以，我们在听话时，就需要刻意琢磨对方话中的微妙感情，细细咀嚼品味，以便弄清其真正意图。

（2）语言陈述的艺术。

语言要文雅、简洁明了、通俗易懂。不要为了显示自己而故意用华丽、奇特的辞藻。急于显示你的妙语惊人，可能会造成华而不实的感觉。表达时应注意口齿伶俐清楚，发音正确，应尽量使用普通话。但如果你认为自己的普通话不太熟练，而且主试人也没有专门要求，你就可以不必勉强自己，就用最熟悉的语言，但要注意避免使用方言中的一些俚语。切忌将蹩脚的普通话和方言混用。

要注意控制语速和语调。讲话速度太快会显得紧张和急躁，太慢会让人觉得你思维反应迟钝。一般情况下，语速在每分钟 120 个字左右，同时注意语句间的停顿，不要滔滔不绝。语调是表达人的真实感情的重要元素。语调可以表现出人的性格、好恶、喜怒哀乐等复杂感情。因此，在面试时控制好自己的语速、语调，对营造良好的面试氛围，取得面试的成功有积极作用。

注意使用礼貌语言。不要随意打断主试人的谈话或抢接人家的话头，以免打乱主试人的思路；不要忽略使用解释或概括的话语，否则也许会给人造成你语言表达能力欠佳或逻辑思维较差的印象；不要因为自己的注意力的分散，要求人家再次重复话题。如果实在没有听清楚，也应客气而且委婉地表示："很抱歉，能否请您再重复一遍"；不要随便解释某种现象，轻率下结论；不要不适当地强调某些与主题不相关的细枝末节，以免使人厌倦。

（3）应答的技巧。

答话，从信息论的观点来看，是对提问的反馈。但是一个有口才的人绝不是问什么，就答什么，也绝不是怎样问，就怎样答。他总是力图改变自己的被动局面，力图答得好、答得妙。

敢于推销自己。要有足够的信心和强烈的表现欲，切忌扮演"牙膏"角色，问一句，答一句，甚至问几句都答不上一句。要知道在这种时候的沉默、发怵、畏缩、矜持、腼腆、嗫嚅、窘促等心理状态和外在表现，都可能使你失去就业的机会。同时还要注意不要低估自己。有的人对自己的特长、优点不敢讲，对经过努力可以做到的事不敢表态，对于个人的愿望不敢阐述和表达。他们担心，如若把自己说得很好，到了实际工作中，干不出成绩怎么办？其实这种顾虑是多余的，是缺乏社会经验、缺乏择业常识造成的。如果在表露自己的时候，讲不出自己有什么优点，反而讲了一大堆这也不会、那也不能的套话，就会使用人单位感到你能力有限。

善于扬长补短。每个人都有自己的长处和不足，无论是在性格上、专业上都是如此。例如，性格外向的人往往容易给人留下热情活泼、思维敏捷但有时显得急躁、行事欠稳重的印象。这类性格的人在面试时要注意克服自己的弱点，讲话的节奏要适当放慢，语言组织得当，从而给人以见多识广的良好印象；性格内向的人则容易给人留下深沉有余、反应迟钝的印象，在面试时，这类性格的人要力争早发言，或就某一问题展开话题，以弥补"不善言谈"的感觉。

表述缺点注意态度和方法。人非圣贤，孰能无过？但作为求职面试，用人单位更关心的还是你的优点。当然，作为求职者，谁也不会想通过坦陈自己的缺点来寻找理想的职业岗位。正因为这一原因，在没有得到主考官提示的情况下，就不必去主动陈述自己的缺点。如果对方没有问到而主动说的话，可能会越描越黑。如果对方问到，那就如实回答。诚实是最重要的。我们可以坦率地回答自己的弱项，同时把它转换成一种好的东西，就是坏事变好事的转换。比如说"我在那件事上做得不是很成功，但是我从里面学到了以下几个方面的经验和教训，它对我今后的工作有积极的指导意义。由于这次失败，我能够在以后的几件事情里，做得非常成功"。

注意主试人对应试者应聘动机的考察。例如，主试人会对面试者提出诸如"你为什么选择我们公司”之类的问题，应试者在回答此类问题时，一定要认真思考后再回答。最好能结合公司的管理和发展情况进行回答。如果只是简单地将原因归纳为“待遇高”或者“离家近”等，势必会影响面试的效果。如主试人问：“依你现在的水平，恐怕能找到比我们企业更好的公司吧?”如果你的回答是肯定的，则说明你这个人“身在曹营心在汉”；如果你的回答是否定的，则又说明你的能力有问题或自信心不足，总是左右为难。而如果回答“我不知道”或“我不清楚”，也不甚妥当。当你遇到这种任何一种答案都不是很理想的考题时，就要善于用模糊语言来应答。可以先用“不可一概而论”作为开头，接着从正反两个方面来解释你的观点。像上面这个考题可以这样回答：“或许我能找到比贵公司更好的企业，但别的企业或许在对人才培养方面不如贵公司重视，机会也不如贵公司多；或许我找不到更好的企业，我想，珍惜已有的最为重要。”这样回答，就把一个“模糊”的答案抛给了考官，让他领略到你的高明和“厉害”。

沉着应对主试人的故意刁难。主试人在面试时，有时会故意刁难应试者。特别是对于管理或销售等职位的应试者，这种刁难可能更是经常发生。刁难应试者主要是为了考察应试者的应变能力。对此，应该沉着应对，对于实在难以回答的问题，可以直截了当地讲明原因，或者以一些幽默的方式应付过去。如果你面对刁难的问题而不知所措，这恰恰说明了你的应变能力较差。

以诚为本。诚实是一种可贵的品质，没有哪个公司愿意雇用不诚实的员工。在面试时，有些应试者为了给主试人留下一个好印象，会在回答提问时有意隐瞒事实或编造谎言，让自己显得更加完美。这是一种得不偿失的做法，主试人很容易识破这些小伎俩。比如，在五大洲和 30 多个国家有 170 多家分店的宜家（IKEA），该企业在招聘中，“诚”是最被看中的品质。“一旦发现应试者有欺骗行为，他就会立即被 CANCEL。”宜家北京商场人才资源经理张忠民说，宜家最不能容忍的就是不诚实，不管你多有经验，多有能力，道不同不与谋。显然，诚实是宜家最要紧的“道”。

避免回答过于简短。主试人向应试者提问是为了进一步了解应试者的各方面情况，如果应试者的回答过于简短，则会妨碍主试人对应试者的了解。主试人的提问一般没有标准答案，所以应试者可以根据自己的情况进行一些发挥，或者将话题引导到自己的特长方面。如果回答过于简短，甚至比主试人的提问还要短，仅限于呆板的一问一答方式，有时会让面试陷入僵局，显得非常尴尬。如果主试人不是非常健谈的人，应试者就应该主动去营造融洽的气氛，使面试在融洽愉快的氛围中进行，双方都留下一个良好的印象。

通过提问以显示自己的能力。在主试人向应试者提问的间隔或末尾，应试者应该大胆地向主试人提问。主试人一般比较欢迎这样的提问，至少它显示了应试

者对公司及面试的关注及主动性。另外，当面试气氛紧张时，应试者也可以通过提问来缓和面试的气氛。应试者可以对任何自己关心的问题进行提问，当然，最好能限制在招聘所涉及的问题之内。漫无边际地提问会影响整个面试的进度。应当注意的是，最好不要提出让主试人“介绍介绍公司情况”之类很泛泛的问题，公司一般有相应的介绍材料和招聘材料，自己阅读即可。如果你能提出一些比较好的问题，方能体现出自身的能力。尤其要小心的是，无论应聘什么工作，在尚无把握对方是否会录用你时，如果问一些与工作无关的问题是一个严重错误。对主试人来说，重要的是通过面试找到合适的人选。其思路是，先选定用谁，再谈条件。据此，应试者应把提问重点放在雇主的需要及你如何满足这些需要上。针对这一点，通过提问的方式进行自我推销是十分有效的。但要注意这些问题必须满足以下条件：紧扣工作任务、职责。为此，应试者可以询问诸如工作所涉及责任和面临的挑战，在这一职位上应取得什么样的成果，该职位与所属部门的关系，职位代表性的任务是什么等。总之，要注意提问应以主试人为主，不能喧宾夺主。以下是六个与工作相关的示范问题：我的主要责任；第一份工作项目是什么；我应具备何种基本技能方能胜任这项工作；我会接受何种培训；参加培训对个人有何要求；做这项工作会获得怎样的提升机会。

不失时机显示潜能。面试的时间通常很短，应试者不可能把自己的全部才能展示出来，因此要抓住一切时机，巧妙地显示潜能。例如，竞聘会计职位的应试者，可以将正在参加计算机专业业余学习的情况“漫不经心”地讲出来，使对方认为你不仅能熟练掌握会计业务，而且有发展会计业务的潜力；竞聘秘书工作的应试者可以借主试人的提问，把自己的名字、地址、电话等简单资料写在准备好的纸上，顺手递上去，以显示自己写得一手漂亮的字。但注意显示潜能要实事求是，简短、自然、巧妙，否则也会弄巧成拙。

谨慎回答时政问题。有时主试人会提一些时政问题，借以了解应试者在这方面的知识。也可能你对主试人的问题一无所知，应试者只需诚实地回答“不知道”。不懂装懂会降低应试者的诚实度。如果应试者偏激地发表一些对当前时政不合适的观点与看法，则可能会使应试者的面试前功尽弃。因为没有哪个公司希望自己的员工在政治上出问题。

3. 面试成功的思考

当用人单位突然通知你：“你被录用了。”此时，你是说干就干还是三思而后行呢？你最应该考虑的是什么呢？

（1）是否喜欢这份工作。

这份工作是否值得你用人生中一半的清醒时间为之效力？这个问题只有你自己才能回答。如果要考虑的是工作本身的价值，你不妨问问：这份工作能加强我将来更好地推销自我的技能吗？它能否提供转变职业的机会？这份工作能长久地吸引我的注意力吗？这份工作是否能使我充分施展天分、技能和能力？这份工作能使我产生一种享受的感觉吗？这份工作是否能“产生很大的不同”？我在意这份工作吗？对于工作该怎么做，我有机会作重大决定吗？对于决策者来说，我是不是一个他们“看得见”的人？这份工作是否是可以通往更美好的未来？

（2）选择是否明智。

摒弃个人在薪资上的挑剔，从情感的角度看，这是不是一家你能与之同生共老的公司？或至少是不是一家你离开时会心存感念的公司？当你在考虑你也许会加盟的公司是什么类型的时候，问问自己以下问题：公司的文化与我的个性相符吗？公司有发展的余地吗？公司的政策有明文规定吗？我能接受这些政策吗？公司在竞争激烈的市场中生存与发展处于优势吗？公司是否为员工着想？解雇员工的政策又是怎样？公司的产业是在壮大还是萎缩？我是否能感受到它在发展中带来的朝气？

（3）薪酬是否符合我的实际需要。

不论钱多钱少，人们可以同样地幸福。不过，对大多数人来说，要想手里有钱就必须干有报酬的工作，也只有这样才能满足自己对一系列物质和精神的需求。工作报酬包括基本资金、非固定的报酬（如奖金）以及间接的酬金（诸如医疗保险这样的雇员福利）。除了考虑一个具体的数，你可以想一想，我得到的基本工资是否与我本人的基本市价一致？不定额的报酬——奖金、佣金、股票是否有其真正的价值？雇员福利好在哪里？医疗保险怎样（我支付的百分比有多少，我能否选择保险项目）？退休金如何？公司是否供车？假期时间多长？病假日期几天？还有没有其他福利？加薪的根据是什么？

你确信认真地回答了上述问题后，你就可以决定是选择工作或改变工作，否则，糊里糊涂的决定只是又错失一次。

［案例］

亲历世界500强企业面试

时间：2010年12月某日

地点：SMC（中国）有限公司第二工厂

参加面试的学生：来自北京交通大学、北京航空航天大学、北方工业大学等学校的50余名大学毕业生

参加面试的考官：来自公司人事科、制造科的相关人员

面试安排：

1. 公司人事科的有关负责人介绍公司制度、企业文化、发展历程、用人理念、职业发展等方面的情况；

2. 前来面试的大学生参观SMC世界一流的现代化设备；

3. 人事科、制造科有关负责人共同对学生进行面试，分组进行；

4. 有关专业知识方面的笔试。

学生篇之一

参加面试要坦率也要真实

围绕着小会议桌坐了十来个人，有三个是企业的考官，其他都是来面试的学生。而整个气氛并不紧张，大家更像一种轻松的交流。在主考官正对面的一个大眼睛男孩不时发言，他嗓音清亮，其他人不断投去目光，仿佛在羡慕——他怎么一点不紧张啊？他叫李飞，北京交通大学市场营销专业。

"考官你好，我要说明一件事。"李飞说，"我的简历里有个错别字，是我最初没注意也没检查匆忙就交了。"这个错别字在一个不太起眼的地方，考官没有看出来。

面试结束后，他谈了自己参加面试的一些想法和感受。"错别字的问题我觉得还是说出来好。"他解释道，其实错误自己都知道了，如果非要别人来指出就被动了，况且参加面试就要坦率和真实。

为准备面试，他做了三个版本的简历，又按照不同公司不同行业做了十几份有针对性的简历。最初，自己也有点儿盲目，后来听了几次讲座，再加上自己有了实战经验，觉得简历还是非常重要的。

出错的简历是第一版的，他当时十分懊悔——如果因为一个错别字而失去了一个很好的求职机会不是太可惜了吗？最近，他在一页纸内把自己的奖励和经过、经验全部容纳，简单而全面，这第三版的简历被自己命名为最新完美版。在此基础上，他也专门针对一些公司制作了简历，比如腾讯公司、夏新公司。

之所以对简历一丝不苟，他认为，好的简历是获得面试机会的最初途径。李飞十分喜欢腾讯公司，他的第一次面试"处女面"就赶上腾讯。可令自己懊丧的是，第一次的确有点紧张，该说的没有说，不该说的都说了。一个同学已经和腾讯签了协议了，自己却没有得到答复。

"我很喜欢SMC的面试感觉。"李飞说，"大家一起聊，还可以讨论一些问题，又交了朋友。恐怕没有人喜欢单独的面试，如果气氛不好，很像监狱审犯人，所以，还是开放式好，本身也像座谈。"

李飞已经投了100多份简历，参加了十几次的面试。他在SMC的面试中发挥是很好的，这是自己喜欢的公司之一。李飞再次强调，参加面试就要坦率和真实，最重要就是心态的问题，心态好，面试就成功一半了。

学生篇之二

面试时我该说什么呀

在另一个大点的会议室，大约有20位同学等待着面试的来临。一个身穿西服的男生几乎问遍了别人怎么打领带，结果没一个人能给他帮这个忙。他看一位同学领带没有打好就把自己的让给了他，可是他自己也不会打。

在会议室的一边有个女生不声不响地坐着等待。这位叫娟子的同学是第一次参加企业的面试，正在琢磨自己如何应对。

“面试时，我该说点什么呢?”有点腼腆的娟子说话时眼神里流露着一点紧张。她也曾经多次向面试的同学求教，可他们的经历也太邪乎了。

有个同学去一个中国台湾的企业面试，人家一上来就说，“你不行，你分数太低，我们不要你”。那个同学并没有放弃，还是把自己的情况给说明了，并说了一些自己做的事以证明能力。后来才知道，企业就是给你点挫折激怒你，看你的反应和应变能力。“我的同学就看着人家说，一直看着，最后人家冷冰冰的脸上终于有了笑意。我猜想合资企业看得更多的是心理方面。”

娟子承认自己是个内向的人，学的也是自动化专业，不善于与人打交道。面试就像是过关一样。她也投了十几份简历，但得到回信的并不多。

还有些同学有这样的经历，在面试时人家问他会不会什么软件，明明不会可他一定说会，是怕失去继续面试的资格。反正离毕业还有一段时间，还有机会学习和弥补。“真是不知道自己该怎么办!”娟子说，“我是比较内向的人，自己不会也不敢说自己会，可如果真是因此失去了机会也心不甘。”

刚才参观了工厂，因为在学校里也有大的车间，这并不陌生。只是一个人一个岗位，可以感觉到工作很紧凑，大家很忙碌，还有整个厂区很干净，管理也很好。我喜欢这样的条理性。自己感觉也能像其他工人一样负好责任。

但直到她被叫到面试的那刻，娟子仍然在担心，面试时我该说什么呀?

学生篇之三

要努力符合企业吗

一组的同学面试回来，另一组过去，平静的会议室引起一些小的骚动。一些同学向面试完毕的同学打探着情况——“刚才都问什么问题了?”

两位结伴来的同学和其他同学打着招呼，说“下面的我不参加了，我回去了”。他们与熟悉的同学相互不停地交换着意见，似乎准备离开了。

高个同学说：“公司要求，一切员工都是要从一线工人做起，然后一步一步提拔出来的。这个和我的想法有差距。”他的另一个同伴随声附和着。

“我们是学习工业自动化的，我们喜欢也擅长与人打交道，当然希望大范围地发挥我们的特长。”他们介绍，他们在班里面担任干部，也在学校的社团担任职务，面试的流程他们早就一清二楚了，因为他们也经常面试参加活动的同学。

“我们本身就是自动化专业的学生，有一定的专业背景。公司经过三个月和半年的培训我们去做销售就行了，有什么必要一定要下车间呢?”看来这是这两位同学关注的问题。他们补充说，他们希望尽快和销售打交道，和人打交道，这是他们的优势。

他们还自信地表示，“我们的素质都很好，都适合与人打交道，这样不应该再拿我们当一般的工人对待了。我们希望有这样的挑战性的机会，而且，我们特长比较多，希望多元化发展”。又和几个同学谈了一会，他们就结伴离开了。

企业篇之一

定位和心态要与企业吻合

——SMC（中国）有限公司人事科副科长傅秀芝

每一个企业选人的标准各有不同，我们是制造业生产型。作为一个年轻的企业，发展速度又十分快，就需要大量大学生加盟。我们欢迎的是大学中比较优秀的学生干部，他们学业优秀、心态积极、素质高、适应力强又有团队精神，善于与人合作，踏实肯干。这样对企业、对个人的成长都有好处。1998 年入职的大学毕业生现在已经是公司的生产骨干了。

公司 2010 年生产形势很好，员工数量一年就净增了 1300 人，是前十年人数的总和。2001 年时公司才十几名员工，2006 年时才七八十名员工，之后人员数量的发展基本上是每年翻番，到 2010 年底，公司有 1400 名员工。

目前，公司有本科生 500 名，公司规定所有的入职员工都要到生产线上工作，研究生也不例外。企业不可能让一些本科生和研究生干普通工人所干的工作，只是让新员工对企业的情况有个最真实的了解，为今后从事的工作奠定坚实的实践基础。

今天面试的基本流程是：同学们进来后，给大家一个宽松的展示自己的环境。采用有问有答的形式，主要看他的兴趣点和特长在哪里，与企业的岗位是否适合。还有互动型的，让他们觉得没有压力的情况下，以平时的真实流露。

一些人可能会紧张些，但也不能说他适应能力比较差。我们认为，每个人都是人才，主要看要在适合的岗位上发挥他们的才干。所以，我们不认为，害羞的人和不善于表达的人在企业中没有适合的岗位。发现他们的长处，在企业有空缺时，我们就会选择他做适当的工作。

如果一个毕业生在方方面面都很优秀但就是不能融入我们的团队里来，我们也不见得录用。一些人表述能力差，我们更能发现他的潜力，当他的定位和心态和企业相吻合的时候，我们仍会考虑。

我们的面试由不同的部门协同完成，由公司人事部门把关的是，一个大学生的整体水平，在学校和生活中的心态，考察他的基本专业能力。作为生产部门，还要看他的专业理论水平是适应车间的工作环境呢，还是考虑问题的方法、关注点，最后，我们再共同考察。

很多人认为自己是大学生了，很了不得了，经常提出需要什么样的待遇、职位、工作环境等。其实，一个不能适应社会环境的人，一定成功得很慢。一个职业新人不太可能向企业提太多的条件，就像企业不能跟社会提条件一样，不能是我的客户适应我的产品，而是我的产品要符合社会的需要。我们必须要改进，社会对于产品的需要，我们需要做什么样的工作，也有个适应的过程。这个定位是最初的最重要的一项。

企业篇之二

侃侃而谈也要实实在在

——SMC（中国）有限公司第二工厂制造科李有林

企业都不太喜欢侃侃而谈的人，工作嘛总要去做，不能总去说。在表达时，要语言清晰、条理很好，该讲什么不该讲什么心中有数，说话自然，表达上语言流畅就可以了。

大学生获得了什么样的学习方法和做事方法是企业面试的重要考察内容。谈吐是考察学生的一个方面，语言表达能力，综合素质，与人交流和沟通的能力是企业中进行团队合作的基础。另外，学习的情况我们也关心，比如在班级和系里面的排名位置，奖学金获得情况。再就是看在学校里从事过的社会活动，以及反应能力、灵活性等。

今年经过我面试有将近200人，如果根据岗位来选人，专业则以机械制造和工业控制自动化、工业电机自动化为主。我们是日资企业，特别需要既懂日语又懂专业的人，而这方面的人才，北京少而东北比较多。我们发现，在北京大家似乎不太爱从事制造业这个行业，而愿意从事营销和与外面接触比较多的岗位，希望留在生产一线的则数量很少。

此外，在面试时，你是什么样的人就真实展示，你性格是内向、还是外向是掩饰不住的，所以要真实地展示。让人家看到你，不要做太多的修饰，有时越掩饰反而适得其反，因为企业需要的是做事的人。

为了增加学生对企业的进一步了解，SMC 已经决定安排一些学生到工厂里实习一周。了解企业、参观企业、感受企业，所有不明白的地方在一周之内有个彻底的了解——工作场所是什么，工作条件、工作待遇福利和个人的发展机会都能彻底了解。

职场生涯小资料：

在这个越来越以技术为中心的世界里，职位的进阶需要什么？带着这个问题，一些 CEO、CIO、老板和猎头，特别为您总结了 10 条创造和利用职业机会的规则。

1. 业务第一，技术第二

保险集团 Chubb 公司的 CIO June Drewry 说："企业中没有'IT 项目'，只有具有 IT 组成部分的业务项目。"IT 员工中介公司 Sapphire Technologies 应用开发高级经理 Ray Howell 说："取得职业成功最重要的规则是：如果想沿企业职务阶梯上升，就必须首先像业务人员那样思考，然后再像技术人员那样思考"。Howell 说："技术人员必须从业务角度审视 IT 项目。在讨论技术项目的会议上，能够设身处地为财务和销售人员着想，从他们的角度看问题，这会更快速地找到解决办法。"

2. 主动承担更多工作

一种做更多工作的办法是自愿承担计划外的项目，然后出色地完成它们。Sunil Misra 说，他的第一次重大突破出现在自愿在加班时间内负责测试公司文档管理/CAD 软件。Misra 说："这让我被高管层注意到，还让我接触到了完全不同的一群人，就是最终用户测试员。在我当时的职位上，是没有机会与他们接触的。此后，我被要求承担公司下一个产品套件的项目管理工作。"Misra 现在是阿姆斯特丹信息与通信技术公司 Getronics 的咨询服务副总裁。

3. 不推卸责任

承担大量的新项目，最终可能有某个项目完全被弄砸了。宽幅图像设备经销商 Charette 公司的 CEO Jack Ford 说："在发生这种事时，必须承担责任而不是互相推诿。"Ford 说："我需要的是不仅愿意承担项目，而且还愿意在失败时勇于承担责任的人。在 IT 界，如果项目没有成功或没有按期完成，很容易解释成因为经营人员、销售人员或外部供应商不合作。但是最好说：'我知道项目没有完成，但是我们在哪里跌倒就从哪里爬起来’。”

4. 大胆说出不同意见

老板们总是提升有领导能力的人。Mark Stevens 说，领导能力的一个重要方面就是坚持己见，并知道如何表达它们，无论自己的看法触犯了什么人。Stevens 是全球营销公司 MSCO 公司的 CEO。Stevens 说：“许多人害怕，如果他们表达了自己的真实看法，就会受到压制，但大多数情况下正好相反。通过坚持原则，不怕得罪人，激励人们跟着你继续干下去。要敢为天下先。”

5. 开发杀手级应用

MSCO 的 Stevens 说：“如果你可以在一个对于公司的未来至关重要的项目中成为关键先生，那么这就是可以让你取得成功的“杀手应用”了。”Stevens 建议：“找到一件对你的公司十分重要的事情，并成为处理这件事的最佳人选。”这里有一个隐藏的危险。如果你的专业知识给人留下过于技术化的印象，你所做的一切只是加强了人们你是个技术怪才的印象。不过，技术怪才也有生存空间，它应该适用于对于你的公司业务战略至关重要的东西。

6. 保持领先

你的技术等级可以让你高人一筹，但前提是它们不会落伍。不要放过任何涉及新兴技术（例如 SOA、协作应用或数据仓库）的培训机会。职业中介公司 KForce 的技术人员副总裁 David Bair 说：“你必须保持领先。过时的技能会成为技术职业生涯道路上最致命的缺陷之一。”如果你的公司不提供先进技术的培训，那就自己花钱去学习。Bair 说：“如果现在花 2000 元参加培训，就意味着未来工资会增加 20000 元，这就是非常好的投资回报。”

7. 知识储备

教育不该止步于技术技能。商业课程和专业证书可能在远期带来更为丰厚的回报。Sierra Club 公司 IT 经理 Dave Simon 说，帮助推动他职业发展的因素之一是成为注册会计师（CPA）。而他是在老板的鼓励下才获得这个证书的。Simon 说：“获得 CPA 证书带来了丰厚的收益，它给了我商业知识和更多直线管理（Line Management）的可信度。我不再只被视为技术人员。”

Sapphire 公司的 Howell 说，他目前自掏腰包参加 Worcester 综合技术学院举办的高科技 MBA 学习。Howell 说：“我不断努力鞭策自己，使自己全面发展。”

8. 建立绩效档案

到了考核绩效的时候，很多 IT 专业人员发现自己无话可讲。KForce 的 Bair 说：“我们常常发现技术专家身上最缺乏的一样东西是交流他们为公司取得成功的能力。”怎样解决这个问题？方法是建立记录你所取成就的书面档案，以后在合适的时候可以将该档案交给你的上司。这个档案可以像你附在简历上的成绩清单那样正规，也可以像手写的笔记那样简单。

9. 培养接班人

纽约 Christian & Timber 公司 CIO 招聘项目的负责人 Groce 说："技术人员常常不愿意引进新的人才，害怕他们以后会去竞争顶级职位。"有更好的策略吗？答案是，"指导和培养可以接替你职位的人"，让你可以晋升到更高的级别。Groce 补充说："技术领导人在这方面的能力比较差。他们害怕培养下一代领导人可能会让别人在晋升名单上超过自己。"KForce 的 Bair 说："雇用优秀人才将为你在高管层那里挣得更多的分数。最终，你将赢得伯乐的名声，从而让你变得更加不可或缺。"

10. 洁身自好

Chubb 公司的 Drewry 说："从长远的角度看，讨好上司并不可行。"这种讨好迟早会让上司感到讨厌，尤其他们一旦注意到从这位员工那里得到的只是讨好，而没有其他任何东西的时候。"另外，Drewry 强调向上管理（Managing Up）的重要性。"这意味着了解上司所想、他的优势与弱点、他感兴趣的东西，然后教育他了解你可以为实现企业目标做些什么。"

拥有 20 亿美元资产的招聘与员工中介公司 Spherion 高级副总裁 Brendan Courtney 说："内部政治始终影响到谁将得到升迁，假装超脱并不是一种有效的策略。"外包咨询机构 EquaTerra 公司的客户经理 David Zink 说："到了紧要关头，一定要拿出自己勇气。我坚持一个原则：就是做正确的事情，不去做在政治上显得正确的事情。面对你的同事甚至上司需要勇气，但这让你更容易看清自己。"

资料来源：智联招聘网。

第七章　民族院校大学生创业成功案例

第一节　民族地区创业成功案例

一、李守望创业

1. 创业之初　苦苦打拼

1990 年，高中毕业、年仅 21 岁的李某某带着父母东拼西凑的 3 万元，与自己的同胞兄弟离开了家乡，到当时生活环境还非常落后的内蒙古自治区创业，以做眼镜、钟表生意为生。那时候，内蒙古呼和浩特市店面租金便宜，李某某靠自己的诚心，说动了内蒙古呼和浩特市民族商场经理，一下子包了 6 间柜台。有了店面的李某某，马上雇来 6 名员工，做起了钟表、眼镜生意。每天要起早贪黑，晚上 10 点钟下班回到那不足 90 平方米的出租屋里继续磨镜片，因为当时的镜片全是手工磨的，所以每晚他都磨到半夜三更，每天睡眠不到 5 个小时。而且，每次他都要亲自到上海、广州等地去进货，坐不起飞机，又舍不得买卧铺票，只能坐火车的硬座，一坐就是两天两夜。晚上，实在困得受不了，就拿报纸铺在走廊里睡。由于受资金限制，他只能小批量进货，这就意味着他每隔一两个月就要去一趟。跟记者提起在内蒙古创业的艰辛，李某某说，只能用“很苦”来形容。但付出就有收获，在往后短短的四年时间，李某某就有了属于自己的大大小小 20 多间店面，员工达到 40 多名。

2. 几度改行　酸楚自知

不满现状，勇于抓住商机是李某某的商道特点。但几度改行的酸楚，也只有李某某自己知道。1993 年，就在“博士伦”隐形眼镜非常风靡的时候，李某某觉得自己有那么多间店面，小本经营做不大，于是大胆决定，从事制造隐形眼镜的行业。因为投资大，他心里明白，风险肯定是有的。

引进国外技术，高薪聘请专业技术人员，从台湾进材料，不久李某某就做出了质量好的隐形眼镜，开始创造属于自己的眼镜品牌。马上去联系北京、上海、石家庄等地的客户，批发隐形眼镜，由于价格便宜，价廉物美，深受广大消费者的欢迎。以102元/副的价格每天平均能批出5000副左右。但因为制造隐形眼镜，要有知识产权与产品专利，李某某只能退出制造隐形眼镜的行业，开始从事超市批发零售业，经营意大利名牌“阿玛尼”、日本“伊发”、“苹果”、“露雪莱”等世界眼镜品牌的中国大陆总代理，并搞起了批发眼镜行业，把批发销售网络逐渐扩大到北京、上海等大城市，现年销售额2000多万元。

3. 回乡办企　甜蜜荣归

1995年，李某某又筹集800多万元资金，在好朋友亚洲摔跤冠军呼日嘎和著名歌手腾格尔的支持、帮助下，包下了内蒙古自治区当时两个五星级酒店“内蒙古饭店”和“新城宾馆”，做起了娱乐生意。生意经营得非常火爆。现在两个宾馆每天的营业额是12.3万元，年收入达到3000万元左右。

2007年，李某某响应家乡政府的号召，决定要在瑞安马屿镇投资，买下80亩地建眼镜公司，在自己的家乡发展事业。

【李某某个人小档案】

李某某，内蒙古自治区温州商会副会长，内蒙古亚西亚眼镜公司与内蒙古金色年华娱乐有限公司董事长。

1969年出生于浙江省瑞安市马屿镇的一个农民家庭。高中毕业就去内蒙古大草原创业。第一年就挖到了人生的第一桶金。现已成为千万富翁，分别经营着眼镜、服装、休闲娱乐等不同的行业。在内蒙古自治区拥有内蒙古亚西亚眼镜公司、内蒙古金色年华娱乐有限公司，同时也是意大利“阿玛尼”、日本“伊发”等许多世界眼镜名牌的全国总代理。现在，事业有成的他，将回笼资金荣归故里，买地办厂再次创业。

二、大学生自主创业，首年盈利70万元

26岁的兰州理工大学毕业生杨某某和23岁的大学毕业生张某某2004年大学毕业以后，自主创业，开设了甘肃省第一家经营无线增值业务的公司，创业刚一年就盈利70多万元。

2003年杨某某大学毕业以后，一次偶然的机会，杨某某碰到一个大学时的网友，经过考察论证后，这位网友决定给杨某某100万元的风险投资。

由于杨某某有在电信公司的工作经历，他敏锐地意识到手机无线增值方面的市场空间很大。于是，杨某某在兰州注册成立了一家信息科技公司，专门做有关手机无线增值方面的业务。2004 年 7 月，大学刚毕业的张雪林婉言谢绝了多家外企的加盟邀请，和杨某某一起自主创业。

刚开始创业的时候，包括杨某某和张某某在内，公司只有三个人。为了尽快推出一款手机游戏，他们连续两个月每天只睡三四个小时，一顿饭只吃一碗 5 元钱的炒面。

很快这款手机游戏就卖给当地一家网络公司，成功地推向了市场，公司获得了第一笔业务收入。紧接着他们又开发推出了新的手机增值业务。公司在业界的知名度也越来越大，目前公司的员工从最初的 3 个人发展到了 8 个人，公司成立一年，就盈利 70 多万元。

第二节　民族院校毕业生创业案例

民族院校毕业生创业案例一

某生物工程有限公司总经理马某，回族，毕业于民族院校畜牧兽医系，于 1980 年被分配到某自治州畜牧兽医站，从事兽医技术推广、家禽疫病防治等牛资源综合开发利用研究工作。

多年来，他潜心从事研究工作，参加过国家多项重点科研项目的研究工作。从 1999 年至今，他先后 10 次到国外实验室公司考察、访问和进行技术交流，协商合作开发中国西北地区动物产品的有关事宜，并主持动物生产研究所和生物工程实验室建设工作。主要从事“生物制品原辅材料质量控制及动物性生物材料开发”研究，现为中国某生物技术协会理事、中国某杂志理事等，是一个科研型、学者型的企业家。

2000 年，对马某而言，是重要的一年。正是从这一年开始，马某等开始投入到与国外某实验室合作生产动物血清项目的筹建之中。“万事开头难”，加之首次与国外同行合作，这对马某来说，是一个很具有挑战性的工作。同年 5 月，跟随校领导访问国外的马某也亲自参加了中外双方（合资合同）的签字仪式。这也意味着他肩负的重担和未来的艰辛道路，从工厂的选址、厂房的图纸设计、内部装修到设备的安装调试，一直到正式投入试生产及稳定生产工艺等与企业有关的每一个步骤、每一个细节，都是由马某率领最初的十几个人一手完成的，从而使企业在较短的时间内以最快的速度和优良的质量圆满完成了前期的创业任务。2001 年 3 月 21 日，公司召开了第一届董事会。在这届董事会上，马某出任总经理。3 月 22 日，公司隆重举行了盛大热烈的开业典礼。公司的开业得到了省政府、市政府的高度重视，并在西北教育界、科技界、企业界产生了强烈反响。在马某总经理的主持下，公司还投资兴建了生物工程实验室，实验室主要研究方向为动物来源的生物工程材料，生化药物的开发和利用，动物细胞培养，动物疫苗和动物疫病的研究开发等。2003 年被批准为生物工程与技术国家民委重点实验室。同年 9 月，马某代表公司出席了在上海举行的全国牛产品生产单位研讨会，他以一个科学工作者的敏锐眼光，从会议获得一个信息，那就是要全面规范动物产品生产市场。为此，他决定立即投身于产品质量认证工作。在马某的指挥带领下，公司全体人员加班加点，奋力拼搏，终于在 2003 年 12 月又顺利通过了中国质量认证中心（CQC）的审查验收，这使马某及企业员工信心倍增，干劲也越来越大。

“功夫不负有心人”。自创建以来，该公司的产品产销两旺，取得了良好的经济效益和社会效益。2001～2004 年总产值和税后净利润处于高速增长期，总产值年平均增长为 76.5%，税后净利润年平均增长为 150.76%。十多年的艰苦创业、大胆探索和勇敢无畏，换来了今天的丰硕收获与累累成果。马某为此在 2005 年 10 月被当地市委、市政府评为“2002～2004 年度该市优秀非公有制企业家”称号，并赢得了合资企业和本单位领导的一致肯定和高度好评。

民族院校毕业生创业案例二

某实业有限公司董事长唐某，回族，1983 年唐某毕业分配到某中学任教，为少数民族下一代的健康成长奉献才智，真可谓如鸟归林，25 岁的唐某以满腔热情投入到了教育工作之中。正当他在学校中发挥专长、尽情撒播知识甘霖之际，一纸调令将他调至某市教育局工作。起初他也曾踌躇满志，准备在教育战线更广阔的领域大施才干，但他那种书生意气的愿望，很快被现实中沉闷单调的办公室生活击碎。“大多数情况下，几乎无事可干，整天除了喝茶就是看报纸，有劲儿使不上不说，还很寂寞。”唐某对当时的情形作了这样的描述。而此时随着我国改革重心从农村向城市的转移，全国各大城市“下海经商”风盛行。这种风也时时拂动着唐某那颗骚动不安的心，在一些早已下海的“哥们”的动员下他几次欲跃入商海时，可总是遇到亲朋好友，特别是家里人的劝阻，这也使他瞻前顾后，犹豫不决，但他同时也密切注视着市场发展的大趋势。

在这种犹豫彷徨与密切注视中，一晃已到了1998年，而他在市教育局度过了12年，这位昔日英姿勃发的东乡族小伙已经步入中年。“四十而不惑”，此时的唐某也更加成熟稳健，他经过深思熟虑，觉得再也不能这样碌碌无为地度过一生，他也很想验证一下造物主赐予他强健的身体和禀赋的智慧到底能创造出多大的价值。于是，他再也没有犹豫，决心下“海”一搏，没想到这一搏，竟在某地房地产领域搏出一番令人为之瞩目的宏伟事业。1998年10月，唐某和一群志同道合的商界伙伴们筹资1200万元，注册成立具有独立法人资格和房地产开发权的股份制企业，广招精兵强将，组建高素质员工队伍，大举进军某地房地产市场，同时涉足建筑材料、农副土特产品、百货批发零售等行业。唐某抓住机遇，斥资8000万元，在某市场东侧兴建了一座宜商宜居的大型商厦专门经营各种精品品牌服饰。在经营管理上从南方聘请具有现代化大商厦管理经验的专业人士负责管理，为该地东部商圈带来了一次意义深远的革命。公司在房地产领域的崛起奠定了基础。此后他以锐不可挡之势相继开发了多处高档小区。并斥巨资3.6亿元，历时四年，在某地成功开发了在当地房地产界具有划时代意义的商业地产——某城市广场。其中，一塔楼为五星级酒店，另一塔楼为纯酒店服务式写字楼，裙楼一层至五层为购物中心，五层至八层分别为清真美食广场、餐饮康体中心和洗浴中心。

对一个大型商业地产来说，投资开发仅仅是第一步，重点是在建成之后，如何将其进行商业化运作，给投资者、开发商带来滚滚利润。在这方面，唐某也是独具慧眼，他与香港、深圳资深策划人与大型商业项目操盘手组成的专业运营管理商联手，面向全国招商，不仅让CEPA零关税香港城、韩国城入驻其中，而且还独具匠心地推出了品牌折扣城和四条长50米、宽6米的室内步行街，四条风情各异、异域气息浓郁的室内步行街，连接数千家产权小商铺，彻底打破了当地商场千篇一律的面孔，不仅使该城市广场荣膺当地“十大名盘”之称号，而且在开盘之际引起市民抢购，创造了当地商业地产的神话。

民族院校毕业生创业案例三

西安某文化企业集团总裁马某，回族，1960年出生于陕西西安，1983年毕业。他曾先后担任过某省青年委员、某市政协委员、工艺美术设计师、高级广告设计师、电视剧制片人、某广告协会副会长、某油画肖像艺术馆长、某油画研究会常务理事等职务。1990年马某的作品“××锅巴”包装系列获得良好社会效益，1993年参加全国的室内环境设计某竞赛获得银奖，2002年在某政协会议上发表论文提案，并先后为多家知名企业采纳实施，2004年为某高新区设计多项广告作为案例被收录到某教育出版社出版的书中。除了这些知名广告的设计者之外，他还是电影制片人，他先后投资拍摄了多部影片，这些影片均已发行。在改革开放30周年的时候，马某所创立的公司荣获“某市广告30年20强企业突出贡献奖”，其个人也荣获“某市广告30年广告企业最佳创业广告人”的荣誉称号。

1983年毕业的他被分配到了某市装潢研究所工作，在工作中因为能力突出，很快就被提升为市装潢研究所的副所长。1993年春天，33岁的他放弃了当时的一切，选择了一条充满争议、未知和挑战的路，从选择了广告业开始，他就对市场作了全景式的分析，确立自己精致典雅的特色，作品求真求美凸显个性，1993年即获全国某设计大赛银奖。1994年适逢国际花会在当地举办，马某抓住机会大显身手，全权代理1994年该花会的广告发布，这也成为他涉足广告业的第一笔生意。同年，公司承接的古文化艺术节广告宣传再度引起轰动，该广告公司设计的会标、吉祥物一直沿用至今，得到业界一致认可，同时也使公司成为1994年都市的一大亮点。

鉴于户外广告受城市规划限制，发展空间拥挤的缺点，他适时调整战略，更多从整体策划入手，重视开发公司内存空间。在各类广告都纷纷兴起的当时，马某同时代理媒体广告业务以及大型霓虹灯、路牌、灯箱、公交等各种广告，并承接影视广告的创意、设计、制作。他利用电视渗透力强、效果直观的优势，先后与多家有线电视台合办多个电视节目，为都市生活提供流行资讯充当购物导向，使该品牌更加深入人心。

1996年公司涉足影视文创，成立子公司，服务更趋于全方位、立体化。马某把自己的创业成功归结于幸运。幸运是成功的谦辞，幸运是命运对勇敢者的嘉许，幸运是机会给坚强者的暗示。他没有提及创业之初的惨淡经营、殚精竭虑，只说他和公司机遇很好，赶上改革开放，于是改写了自己已经被惯性设定好的后半生，提及自己付出的辛劳，云淡风轻地将一切都忽略在微笑中。他有中国的文化人一脉相承的爽朗与淡泊。

马某有很多头衔，某市青年企业家协会副会长、某市优秀青年企业家、某广告协会副会长等，而最本色也是最出色的当是画家，一个用笔用心用才略气度挥洒热情描摹未来的画家。

民族院校毕业生创业案例四

内蒙古某文化发展公司董事长尚某，蒙古族，1983年毕业，艺术系美术专业，刚走出大学殿堂，单纯地抱着对艺术的追求与梦想，尚某被分配到出版社担任美术编辑。一路走来，先后从事过美术编辑、装帧设计、出版发行、摄影等工作。然而，他触及的领域还在拓展，虽然没朝着预先设定的美术道路笔直前行，但艺术色调早已融入了他的血液，伴着气息，渲染着他的人生道路。对于辽阔苍茫的内蒙古而言，阿拉善还只是美景一角。所以，他要走遍内蒙古大草原101个镇县，把这片土地更深刻地诠释给全国、全世界。在这里，不只是迷人风景，更多的是民族风情，因为内蒙古高原流露出的风韵是属于整个人类的。于是，他启程了，领略过魅力的呼和浩特，瞻仰过神圣的鄂尔多斯后，他把眼光投向了锡林郭勒大草原……并一一用相机焦聚走过的山水。由他编辑、主持装帧设计了系列丛书，然而，他在这条路上还有很长一段路要走。

《大藏经》既是佛经，也是涉及哲学、历史、语言、文学、艺术、大文等领域的百科全书式的民族宗教古籍丛书，但目前中国保存的蒙古文佛教经典已开始风化，不少函帙卷章有墨迹脱落的现象。为抢救这一珍贵的文化遗产，2007年成立了蒙古文《大藏经》出版委员会和编辑委员会，尚某参与了关于蒙古文《大藏经》收集、整理、编审和校对的全部工作，蒙古文《大藏经》装帧设计就是他亲自执笔的。如今，大胡子尚某的身份又多了一层含义，那就是内蒙古某文化经济发展公司董事长。

一个在艺术道路上漫步的人，曾经看到过许多美景，也目睹过国外的文化，冰岛、德国、芬兰、瑞典、蒙古国、俄罗斯……这些国家给他带来的震撼不只是视觉上的，更是心灵启迪、文化反思和某种教育借鉴。当他打算出版翻译的某外文图书时，人家都觉得他是个“傻瓜”，因为眼下各路出版商都在高速运转印刷机，应时将高分指标下的练习册推到书架上去。而他居然瞄准外国的教育文化，不惜花重金买回版权。此时，他已不是用利益来衡量所谓的商业行为，而是回归到一个拥有善心和责任心的人。似乎，对他而言，做一件善事就是在为世界积蓄一种力量，推动人间的美好和圆满。因为他曾感慨过，人间都是美好的，要快乐地活着。

民族院校毕业生创业案例五

北京某传媒文化有限公司董事长白某，裕固族，1997年到北京，先后在多家传媒公司任职，2000年初进入某电视台特别节目组，参与策划了多档电视栏目。2003年，在对该电视台市场运营模式充分了解之后，利用以往的媒体经验，他创办了广告公司，进行策划后推向市场，完全躲开了简单广告市场的竞争。经过这些年的发展，公司已从单一的广告企业扩展为影视制作、文化传播等综合传媒公司。

从一介文人到业界精英，期间的艰辛无人能知。他曾经以极大的真诚和热情走上了创业之路，也曾因为贸然从事自己不熟悉的行业而举步维艰。但白某坚守着“脚踏实地、顺其自然”的人生信条，一步一步走到今天，取得了不菲的成绩。“困难是暂时的，只要吸取教训，树立信心，总会挺过去的，更重要的是通过挫折可以使对事业发展的掌控能力得到增强。”他自己如是说。在他的组织和带领下，他的公司曾多次举办某艺术新秀的选拔活动。该艺术新秀选拔肩负着文化部文化艺术人才中心发现人才、培养人才、推出人才、推动和发展我国文化艺术事业及海内外文化交流的重大使命。该活动使优秀的文艺新人有了拓展和展示自我的舞台，通过专业交流推荐艺术新星新作，为未来各艺术专业院校培养和发掘大批艺术新人；同时，也通过选拔大赛，进行国际文化交流，让新秀们能跨出国门、走向国际舞台。由于该活动被列入文化部年度海外文化交流项目，是一个极具权威性、公正性、高规格、高标准的艺术选拔活动，受到广大青少年、儿童和艺术爱好者的欢迎。为了把丰富多彩的中华文化传递到世界，白某和他的公司多次组织艺术新秀代表团赴多个国家进行访问演出，同英国、法国、澳大利亚、日本等国家的文化机构保持着长期的合作关系，为国家和自己的企业创造了良好的声誉和影响。

作为自主创业的成功代表，白某对如今大学毕业生自主创业颇为关注。他认为，自主创业是大学生就业的出路之一，国家也出台了一些扶持政策，有些成功的企业也在关注这个待开发的巨大资源。大学生自主创业的优势在于年轻，富有朝气，接受能力强，有创新精神。虽然面临着资金、经验、社会资源等种种限制，但是只要学校和社会给予充分支持和关注，前景还是相当乐观的。就业和自主创业并不矛盾，大学生毕业走向社会，他们会客观对待自己的创业之路，对不具备创业条件的可以选择自己有兴趣的行业去工作，待条件成熟后再独立创业也是一种很好的方式。但他还是鼓励大学生应该相信自己的能力，不要轻易放弃自己的梦想，寻找机会发挥自己的创造力，多为社会做贡献。谈到自己的创业感言，他说：“勇敢自信、不怕失败，用科学的态度和严格的方式来对待自己选择的方向，千万不可急于求成。热爱生活，要有感恩的心。”

民族院校毕业生创业案例六

某商贸公司董事长杨某，汉族，1984 年毕业，毕业后在某卫校任教的七年里，他作为最年轻的主编出版了关于解剖生理学的书，二十几岁的教师出版一本教科书似乎有点不可思议，但他确实做到了。少年壮志的他在某市某医院工作不久，就在外资企业涌入中国的强大潮流下“一不小心”地“下海”了，并在市场经济的激流里摸爬滚打数年后崭露头角，成为国外某公司（中国）首席医疗事务专员。在捞到了人生中的一桶创业金没多久，他转身投资组建自己梦寐以求的公司。从小企业着手，领导团队做自己可以做到的事情，开启了自己的“梦工厂”。“创业过程中，挫折是不可避免的，刚起步时，有时连工资都发不上，当然也有放弃的念头，但还是咬咬牙，向朋友借，挺过去了。”杨某说，“做生意很多时候有所舍才有所得，但要把握一个度，所以要依自己的能力来规划自己的人生”。正像他的摄影婚纱集团加盟口号：“结人而成势，聚势而成力，合力而成业。”

“因爱美丽”是该摄影婚纱集团董事长杨某喜欢的一句话，他曾说过，人的一生很漫长，但人一生中最幸福的时刻很短暂，多少人因为没有记录下自己美好爱情的时刻而懊悔不已。因此，他将摄像机聚焦在婚纱摄影，把爱留住，创造多种婚纱电影等一系列婚纱品牌，缔造出极富创意的“梦幻婚礼”，记录每一对新人爱的浪漫和唯美。在与国际一流婚纱企业结盟、拓展连锁企业之时，他还致力于某省婚庆婚纱事业的发展，“某省婚庆行业协会”在他的热心倡导与积极努力下呼之欲出。如今，身为该省婚庆行业协会执行会长的杨某，从摄影基地延至婚庆领域已成为该省一位领军人物，硕果累累，花开遍地。2001 年获“中国优秀摄影家”、“人像摄影名师”，2003 年荣膺某美丽新娘代言人称号及婚纱行业“群英会百大风云人物”奖，2006 年被聘为某婚纱行业经济促进会终身级常务理事，2007 年又荣获某十大封面人物奖。而接下来，他将着重发展以影像行业为主的专业化公司，让这充满爱的事业凝聚更深刻的内力。

“要有梦想，不能幻想”、“梦可以做得很大，但梦醒时分还是要一步一步来实现”。从一个普通卫校的教师到以影像产业为主的企业董事长，从摄影爱好者到 2005 年该行业“杰出领袖风范奖”得主，一路辗转走过，个中滋味不言而喻，而他只是坚持以“不放弃，不抱怨；先做人，后做事；不怕吃亏，吃亏是福”的箴言守望心田。这种心态也成为他选择员工的主要标准，能力固然重要，但人格魅力更重要。良好的企业文化是一个企业的动脉，他对第一次犯错的员工可以原谅，而第二次犯同样错误的员工往往不能原谅，这是他笃定的管理原则。

民族院校毕业生创业案例七

陕西某科技有限公司总经理王某，汉族，1986 年大学毕业被分配到某统计学院任教，1990 年离开该统计学院到某矿产金属有限公司，1992 年到某进出口贸易公司，1995 年底融资创办硅业有限公司并担任总经理，1998 年任金属科技有限公司总经理。

1992 年他离开了矿产金属有限公司进入进出口公司从事进出口贸易，一步一步地接近了他现在的工作。三年后，他毅然选择了去沿海地区的创业之路。1995 年底拿着东拼西凑的资金到沿海投资。经验不足，注定了他此次融资的失败。刚到沿海时，他把五六百万元资金投入沿海的某硅业有限公司，硅业有限公司要和一个外商共同投资一个铝厂，最后由于外商的资金没有到位，导致他损失 170 余万元。王某的总经理梦就这样被商海打翻了。

在沿海的失败，让他沉默了一年，无奈带着仅有的 15 万元回到老家。后来在朋友的帮助下，开始筹备现在这个公司——金属科技有限公司。经过 12 年的发展，王某的公司由刚开始的 50 万元注册资金发展到现在的 500 万元注册资金，公司的业绩也在逐年增加，销售额 2008 年已过亿元。

民族院校毕业生创业案例八

某地毯有限公司总经理麦某，维吾尔族，毕业后被分配到家乡的人民政府当翻译。业余时间他坚持练习武术，常常是拳不离手、曲不离口。付出就有回报，第二年在某市举行的第二届少数民族运动会上，麦某在武术项目取得第一名的好成绩。由于他在武术方面的突出表现，1994 年被调到某地区体育运动学校任翻译和武术教练。两年后他辞去工作，开始创业，但常常碰壁。1998 年他到土耳其，经过一年的努力，于 1999 年考入土耳其语文专业。在上学期间，麦某结识了土耳其热爱武术的朋友们，看到他个个套路都打得有板有眼、出神入化，朋友们就极力举荐他到国家武术队。1999 年 6 月土耳其体育部的空手道和武术联合会就聘请他担任国家队武术总教练。任教期间，麦某细心施教，不断总结经验，形成了一套适于当地学生的教授方式。与此同时，他也越发觉得自己的理论知识还需上一个新台阶，2002 年他回国到北京某大学武术培训中心进修。经过系统学习，他再次回到土耳其武术联合会。授课的过程中没有专业教科书，全靠他一人现场指导。麦某暗下决心，一定要为土耳其人民编写一本武术教材，让中国博大精深的武术文化发扬光大。在请示了中华人民共和国驻土耳其伊斯坦布尔领事馆的有关领导后，2000 年和 2001 年他编写了两本土耳其语的关于武术的书，同时还将中文的比赛规则、裁判员规则等书籍和材料翻译成为土耳其文。鉴于麦某为土耳其人民了解中国文化做出的积极贡献，中华人民共和国驻土耳其伊斯坦布尔领事馆和中华人民共和国驻土耳其大使馆均给予他高度的评价和赞扬。

出生于新疆，麦某总想为家乡做点什么，在土耳其工作之余，他一次次地走访调研，美观大方、色彩鲜丽的土耳其手工丝绸地毯让他眼前一亮。于是他决定自己学习地毯编织技术，再将其普及到新疆。2002 年他参加了土耳其手工丝绸地毯编织培训班。新疆传统的挂毯通常是用羊毛织成的，外观厚实，而绢丝挂毯则是由织女们用蚕丝一丝一丝织出来的，单薄中显露出清秀。2003 年他回国考察新疆各个地区，2004 年在某地区某县建立了某地毯有限公司。公司起步之初，麦某组织了某职业高中地毯班的 10 名毕业生开始培训。令人欣喜的是，年底培训人数就已达到了 100 多名。2005 年与土耳其某公司合作，将其先进的编织技术结合新疆手工地毯加工技术，组织 16～40 岁的待业、下岗、残疾和无业妇女，开办规模较大的丝绸地毯编织培训班，2006 年麦某创办中外合资企业——某地毯有限公司。当地县委和人民政府高度重视其发展，给予了他极大的支持和帮助。2007 年经过多方努力，他开办了地毯培训班，培训了 100 多名初中毕业的女工。目前他开办的地毯培训基地和就业基地分布在当地 7 个乡镇中，使上千名妇女的就业问题得以解决。

随着公司的运作走上正轨，他发现不少职工对织毯还是有很多困惑，为了保证产品质量，他从土耳其专门聘请 5 名技术人员常驻当地县城，为职工进行世界一流的织毯方法培训。现在他的两家公司生产的 100% 棉线丝毯及纯毛毛毯的技术均为世界顶尖水平，产品远销日本、欧美等地，市场前景广阔。

民族院校毕业生创业案例九

内蒙古某旅行社有限责任公司总经理姚某，蒙古族，毕业于汉语言文学专业。一丝不苟、精细严谨、雷厉风行就是姚某的做事风格。姚某 2006 年创办了内蒙古某旅行社有限责任公司。这些年本着“一次做好每一次服务，一次确保每一次质量”的宗旨和“真心对待顾客，真心照顾顾客，真心帮助顾客”的理念，该旅行社以尽善尽美的服务过程、仁至义尽的服务真情获得了众多顾客的好评和当地人的认可，姚某还注册成立了当地首家会议培训公司以继续拓展业务范围，并打算在某地开辟培训拓展营地，实现真正意义上的“携手草原金鹰，畅游华夏神州”。

为了响应当地旅游局的号召，以当地旅游发展为契机，继续推广延伸当地日游活动，该旅行社首次承办了“畅游书法城，感受家乡美，百名矿工一日游”活动，还有“家乡永在心中”为主题的百名职工一日游活动，并且这两次活动所有的资金全部都由该旅行社承担。这次活动让该旅行社成了当地一道亮丽的风景线，该旅行社多次获得当地旅游局的好评和奖励。

姚某是个热爱生活的人。她说：“人生其实很短，只有付出得多，你获得的精彩才越多，我喜欢不断地挑战！”30 年为企业默默奉献，30 年与企业共同成长，30 年一如既往地在自己的岗位上坚持做好每件事。这是一种认真对待生活

的态度。她又是一个作家，一个诗人。她在多个刊物上发表过30多篇散文作品，有着自己独特的散文风格，早在1982年，20岁的她就在某矿务局工会首期杂志上发表作品，在字里行间表述着自己对煤矿的理解、认识和对工作的满腔热情。在2012年某届旅游论坛上，她同样以一篇文章，获得了优秀论文奖。

做企业也是在传播文化，作为一个成功的企业家，她给了我们年轻人很多宝贵的意见。姚总在挑选员工的时候，从他们能不能把地扫干净，能不能像她自己那样热爱生活、热爱事业、热爱该旅行社的角度来看。她认为只有热爱这个工作，才能继续做这项工作。做旅行社，要以安全为天。特别是年轻人，姚某最看重他们身上的几点：第一是做人，一个人会做人才会做事；第二是责任感，有责任感才能有爱心；第三就是知识。年轻人可塑性很强，要学会抓住机遇，要有闯劲儿、有责任、有担当。

一个人要努力把自己在社会上的角色扮演好，在工作之余要用饱满的热情面对生活。每个人活着，他们的肩上都有一份责任，你选择做什么你就要学会担当什么。对姚某自己而言，她肩上的责任就是作为一个企业家，如何将企业发扬光大，回报社会。

民族院校毕业生创业案例十

新疆某企业集团有限公司总经理热某，维吾尔族，毕业后被分配到自治区侨办的下属企业外汇免税店，这是一个刚成立的企业，完全按照市场经济的要求运作。可是市场经济这个路要怎么走才能走好，大家都在探索，正好热某可以边适应社会积累工作经验，边学习市场经济的知识。热某的工作是和外汇打交道，所以必须经过严格训练，然后开始收款做统计、做业务，最终经过努力做到了经理的位置，其工作能力和各方面都得到了领导的认可。1998年，外汇免税店由于经营不善，跌入低谷，这也是热某最终自己创业的一个原因。现在回忆起来她还说："免税店对我是一个重要的锻炼，从各个方面，接触到各个方面的人，和政府、海关、安检、商检等人打交道。"免税店的工作，是热某进入社会的第一个落脚点，在这里她为自己建立了丰富的人际关系网，为将来从事商业活动打下了坚实基础。热某在朋友的鼓励下也"下海"赶潮，开始自己的创业之路。在海关朋友的介绍下，热某和朋友先从外贸做起，成立了"某贸易有限公司"，主要从事全疆的报关工作，某地的进出口汽车运输的报关工作全都由他们负责。有改革政策支持，公司业绩稳步上升。这为他们下一步谋划进入房地产行业积累了经验和物质基础。

2000年全国房地产市场开始走俏，公司紧紧抓住这个机会，8月成立"某房地产开发有限公司”，主要从事房地产开发。2002 年成功开发“花园小区”，该花园小区成为房地产开发的亮点，获得良好的社会效益和经济效益，创造了巨大的社会财富。2003 年扩建“某大厦”，主要经营日用百货、服装鞋帽等，还曾尝试进行公益性的商业活动，在大厦上建成“丝绸文化博物馆”，后将其重新开发，建成现今融浓郁民族特色与典雅现代风格为一体的星级涉外综合性酒店。2009 年，又开发了“花园小区”。

公司发展如此顺利是有诀窍的，就如热某说的，“自己努力，还要有机遇，机遇对我、对公司来说都是很重要的”。这里的机遇就是国家的各项政策，1988 年全国开始实行市场经济，市场逐渐全面放开，只要自己敢于突破，敢于创新，再加上高瞻远瞩的眼光和策略，创业并不难。热某就是一个敢于突破、敢于创新并具有远见卓识的人，她抓住了一切机会，创立了自己的公司，经过四年的努力，公司很快成长起来，并不断发展壮大。2002 年实行国企改制，公司成功兼并某肠衣厂。2003 年是自治区实行西部大开发战略的重要一年，公司又积极配合政府对某皮革制品厂按国家有关政策实行兼并，并且对两个单位的人员进行合理安置，对维护社会稳定和自治区经济发展做出了贡献。通过对这两个单位土地资源整合，公司进行了大面积的房地产开发，而此时全国房地产经济异常火爆，这为公司带来了机遇，同时也带来了大量的经济效益，积累了物质财富，为下一步公司扩大业务范围提供了保证。

作为优秀的女企业家，热某得到了社会的好评。2003 年 9 月 28 日，某日报经济版全版刊登热某的创业个人资料，2004 年她被选为自治区少数民族某协会会员，2010 年被自治区推荐为少数民族十佳女企业家，获得了多项荣誉。

民族院校毕业生创业案例十一

宁夏薯业有限公司总经理马某，回族，毕业后马某选择了到某地区外贸（集团）公司，从事农产品营销工作。而这一干就是十年。1999 年，该公司改制，马某带领部分下岗职工回到朝思暮想的家乡。因自然条件的原因没有水，再加上地理位置比较偏僻，交通也受到一些限制，因此，老百姓生活比较艰苦。

马某仔细分析了在家乡发展农业产业化的可行性。家乡是贫困地区也是革命老区，发展农业就要首先发挥家乡的优势。马某考虑到家乡缺水的弊端，但是他更看到了正是因为缺水，所以不会造成污染，这正是建设绿色食品和有色食品的有利条件，为此马某想到了把劣势转化为优势，发挥比较优势，把产业开发、新农村建设和农民增收紧密地结合起来，走出一条适应贫困地区、革命老区的一步到位产业开发模式。心里有了谱，马某马上将思想付诸行动。从此，马某在乡亲们的异样眼神中，开始了第一步工作——收购马铃薯。这一步，成就了“土豆王”马某的终身大业。马某对马铃薯的销售市场作了充分调查研究，了解到厦门、广州、上海等南方市场对马铃薯的需求量很大。马某先期还做好了三方面工作，一是拿出现款批量收购，然后外运销售，从而增加该地区马铃薯在南方市场的占有量；二是多方筹资，在当地投资25万元建成两座全地下式马铃薯保鲜贮藏库，收购贮藏马铃薯，准备在南方市场进行反季节销售；三是聘请自治区有关专家，对当地旱作区适宜种植的马铃薯品种和栽培技术等问题进行可行性论证。

在依靠科技把当地的马铃薯产业做大做强后，该公司提出了“公司＋合作社＋薯农”的运作模式。同时不断地引进良种、推广技术、提供服务、举办培训，让农民接受新技术，接受新品种，科学种植马铃薯。这个运行模式不仅集中体现全心全意为项目区薯农服务的利益联结机制，更实现了企业的可持续发展。

该公司的做法不仅实现了经济上的收益，同时也带动了该地区产业化的不断发展，公司先后在福建、上海、广州等12个南方专业批发市场上建立了某牌马铃薯营销网络，营销渠道畅通稳定。在原有出口的基础上，公司进一步扩大鲜薯向马来西亚、菲律宾、阿联酋等国家的出口量，该马铃薯已成为某菲律宾外商独资企业稳定、可靠的专用型原料。

2005年3月15日，自治区人民政府组织各有关部门、区内外专家和农业产业化龙头企业召开某农业产业化高层启动大会。会上，就开发某区马铃薯产业，该公司与该区签订了互动合作协议，开始将项目实施区域由中部干旱带向固原地区延伸。2007年4月15日，自治区人民政府组织各有关部门、区内专家和农业产业化龙头企业召开某农业产业化互动启动大会签约仪式。会上，该公司签订了“村企结对共建新农村协议书”。

民族院校毕业生创业案例十二

甘肃某医药有限公司总经理马某，回族，毕业后分配到某外科医院，在该医院从事了两年的临床工作。这两年每天都过着上班族的生活，兢兢业业。医生是很多人都羡慕的职业，有着很高的社会地位，也有不错的薪水。但是，由于骨子里那种拼搏和创业的激情，他决定去闯一片属于自己的天地。1994年他停薪留职开始了自己的创业之路。这个20多岁的青年独自来到广州，开始闯荡。他在广州一家公司做药品销售，由于没有销售方面的专业知识，而且广州又是一座竞争激烈的城市，起初他还是遇到了很多困难。对他来说，广州这座陌生的南方城市充满了新鲜感，但同时也充满了艰辛。从西北来到广州，自己原先在西北积累的人脉几乎用不到，又要重新建立自己的人脉关系。在饮食上，也有很多的不便和不习惯。马某是回族，而广州的清真餐馆又相对较少，饮食方面确实受到了很大的影响。但是为了自己的梦想，他还是咬牙坚持下来了。

在广州接受了一段销售培训加上他不错的业绩，公司开始让他负责西北地区的销售。这样，马某回到家乡，在一点点积累经验之后，他从刚开始的只负责小地区到负责大地区，最后负责整个西北地区。1999 年，马某开始自己创业，注册了某医药有限公司。该医药有限公司主要经营中成药、抗生素原料药及制剂、生物制品等。公司坚守着“诚信、务实、创新”的经营信条，本着“竭己之诚，尽客之意”的经营理念，凭借“先进的设备、专业的团队和完善的管理体系”，秉着“信誉、品质、服务、高效”的宗旨，使该公司在日新月异的经济大潮中逐步成长为一个品牌卓越的企业。

民族院校毕业生创业案例十三

某藏药开发有限公司经理吉某，藏族，毕业后，吉某在某大学医学院实习，并在某藏药公司学习藏药研制及生产技术。在实践过程中，吉某深感自己所学的专业知识不够用，对自己要求严格的他便自掏腰包去某药科大学学习。吉某从某药科大学毕业后，本想实现儿时的梦想当个医生，为家乡的父老乡亲们解除病痛，然而现实让这个纯真的梦想破灭了。无奈之下，吉某决心考公务员，为父母脸上增光添彩，可现实却再次给这位刚刚走出校园的年轻人泼了一盆冷水。

在自己的家乡办个藏药厂，把家乡的丰富资源转化为乡亲们的希望。抱着这样的想法，吉某开始接触当地藏医院的领导，希望得到他们的支持。在某藏医院后面的厂房里，吉某一边仔细查看药品的工艺流程，一边想着怎样和医院领导谈谈自己的创业想法。而院方对吉某专业实力与人品有所了解后，决定与他合作，共同把制剂这块“蛋糕”做大做强。就这样，吉某走上了自主创业的道路，吉某的创业得到了当地政府的大力支持。吉某通过“绿色通道”向当地高校毕业生自主创业基金管理委员会提出申请，得到了 6 万元的小额创业担保贷款。同时，吉某将自己打工赚的钱统统拿出来，他的大哥也将自己攒了许久的几万元钱汇来，他又向朋友借了些钱，连同贷款共计 52 万元注册了某藏药开发有限责任公司，而吉某也成为了当地大学生自主创业第一人。

经过不懈的努力，该藏药开发有限责任公司目前已经取得了省级监管部门颁发的产品生产许可证和很多产品的批准文号。吉某的藏药厂部分产品已走向正轨，进入了试生产阶段。生产出的产品以其独特的功效和纯天然草药制剂不断受到消费者的青睐。吉某的藏药厂现在生产的是根据某藏传典籍开发的某藏红花丸。目前，制剂室可以生产 193 种藏药制剂，其中新开发研制的有 23 种。吉某

对自己的藏药厂有着长久的打算，面对较薄弱的民族地区经济，吉某的藏药厂将逐步与各医药科研机构密切合作，开发各种先进、新型、实用、有效、安全的藏医药产品，并投放市场。同时，与国内新型藏医药产品接轨，力争在未来三年内开发3~5种新产品，让藏药开发成为拉动本地经济新的增长点。

回首自己的创业道路，一路风雨兼程。吉某说："未来的创业路上还有很多未知的艰难，但我相信，只要坚定信念、鼓足勇气，再加上自己的聪明才智，一定会成功。"我们也相信天道酬勤，命运会青睐这个勤劳的藏族学子。

第八章　少数民族大学生创业指导

中共十八届三中全会明确提出要做好以高校毕业生为重点的青年就业工作，健全促进就业创业服务体系，并要求结合产业升级开发更多适合高校毕业生的就业岗位，这表明中央已经把健全大学生就业质量体系作为推进国家治理体系和治理能力现代化的一个重要组成部分。少数民族大学生的贫困面大，少数民族聚居区的经济社会发展滞后，吸纳就业能力有限，评价少数民族大学生的就业质量的指标体系亟待健全。少数民族大学生是少数民族族群中的知识分子和精英，是民族地区投入经济增长的人力资本要素。少数民族大学生的成功就业推动着民族地区新型工业化、信息化、城镇化和农业现代化进程，牵动着一个个农牧民家庭。

面对巨大的就业压力，大学生必须从进入大学校园的那一刻起就意识到就业形势，并不断为之努力。大学生在校期间除了要掌握一定的专业知识，具有一定的技能技巧以外，还需要提前制订一个目标明确、科学缜密、操作性强的个人计划。在制订计划时，不仅要有总的自我设计目标，还要有阶段性的目标。在执行过程中，应根据外界变化适时做出调整，把握先机，为就业做好充分准备。此外，还必须把握选择的主动权，树立健康的就业认识和就业心理准备。只有这样，大学生才能主动地去了解社会、认识社会，增强自身再就业时的竞争实力，立于不败之地。

第一节　创业训练

胡锦涛同志在清华大学百年校庆上的讲话中特别强调：提高质量，是高等教育的生命线，必须始终贯穿高等学校人才培养、科学研究、社会服务、文化传承创新各项工作之中。高等学校要把提高质量作为教育改革发展最核心、最紧迫的任务。2012 年 3 月 16 日，教育部根据这一讲话精神和《国家中长期教育改革和

发展规划纲要》，正式下发了《关于全面提高高等教育质量的若干意见》（以下简称《若干意见》）。可以说，《若干意见》，是当前指导我国高等教育改革发展的最新和最权威的纲领性文件。《若干意见》共30条，其中第9条明确提出，要“加强创新创业教育和就业指导服务。把创新创业教育贯穿人才培养全过程。制订高校创新创业教育教学基本要求，开发创新创业类课程，纳入学分管理”。同时还要求大力开展创新创业师资培养培训，支持学生开展创新创业训练，完善国家、地方、高校三级项目资助体系，建立健全高校毕业生就业信息服务平台。

在上述背景下，可以理解，创新创业教育很大程度上影响着学生的就业状况，而就业又很大程度地体现一所高校的教育质量。深入探讨创新创业教育与专业教学课程相融合建设的思路与途径，提升教学实践中的教学效果和质量，改善教师在教学中的方法和手段运用，对于贯彻落实《教育部关于全面提高高等教育质量的若干意见》，进一步提高高等教育质量，具有重要意义。

一、认识创业的实质

创业是一个发现和捕捉机会并由此不断地创造某些有价值的新事物，以期实现其商业利润的过程。其中两个最基本的核心要素是“创新”和“价值实现”。尽管创业是一个相对较长且需要创业者不断努力的过程，并且需要承担各方面的风险，包括财务的、技术的、市场的、精神的以及社会环境的等，但是，风险也是衡量潜在收益的有效标准，创业的成功意味着相应的物质回报以及对个人效用的最大满足。

当你有了自己创业的想法的时候，你应该仔细地想一下，自己为什么要创业？也就是需要思索创业的动机与原因。明确了自己创业的动因，并且经分析认定自己的创业动因是正确的，那么，将有利于你在创业的过程中树立信心、坚定信念，能够克服创业中的困难，最终取得创业的成功。

关于创业原因，张朝阳说：“重视自我，自我内心的感受重于一切，这是我创业的根本原因。在麻省理工学院博士毕业后，当时最热门的是到华尔街做分析员，待遇优厚。但我来自中国，这样我有了自己的第一份工作。内心告诉我，我应该尽快地发挥自己的特长，做麻省与中国关系的官员。当我感觉到自己的事业在中国时，我回国了；当看到机遇时，我感觉我应该创业了。”

二、创业的挑战

为了创业，不少大学生宁愿放弃宝贵的学习机会或学业，尽管各级政府也在为大学生创业鼓励与呼吁，事与愿违的是大学生创业成功者少，失败者众。专家分析认为，大学生创业面临五道坎，难以逾越。

一是创新坎。现在学生创业失败的多，一个重要原因就是忽视技术创新。学生创业一定要具备四个条件：其一，有自主知识产权的创造发明；其二，这一发明能转化为有市场前景的产品；其三，这一产品要有预期的销路；其四，要有可靠的资金提供者。有没有自主知识产权成为大学生创业能否成功的首要条件。

二是知识坎。在创业计划大赛中，评委已发现许多创业者无法把自己的创意准确而清晰地表达出来，缺少个性化的信息传递，一些计划甚至是不知所云。对目标市场和竞争对手情况缺乏了解，分析时所采用的数据经不起推敲，没有说服力。相当多的计划书价格取向不明确，没有指明计划会给用户和市场创造什么样的价值，或用户为什么会购买他们的产品和服务，以及企业将如何盈利和保证正常运营。这些无一不反映出大学生在创业方面知识的缺乏。

三是资金坎。为多家学生公司提供管理和投资咨询的远卓公司董事郑立新曾指出，学生创业吸引投资存在三个误区。首先，是急于得到资金，给小钱让大股份，贱卖技术或创意。有不少核心技术拥有者在公司运营一段时间后，对当初的投资协议深感不满并提出毁约。而这样做的后果只能是在资本市场上臭名昭著。其次，即便投资人不能提供增值性服务和指导，仍与其捆绑在一起。最后，对风险投资不负责任地使用，烧别人的钱圆自己的梦。每一轮融资中的投资者都将影响后续融资的可行性和价值评估。因此，对于尚处早期的创业公司来说，应引入一些真正有实力，能提供增值性服务，与创业者理念统一的投资者，哪怕这意味着暂时放弃一些眼前的利益。

四是心态坎。盲目创业，是学生创业的“通病”。学生创业首先要有“风险意识”，要能承受住风险和失败。其次要有责任感，对公司、员工、投资者都必须有责任感。最后要有务实精神，踏实做事。

五是经验坎。大学生的理想与抱负是有的，但“眼高手低”，在创业过程中除了能“纸上谈兵”之外，对具体的市场开拓缺乏经验与相关的知识。经验不足，缺乏从职业角度整合资源、实行管理的能力，是大学生创业失败的一个重要原因。

大学生并非创业的强势群体，却是创业队伍的生力军，为支持大学生创业，国家各级政府出台了许多优惠政策，涉及融资、开业、税收、创业培训、创业指导等诸多方面。对打算创业的大学生来说，了解这些政策，才能走好创业第一步。

三、创业核心要素

创业者们一般都认为创业一定要冒极大的风险。的确，在高科技和一些新兴的领域，失败率较高。事实上，对于大多数创业者而言，并不存在很多危言耸听的风险，但是，又为什么会有许多创业失败者呢？德鲁克认为：“事实上，因为

少数所谓的‘创业家’的无知，缺乏管理方法、违反管理规律，从而给创业精神的发挥蒙上风险的色彩，高技术创业家尤其如此。”① 现代风险资本的奠基人——乔治·多里奥认为：“宁可考虑向有二流主意的一流人物投资，绝不向有一流主意的二流人物投资。”② 确实，不是一个拥有技术的科学家或工程师就能够创业成功。创业，不仅需要好的技术，更需要其他素质与能力。因此，创业者的素质与能力是创业成功的第一要素。

第二节　少数民族大学生创业准备

少数民族大学生有创业热情，但由于就业观念陈旧、经验欠缺、能力不足、意识偏差等原因，导致创业成功率明显偏低。

一、应具备的硬件

1. 积累经验

长期待在校园里，大学生对社会缺乏了解，特别在市场开拓、企业运营上，很容易陷入眼高手低、纸上谈兵的误区。因此，大学生创业前要做好充分的准备，一方面，去企业打工或实习积累相关的管理和营销经验；另一方面，积极参加创业培训，积累创业知识，接受专业指导，提高创业成功率。

2. 准备资金

一项调查显示，有四成大学生认为“资金是创业的最大困难”。因此，大学生要开拓思路，多渠道融资，除了银行贷款、自筹资金、民间借贷等传统途径外，还可充分利用风险投资、创业基金等融资渠道。

3. 掌握技术

用智力换资本，这是大学生创业的特色之路。一些风险投资家往往就因为看中大学生所掌握的先进技术，而愿意对其创业计划进行资助。因此，打算在高科技领域创业的大学生，一定要注意技术创新，开发具有自主独立知识产权的产品，吸引投资商。

4. 锻炼能力

大学生由于长期接受应试教育，不熟悉经营“游戏规则”，技术上出类拔萃，理财、营销、沟通、管理方面的能力普遍不足。要想创业获得成功，创业者

① 彼得·德鲁克．创业精神与创新［M］．北京：工人出版社，1989.

② 文岗编译．创业管理人［M］．北京：石油工业出版社，2000.

必须技术、经营两手抓。建议可从合伙创业、家庭创业或低成本的虚拟店铺开始，锻炼创业能力。

5. 学习法律

法律应成为大学生创业过程必备的知识。只有懂法、守法，并依据法律保护自己的合法权益，才能确保大学生们的创业行动稳健与长久。

二、创业准备

大学生创业需做好四项准备。

第一，要对个人的创业条件进行分析，制订自己的职业生涯计划。同时看自己是否具备未来的老板气质和心理素质。

第二，要做好市场调查和分析，准确掌握市场信息，做好市场预测，建立经营思路，设计市场进入策略。

第三，要学会理财，对经营项目的投资、筹资、成本、收益等做出可信的测算，学会常用的财务管理知识。

第四，了解创业政策。

2010 年，财政部、国家税务总局发布的《关于支持和促进就业有关税收政策的通知》中明确规定，大学毕业生在毕业所在自然年自主创业，从事个体经营（除建筑业、娱乐业以及销售不动产、转让土地使用权、广告业、房屋中介、桑拿、按摩、网吧、氧吧外）的，在三年内按每户每年 8000 元为限额依次扣减其当年实际应缴纳的营业税、城市维护建设税、教育费附加和个人所得税。此政策从 2011 年开始执行，截至 2013 年底，目前仍在有效期内。

2013 年，实施高等学历教育的普通高等学校、成人高等学校毕业生，如果在本年度内自主创业，就能够赶上这趟减免税收优惠政策的“末班车”。记者致电市地税局 12366 纳税服务热线，相关工作人员告诉记者，申请这一优惠政策的大学毕业生在办理营业执照后，就可以携带相关材料到个体经营落户所在地的地税分局办理。

除了这趟“末班车”。大学生若自主创办小微型企业，还可以享受到国家对小微型企业目前实施的企业所得税优惠政策。根据财政部、国家税务总局《关于小型微型企业所得税优惠政策有关问题的通知》规定，自 2012 年 1 月 1 日至 2015 年 12 月 31 日，对年应纳税所得额低于 6 万元（含 6 万元）的小型微型企业，其所得减按 50% 计入应纳税所得额，按 20% 的税率缴纳企业所得税。

资料来源：大学生创业网，2013－07－02.

第三节　创业计划书的撰写

对初创的风险企业来说，创业计划书的作用尤为重要，一个酝酿中的项目，往往很模糊，通过制订创业计划书，把正反理由都书写下来，而后再逐条推敲。创业者这样就能对这一项目有更清晰的认识。可以这样说，创业计划书首先是把计划中要创立的企业推销给了创业者自己。其次是创业计划书还能帮助把计划中的风险企业推销给风险投资家，公司创业计划书的主要目的之一就是为了筹集资金。

一、创业计划书撰写的准备

1. 要考虑的问题

（1）创办企业的目的——为什么要冒风险，花精力、时间、资源、资金去创办风险企业？

（2）创办企业需要多少资金？为什么要这么多的钱？为什么投资人值得为此注入资金？对已建的风险企业来说，创业计划书可以为企业的发展定下比较具体的方向和重点，从而使员工了解企业的经营目标，并激励他们为共同的目标而努力。更重要的是，它可以使企业的出资者以及供应商、销售商等了解企业的经营状况和经营目标，说服出资者（原有的或新来的）为企业的进一步发展提供资金。

正是基于上述理由，创业计划书将是创业者所写的商业文件中最主要的一个。那么，如何制订创业计划书呢？

2. 怎样写好创业计划书

那些既不能给投资者以充分的信息也不能使投资者激动起来的创业计划书，最终结果只能是被扔进垃圾箱里。为了确保创业计划书能“击中目标”，创业者应做到以下几点：

（1）关注产品。

在创业计划书中，应提供所有与企业的产品或服务有关的细节，包括企业所实施的所有调查。这些问题包括：产品正处于什么样的发展阶段？它的独特性怎样？企业分销产品的方法是什么？谁会使用企业的产品，为什么？产品的生产成本是多少，售价是多少？企业发展新的现代化产品的计划是什么？把出资者拉到企业的产品或服务中来，这样出资者就会和创业者一样对产品有兴趣。在创业计划书中，企业家应尽量用简单的词语来描述每件事——商品及其属性的定义对企业家来说是非常明确的，但其他人却不一定清楚它们的含义。制订创业计划书的目的不仅是要出资者相信企业的产品会在世界上产生革命性的影响，同时也要使他们相信企业有证明它的论据。创业计划书对产品的阐述，要让出资者感到：“噢，这种产品是多么美妙、多么令人鼓舞啊！”

（2）敢于竞争。

在创业计划书中，创业者应细致分析竞争对手的情况。竞争对手都是谁？他们的产品是如何工作的？竞争对手的产品与本企业的产品相比，有哪些相同点和不同点？竞争对手所采用的营销策略是什么？要明确每个竞争者的销售额、毛利润、收入以及市场份额，然后再讨论本企业相对于每个竞争者所具有的竞争优势，要向投资者展示顾客偏爱本企业的原因，如本企业的产品质量好，送货迅速，定位适中，价格合适等。创业计划书要使它的读者相信，本企业不仅是行业中的有力竞争者，而且将来还会是确定行业标准的领先者。在创业计划书中，企业家还应阐明竞争者给本企业带来的风险以及本企业所采取的对策。

（3）了解市场。

创业计划书要给投资者提供企业对目标市场的深入分析和理解。要细致分析经济、地理、职业以及心理等因素对消费者选择购买本企业产品这一行为的影响，以及各个因素所起的作用。创业计划书中还应包括一个主要的营销计划，计划中应列出本企业打算开展广告、促销以及公共关系活动的地区，明确每一项活动的预算和收益。创业计划书中还应简述一下企业的销售战略：企业是使用外面的销售代表还是使用内部职员，企业是使用转卖商、分销商还是特许商，企业将提供何种类型的销售培训，此外，创业计划书还应特别关注一下销售中的细节问题。

（4）表明行动的方针。

企业的行动计划应该是无懈可击的。创业计划书中应该明确下列问题：企业如何把产品推向市场？如何设计生产线，如何组装产品？企业生产需要哪些原料？企业拥有哪些生产资源，还需要什么生产资源？生产和设备的成本是多少？企业是买设备还是租设备？解释与产品组装，储存以及发送有关的固定成本和变动成本的情况。

（5）展示你的管理队伍。

把一个思想转化为一个成功的风险企业，其关键的因素就是要有一支强有力的管理队伍。这支队伍的成员必须有较高的专业技术知识、管理才能和多年工作经验，要给投资者这样一种感觉：“看，这支队伍里都有谁！如果这个公司是一支足球队的话，他们就会一直杀入世界杯决赛！”管理者的职能就是计划、组织、

控制和指导公司实现目标的行动。在创业计划书中，应首先描述一下整个管理队伍及其职责，其次再分别介绍每位管理人员的特殊才能、特点和造诣，细致描述每个管理者将对公司所做的贡献。创业计划书中还应明确管理目标以及组织机构图。

（6）出色的计划摘要。

创业计划书中的计划摘要也十分重要。它必须能让读者有兴趣并渴望得到更多的信息，它将给读者留下长久的印象。计划摘要将是创业者所写的最后一部分内容，但却是出资者首先要看的内容，它将从计划中摘录出与筹集资金最相干的细节，包括对公司内部的基本情况，公司的能力以及局限性，公司的竞争对手，营销和财务战略，公司的管理队伍等情况简明而生动地概括。如果公司是一本书，它就像这本书的封面，做得好就可以把投资者吸引住。带给风险投资家这样的印象："这个公司将会成为行业中的巨人，我已等不及要去读计划的其余部分了。"

二、创业计划书的内容

1. 计划摘要

计划摘要列在创业计划书的最前面，它是浓缩了的创业计划书的精华。计划摘要涵盖了计划的要点，要一目了然，以便读者能在最短的时间内评审计划并做出判断。

计划摘要一般要包括以下内容：公司介绍；主要产品和业务范围；市场概貌；营销策略；销售计划；生产管理计划；管理者及其组织；财务计划；资金需求状况等。

在介绍企业时，首先，要说明创办新企业的思路，新思想的形成过程以及企业的目标和发展战略。其次，要交代企业现状、背景和企业的经营范围。在这一部分中，要对企业以往的情况做客观的评述，不回避失误。中肯的分析往往更能赢得信任，从而使人容易认同企业的创业计划书。最后，还要介绍一下创业者自己的背景、经历、经验和特长等。企业家的素质对企业的成绩往往起关键性的作用。在这里，企业家应尽量突出自己的优点并表示自己强烈的进取精神，以给投资者留下一个好印象。

在计划摘要中，企业还必须要回答下列问题：企业所处的行业，企业经营的性质和范围；企业主要产品的内容；企业的市场在那里，谁是企业的顾客，他们有哪些需求；企业的合伙人、投资人是谁；企业的竞争对手是谁，竞争对手对企业的发展有何影响。

摘要要尽量简明、生动，特别要详细说明自身企业的不同之处以及企业获取成功的市场因素。如果企业家了解他所做的事情，摘要仅需 2 页纸就足够了。如果企业家不了解自己正在做什么，摘要就可能要写 20 页纸以上。因此，有些投资家就依照摘要的长短来“把麦粒从谷壳中挑出来”。

2. 产品（服务）介绍

在进行投资项目评估时，投资人最关心的问题之一就是风险企业的产品、技术或服务能否以及在多大程度上解决现实生活中的问题，或者风险企业的产品（服务）能否帮助顾客节约开支，增加收入。因此，产品介绍是创业计划书中必不可少的一项内容。通常，产品介绍应包括以下内容：产品的概念、性能及特性；主要产品介绍；产品的市场竞争力；产品的研究和开发过程；发展新产品的计划和成本分析；产品的市场前景预测；产品的品牌和专利。

在产品（服务）介绍部分，企业家要对产品（服务）做出详细的说明，说明要准确，也要通俗易懂，使不是专业人员的投资者也能明白。一般地，产品介绍都要附上产品原型、照片或其他介绍，必须要回答以下问题：顾客希望企业的产品能解决什么问题，顾客能从企业的产品中获得什么好处；企业的产品与竞争对手的产品相比有哪些优缺点，顾客为什么会选择本企业的产品；企业为自己的产品采取了何种保护措施，企业拥有哪些专利、许可证，或与已申请专利的厂家达成了哪些协议；为什么企业的产品定价可以使企业产生足够的利润，为什么用户会大批量地购买企业的产品；企业采用何种方式去改进产品的质量、性能，企业对发展新产品有哪些计划等。产品（服务）介绍的内容比较具体，因而写起来相对容易。虽然夸赞自己的产品是推销所必需的，但应该注意，企业所做的每一项承诺都是“一笔债”，都要努力去兑现。要牢记，企业家和投资家所建立的是一种长期合作的伙伴关系。空口许诺只能得意于一时。如果企业不能兑现承诺，不能偿还债务，企业的信誉必然要受到极大的损害，因而是真正的企业家所不屑的。

3. 人员及组织结构

有了产品之后，创业者第二步要做的就是结成一支有战斗力的管理队伍。企业管理的好坏，直接决定了企业经营风险的大小。而高素质的管理人员和良好的组织结构则是管理好企业的重要保证。因此，风险投资家会特别注重对管理队伍的评估。

企业的管理人员应该是互补型的，而且要具有团队精神。一个企业必须要具备负责产品设计与开发、市场营销、生产作业管理、企业理财等方面的专门人才。在创业计划书中，必须要对主要管理人员加以阐明，介绍他们所具有的能力，他们在本企业中的职务和责任，他们过去的详细经历及背景。此外，在这部分创业计划书中，还应对公司结构做简要介绍，包括：公司的组织机构图；各部门的功能与责任；各部门的负责人及主要成员；公司的报酬体系；公司的股东名单，包括股权、比例和特权；公司的董事会成员及各位董事的背景资料。

4. 市场预测

当企业要开发一种新产品或向新的市场扩展时，要进行市场预测。如果预测的结果并不乐观，或者预测的可信度让人怀疑，那么投资者就要承担更大的风险，这对多数风险投资家来说都是不可接受的。市场预测首先要对需求进行预测：市场是否存在对这种产品的需求；需求程度是否可以给企业带来所期望的利益；新的市场规模有多大；需求发展的未来趋向及其状态如何；影响需求都有哪些因素。其次要对市场竞争的情况——企业所面对的竞争格局进行分析：市场中主要的竞争者有哪些；是否存在有利于本企业产品的市场空档；本企业预计的市场占有率是多少；本企业进入市场会引起竞争者怎样的反应，这些反应对企业会有什么影响。

在创业计划书中，市场预测应包括以下内容：市场现状综述；竞争厂商概览；目标顾客和目标市场；本企业产品的市场地位；市场区格和特征等。风险企业对市场的预测应建立在严密、科学的市场调查基础上。风险企业所面对的市场，本来就有变幻不定、难以捉摸的特点。因此，风险企业应尽量扩大收集信息的范围，重视对环境的预测，采用科学的预测手段和方法。创业者应牢记的是，市场预测不是凭空想象，对市场错误的认识是企业经营失败的最主要原因之一。

5. 营销策略

营销是企业经营中最富挑战性的环节。

（1）影响营销策略的主要因素有：消费者的特点；产品的特性；企业自身的状况；市场环境方面的因素。最终影响营销策略的则是营销成本和营销效益因素。

（2）在创业计划书中，营销策略应包括以下内容：市场机构和营销渠道的选择；营销队伍和管理；促销计划和广告策略；价格决策。对创业企业来说，由于产品和企业的知名度低，很难进入其他企业已经稳定的销售渠道中去。因此，企业不得不暂时采取高成本低效益的营销战略，如上门推销，大打商品广告，向批发商和零售商让利，或交给任何愿意经销的企业销售。对发展企业来说，它一方面可以利用原来的销售渠道，另一方面也可以开发新的销售渠道以适应企业的发展。

6. 制造计划

创业计划书中的生产制造计划应包括以下内容：产品制造和技术设备现状；新产品投产计划；技术提升和设备更新的要求；质量控制和质量改进计划。

在寻求资金的过程中，为了增大企业在投资前的评估价值，创业者应尽量使生产制造计划更加详细、可靠。一般地，生产制造计划应回答以下问题：企业生产制造所需的厂房、设备情况如何；怎样保证新产品在进入规模生产时的稳定性和可靠性；设备的引进和安装情况，谁是供应商；生产线的设计与产品组装是怎样的；供货者的前置期和资源的需求量；生产周期标准的制定以及生产作业计划的编制；物料需求计划及其保证措施；质量控制的方法是怎样的；相关的其他问题。

7. 财务规划

财务规划需要花费较多的精力来做具体分析，其中就包括现金流量表、资产负债表以及损益表的制备。流动资金是企业的生命线，因此企业在初创或扩张时，对流动资金需要有预先周详的计划和进行过程中的严格控制；损益表反映的是企业的盈利状况，它是企业在一段时间运作后的经营结果；资产负债表则反映在某一时刻的企业状况，投资者可以用资产负债表中的数据得到的比率指标来衡量企业的经营状况以及可能的投资回报率。

（1）财务规划一般要包括以下内容：创业计划书的条件假设；预计的资产负债表；预计的损益表；现金收支分析；资金的来源和使用。

可以这样说，一份创业计划书概括地提出了在筹资过程中创业者需要做的事情，而财务规划则是对创业计划书的支持和说明。因此，一份好的财务规划对评估风险企业所需的资金数量，提高风险企业取得资金的可能性是十分关键的。如果财务规划准备得不好，会给投资者以企业管理人员缺乏经验的印象，降低风险企业的评估价值，同时也会增加企业的经营风险，那么如何制订好财务规划呢？这首先要取决于风险企业的远景规划——是为一个新市场创造一个新产品，还是进入一个财务信息较多的已有市场。

着眼于一项新技术或创新产品的创业企业不可能参考现有市场的数据、价格和营销方式。因此，它要自己预测所进入市场的成长速度和可能获得的纯利，并把它的设想、管理队伍和财务模型推销给投资者。而准备进入一个已有市场的风险企业则可以很容易地说明整个市场的规模和改进方式。风险企业可以在获得目标市场信息的基础上，对企业头一年的销售规模进行规划。

企业的财务规划应保证和创业计划书的假设相一致。事实上，财务规划和企业的生产计划、人力资源计划、营销计划等都是密不可分的。

（2）要完成财务规划，必须要明确下列问题：产品在每一个期间的发出量有多大；什么时候开始产品线扩张；每件产品的生产费用是多少；每件产品的定价是多少；使用什么分销渠道，所预期的成本和利润是多少；需要雇佣哪几种类型的人；雇佣何时开始，工资预算是多少等。

三、创业计划书的核实检查

在创业计划书写完之后，创业者最好再对计划书检查一遍，看一下该计划书是否能准确回答投资者的提问，争取投资者对本企业的信心。通常，可以从以下几个方面对计划书加以检查：

你的创业计划书是否显示出你具有管理公司的经验。如果你自己缺乏能力去管理公司，那么一定要明确地说明，你已经雇了一位经营大师来管理你的公司。

你的创业计划书是否显示了你有能力偿还借款。要保证给预期的投资者提供一份完整的比率分析。

你的创业计划书是否显示出你已进行过完整的市场分析。要让投资者坚信你在计划书中阐明的产品需求量是正确的。

你的创业计划书是否容易被投资者所领会。创业计划书应该备有索引和目录，以便投资者可以较容易地查阅各个章节。此外，还应保证目录中的信息是有逻辑的和现实的。

你的创业计划书中是否有计划摘要并放在了最前面，计划摘要相当于公司创业计划书的封面，投资者首先会看它。为了保持投资者的兴趣，计划摘要应写得引人入胜。

你的创业计划书是否在文法上全部正确。如果你不能保证，那么最好请人帮你检查一下。计划书的拼写错误和排印错误将很快就使企业家的机会丧失。

你的创业计划书能否打消投资者对产品/服务的疑虑。如果需要，你可以准备一件产品模型。创业计划书中的各个方面都会对筹资的成功与否有影响。因此，如果你对你的创业计划书缺乏成功的信心，那么最好去查阅一下计划书编写指南或向专门的顾问请教。

四、创业计划书应着重说明的问题

风险投资者在审阅你的商业计划书时，他们在寻求什么呢？一般地说，他们关心的要点有二：一是该公司的点子、产品或服务是否有唯一性；二是该公司的管理团队是否胜任。这就意味着风险投资者首先要分析你的产品之唯一性，而后则要了解关于唯一性产品的投资计划。风险投资者的问题将集中于四个领域，即独特性、管理、预测和退身之路。

1. 独特性

风险投资第一关心的是对方有何自己的特色。换句话说，他们要了解该公司可望获得巨额利润的原因何在。你公司及产品与其他公司及产品有什么区别；你公司有什么特点；为什么一切都会成功；在如此多的公司中，为什么你的公司有高增长的潜力。鉴于独特性是风险投资者阅读计划书时第一关心的问题，因而应在计划书的多章中涉及这一问题，在“公司及其未来”、“产品及服务”、“市场与营销”和专门的一章“公司优势说明”等章节中集中论述你的诸多独特性。此外，你还应注意分析自己的管理团队在技术、经历等方面上亦有独特优势。

技术的新颖独特必须以存在足够的市场需求为前提。开发新产品，务必要考虑目标市场客户的消费习惯和理解力。要知道，培育客户使用新产品的时间也许会比风险投资人所能等待的时间还要长，这样又何谈市场的高成长呢？另外，独特性应能使得你的产品在相当长的时间内保有市场，且不被仿冒。即使是专利产品，其核心技术也有是否可因稍做调整即可改头换面的风险。

计划书提出的各项指标管理团队是否有能力完成？也就是说，是否有一个优秀的经营团队来完成一个具有先进性的产品的创业计划，是实现对风险投资者的高额回报的关键。

首先，管理团队必须有经验。关于这一点，风险投资者一般有一种令年轻人遗憾的观点，他们认为，企业家的年龄应在30～45岁。低于30岁的企业家意味着缺少管理经验和经营一个高速发展公司的必备知识，高于45岁则意味着企业家有经验但缺乏动力与雄心壮志。当然，也会有例外。这只是风险投资者的一般性看法。

其次，管理团队应该覆盖公司的全部，即不能只集中技术人员，而没有市场经营、财务及行政管理人员，应具备一个使公司正常运转的各主要部门人员的经营团队，或具有完整可行的人力资源计划。如果创业者在人力资源方面关注雇佣关键人才，录用互补型人才，录用专业经理人，投资人会认为你具有管理认识和团队精神。

投资人非常注重管理阶层的背景资料，计划书中应详细说明他们的姓名及令人信服的各种资料。同时，还要说明为什么这些百里挑一的企业家能开创如此独特的产品或服务，并由此可获得大量收益。

2. 可预测性

一个良好的计划书涉及的第三个关键课题就是钱，提供有说服力的公司财务增长预测是企业家义不容辞的责任。这种预测不但要条理分明地列出逐年增长的百分率，而且必须与其他有关公司数据作如实的分析对比。每一个企业家都应十分注意分析、评估自己的财务预测资料，特别是那些根据自己点子、委托财务公司代为完成财务预测的企业家更需如此。要知道，风险投资者对预测结果是不会轻易相信的，为考核企业家是否理解预测过程、方法及假定前提，风险投资者会提出多种质疑。商业计划书中的财务预测至少要包括投资费用、产品成本、销售收入、损益、现金流量和资产负债等预测表。预测结果不必让人们大喜过望，但也必须打动风险投资者的心。一般来说，开创阶段销售增长率为50%～100%乃正常现象，销售增长率为25%乃下限数据。因而，这样的预测不容易打动投资人的心。

第四节　创业成功

一、创业成功的秘诀

1. 上进心

更在乎舞台和自我表现机会的年轻人，为国家、为民族富强把职业变成事业的人容易创业成功。

2. 具备学习能力

要乐于接受新知识并勤于学习。科技飞速发展的今天，知识更新越来越快，不会学习者就是文盲。

3. 智慧加经验

要有对事物的敏感性，能预见结果，具备一眼看到底的透彻力（此种能力更是智慧加经验）。

4. 自知之明

最重要的是要有自知之明，不要自视过高，要时时清醒意识到公司及个人所处的位置，知不足而后改之。年轻人总有点自视过高，不能清醒评价自己，也不能充分领略别人的精彩之处，这种人往往不易进步。

5. 善于总结

年轻人悟性要强，要善于总结。犯错误并不可怕，可怕的是在同一个地方因同一原因摔第二次。

二、不适合创业的性格特征

并不是所有的人都具备创业素质，究竟哪些人不适合创业？社会心理学家认为以下几类人不适合创业。

（1）缺少职业意识的人。职业意识是人们对所从事职业的认同感，它可以最大限度地激发人的活力和创造力，是敬业的前提，如职业运动员、职业演员等，他们具有较强的职业意识，而有些工薪人员却对所从事的工作缺少职业意识，满足于机械地完成自己分内的工作，缺少进取心、主动性，这与激烈竞争的环境不相宜。

(2) 优越感过强的人。自恃才高，我行我素，难以与集体融合。

(3) 唯上是从，只会说“是”的人。这种人缺乏独立性、主动性和创造性。若当了经理，也只能因循守旧，难以开展开拓性的工作，对公司发展不利。

(4) 偷懒的人。这种人被称作“工资小偷”。他们付出的劳动和工资不相符合，只会发牢骚、闲聊，每天晃来晃去浪费时间，影响他人工作。

(5) 片面和傲慢的人。有的人只注意别人的缺点，看不到别人的优点；有的人总喜欢贬低别人，抬高自己，总以为自己是最强者，人格方面存在很大的缺陷。

(6) 僵化死板的人。做事缺少灵活性，对任何事都只凭经验教条来处理，不肯灵活应对，习惯于将惯例当成金科玉律。

(7) 感情用事的人。处理任何事情都要理智，感情用事者往往以感情代替原则，想如何干就如何干，不能用理智自控。

(8)“多嘴多舌”与“固执己见”的人。多嘴多舌的人，不管什么事，他们都要插上几句话。“固执己见”的人，从不倾听别人的意见。

(9) 胆小怕事，毫无主见，树叶掉下来怕砸破脑袋的人。这种人宁可因循守旧也不敢尝试革新，遇事推诿，不肯负责，狭隘自私、庸碌畏缩。

(10) 患得患失却又容易自满自足的人。稍有收获，欣喜若狂；稍受挫折，一蹶不振，情绪大起大落，极不平衡。

当然，世上万物绝非一成不变。社会心理学家认为，性格是可以改造的，任何一个人完全可以在实践中注意克服性格缺陷，战胜性格弊端，改变性格类型，不断丰富和完善自我。倘若自身有上述十种性格缺陷，但已经踏上创业之路，甚至当上老板或负责人，则需学会重用人才，借助他人智慧来弥补个人不足，以避免失败。

第五节　创业必备的智慧

马云在求学时代是个顽童，从小喜欢替朋友出头打架，成绩让老师很头痛。连马云自己也曾笑言自己小学考重点中学，考了三次没有考上，大学也是考了三次才最终如愿。

不过，多年后能在世界各地演讲时用英文侃侃而谈的马云，却在 12 岁时就自觉地开始打英语基础。1979 年刚改革开放那阵儿，到杭州旅游的外国人多起

来，马云一有机会就在西湖边逮着人家开练。这对他日后的发展大有裨益。

在杭州师范学院，马云当选为学生会主席，后来又成为杭州市学联主席。

马云第一次接触互联网是在西雅图。西班牙《国家报》生动地描述了马云当时的心情——“我甚至害怕触摸电脑的按键。我当时想：谁知道这玩意儿多少钱呢？我要是把它弄坏了就赔了。”

对马云有触动的是，他好奇地对朋友说在搜索引擎上输入单词“啤酒”，结果只找到了美国和德国的品牌。当时他就想应该利用互联网帮助中国的公司为世界所熟悉。

就这样，作为“杭州十大杰出青年教师”之一的马云辞了职，借了2000美元，1995年4月开办了“中国黄页”，这是中国第一批网络公司之一。1997年底，马云和他的团队在北京开发了外经贸部官方站点、网上中国商品交易市场等一系列政府站点。不过由于许多原因，马云于1999年初决定放弃这些在北京的生意，他拒绝了雅虎、新浪的高薪邀请，决定回到杭州创办一家能为全世界中小企业服务的电子商务站点。

一、高度自信心

每个人都有遇到挫折的时候，但千万不要因为一时受挫，而对自己的能力产生怀疑，进而形成一种压力。当你遇到挫折的时候，应该保持头脑清晰，勇敢面对，不要逃避。冷静地分析整个事件的过程，分析一下是自己本身存在的问题，还是由于外来因素而引起的呢？还是两者皆有呢？假如是自身因素的话，那么自己就应该好好反省一下，为什么会犯这样的错误呢？以后应该怎样做，才能避免同类事件的发生呢？事情已经发生了，不要急于去追究责任或是责怪自己，而应该想想事情是否还有挽转的余地呢？要是有的话，应该怎样做才能把损失或伤痛减到最低呢？应该怎样做自己才会感觉舒服一点呢？当你遇到困难的时候，请记住一句话——没有永远的困难，也没有解决不了的困难，只是解决时间的长短而已。困难与人生相比，它只不过是一种颜料，一种为人生增添色彩的颜料而已。当你遇到困难的时候，只要你对自己有信心的话，那么什么困难都难不倒你。

1990年12月12日晚上，摩根邀请80位美国金融界大亨聚集在纽约第五大街上的大学俱乐部里，为来自西部的一位年轻人——38岁的钢铁业开拓者史怀博接风。当时的来宾中，有半数以上的人不知道他们会目睹美国工业史上将发生的最重要的一幕。

这些银行家与经纪人，很少见过史怀博，对他的为人也不清楚。但是宴席未散，所有在场的人包括大财神摩根在内，均被史怀博的自信和所提的联合钢铁公司计划所折服，而10亿美元的“婴儿”——美国钢铁公司，也就在这时怀胎了。

史怀博在宴会上发表了非常自信的演说，虽未被记录下来，这在历史上也许是一个遗憾。但是除此之外，对所有参与宴会者与其所代表的50亿美元资本来说，这次演说产生了如同电流似的力量和影响。宴会结束后，听讲的人依然像着了迷似的，尽管史怀博的演说长达90分钟。事后，摩根把这位演说者引至窗户旁边，两人一起坐在不是很舒适的高椅上，跷着腿，又长谈了一个小时。

史怀博的演说，给摩根带来了这样一种暗示：庞大的卡耐基企业，也可使其归于摩根旗下。史怀博谈到了世界钢铁工业的远景，更新组织以提高效率，从事专业化经营，淘汰不赚钱的工厂，集中力量充实财产，矿物运输的节约，减少浪费，节约行政部门的开支以及争取国外市场等。

此外，他还告诉这些大亨们，在他们习以为常的赚钱方式中，有若干错误。他说他们的目的一直在制造垄断，提高价格，因自己的特权而得到剧增的红利。史怀博激愤地指责这种制度。他告诉他的听众说，由于每样东西都要求扩张的时代，由于这种政策的近视，无疑将阻碍市场的扩展。他声称，用降低成本的办法，便会创造出不断扩张的市场。依据设计，使钢铁有更多的用途，便可把世界贸易的一大部分抢过来。事实上，虽然史怀博当时还不知道什么叫现代化的大生产，但无疑他是这一种新型的经营方式的先驱。

大学俱乐部的宴席散了。摩根回去思索着史怀博预言中的美好愿景，史怀博则回到匹兹堡，去为卡耐基经营钢铁生意。不久事情就接着发生了。摩根花了一周的时间消化了史怀博的丰盛的理论之餐。当他自己确信不会发生金融上消化不良的后果时，他邀请会晤史怀博，请他设法说服卡耐基把他的钢铁公司卖给摩根。

一个月后的一天，在一场高尔夫球赛的休息时间。史怀博以在大学俱乐部催眠80位百万富翁的说服力，谈起在舒适的环境中度过退休生活的乐趣，以及手里拥有大把的美元任老人在社交中随意挥霍的安逸。卡耐基投降了，他取过一片纸，写上一个数字递给史怀博说：“好的，就以这个价钱出售。”

数字将近4亿美元，就这样，美国钢铁公司在史怀博的牵线下成立了。而这一切都是史怀博的自信促成的。当然，史怀博也成了美国钢铁公司的总经理。

二、逆向思维

有一位性情乖戾的老国王，想让位给两个年轻王子中的一个，便授意要这两个年轻人赛马，并规定跑得比较慢的人将得到王位。两个王子都恐怕对方会抑制马速或用卑鄙的手段制胜，便找到一位贤者并向他请教对策。这位贤者只说两句话，然后告诉他们如此便能够公正地进行比赛。究竟贤者说了哪两句话呢？

把问题反过来看，是拓展思考范围的好办法。正是把我们的思考从固化中解放出来的最佳方式。是否适合每位领导者？不妨刻意地加以尝试。为了整理概念，就请任意写下一篇由三个段落组成的文章，并建议诸位尝试如下的做法：假如你是男性，便以女性的立场写作；假如是女性，则由男性的立场出发。如此这般，至少会出现一些有趣的意念。

三、敢于冒险

一个人若想成就一番事业，或取得卓越的成功，就必须把自己从胆怯和懦弱的思想中解救出来，具备独立自主、敢于冒险的精神。有人说："人生最大的价值就在于冒险，整个生命就是一场冒险，走得最远的人常是愿意去冒险的人。"事实上，冒险不止是一种勇气和魄力，其最重要的意义在于，不论最终的结果是成功还是失败，你从没停止奋斗和拼搏，这种精神是弥足珍贵的。①

风险与机遇并存，风险与成功同在。如果你想获取财富，赢得成功，最大的秘诀就在于敢于冒险。冒险不是成功的唯一保证，但不冒险绝对与成功无缘。冒险有可能让你倾家荡产、穷困潦倒，但强者还是愿意去尝试。纵观世界富豪们的发家史，冒险是他们不可或缺的特质之一。洛克菲勒也不例外，他以自己的自信、超强的判断力以及少有人及的魄力创建了属于自己的商业帝国。他曾对自己的儿子说："人生就是不断抵押的过程，为前途我们抵押青春，为幸福我们抵押生命。因为如果你不敢逼近底线，你就输了。为成功我们抵押冒险难道不值得吗?"

1859 年，美国的安德鲁—克拉克石油公司公开拍卖股权，其底价是 500 美元。洛克菲勒和他的合伙人也参与了拍卖。当价格攀升至 5 万美元时，人们都认为这个价格实在是大大超出了石油公司的价值，于是洛克菲勒的对手们纷纷退出。但洛克菲勒却下定决心买下这家公司，最后以 5 万美元的价格得到了该公司。当时，石油的开采和出售都是具有很大风险的事业，人们都认为这个年轻人的举动很不明智。但不久以后，洛克菲勒的标准石油公司就控制了美国市场上全部炼制石油的 90%。正是石油生意为洛克菲勒的帝国打下了坚实的基础。

事后，每每想起那次拍卖现场的情景，洛克菲勒都激动不已。他回忆说："那种感觉就像在赌场上赌钱一样，让人惊心动魄，全神贯注。那是一场豪赌，我押上去的是金钱，赌出来的却是人生。"其实，洛克菲勒在竞拍的过程中也曾犹疑退缩，但是胜利的决心促使他很快镇定了下来，并告诫自己："不要畏惧，既然下了决心，就要勇往直前!"事实证明，冒险精神奠定了他的成功之路。

著名经济学家斯通指出："生命是一个奥秘，它的价值在于探索。因而，生

① 邢延国．想成功就要敢于冒险［M］．北京：中国纺织出版社，2012.

命的唯一养料就是冒险。”是的，生命从本质上来说就是一次探险，如果不能主动地迎接风险的挑战，便只能被动地等待风险的降临。

约翰曾经向父亲洛克菲勒借钱去闯荡股市，并为此常常焦虑不安。因为他既想赢，又怕在那个冒险的世界里输，而输掉的钱不是自己的，是从父亲那儿借来的，并且还得支付利息。父亲知道后，乐观地说道：“儿子，借钱并不是一件坏事，它不会让你破产。在我所熟知或认识的富翁中间，只靠自己一点一滴、日积月累挣钱发达的人少之又少，更多的人是因借钱而发财，这其中的道理并不深奥，一块钱的买卖远远比不上一百块钱的买卖赚得多。”

事实上，约翰那种输不起、怕冒险的感受，在洛克菲勒创业之初，乃至较有成就之后，也常常困扰着他，以致每次借款前，洛克菲勒都会在谨慎与冒险之间徘徊，苦苦挣扎，甚至夜不能眠，躺在床上就开始算计如何偿还欠款。但是，好在每次恐惧失败过后，洛克菲勒总能再次打起精神，去迎接新的挑战。

纵观洛克菲勒的一生，他曾多次冒着极大的风险，欠下巨债，甚至不惜把企业抵押给银行，但最终他还是成功了，创造了令人震惊的成就。这也符合他的性格特征，他曾这样说过：“冒险是为了创造好运。如果抵押一块土地就能借得足够的现金，让我独占一块更大的地方，那么我会毫不迟疑地抓住这个机会。”

当然了，冒险不是纯粹的“赌博”，而是需要技巧的。一个人如果能够掌握这种技巧，从风险的转化和准备上进行谋划，那么风险并不可怕。会冒险的人看似突然做出决定，行人之所不敢行，其实他们大都是做好了充分的准备，理智而从容。在决定一件事情之前，他们会先想到结果，如果失败了会怎样？最大的损失会是什么？如何应对这最坏的结果。

虽然说事业的成功常常属于那些敢于冒险，能够抓住时机的人，但孤注一掷往往会带来灭顶之灾，这一点是尤其需要注意的。

总之，要有敢于冒险的进取精神，要勇于打破常规，才能更好地把握住成功的机会。正如洛克菲勒对自己的孩子们说的那样：“你正朝着赢得一场伟大人生前进，这是你一直以来的目标，你需要勇敢，再勇敢。”

第六节　少数民族大学生社团锻炼

一、社团及作用

1. 社团、大学生社团

社团是由公众和机构自愿组成，为实现会员共同意愿，按照其章程开展活动的非营利性社会组织。社团又称为社会团体，是指以文化、学术或公益性为主的非政府组织。

《中国大百科全书》教育卷中指出，学生社团是“中等学校和高等学校学生在自愿基础上结成的群众组织。这些社团可打破年级、系科以及学校的界限。团结兴趣爱好相近的同学，发挥他们在某方面的特长，开展有益于学生身心健康的活动”。①

一般而言，大学生社团具有以下特点：

（1）组织的自发性。

大学生社团是在学生自愿结合的基础上自发形成的，它既不是有关组织的安排，也不需要到校外机构申请登记，只要在校内有关部门（一般是校团委）申请备案即可，完全是大学生因共同的观念、兴趣爱好的一致性而自发组成的。它的组建过程也完全是学生主动的、自发的，其成员的加入也是主动的、自发的。任何一个学生都可以在学校规章制度允许的范围内发起和组建一个新社团，任何一个学生都可以自主地选择自己想要参加的社团，尽管有些社团招新也有一定的条件，但关键还是看个人的兴趣和志愿。大学生社团的自发性，还表现在活动的内容和形式所呈现出的较大的自由度。所以社团活动对大学生很有吸引力，特别是对低年级学生。

（2）结构的松散性。

社团作为一种校园非正式组织，具有结构松散性的特点。大学生加入社团一般只需报名登记就可以参加，不需要办理像入党、入团、转专业那样较为复杂的手续，也不需要进行严格的组织审查，一般成员也可随时自由退出。同时，社团内部的机构设置也没有固定模式，完全是根据社团的目标和大小由管理成员集体协商决定。正因为其结构的松散性，学生社团对其成员的控制是一种非正式的社会控制。它主要不是靠规章制度和组织机制来制约，它主要是以群体成员的共同兴趣、相互理解与信任、领导人的威信以及丰富多彩的社团活动来维系。由于学生社团是以校园生活与学习为基础，而且社团种类较多，可选择社团的空间较大，成员的进出也比较容易，这就使得大学生社团的组织结构更具松散性。

（3）管理的自主性。

由于大学生社团是大学中的“民间”组织，即非正式组织。学校一般只对社团进行宏观管理。至于社团内部的管理完全由社团本身的组织结构来承担，社团的宗旨、活动目标、活动内容的设计与实施以及社团人员和经费的管理等全由社团自主进行。即使学校对社团活动要进行考评，但考评的目的是为了更好地规

---

① 《中国大百科全书》教育卷［M］．北京：中国大百科全书出版社，1985.

范社团活动，激发社团活动的潜力，促进社团健康的发展。社团的指导教师一般只起顾问的作用，他不是社团的领导。所以，社团活动大大不同于课堂教学，它完全由学生说了算。

(4) 活动的开放性。

参加社团的大学生都是一群有活力有激情的年轻人，富有想象力，敢为人先，所以他们设计和开展的活动也往往具有个性和丰富性的特点。同一名称的社团，在不同的学校开展的活动往往是不一样的，就是在同一学校，由于社团的负责人不同，其工作的思路也有很大的差别。而且，社团的活动尽管也有计划性，但由于管理的民主性，其计划也可以适时的调整。只要有人提议并得到决策人员中多数人的支持，此项活动就可以付诸实施。所以，大学生社团活动的开放性也很明显。活动的开放性必然带来活动内容与形式的丰富性。

2. 大学生社团的作用

新时代，新社团。高校社团不仅要给大学生一个锻炼的机会，而且要走向社会，让社会了解它们，建立沟通联络的渠道，为高校学习、生活和工作服务建立联系，还要让学校与学校建立联系，学生团体与学生团体建立联系，学生与学生建立联系，社会团体与社会团体建立联系，互补长短。简单地说，大学生社团不再只是象牙塔深处的一个亮点，它要担当的将是象牙塔内外各行各业各组织机构沟通交流的使者。

(1) 帮助大学生成长、成才。

随着经济社会的快速发展和素质教育的不断推进，学生的主体意识、参与意识、竞争意识不断增强，促使他们根据自己所学专业和个人兴趣爱好自愿组织和参加活动，寻找各自的舞台和地位，以求最大限度地锻炼自己，树立正确的社会角色意识，努力成长为符合社会发展、满足社会需求的合格人才。学生的这种内在的需求和社团活动的性质、目的、功能是基本吻合的。学生社团作为学校课堂教育的补充和延伸，因为其专业的交叉性、活动的实践性、组织的社会性而具有实践和教育功能，为学生的综合素质的提高提供了有效平台和舞台，调动了学生提高自身素质教育的主动性和积极性。在社团中，学生可以接受多方面的锻炼和培养。社团活动的开展，有利于学生开阔视野，增长知识，培养能力，陶冶情操，促进学生的全面发展。

(2) 拓展课外平台，锻炼大学生才干。

高校的学生社团，可以使广大学生通过具体的社会实践，锻炼提高他们的动手能力和才干；可以使他们自主地发挥、发展自身的特长和智慧；可以丰富第二课堂的内容，使大学生在课余生活中学有所获；可以增强广大青年学生的团结意识、竞争意识，促使他们茁壮成长。同时，在高校校园里积极开展大学生社团活

动，可营造出革命的、正直向上的校园文化氛围，有力地促进高校校园里的精神文明建设。

二、参加社团与培养大学生的创业创新能力

大学生社团，由于能给学生营造一个自主学习与集体学习相结合且宽松、自由的学习环境，所以历来被认为是大学生活动中最富有生命力的组成部分，是组成校园文化的一支主力军。各种各样的社团以其特有的魅力丰富着校园生活，无形中促进大学生综合素质和创新能力的提高。特别是学术类和科技类社团，如邓小平理论、“三农”问题、机械电子、航模、机器人、创业设计等协会。由于这些社团带有明显的“探究”特征，而且基于大学生共同的兴趣，所以在培养大学生创新能力方面起着课堂教学不可替代的作用。具体表现在以下几方面：

首先，学生社团十分宽松的文化学术环境，为大学生创造力的培养创造了良好的氛围。学生社团是按照自愿的原则组织的，管理也是遵循民主的原则，所以社团活动充满着宽松的学术气氛，学生在其中可以自由地表达自己的思想和实践自己的创意。例如，每年一度的由共青团中央、教育部、全国学联共同主办的“挑战杯”大学生课外科技作品竞赛，都有一大批由各地高校大学生在社团的组织和支持下创造出来的达到一定水平的科技作品。在社团活动的影响下，一批小成果、小发明相继问世，甚至创造出具有国家级或国际级科研成果。

其次，学生社团为大学生提供了一个自主学习的环境和展示个性的平台。人的创造力的发展离不开个性的养成和自主探究的空间，社团活动无疑扩大了学生的自主学习和探究的空间。通过社团活动的参与，学生可以通过自己广泛的阅读、深入的思考，较系统地钻研某一问题，以求问题的解决。同时可以通过交流和集体研讨等形式，充分借助同伴的知识、智慧，开拓自己的视野，激发创造的激情，丰富自己创新能力所需要的各种知识和技能。

再次，学生社团还满足了大学生情商开发和创新的心理环境需要。现代科学已经证明，开发人的大脑潜能，必须排除心理障碍。对于大学生来说，心境乐观、心理健康，不但有利于健脑、用脑，更有利于他们创新潜能的开发。我国传统的教育模式是片面地强调书本知识的传授，是一种地道的“应试教育”，尤其是在高等教育阶段，专业面过窄，重理论、轻实践，重灌输、轻研讨，忽视了学生的情感教育和综合素质的培养，这直接影响学生的身心健康和情感生活，从而直接导致创新能力的缺乏。而大学生社团活动恰恰能给学生创造宽松的精神环境，减轻心理压力。他们在活动和交往中有高度的心理自由，好奇心、自尊心和自信心得到了满足，有利于其兴趣爱好的培养和发挥，能促进学生的良好情感和完美人格的养成，激发其上进心和求知欲，从而有利于学生创新素质的提高。

最后，学生社团是大学生满足实践训练的需要。实践是检验真理的唯一标准，大学生只有将自己所学的理论知识转化为实践成果，才可能达到提高创新能力的目的。同时，只有在实践中不断地进行认真训练、体验，才能更进一步萌发创造灵感。通过学生社团的实践活动不仅能锻炼学生的社会交往能力，更重要的是通过社会实践、科学研究、科技下乡、技术开发与推广等活动，进一步使学生加深对理论的理解，培养和磨炼坚强的意志和进取精神，激发其求知欲、探索欲。①

① 柏林．大学生社团活动与创新能力的培养［J］．镇江高专学报，2001（3）．

第九章　少数民族大学生就业准备

第一节　少数民族大学生求职法律知识准备

面对就业压力，做好职业规划，做个有准备的人至关重要。面对职场风云，保持清醒的头脑，同样不可忽视。知法、懂法，遵守法律的同时也维护了自己的正当权利。少数民族大学生们要利用好法律这把“双刃剑”，为自己的未来生活保驾护航。

一、创业要了解《就业促进法》

准确把握《就业促进法》的内容和精髓，是贯彻实施《就业促进法》的基础和关键。《就业促进法》虽然只有九章69条，但涉及面广，内容丰富，涵盖了政府责任、工作机制、政策支持、公平就业、就业服务和管理、职业教育和培训、就业援助、监督检查、法律责任等方面。

《中华人民共和国就业促进法》

（2007年8月30日第十届全国人民代表大会常务委员会第二十九次会议通过）

（一）总则

第一条　为了促进就业，促进经济发展与扩大就业相协调，促进社会和谐稳定，制定本法。

第二条　国家把扩大就业放在经济社会发展的突出位置，实施积极的就业政策，坚持劳动者自主择业、市场调节就业、政府促进就业的方针，多渠道扩大就业。

第三条　劳动者依法享有平等就业和自主择业的权利。

劳动者就业，不因民族、种族、性别、宗教信仰等不同而受歧视。

第四条　县级以上人民政府把扩大就业作为经济和社会发展的重要目标，纳入国民经济和社会发展规划，并制定促进就业的中长期规划和年度工作计划。

第五条　县级以上人民政府通过发展经济和调整产业结构、规范人力资源市场、完善就业服务、加强职业教育和培训、提供就业援助等措施，创造就业条件，扩大就业。

第六条　国务院建立全国促进就业工作协调机制，研究就业工作中的重大问题，协调推动全国的促进就业工作。国务院劳动行政部门具体负责全国的促进就业工作。

省、自治区、直辖市人民政府根据促进就业工作的需要，建立促进就业工作协调机制，协调解决本行政区域就业工作中的重大问题。

县级以上人民政府有关部门按照各自的职责分工，共同做好促进就业工作。

第七条　国家倡导劳动者树立正确的择业观念，提高就业能力和创业能力；鼓励劳动者自主创业、自谋职业。

各级人民政府和有关部门应当简化程序，提高效率，为劳动者自主创业、自谋职业提供便利。

第八条　用人单位依法享有自主用人的权利。

用人单位应当依照本法以及其他法律、法规的规定，保障劳动者的合法权益。

第九条　工会、共产主义青年团、妇女联合会、残疾人联合会以及其他社会组织，协助人民政府开展促进就业工作，依法维护劳动者的劳动权利。

第十条　各级人民政府和有关部门对在促进就业工作中作出显著成绩的单位和个人，给予表彰和奖励。

（二）政策支持

第十一条　县级以上人民政府应当把扩大就业作为重要职责，统筹协调产业政策与就业政策。

第十二条　国家鼓励各类企业在法律、法规规定的范围内，通过兴办产业或者拓展经营，增加就业岗位。

国家鼓励发展劳动密集型产业、服务业，扶持中小企业，多渠道、多方式增加就业岗位。

国家鼓励、支持、引导非公有制经济发展，扩大就业，增加就业岗位。

第十三条　国家发展国内外贸易和国际经济合作，拓宽就业渠道。

第十四条　县级以上人民政府在安排政府投资和确定重大建设项目时，应当

发挥投资和重大建设项目带动就业的作用，增加就业岗位。

第十五条　国家实行有利于促进就业的财政政策，加大资金投入，改善就业环境，扩大就业。

县级以上人民政府应当根据就业状况和就业工作目标，在财政预算中安排就业专项资金用于促进就业工作。

就业专项资金用于职业介绍、职业培训、公益性岗位、职业技能鉴定、特定就业政策和社会保险等的补贴，小额贷款担保基金和微利项目的小额担保贷款贴息，以及扶持公共就业服务等。就业专项资金的使用管理办法由国务院财政部门和劳动行政部门规定。

第十六条　国家建立健全失业保险制度，依法确保失业人员的基本生活，并促进其实现就业。

第十七条　国家鼓励企业增加就业岗位，扶持失业人员和残疾人就业，对下列企业、人员依法给予税收优惠：

（一）吸纳符合国家规定条件的失业人员达到规定要求的企业；

（二）失业人员创办的中小企业；

（三）安置残疾人员达到规定比例或者集中使用残疾人的企业；

（四）从事个体经营的符合国家规定条件的失业人员；

（五）从事个体经营的残疾人；

（六）国务院规定给予税收优惠的其他企业、人员。

第十八条　对本法第十七条第四项、第五项规定的人员，有关部门应当在经营场地等方面给予照顾，免除行政事业性收费。

第十九条　国家实行有利于促进就业的金融政策，增加中小企业的融资渠道；鼓励金融机构改进金融服务，加大对中小企业的信贷支持，并对自主创业人员在一定期限内给予小额信贷等扶持。

第二十条　国家实行城乡统筹的就业政策，建立健全城乡劳动者平等就业的制度，引导农业富余劳动力有序转移就业。

县级以上地方人民政府推进小城镇建设和加快县域经济发展，引导农业富余劳动力就地就近转移就业；在制定小城镇规划时，将本地区农业富余劳动力转移就业作为重要内容。

县级以上地方人民政府引导农业富余劳动力有序向城市异地转移就业；劳动力输出地和输入地人民政府应当互相配合，改善农村劳动者进城就业的环境和条件。

第二十一条　国家支持区域经济发展，鼓励区域协作，统筹协调不同地区就业的均衡增长。

国家支持民族地区发展经济，扩大就业。

第二十二条　各级人民政府统筹做好城镇新增劳动力就业、农业富余劳动力转移就业和失业人员就业工作。

第二十三条　各级人民政府采取措施，逐步完善和实施与非全日制用工等灵活就业相适应的劳动和社会保险政策，为灵活就业人员提供帮助和服务。

第二十四条　地方各级人民政府和有关部门应当加强对失业人员从事个体经营的指导，提供政策咨询、就业培训和开业指导等服务。

（三）公平就业

第二十五条　各级人民政府创造公平就业的环境，消除就业歧视，制定政策并采取措施对就业困难人员给予扶持和援助。

第二十六条　用人单位招用人员、职业中介机构从事职业中介活动，应当向劳动者提供平等的就业机会和公平的就业条件，不得实施就业歧视。

第二十七条　国家保障妇女享有与男子平等的劳动权利。

用人单位招用人员，除国家规定的不适合妇女的工种或者岗位外，不得以性别为由拒绝录用妇女或者提高对妇女的录用标准。

用人单位录用女职工，不得在劳动合同中规定限制女职工结婚、生育的内容。

第二十八条　各民族劳动者享有平等的劳动权利。

用人单位招用人员，应当依法对少数民族劳动者给予适当照顾。

第二十九条　国家保障残疾人的劳动权利。

各级人民政府应当对残疾人就业统筹规划，为残疾人创造就业条件。

用人单位招用人员，不得歧视残疾人。

第三十条　用人单位招用人员，不得以是传染病病原携带者为由拒绝录用。但是，经医学鉴定传染病病原携带者在治愈前或者排除传染嫌疑前，不得从事法律、行政法规和国务院卫生行政部门规定禁止从事的易使传染病扩散的工作。

第三十一条　农村劳动者进城就业享有与城镇劳动者平等的劳动权利，不得对农村劳动者进城就业设置歧视性限制。

（四）就业服务和管理

第三十二条　县级以上人民政府培育和完善统一开放、竞争有序的人力资源市场，为劳动者就业提供服务。

第三十三条　县级以上人民政府鼓励社会各方面依法开展就业服务活动，加强对公共就业服务和职业中介服务的指导和监督，逐步完善覆盖城乡的就业服务体系。

第三十四条　县级以上人民政府加强人力资源市场信息网络及相关设施建

设，建立健全人力资源市场信息服务体系，完善市场信息发布制度。

第三十五条　县级以上人民政府建立健全公共就业服务体系，设立公共就业服务机构，为劳动者免费提供下列服务：

（一）就业政策法规咨询；

（二）职业供求信息、市场工资指导价位信息和职业培训信息发布；

（三）职业指导和职业介绍；

（四）对就业困难人员实施就业援助；

（五）办理就业登记、失业登记等事务；

（六）其他公共就业服务。

公共就业服务机构应当不断提高服务的质量和效率，不得从事经营性活动。公共就业服务经费纳入同级财政预算。

第三十六条　县级以上地方人民政府对职业中介机构提供公益性就业服务的，按照规定给予补贴。

国家鼓励社会各界为公益性就业服务提供捐赠、资助。

第三十七条　地方各级人民政府和有关部门不得举办或者与他人联合举办经营性的职业中介机构。

地方各级人民政府和有关部门、公共就业服务机构举办的招聘会，不得向劳动者收取费用。

第三十八条　县级以上人民政府和有关部门加强对职业中介机构的管理，鼓励其提高服务质量，发挥其在促进就业中的作用。

第三十九条　从事职业中介活动，应当遵循合法、诚实信用、公平、公开的原则。

用人单位通过职业中介机构招用人员，应当如实向职业中介机构提供岗位需求信息。禁止任何组织或者个人利用职业中介活动侵害劳动者的合法权益。

第四十条　设立职业中介机构应当具备下列条件：

（一）有明确的章程和管理制度；

（二）有开展业务必备的固定场所、办公设施和一定数额的开办资金；

（三）有一定数量具备相应职业资格的专职工作人员；

（四）法律、法规规定的其他条件。

设立职业中介机构，应当依法办理行政许可。经许可的职业中介机构，应当向工商行政部门办理登记。

未经依法许可和登记的机构，不得从事职业中介活动。

国家对外商投资职业中介机构和向劳动者提供境外就业服务的职业中介机构另有规定的，依照其规定。

第四十一条　职业中介机构不得有下列行为：

（一）提供虚假就业信息；

（二）为无合法证照的用人单位提供职业中介服务；

（三）伪造、涂改、转让职业中介许可证；

（四）扣押劳动者的居民身份证和其他证件，或者向劳动者收取押金；

（五）其他违反法律、法规规定的行为。

第四十二条　县级以上人民政府建立失业预警制度，对可能出现的较大规模的失业，实施预防、调节和控制。

第四十三条　国家建立劳动力调查统计制度和就业登记、失业登记制度，开展劳动力资源和就业、失业状况调查统计，并公布调查统计结果。

统计部门和劳动行政部门进行劳动力调查统计和就业、失业登记时，用人单位和个人应当如实提供调查统计和登记所需要的情况。

（五）职业教育和培训

第四十四条　国家依法发展职业教育，鼓励开展职业培训，促进劳动者提高职业技能，增强就业能力和创业能力。

第四十五条　县级以上人民政府根据经济社会发展和市场需求，制定并实施职业能力开发计划。

第四十六条　县级以上人民政府加强统筹协调，鼓励和支持各类职业院校、职业技能培训机构和用人单位依法开展就业前培训、在职培训、再就业培训和创业培训；鼓励劳动者参加各种形式的培训。

第四十七条　县级以上地方人民政府和有关部门根据市场需求和产业发展方向，鼓励、指导企业加强职业教育和培训。

职业院校、职业技能培训机构与企业应当密切联系，实行产教结合，为经济建设服务，培养实用人才和熟练劳动者。

企业应当按照国家有关规定提取职工教育经费，对劳动者进行职业技能培训和继续教育培训。

第四十八条　国家采取措施建立健全劳动预备制度，县级以上地方人民政府对有就业要求的初高中毕业生实行一定期限的职业教育和培训，使其取得相应的职业资格或者掌握一定的职业技能。

第四十九条　地方各级人民政府鼓励和支持开展就业培训，帮助失业人员提高职业技能，增强其就业能力和创业能力。失业人员参加就业培训的，按照有关规定享受政府培训补贴。

第五十条　地方各级人民政府采取有效措施，组织和引导进城就业的农村劳动者参加技能培训，鼓励各类培训机构为进城就业的农村劳动者提供技能培训，增强其就业能力和创业能力。

第五十一条　国家对从事涉及公共安全、人身健康、生命财产安全等特殊工种的劳动者，实行职业资格证书制度，具体办法由国务院规定。

（六）就业援助

第五十二条　各级人民政府建立健全就业援助制度，采取税费减免、贷款贴息、社会保险补贴、岗位补贴等办法，通过公益性岗位安置等途径，对就业困难人员实行优先扶持和重点帮助。

就业困难人员是指因身体状况、技能水平、家庭因素、失去土地等原因难以实现就业，以及连续失业一定时间仍未能实现就业的人员。就业困难人员的具体范围，由省、自治区、直辖市人民政府根据本行政区域的实际情况规定。

第五十三条　政府投资开发的公益性岗位，应当优先安排符合岗位要求的就业困难人员。被安排在公益性岗位工作的，按照国家规定给予岗位补贴。

第五十四条　地方各级人民政府加强基层就业援助服务工作，对就业困难人员实施重点帮助，提供有针对性的就业服务和公益性岗位援助。

地方各级人民政府鼓励和支持社会各方面为就业困难人员提供技能培训、岗位信息等服务。

第五十五条　各级人民政府采取特别扶助措施，促进残疾人就业。

用人单位应当按照国家规定安排残疾人就业，具体办法由国务院规定。

第五十六条　县级以上地方人民政府采取多种就业形式，拓宽公益性岗位范围，开发就业岗位，确保城市有就业需求的家庭至少有一人实现就业。

法定劳动年龄内的家庭人员均处于失业状况的城市居民家庭，可以向住所地街道、社区公共就业服务机构申请就业援助。街道、社区公共就业服务机构经确认属实的，应当为该家庭中至少一人提供适当的就业岗位。

第五十七条　国家鼓励资源开采型城市和独立工矿区发展与市场需求相适应的产业，引导劳动者转移就业。

对因资源枯竭或者经济结构调整等原因造成就业困难人员集中的地区，上级人民政府应当给予必要的扶持和帮助。

（七）监督检查

第五十八条　各级人民政府和有关部门应当建立促进就业的目标责任制度。县级以上人民政府按照促进就业目标责任制的要求，对所属的有关部门和下一级人民政府进行考核和监督。

第五十九条　审计机关、财政部门应当依法对就业专项资金的管理和使用情况进行监督检查。

第六十条　劳动行政部门应当对本法实施情况进行监督检查，建立举报制度，受理对违反本法行为的举报，并及时予以核实处理。

（八）法律责任

第六十一条　违反本法规定，劳动行政等有关部门及其工作人员滥用职权、玩忽职守、徇私舞弊的，对直接负责的主管人员和其他直接责任人员依法给予处分。

第六十二条　违反本法规定，实施就业歧视的，劳动者可以向人民法院提起诉讼。

第六十三条　违反本法规定，地方各级人民政府和有关部门、公共就业服务机构举办经营性的职业中介机构，从事经营性职业中介活动，向劳动者收取费用的，由上级主管机关责令限期改正，将违法收取的费用退还劳动者，并对直接负责的主管人员和其他直接责任人员依法给予处分。

第六十四条　违反本法规定，未经许可和登记，擅自从事职业中介活动的，由劳动行政部门或者其他主管部门依法予以关闭；有违法所得的，没收违法所得，并处一万元以上五万元以下的罚款。

第六十五条　违反本法规定，职业中介机构提供虚假就业信息，为无合法证照的用人单位提供职业中介服务，伪造、涂改、转让职业中介许可证的，由劳动行政部门或者其他主管部门责令改正；有违法所得的，没收违法所得，并处一万元以上五万元以下的罚款；情节严重的，吊销职业中介许可证。

第六十六条　违反本法规定，职业中介机构扣押劳动者居民身份证等证件的，由劳动行政部门责令限期退还劳动者，并依照有关法律规定给予处罚。

违反本法规定，职业中介机构向劳动者收取押金的，由劳动行政部门责令限期退还劳动者，并以每人五百元以上二千元以下的标准处以罚款。

第六十七条　违反本法规定，企业未按照国家规定提取职工教育经费，或者挪用职工教育经费的，由劳动行政部门责令改正，并依法给予处罚。

第六十八条　违反本法规定，侵害劳动者合法权益，造成财产损失或者其他损害的，依法承担民事责任；构成犯罪的，依法追究刑事责任。

（九）附则

第六十九条　本法自2008年1月1日起施行。

资料来源：中华人民共和国劳动和社会保障部。

二、求职要了解《劳动合同法》

劳动合同是劳动者与用工单位之间确立劳动关系，明确双方权利和义务的协议。订立和变更劳动合同，应当遵循平等自愿、协商一致的原则，不得违反法律、行政法规的规定。劳动合同依法订立即具有法律约束力，当事人必须履行劳动合同规定的义务。

《中华人民共和国劳动合同法》

（一）总则

第一条　为了完善劳动合同制度，明确劳动合同双方当事人的权利和义务，保护劳动者的合法权益，构建和发展和谐稳定的劳动关系，制定本法。

第二条　中华人民共和国境内的企业、个体经济组织、民办非企业单位等组织（以下称用人单位）与劳动者建立劳动关系，订立、履行、变更、解除或者终止劳动合同，适用本法。

国家机关、事业单位、社会团体和与其建立劳动关系的劳动者，订立、履行、变更、解除或者终止劳动合同，依照本法执行。

第三条　订立劳动合同，应当遵循合法、公平、平等自愿、协商一致、诚实信用的原则。

依法订立的劳动合同具有约束力，用人单位与劳动者应当履行劳动合同约定的义务。

第四条　用人单位应当依法建立和完善劳动规章制度，保障劳动者享有劳动权利、履行劳动义务。

用人单位在制定、修改或者决定有关劳动报酬、工作时间、休息休假、劳动安全卫生、保险福利、职工培训、劳动纪律以及劳动定额管理等直接涉及劳动者切身利益的规章制度或者重大事项时，应当经职工代表大会或者全体职工讨论，提出方案和意见，与工会或者职工代表平等协商确定。

在规章制度和重大事项决定实施过程中，工会或者职工认为不适当的，有权向用人单位提出，通过协商予以修改完善。

用人单位应当将直接涉及劳动者切身利益的规章制度和重大事项决定公示，或者告知劳动者。

第五条　县级以上人民政府劳动行政部门会同工会和企业方面代表，建立健全协调劳动关系三方机制，共同研究解决有关劳动关系的重大问题。

第六条　工会应当帮助、指导劳动者与用人单位依法订立和履行劳动合同，并与用人单位建立集体协商机制，维护劳动者的合法权益。

（二）劳动合同的订立

第七条　用人单位自用工之日起即与劳动者建立劳动关系。用人单位应当建立职工名册备查。

第八条　用人单位招用劳动者时，应当如实告知劳动者工作内容、工作条件、工作地点、职业危害、安全生产状况、劳动报酬，以及劳动者要求了解的其他情况；用人单位有权了解劳动者与劳动合同直接相关的基本情况，劳动者应当如实说明。

第九条 用人单位招用劳动者，不得扣押劳动者的居民身份证和其他证件，不得要求劳动者提供担保或者以其他名义向劳动者收取财物。

第十条 建立劳动关系，应当订立书面劳动合同。

已建立劳动关系，未同时订立书面劳动合同的，应当自用工之日起一个月内订立书面劳动合同。

用人单位与劳动者在用工前订立劳动合同的，劳动关系自用工之日起建立。

第十一条 用人单位未在用工的同时订立书面劳动合同，与劳动者约定的劳动报酬不明确的，新招用的劳动者的劳动报酬按照集体合同规定的标准执行；没有集体合同或者集体合同未规定的，实行同工同酬。

第十二条 劳动合同分为固定期限劳动合同、无固定期限劳动合同和以完成一定工作任务为期限的劳动合同。

第十三条 固定期限劳动合同，是指用人单位与劳动者约定合同终止时间的劳动合同。

用人单位与劳动者协商一致，可以订立固定期限劳动合同。

第十四条 无固定期限劳动合同，是指用人单位与劳动者约定无确定终止时间的劳动合同。

用人单位与劳动者协商一致，可以订立无固定期限劳动合同。有下列情形之一，劳动者提出或者同意续订、订立劳动合同的，除劳动者提出订立固定期限劳动合同外，应当订立无固定期限劳动合同：

1. 劳动者在该用人单位连续工作满十年的；

2. 用人单位初次实行劳动合同制度或者国有企业改制重新订立劳动合同时，劳动者在该用人单位连续工作满十年且距法定退休年龄不足十年的；

3. 连续订立两次固定期限劳动合同，且劳动者没有本法第三十九条和第四十条第一项、第二项规定的情形，续订劳动合同的。

用人单位自用工之日起满一年不与劳动者订立书面劳动合同的，视为用人单位与劳动者已订立无固定期限劳动合同。

第十五条 以完成一定工作任务为期限的劳动合同，是指用人单位与劳动者约定以某项工作的完成为合同期限的劳动合同。

用人单位与劳动者协商一致，可以订立以完成一定工作任务为期限的劳动合同。

第十六条 劳动合同由用人单位与劳动者协商一致，并经用人单位与劳动者在劳动合同文本上签字或者盖章生效。

劳动合同文本由用人单位和劳动者各执一份。

第十七条　劳动合同应当具备以下条款：

1. 用人单位的名称、住所和法定代表人或者主要负责人；
2. 劳动者的姓名、住址和居民身份证或者其他有效身份证件号码；
3. 劳动合同期限；
4. 工作内容和工作地点；
5. 工作时间和休息休假；
6. 劳动报酬；
7. 社会保险；
8. 劳动保护、劳动条件和职业危害防护；
9. 法律、法规规定应当纳入劳动合同的其他事项。

劳动合同除前款规定的必备条款外，用人单位与劳动者可以约定试用期、培训、保守秘密、补充保险和福利待遇等其他事项。

第十八条　劳动合同对劳动报酬和劳动条件等标准约定不明确，引发争议的，用人单位与劳动者可以重新协商；协商不成的，适用集体合同规定；没有集体合同或者集体合同未规定劳动报酬的，实行同工同酬；没有集体合同或者集体合同未规定劳动条件等标准的，适用国家有关规定。

第十九条　劳动合同期限三个月以上不满一年的，试用期不得超过一个月；劳动合同期限一年以上不满三年的，试用期不得超过二个月；三年以上固定期限和无固定期限的劳动合同，试用期不得超过六个月。

同一用人单位与同一劳动者只能约定一次试用期。

以完成一定工作任务为期限的劳动合同或者劳动合同期限不满三个月的，不得约定试用期。

试用期包含在劳动合同期限内。劳动合同仅约定试用期的，试用期不成立，该期限为劳动合同期限。

第二十条　劳动者在试用期的工资不得低于本单位相同岗位最低档工资或者劳动合同约定工资的百分之八十，并不得低于用人单位所在地的最低工资标准。

第二十一条　在试用期中，除劳动者有本法第三十九条和第四十条第一项、第二项规定的情形外，用人单位不得解除劳动合同。用人单位在试用期解除劳动合同的，应当向劳动者说明理由。

第二十二条　用人单位为劳动者提供专项培训费用，对其进行专业技术培训的，可以与该劳动者订立协议，约定服务期。

劳动者违反服务期约定的，应当按照约定向用人单位支付违约金。违约金的数额不得超过用人单位提供的培训费用。用人单位要求劳动者支付的违约金不得超过服务期尚未履行部分所应分摊的培训费用。

用人单位与劳动者约定服务期的，不影响按照正常的工资调整机制提高劳动者在服务期间的劳动报酬。

第二十三条　用人单位与劳动者可以在劳动合同中约定保守用人单位的商业秘密和与知识产权相关的保密事项。

对负有保密义务的劳动者，用人单位可以在劳动合同或者保密协议中与劳动者约定竞业限制条款，并约定在解除或者终止劳动合同后，在竞业限制期限内按月给予劳动者经济补偿。劳动者违反竞业限制约定的，应当按照约定向用人单位支付违约金。

第二十四条　竞业限制的人员限于用人单位的高级管理人员、高级技术人员和其他负有保密义务的人员。竞业限制的范围、地域、期限由用人单位与劳动者约定，竞业限制的约定不得违反法律、法规的规定。

在解除或者终止劳动合同后，前款规定的人员到与本单位生产或者经营同类产品、从事同类业务的有竞争关系的其他用人单位，或者自己开业生产或者经营同类产品、从事同类业务的竞业限制期限，不得超过二年。

第二十五条　除本法第二十二条和第二十三条规定的情形外，用人单位不得与劳动者约定由劳动者承担违约金。

第二十六条　下列劳动合同无效或者部分无效：

（一）以欺诈、胁迫的手段或者乘人之危，使对方在违背真实意思的情况下订立或者变更劳动合同的；

（二）用人单位免除自己的法定责任、排除劳动者权利的；

（三）违反法律、行政法规强制性规定的。

对劳动合同的无效或者部分无效有争议的，由劳动争议仲裁机构或者人民法院确认。

第二十七条　劳动合同部分无效，不影响其他部分效力的，其他部分仍然有效。

第二十八条　劳动合同被确认无效，劳动者已付出劳动的，用人单位应当向劳动者支付劳动报酬。劳动报酬的数额，参照本单位相同或者相近岗位劳动者的劳动报酬确定。

（三）劳动合同的履行和变更

第二十九条　用人单位与劳动者应当按照劳动合同的约定，全面履行各自的义务。

第三十条　用人单位应当按照劳动合同约定和国家规定，向劳动者及时足额支付劳动报酬。

用人单位拖欠或者未足额支付劳动报酬的，劳动者可以依法向当地人民法院申请支付令，人民法院应当依法发出支付令。

第三十一条　用人单位应当严格执行劳动定额标准，不得强迫或者变相强迫劳动者加班。用人单位安排加班的，应当按照国家有关规定向劳动者支付加班费。

第三十二条　劳动者拒绝用人单位管理人员违章指挥、强令冒险作业的，不视为违反劳动合同。

劳动者对危害生命安全和身体健康的劳动条件，有权对用人单位提出批评、检举和控告。

第三十三条　用人单位变更名称、法定代表人、主要负责人或者投资人等事项，不影响劳动合同的履行。

第三十四条　用人单位发生合并或者分立等情况，原劳动合同继续有效，劳动合同由承继其权利和义务的用人单位继续履行。

第三十五条　用人单位与劳动者协商一致，可以变更劳动合同约定的内容。变更劳动合同，应当采用书面形式。

变更后的劳动合同文本由用人单位和劳动者各执一份。

（四）劳动合同的解除和终止

第三十六条　用人单位与劳动者协商一致，可以解除劳动合同。

第三十七条　劳动者提前三十日以书面形式通知用人单位，可以解除劳动合同。劳动者在试用期内提前三日通知用人单位，可以解除劳动合同。

第三十八条　用人单位有下列情形之一的，劳动者可以解除劳动合同：

（一）未按照劳动合同约定提供劳动保护或者劳动条件的；

（二）未及时足额支付劳动报酬的；

（三）未依法为劳动者缴纳社会保险费的；

（四）用人单位的规章制度违反法律、法规的规定，损害劳动者权益的；

（五）因本法第二十六条第一款规定的情形致使劳动合同无效的；

（六）法律、行政法规规定劳动者可以解除劳动合同的其他情形。

用人单位以暴力、威胁或者非法限制人身自由的手段强迫劳动者劳动的，或者用人单位违章指挥、强令冒险作业危及劳动者人身安全的，劳动者可以立即解除劳动合同，不需事先告知用人单位。

第三十九条　劳动者有下列情形之一的，用人单位可以解除劳动合同：

（一）在试用期间被证明不符合录用条件的；

（二）严重违反用人单位的规章制度的；

（三）严重失职，营私舞弊，给用人单位造成重大损害的；

（四）劳动者同时与其他用人单位建立劳动关系，对完成本单位的工作任务造成严重影响，或者经用人单位提出，拒不改正的；

（五）因本法第二十六条第一款第一项规定的情形致使劳动合同无效的；

（六）被依法追究刑事责任的。

第四十条 有下列情形之一的，用人单位提前三十日以书面形式通知劳动者本人或者额外支付劳动者一个月工资后，可以解除劳动合同：

（一）劳动者患病或者非因工负伤，在规定的医疗期满后不能从事原工作，也不能从事由用人单位另行安排的工作的；

（二）劳动者不能胜任工作，经过培训或者调整工作岗位，仍不能胜任工作的；

（三）劳动合同订立时所依据的客观情况发生重大变化，致使劳动合同无法履行，经用人单位与劳动者协商，未能就变更劳动合同内容达成协议的。

第四十一条 有下列情形之一，需要裁减人员二十人以上或者裁减不足二十人但占企业职工总数百分之十以上的，用人单位提前三十日向工会或者全体职工说明情况，听取工会或者职工的意见后，裁减人员方案经向劳动行政部门报告，可以裁减人员：

（一）依照企业破产法规定进行重整的；

（二）生产经营发生严重困难的；

（三）企业转产、重大技术革新或者经营方式调整，经变更劳动合同后，仍需裁减人员的；

（四）其他因劳动合同订立时所依据的客观经济情况发生重大变化，致使劳动合同无法履行的。

裁减人员时，应当优先留用下列人员：

（一）与本单位订立较长期限的固定期限劳动合同的；

（二）与本单位订立无固定期限劳动合同的；

（三）家庭无其他就业人员，有需要扶养的老人或者未成年人的。

用人单位依照本条第一款规定裁减人员，在六个月内重新招用人员的，应当通知被裁减的人员，并在同等条件下优先招用被裁减的人员。

第四十二条 劳动者有下列情形之一的，用人单位不得依照本法第四十条、第四十一条的规定解除劳动合同：

（一）从事接触职业病危害作业的劳动者未进行离岗前职业健康检查，或者疑似职业病病人在诊断或者医学观察期间的；

（二）在本单位患职业病或者因工负伤并被确认丧失或者部分丧失劳动能力的；

（三）患病或者非因工负伤，在规定的医疗期内的；

（四）女职工在孕期、产期、哺乳期的；

（五）在本单位连续工作满十五年，且距法定退休年龄不足五年的；

（六）法律、行政法规规定的其他情形。

第四十三条　用人单位单方解除劳动合同，应当事先将理由通知工会。用人单位违反法律、行政法规规定或者劳动合同约定的，工会有权要求用人单位纠正。用人单位应当研究工会的意见，并将处理结果书面通知工会。

第四十四条　有下列情形之一的，劳动合同终止：

（一）劳动合同期满的；

（二）劳动者开始依法享受基本养老保险待遇的；

（三）劳动者死亡，或者被人民法院宣告死亡或者宣告失踪的；

（四）用人单位被依法宣告破产的；

（五）用人单位被吊销营业执照、责令关闭、撤销或者用人单位决定提前解散的；

（六）法律、行政法规规定的其他情形。

第四十五条　劳动合同期满，有本法第四十二条规定情形之一的，劳动合同应当续延至相应的情形消失时终止。但是，本法第四十二条第二项规定丧失或者部分丧失劳动能力劳动者的劳动合同的终止，按照国家有关工伤保险的规定执行。

第四十六条　有下列情形之一的，用人单位应当向劳动者支付经济补偿：

（一）劳动者依照本法第三十八条规定解除劳动合同的；

（二）用人单位依照本法第三十六条规定向劳动者提出解除劳动合同并与劳动者协商一致解除劳动合同的；

（三）用人单位依照本法第四十条规定解除劳动合同的；

（四）用人单位依照本法第四十一条第一款规定解除劳动合同的；

（五）除用人单位维持或者提高劳动合同约定条件续订劳动合同，劳动者不同意续订的情形外，依照本法第四十四条第一项规定终止固定期限劳动合同的；

（六）依照本法第四十四条第四项、第五项规定终止劳动合同的；

（七）法律、行政法规规定的其他情形。

第四十七条　经济补偿按劳动者在本单位工作的年限，每满一年支付一个月工资的标准向劳动者支付。六个月以上不满一年的，按一年计算；不满六个月的，向劳动者支付半个月工资的经济补偿。

劳动者月工资高于用人单位所在直辖市、设区的市级人民政府公布的本地区上年度职工月平均工资三倍的，向其支付经济补偿的标准按职工月平均工资三倍的数额支付，向其支付经济补偿的年限最高不超过十二年。

本条所称月工资是指劳动者在劳动合同解除或者终止前十二个月的平均工资。

第四十八条　用人单位违反本法规定解除或者终止劳动合同，劳动者要求继续履行劳动合同的，用人单位应当继续履行；劳动者不要求继续履行劳动合同或者劳动合同已经不能继续履行的，用人单位应当依照本法第八十七条规定支付赔偿金。

第四十九条　国家采取措施，建立健全劳动者社会保险关系跨地区转移接续制度。

第五十条　用人单位应当在解除或者终止劳动合同时出具解除或者终止劳动合同的证明，并在十五日内为劳动者办理档案和社会保险关系转移手续。

劳动者应当按照双方约定，办理工作交接。用人单位依照本法有关规定应当向劳动者支付经济补偿的，在办理工作交接时支付。

用人单位对已经解除或者终止的劳动合同的文本，至少保存二年备查。

（五）特别规定

第五十一条　企业职工一方与用人单位通过平等协商，可以就劳动报酬、工作时间、休息休假、劳动安全卫生、保险福利等事项订立集体合同。集体合同草案应当提交职工代表大会或者全体职工讨论通过。

集体合同由工会代表企业职工一方与用人单位订立；尚未建立工会的用人单位，由上级工会指导劳动者推举的代表与用人单位订立。

第五十二条　企业职工一方与用人单位可以订立劳动安全卫生、女职工权益保护、工资调整机制等专项集体合同。

第五十三条　在县级以下区域内，建筑业、采矿业、餐饮服务业等行业可以由工会与企业方面代表订立行业性集体合同，或者订立区域性集体合同。

第五十四条　集体合同订立后，应当报送劳动行政部门；劳动行政部门自收到集体合同文本之日起十五日内未提出异议的，集体合同即行生效。

依法订立的集体合同对用人单位和劳动者具有约束力。行业性、区域性集体合同对当地本行业、本区域的用人单位和劳动者具有约束力。

第五十五条　集体合同中劳动报酬和劳动条件等标准不得低于当地人民政府规定的最低标准；用人单位与劳动者订立的劳动合同中劳动报酬和劳动条件等标准不得低于集体合同规定的标准。

第五十六条　用人单位违反集体合同，侵犯职工劳动权益的，工会可以依法要求用人单位承担责任；因履行集体合同发生争议，经协商解决不成的，工会可以依法申请仲裁、提起诉讼。

第五十七条　劳务派遣单位应当依照公司法的有关规定设立，注册资本不得

少于五十万元。

第五十八条　劳务派遣单位是本法所称用人单位，应当履行用人单位对劳动者的义务。劳务派遣单位与被派遣劳动者订立的劳动合同，除应当载明本法第十七条规定的事项外，还应当载明被派遣劳动者的用工单位以及派遣期限、工作岗位等情况。

劳务派遣单位应当与被派遣劳动者订立二年以上的固定期限劳动合同，按月支付劳动报酬；被派遣劳动者在无工作期间，劳务派遣单位应当按照所在地人民政府规定的最低工资标准，向其按月支付报酬。

第五十九条　劳务派遣单位派遣劳动者应当与接受以劳务派遣形式用工的单位（以下称用工单位）订立劳务派遣协议。劳务派遣协议应当约定派遣岗位和人员数量、派遣期限、劳动报酬和社会保险费的数额与支付方式以及违反协议的责任。

用工单位应当根据工作岗位的实际需要与劳务派遣单位确定派遣期限，不得将连续用工期限分割订立数个短期劳务派遣协议。

第六十条　劳务派遣单位应当将劳务派遣协议的内容告知被派遣劳动者。

劳务派遣单位不得克扣用工单位按照劳务派遣协议支付给被派遣劳动者的劳动报酬。

劳务派遣单位和用工单位不得向被派遣劳动者收取费用。

第六十一条　劳务派遣单位跨地区派遣劳动者的，被派遣劳动者享有的劳动报酬和劳动条件，按照用工单位所在地的标准执行。

第六十二条　用工单位应当履行下列义务：

（一）执行国家劳动标准，提供相应的劳动条件和劳动保护；

（二）告知被派遣劳动者的工作要求和劳动报酬；

（三）支付加班费、绩效奖金，提供与工作岗位相关的福利待遇；

（四）对在岗被派遣劳动者进行工作岗位所必需的培训；

（五）连续用工的，实行正常的工资调整机制。

用工单位不得将被派遣劳动者再派遣到其他用人单位。

第六十三条　被派遣劳动者享有与用工单位的劳动者同工同酬的权利。用工单位无同类岗位劳动者的，参照用工单位所在地相同或者相近岗位劳动者的劳动报酬确定。

第六十四条　被派遣劳动者有权在劳务派遣单位或者用工单位依法参加或者组织工会，维护自身的合法权益。

第六十五条　被派遣劳动者可以依照本法第三十六条、第三十八条的规定与劳务派遣单位解除劳动合同。

被派遣劳动者有本法第三十九条和第四十条第一项、第二项规定情形的，用工单位可以将劳动者退回劳务派遣单位，劳务派遣单位依照本法有关规定，可以与劳动者解除劳动合同。

第六十六条　劳务派遣一般在临时性、辅助性或者替代性的工作岗位上实施。

第六十七条　用人单位不得设立劳务派遣单位向本单位或者所属单位派遣劳动者。

（六）非全日制用工

第六十八条　非全日制用工，是指以小时计酬为主，劳动者在同一用人单位一般平均每日工作时间不超过四小时，每周工作时间累计不超过二十四小时的用工形式。

第六十九条　非全日制用工双方当事人可以订立口头协议。

从事非全日制用工的劳动者可以与一个或者一个以上用人单位订立劳动合同；但是，后订立的劳动合同不得影响先订立的劳动合同的履行。

第七十条　非全日制用工双方当事人不得约定试用期。

第七十一条　非全日制用工双方当事人任何一方都可以随时通知对方终止用工。终止用工，用人单位不向劳动者支付经济补偿。

第七十二条　非全日制用工小时计酬标准不得低于用人单位所在地人民政府规定的最低小时工资标准。

非全日制用工劳动报酬结算支付周期最长不得超过十五日。

（七）监督检查

第七十三条　国务院劳动行政部门负责全国劳动合同制度实施的监督管理。

县级以上地方人民政府劳动行政部门负责本行政区域内劳动合同制度实施的监督管理。

县级以上各级人民政府劳动行政部门在劳动合同制度实施的监督管理工作中，应当听取工会、企业方面代表以及有关行业主管部门的意见。

第七十四条　县级以上地方人民政府劳动行政部门依法对下列实施劳动合同制度的情况进行监督检查：

（一）用人单位制定直接涉及劳动者切身利益的规章制度及其执行的情况；

（二）用人单位与劳动者订立和解除劳动合同的情况；

（三）劳务派遣单位和用工单位遵守劳务派遣有关规定的情况；

（四）用人单位遵守国家关于劳动者工作时间和休息休假规定的情况；

（五）用人单位支付劳动合同约定的劳动报酬和执行最低工资标准的情况；

（六）用人单位参加各项社会保险和缴纳社会保险费的情况；

（七）法律、法规规定的其他劳动监察事项。

第七十五条　县级以上地方人民政府劳动行政部门实施监督检查时，有权查阅与劳动合同、集体合同有关的材料，有权对劳动场所进行实地检查，用人单位和劳动者都应当如实提供有关情况和材料。

劳动行政部门的工作人员进行监督检查，应当出示证件，依法行使职权，文明执法。

第七十六条　县级以上人民政府建设、卫生、安全生产监督管理等有关主管部门在各自职责范围内，对用人单位执行劳动合同制度的情况进行监督管理。

第七十七条　劳动者合法权益受到侵害的，有权要求有关部门依法处理，或者依法申请仲裁、提起诉讼。

第七十八条　工会依法维护劳动者的合法权益，对用人单位履行劳动合同、集体合同的情况进行监督。用人单位违反劳动法律、法规和劳动合同、集体合同的，工会有权提出意见或者要求纠正；劳动者申请仲裁、提起诉讼的，工会依法给予支持和帮助。

第七十九条　任何组织或者个人对违反本法的行为都有权举报，县级以上人民政府劳动行政部门应当及时核实、处理，并对举报有功人员给予奖励。

（八）法律责任

第八十条　用人单位直接涉及劳动者切身利益的规章制度违反法律、法规规定的，由劳动行政部门责令改正，给予警告；给劳动者造成损害的，应当承担赔偿责任。

第八十一条　用人单位提供的劳动合同文本未载明本法规定的劳动合同必备条款或者用人单位未将劳动合同文本交付劳动者的，由劳动行政部门责令改正；给劳动者造成损害的，应当承担赔偿责任。

第八十二条　用人单位自用工之日起超过一个月不满一年未与劳动者订立书面劳动合同的，应当向劳动者每月支付二倍的工资。

用人单位违反本法规定不与劳动者订立无固定期限劳动合同的，自应当订立无固定期限劳动合同之日起向劳动者每月支付二倍的工资。

第八十三条　用人单位违反本法规定与劳动者约定试用期的，由劳动行政部门责令改正；违法约定的试用期已经履行的，由用人单位以劳动者试用期满月工资为标准，按已经履行的超过法定试用期的期间向劳动者支付赔偿金。

第八十四条　用人单位违反本法规定，扣押劳动者居民身份证等证件的，由劳动行政部门责令限期退还劳动者本人，并依照有关法律规定给予处罚。

用人单位违反本法规定，以担保或者其他名义向劳动者收取财物的，由劳动行政部门责令限期退还劳动者本人，并以每人五百元以上二千元以下的标准处以罚款；给劳动者造成损害的，应当承担赔偿责任。

劳动者依法解除或者终止劳动合同，用人单位扣押劳动者档案或者其他物品的，依照前款规定处罚。

第八十五条　用人单位有下列情形之一的，由劳动行政部门责令限期支付劳动报酬、加班费或者经济补偿；劳动报酬低于当地最低工资标准的，应当支付其差额部分；逾期不支付的，责令用人单位按应付金额百分之五十以上百分之一百以下的标准向劳动者加付赔偿金：

（一）未按照劳动合同的约定或者国家规定及时足额支付劳动者劳动报酬的；

（二）低于当地最低工资标准支付劳动者工资的；

（三）安排加班不支付加班费的；

（四）解除或者终止劳动合同，未依照本法规定向劳动者支付经济补偿的。

第八十六条　劳动合同依照本法第二十六条规定被确认无效，给对方造成损害的，有过错的一方应当承担赔偿责任。

第八十七条　用人单位违反本法规定解除或者终止劳动合同的，应当依照本法第四十七条规定的经济补偿标准的二倍向劳动者支付赔偿金。

第八十八条　用人单位有下列情形之一的，依法给予行政处罚；构成犯罪的，依法追究刑事责任；给劳动者造成损害的，应当承担赔偿责任：

（一）以暴力、威胁或者非法限制人身自由的手段强迫劳动的；

（二）违章指挥或者强令冒险作业危及劳动者人身安全的；

（三）侮辱、体罚、殴打、非法搜查或者拘禁劳动者的；

（四）劳动条件恶劣、环境污染严重，给劳动者身心健康造成严重损害的。

第八十九条　用人单位违反本法规定未向劳动者出具解除或者终止劳动合同的书面证明，由劳动行政部门责令改正；给劳动者造成损害的，应当承担赔偿责任。

第九十条　劳动者违反本法规定解除劳动合同，或者违反劳动合同中约定的保密义务或者竞业限制，给用人单位造成损失的，应当承担赔偿责任。

第九十一条　用人单位招用与其他用人单位尚未解除或者终止劳动合同的劳动者，给其他用人单位造成损失的，应当承担连带赔偿责任。

第九十二条　劳务派遣单位违反本法规定的，由劳动行政部门和其他有关主管部门责令改正；情节严重的，以每人一千元以上五千元以下的标准处以罚款，并由工商行政管理部门吊销营业执照；给被派遣劳动者造成损害的，劳务派遣单位与用工单位承担连带赔偿责任。

第九十三条　对不具备合法经营资格的用人单位的违法犯罪行为，依法追究法律责任；劳动者已经付出劳动的，该单位或者其出资人应当依照本法有关规定向劳动者支付劳动报酬、经济补偿、赔偿金；给劳动者造成损害的，应当承担赔偿责任。

第九十四条　个人承包经营违反本法规定招用劳动者，给劳动者造成损害的，发包的组织与个人承包经营者承担连带赔偿责任。

第九十五条　劳动行政部门和其他有关主管部门及其工作人员玩忽职守、不履行法定职责，或者违法行使职权，给劳动者或者用人单位造成损害的，应当承担赔偿责任；对直接负责的主管人员和其他直接责任人员，依法给予行政处分；构成犯罪的，依法追究刑事责任。

（九）附则

第九十六条　事业单位与实行聘用制的工作人员订立、履行、变更、解除或者终止劳动合同，法律、行政法规或者国务院另有规定的，依照其规定；未作规定的，依照本法有关规定执行。

第九十七条　本法施行前已依法订立且在本法施行之日存续的劳动合同，继续履行；本法第十四条第二款第三项规定连续订立固定期限劳动合同的次数，自本法施行后续订固定期限劳动合同时开始计算。

本法施行前已建立劳动关系，尚未订立书面劳动合同的，应当自本法施行之日起一个月内订立。

本法施行之日存续的劳动合同在本法施行后解除或者终止，依照本法第四十六条规定应当支付经济补偿的，经济补偿年限自本法施行之日起计算；本法施行前按照当时有关规定，用人单位应当向劳动者支付经济补偿的，按照当时有关规定执行。

第九十八条　本法自 2008 年 1 月 1 日起施行。

资料来源：中华人民共和国劳动和社会保障部。

第二节　少数民族大学生求职就业遇到的法律问题

少数民族大学生在求职过程中经常遇到如下突出问题，这些问题具有一定的普遍性。

一、易陷入招聘中的四大陷阱

大学生就业的第一步是求职，主要防备的是招聘陷阱，其中要特别注意的是：一是试用陷阱。有些企业在招聘时，并不明确告知试用期，这样使得求职者长期成为企业的廉价劳动力，并且相关待遇得不到兑现。二是岗位陷阱。有的单位招聘广告上的职位描述和实际的岗位相差很远，也有的单位会以“到基层锻炼”为由，把求职者派到与广告岗位落差很大的岗位上。三是提交作品陷阱。有些设计公司为了节约成本，以应聘需要提交相应的作品进行筛选为由，骗取大学生的创意方案。在遇到这样的情况时，大学生要事先和公司谈好策划方案的版权问题，声明不能随意使用。四是短信陷阱。不法分子往往通过短信求职信息群发找到上钩者，并且往往要求交纳一定的培训费或者信息费，或者求职者一旦回复短信就会被扣除高额的手机费。

二、混淆合同和协议

对“三方协议”和劳动合同混淆不清。“三方协议”是《全国普通高等学校毕业生就业协议书》的简称，它是明确学校、企业、毕业生三方在毕业生就业工作中的权利和义务的书面表现形式，是编制毕业生就业方案和毕业生派遣的依据，并不涉及毕业生到单位工作后所享有的权利义务。因此，某种程度上“三方协议”只能起到教育管理的作用，对于企业的法律约束力是非常小的。劳动合同是毕业生与用人单位明确劳动关系中权利义务关系的协议，涉及劳动报酬、劳动保护、工作内容、劳动纪律等方面的法律约束，劳动权利义务关系更为明确。因此，劳动合同的签订对大学生走上工作岗位后的意义重大，更具法律效力。

三、对劳动合同的理解不够审慎

法律上讲究以事实为依据，这里的事实不是指客观事实，而是指能够用证据证明的事实，强调的是证据。劳动合同是双方当事人享受权利、承担义务的依据，是相关部门处理劳动争议的法律依据，大学生要谨慎对待。首先，要认真阅读合同文本，留心每一项细小的条款，要弄懂问清，不可盲目填写。其次，要明确自己与用人单位之间权利和义务的对等，权衡相互之间的约束；明确职务和岗位，以防用人单位以频繁调动岗位的方式迫使毕业生不得不辞职；明确试用期的时间和工资标准，对此《劳动合同法》有着明确详细的规定；明确最低工资标准，最好能将年终奖用条款固定下来，作为工资的一部分；明确用人单位是否给员工办理社会保险，如果没有社保，工资将大打折扣；明确是否有法定假日，尤其是女生要特别注意有无对婚假、产假的合理要求。此外，要警惕企业额外签订的条款，以及各种还没有单位盖章的文件。

四、法律维权意识不够

大学生与用人单位之间的法律关系就是两者之间的权利与义务关系，双方签订了就业协议书或劳动合同后，就明确了双方在法律上的权利和义务关系，权利是法律所确认和保护的，其实现的直接条件是义务人履行应尽的义务。因此，对于毕业生和用人单位来说，双方既要维护自己的权利，同时又要履行彼此的义务。在当前

的就业压力下，不少大学生遇到求职陷阱或劳动纠纷时往往采取忍气吞声的态度，不懂得如何维护自己的权利。大学生求职时要认真学习《劳动合同法》、《就业促进法》等，以保障自己的合法权益。走上工作岗位后如遇到劳动争议，则可以依据《劳动仲裁法》进行调解。同时，大学生也要履行自己的义务，如有更好的发展空间需要违约、跳槽，则要依据相关法律优雅离职。《劳动合同法》也对劳动者解除劳动合同的情形做了详细规定。大学生切不可在不告知用人单位的情况下私自毁约，这样不仅会给自己带来麻烦，而且还会使得学校的声誉受损。

第三节 少数民族大学生求职就业的法律准备

对于每一个求职者来说，职场中既充满机遇，也充满陷阱，求职者要多一些风险意识，少一些盲动，规避求职风。

一、多种途径了解公司背景

在求职者正式进入单位之前，一定要加强对该单位的了解以免误入骗子设下的陷阱，如：注意招聘单位的营业执照等相关证件，正规单位招聘一般会将招聘地点设在单位的办公室、会议室，一些以租用房间作为应聘地点的单位，一定要警惕。

二、拒交各种名义的费用

任何招聘单位，以任何名义向求职者收取押金、服装费、风险金、报名费、培训费等费用的行为，均属于非法行为。招聘单位培训本单位的职工，也不准收取培训费。求职者若遇到此类情况，一定要坚持拒交，并向招聘单位所在地区举报，以确保自己的合法权益和人身财产不受侵害。

三、不要向陌生人透露个人隐私

任何招聘单位，以任何名义向求职者打听家庭住址、家庭电话、父母兄弟姐妹，以及同学等与你亲近的人的姓名及电话时，在未确认对方身份之前，不要透露，以确保自己的合法权益和人身财产不受侵害。

四、不轻信许诺到外地上岗

对外地企业或外地分公司、分厂、办事处的高薪招聘，不论其待遇多好，求职者千万要保持清醒的头脑和高度的警惕，不要轻信他的口头许诺，一是不去，二是到劳动保障部门咨询，并办理相关的手续。

五、谨慎签订劳动合同

与招聘单位签订劳动合同时，求职者要注意以下问题：一看企业是否经过工商部门登记以及企业注册的有效期限，否则所签合同无效；二看合同字句是否准确、清楚、完整，不能用缩写、替代或含糊的文字表达；三看劳动合同是否有一些必备内容，包括劳动合同期限、工作内容、劳动保护和劳动条件、劳动报酬、社会保险和福利、劳动纪律、劳动合同终止的条件、违反劳动合同的责任等。

六、掌握劳动法规和相关政策

求职者在求职前或求职过程中，应当主动学习一些劳动法规和相关政策知识，提高自己的求职风险安全意识和独立思考能力。

第四节　签约的法律注意事项

一、签约注意事项

1. 对企业的了解

签约是非常严肃的事情，也是一个法律行为，因此签约前的了解洽谈十分重要。毕业生应详细了解用人单位的情况，一般包括单位的规模、效益、管理制度等，单位的隶属也很重要。国家机关、事业单位、国有企业一般都有人事接收权，民营企业、外资企业则需要经过人事局或人才交流中心的审批才能招收职工。协议书上应签署他们的意见才能有效。毕业生还应对不同地方人事主管部门的特殊规定有所了解。

2. 熟悉劳动合同内容及签订条件

一般到用人单位报到后毕业生和用人单位要签订劳动合同书，因此在签约前了解合同书的内容是十分必要的，尤其重要的是合同书的工作年限和待遇。毕业生应向招聘人员索要样本或复印件，以免报到后发生纠纷，遭受很大损失。劳动合同的内容要全，一些劳动合同的必备内容都必须包括：劳动合同期限、工作内容、劳动保护、劳动条件、劳动报酬、社会保险和福利、劳动纪律、劳动合同终止的条件、违反劳动合同的责任。

要签书面的合同，并且要求保留一份合同，现在有些用人单位很不规范，不

愿意与职工签订书面劳动合同，想借此逃避一些责任，也有的单位为图省事，这些都是对劳动者极不负责的行为。劳动者有权要求与用人单位签订书面合同，这样，如果发生劳动纠纷、争议，就有法律依据。千万避免签订口头合同、不全合同、模糊合同、单方合同，以及一些危险性行业用人单位与员工签订的“工伤概不负责”的生死合同。

试用期内也要签订劳动合同，这一点常常被劳动者所忽略，有些单位在试用期内往往不与职工签订劳动合同，一旦试用期满，就找种种借口辞退员工，这对单位是省事又省钱，还可以对劳动者不负任何责任。对劳动者来说，是很被动的。一边倒的合同不能签。本来劳动者与用人单位相比已经处于相对弱势的地位，所以相当一部分劳动者为了得到一份工作，在求职时对用人单位单方制定出的劳动合同的样本，心里有很大的意见，但因为害怕得不到工作，而不敢提出自己的意见。只好委曲求全地在合同上签了字，想先得到份工作再说。其实从法律角度来说，只要在合同上签了字，就表示对这份合同认可，并愿意遵守和履行合同的行为。如果以后出现问题和矛盾时，只要拿不出你在签合同时用人单位用了胁迫或欺诈的行为的证据，那么可以认定这是你的真实意愿的反映，就不能认为是一份无效的劳动合同了。

3. 协议的条件

为避免到用人单位报到后发生纠纷，签约前达成的收入、住房和保险等福利待遇最好在协议书中写明。如果报考了研究生或准备出国，应事先向用人单位讲明，并写在协议书中。有些毕业生向用人单位隐瞒这些情况，这是不可取的，也会带来许多麻烦。

4. “五险一金”问题及税前税后的工资问题

（1）什么是“五险一金”？

“五险一金”，是指养老保险、住房公积金、失业保险、工伤保险、生育保险、医疗保险。

“五险一金”是由政府部门颁布实施的社会保险，它带有强制性。凡“五险一金”规定适用单位，必须无条件地执行，它也是适用单位必须承担的基本社会义务，对劳动者来说，是应当享受的基本权利。

（2）“五险一金”的计算办法。

养老保险 = 工资 ×8%（个人）+ 工资 ×20%（单位）

医疗保险 = 工资 ×2%（个人）+ 工资 ×8%（单位）

失业保险 = 工资 ×1%（个人）+ 工资 ×2%（单位）

住房公积金 = 工资 ×12%（个人）+ 工资 ×12%（单位）

工伤保险 = 工资 ×1.5%（单位）

生育保险 = 工资 ×0.8% （单位）

除去五险一金后的工资 = 工资 - 个人交纳的部分

（3）个人所得税计算。

有关个人所得税的计算公式是：

应纳税所得额 = 月工资、薪金收入 - 1200 元（各市规定不太相同） - 个人缴纳的社会保险费

应纳个人所得税 = （应纳税所得额 × 适用税率） - 速算扣除数

例如，员工 A 每月工资为 3000 元，假定上年度月平均工资也为 2500 元，每月个人缴纳社会保险费为 3000 元 × （8% +1% +2%） =330 元；应纳税所得额为 3000 元 - 1260 元 - 330 元 = 1410 元，根据税率表，适用税率为 10%；所以应纳个人所得税为（1410 元 × 10%） - 25 元 = 116 元。再加上住房公积金 = 3000 元 × 8% = 240 元。

所以如果单位应发工资为 3000 元的话，扣除社会保险、住房公积金以及个人所得税后只有 2314 元了。

（4）试用期问题。

《关于实行劳动合同制度若干问题的通知》第三条规定："劳动合同期限在六个月以下的，试用期不得超过十五日，劳动合同期限在六个月以上一年以下的，试用期不得超过二十日，劳动合同期限在一年以上两年以下的，试用期不得超过六十日。"

可见用人单位和劳动者双方协商试用期长短时不得超过法律法规的有关规定。并且，根据规定，用人单位对工作岗位没有发生变化的同一劳动者只能试用一次，有些公司在与劳动者续签劳动合同时重新约定试用期的做法是违法行为，不受法律保护的。

（5）违约金问题。

违约以后，赔偿的表现形式一般都是违约金，违约金一般在合同中已经定好，而且是以年为单位而逐渐减少的，即你违约越早，违约金就越多。一般违约金不应高于年薪。虽然劳动法有规定违约赔偿的最高限额和具体数额。但是一般不应当超过毕业生的年工资。而且赔偿应以实际赔偿为原则，即违约金和单位实际损失相符，如用人单位招录其所支付的费用，用人单位为其支付的培训费用等。

二、如何签订劳动合同

1. 提前准备

在劳动合同订立 7 天前，可以要求用人单位提供合同文本，以便对合同文本内容有充分的了解，特别是对于双方协商约定的条款，尤应引起高度重视。

2. 把握内容

重点了解。从全面保护个人利益出发，应尽量了解《劳动法》的内容，这一点虽然对大众来说有很大的难度，但从合同本身出发，应清楚劳动合同的条款要包括两部分：一是法律规定的条款，包括劳动合同期限、工作内容、劳动保护条件、劳动报酬、劳动纪律、劳动合同终止的条件、违反劳动合同应负的责任共七方面的内容；二是双方认为有必要明确约定的条款，应明确写明。在把握合同条款的基础上，还应该清楚了解事关自身利益的两部分内容：一是在什么情况下解除劳动合同劳动者可以获得经济补偿以及补偿标准。关于这一点，《劳动法》列出了七项内容，可向劳动部门咨询。二是在什么情况下单位不得与劳动者解除劳动合同。《劳动法》第二十九条对此做出了明确规定。

总之，一份规范的合同是本着公平合理的原则制定的，如果你在阅读合同时觉得有什么地方不合理，就马上查阅相关法规，或者向用人单位提出询问。

3. 签订劳动合同的须知

（1）签约单位的合法性。在签订劳动合同时，应仔细查看企业是否经过工商部门的登记以及企业注册的有效期限，否则，所签订的就是一份无效合同。

（2）合同双方的地位是平等的。在合同订立的过程中，劳动者和企业之间的法律地位平等。只有做到地位平等，才能使所订立的劳动合同具有公正性。

（3）书面形式的合同要使权利义务明确具体，有利于合同的履行，一旦发生争议，也有据可查，便于争议的解决。

（4）合同的具体字句要准确、清楚、完整，明白易懂，不能用缩写、替代、含糊的文字表达，否则在执行过程中会产生误解或曲解，从而带来不必要的争议，给用人单位和劳动者双方造成损失。

（5）附加条款要看清。在聘用合同中，一般都是会有一些附加条款的，求职者在签订前一定要让企业拿出原文，仔细审看无异议后，还要盖章留存，以作依据。要认真检查有无遗漏的约定事项或者附加说明，需要立即补齐的绝对不可拖延。

（6）当面签字、盖章不可少。求职者拿到合同，应该让企业及其负责人同自己当面签字盖章，以防某些企业利用先后签字的时间在合同上动手脚（更改数字、时间等）。同时，仔细鉴定单位所盖公章，看其是否与自己将进入的单位一致。因为事后往往发现，在同一法人单位下，会存在许多分公司和下属单位或营业部门，有些部门是自己不愿去的。

劳动合同（样本）：

合同编号：

公司（以下简称甲方），现聘用____________（以下简称乙方）为甲方劳动合同制职工。甲、乙双方本着自愿、平等的原则，经协商一致，特签订本合同，以便共同遵守。

第一条　合同期限

合同期限为____年，从__年__月__日至____年__月__日止。其中试用期为__个月，从____年__月__日至____年__月__日止。

第二条　工作岗位

甲方安排乙方从事____工作。

甲方有权根据生产经营需要及乙方的能力、表现调整乙方的工作，乙方有反映本人意见的权利，但未经甲方批准，乙方须服从甲方的管理和安排。

乙方应按时、按质、按量完成甲方指派的任务。

第三条　工作条件与劳动保护

甲方需为乙方提供符合国家规定的安全卫生的工作环境。保证乙方在人身安全及人体不受危害的环境条件下从事工作。

甲方根据乙方岗位实际情况，按照双方规定向乙方提供必要的劳动防护用品。

第四条　教育培训

在乙方被聘用期间，甲方负责对乙方进行职业道德、业务技术、安全生产及各种规章制度的教育和训练。

第五条　工作时间

甲方实行每周工作5天，40小时，每天8小时工作制。上下班时间按甲方规定执行。乙方享有国家规定的法定节假日、婚假、丧假、计划生育假等有薪假日。

甲方确因生产（工作）需要乙方加班时，按照有关规定给予乙方一定的经济补偿或相应时间的补休。

第六条　劳动报酬

按甲方现行工资制度确定乙方月基本工资为____元。其余各类津贴、奖金等发放按公司规定及经营状况确定；

甲方实行新的工资制度或乙方的工作岗位变动时，乙方的工资待遇按甲方规定予以调整。甲方发薪日期为每月________日，实行先工作后付薪。

第七条　劳动保险和福利待遇

乙方因生、老、病、伤、残、死，甲方按国家有关规定处理，甲方按照国家有关规定按期为乙方缴纳养老、医疗、失业、公积金等社会保障。

甲方在生产经营状况良好的情况下，为乙方购买的商业保险，在保险期内，甲方有权变更或撤销险种。

乙方因病或非因工负伤需治疗的，按照《××市劳动合同规定》之规定，给予相应的医疗期。乙方在医疗期间的工资待遇、医疗费用等按照国家和××市及甲方的有关规定处理。

第八条 劳动纪律

乙方应遵守国家的法律、法规及甲方依法规定的各项规章制度。

乙方应遵守甲方规定的工作程序、保密规定等制度。

乙方违反劳动纪律和甲方的规章制度，甲方可按奖惩规定给予批评、教育、处罚，直至解除劳动合同。

第九条 劳动合同的解除与不得解除的规定

经甲、乙双方协商一致，劳动合同可以解除。乙方有下列情形之一的，甲方可以解除合同：

（1）在试用期间，发现不符合录用条件的；

（2）严重违反劳动纪律或者甲方的规章制度的；

（3）严重失职、营私舞弊，对甲方利益造成重大损害的；

（4）被依法追究刑事责任或劳动教养的。

有下列情形之一的，甲方可以解除劳动合同，但是应当提前30日以书面形式通知乙方本人：

（1）乙方患病或者非因工负伤，医疗期满后不能从事原工作，也不能从事由甲方另行安排适当工作的；

（2）乙方不能胜任工作，经过培训或者调整工作岗位，仍不能胜任工作的；

（3）劳动合同签订时所依据的客观情况发生重大变化，致使原劳动合同无法履行，经当事人协商本能就变更劳动合同达成协议的；

（4）甲方濒临破产进行法定整顿期间或者生产经营状况发生严重困难，确需裁减人员的。

有下列情形之一的，乙方可以通知甲方解除劳动合同：

（1）在试用期内的；

（2）甲方以暴力或者非法限制人身自由的手段强迫劳动者劳动的；

（3）甲方未按照劳动合同约定支付劳动报酬或提供劳动条件的；

（4）乙方因其他情况需要辞职，需在一个月内以书面形式通知甲方。

乙方有下列情形之一的，甲方不得随意解除劳动合同。

（1）患病或负伤，在规定的医疗期内的；

（2）女职工在孕期、产期、哺乳期内的；

（3）法律、法规、规章、规定的其他情形。

解除劳动合同的经济补偿，按《××市劳动合同规定》执行。

对于乙方在本合同期内由甲方出资培训，乙方因个人情况辞职或离职，在培训期内的培训费的100%赔偿，并退还任职最后3个月薪金；在培训结束后的，将酌情减免培训费的赔偿金额。

第十条　双方需约定的其他事项

乙方若因病不能上班时，可凭医院出具的有关证明，享受甲方规定的1年7个工作日的有薪病假。

当有薪病假日累计超过7天后，甲方将按规定从乙方工资中扣除相应金额。

第十一条　违反劳动合同的责任

甲、乙双方任何一方违反劳动合同，给对方造成经济损失的，应根据损失情况和责任大小，依据国家的有关法规和企业依法制定的规章制度及双方约定的事项，承担一定的经济补偿。

第十二条　劳动争议

甲、乙双方履行本合同和因辞退、除名、开除乙方而发生劳动争议时，可由甲、乙双方协商解决。

若双方不能协商解决的，可由争议的一方向企业所在地的劳动争议仲裁委员会申请仲裁。不服从仲裁裁决的一方，可在收到仲裁裁决书即日起十五天内，向甲方所在地人民法院提出诉讼。

第十三条　其他

本合同一式两份，甲、乙双方各执一份，经双方签字盖章后生效，两份具有同等法律效力。

本合同未尽事宜，按照《劳动法》、《××市劳动合同规定》和甲方的有关规定执行。

本合同条款如与国家法律、法规和政策相悖时，以国家法规政策为准。

甲方（盖章）：　　公　司（盖章）　　年　月　日

乙方（签字）：　　代表人（签字）　　年　月　日

第五节　少数民族大学生就业心理调适

一、正确对待挫折

人们在求职择业中遇到挫折是正常的，切不可因此而自卑。一个心理健康的人对人生总保持着自信心，如丧失了自信心，就失去了开拓新生活的勇气。顺境

中有自信心不足为奇。逆境中更需要自信心的支持。

生活中的挫折是造就强者的必由之路，挫折是锻炼意志、增强能力的好机会。遇到挫折后应放下心理包袱，仔细寻找失利的原因，调整好目标，脚踏实地前进，争取新的机会。

树立崇高的职业理想，与脚踏实地并不矛盾。失败者常常感叹求职择业真难。现实确实如此，尤其是理想的或热门的职业更是如此，存在着激烈的竞争。这是商品经济社会的普遍现象。职业理想的追求与实现，并不一定取决于职业本身。在中外众多的伟大科学家们的成长过程中，我们常常可以看到他们当初职业的起点并非那么“理想”。富兰克林曾经是个钉书工人，华罗庚初中毕业后便帮助家里料理小杂货铺，也曾在母校干过杂务。可见，较低的职业起点，并不贬低职业理想的价值，从现实的生活之路起步，也正是大多数科学家的职业理想迸发、形成的环境。

挫折是一种鞭策。双向选择的本质意义是一种激励手段，对优胜者是这样，对失败者也是如此。它对失败者并不是淘汰和鄙视；相反，促使失败者振作起来，彻底摆脱“等、靠、要”的就业心态，使自己加快自立自强的转化过程，成为新时代的开拓者。

少数民族大学生求职择业的渠道窄，要顺利地择业，从根本上说，在于发现自身的优势，并以其优势去参加竞争。

二、认识与接受职业自我，主动捕捉机遇

大学生就业中的许多心理困扰都与大学生不能正确认识自我和接受职业有关，因此，正确地认识自我的职业心理特点并接受自我，是调节就业心理的重要途径，并可以帮助自己找到适合自己的职业方向。要知道自己喜欢什么样的职业，需要什么样的职业，自己的择业标准以及依自己目前的能力能干什么样的工作，这样才能知道什么样的工作更适合自己。许多同学通过亲身的求职活动后就会发现自己的能力与水平并不像自己以前想象的那么高，容易出现各种失望、悲观、不满情绪。因此在认识自我特点后还要接受自我，对自我当前存在的问题不能一味抱怨，也没有必要自卑，因为自己当前的特点是客观现实，在毕业期间要有大的改变是不可能的，因此要承认自己的现状，学会扬长避短。另外，要用发展的观点来看待自己，要知道有些缺点并不可怕，可以先就业然后在工作岗位上不断发展自己。

少数民族大学生就业中的机遇因素也是非常重要的，因此了解并接受了自我特点以后，还要学会抓住属于自己的机遇，这样才能保证以后的求职顺利。要抓住机遇首先必须要多收集有关的职业信息，多参加一些招聘会，并根据已定的择

业标准进行选择。需要注意的是机遇并不是对任何人都适用的。一个工作的好与不好，是相对的，对别人合适的，对自己不一定合适，因此一定不能盲从。要时时记住，只有适合自己的才是最好的。其次要注意机遇的时效性，在发现就业机会时要主动出击，不能犹豫，也不要害怕失败，应有敢试敢闯的精神。人们时常把当今的世界称为竞争的时代，大到国与国之间的对抗，小到人与人之间的竞争。竞争冲击着人们的事业和生活，冲击着人们的意识和思想，在求职择业上亦是如此。

1. 敢于竞争

当今时代，竞争机制已经渗入社会的各个领域和人生的整个过程。学习生活一开始，同学之间便开始了学习成绩的竞争，人人都希望得到好成绩，升入好的中学和大学。在大学阶段，竞争更为激烈，评三好学生、优秀毕业生，评奖学金，推荐研究生等，无一不和竞争联系在一起。但是大学生自身的竞争意识在过去并没有得到真正的强化，有的大学生面对竞争的挑战显得手足无措。深化改革的今天对大学生强化竞争意识提出了迫切要求，也提供了客观环境。迎接新的挑战，强化竞争意识是大学生在择业前最基本的心理准备。

大学生强化择业的竞争意识，一是要在正确自我评价的基础上，充分相信自己的实力，敢于通过竞争去达到理想的目标。二是必须在心理上准备同“铁饭碗、大锅饭”的传统告别。必须从社会进步和深化改革的角度来加深对竞争机制的认识，强化自身的竞争意识，自觉地正视社会现实，转变观念，做好参加竞争的心理准备。

2. 善于竞争

要想在求职与择业中取得成功，仅仅敢于竞争还不够，还必须善于竞争。善于竞争体现在具备良好的心理素质、实力和良好的竞技状态。

在求职与择业竞争中，应注意期望值是否恰当。期望值是个人愿望与社会需求的比值，期望过高会使心理压力加大，注意力难以集中，造成焦虑，影响正常水平的发挥。

在求职面试时情绪一定要轻松自如。在面试时，要克服情绪上的焦虑和波动，如果一个人自始至终地以良好的情绪对待学习、工作和生活，那他就有可能在竞争中获胜。

要做到善于竞争，还要做到在面试时仪表端庄，举止得体，给人留下良好的第一印象；锻炼出较好的口才，交流时口齿伶俐、表述清晰；合理利用有关规则等。

3. 积极寻求有效的社会资源，获取多层面、多渠道的就业帮助和机会

马克思认为，个体的存在离不开社会，只有融入社会关系之中，才能找到自

已的位置和发展方向。个体在社会中生存要面对两类群体：一类是由感情关系辐射和地域关系形成的熟人群体；另一类是因生活和工作半径扩大后而面对的陌生人群体。不管是在熟人社会还是在陌生人社会，恰当的人际交往都至关重要。因为这能给个人的生存发展提供许多机会和帮助。

4. 边求职边锻炼，健康生活，以充沛的体力和精力过好每一天

大学生要珍惜青春期旺盛的生命力，时刻保持有效的自我控制和良好的状态。良好状态指的是一个人的健康质量，包括身体素质、精力水平、体重和对高危行为的避免。良好的状态对于有效应对压力是一种资源。这种资源不仅能使人用良好的知觉去感知生活，而且能使人以充沛的体力和精力去应对各种压力。大学生要想拥有良好状态，一要客观认识当前的就业难问题从根本上说属于结构性就业难题。二要了解社会对专业的需求情况，根据自身能力、自己的职业兴趣、专业特长、实际能力、性格气质特点、家庭情况等去合理定位就业期望值。三要加强挫折承受力训练，培养愈挫愈勇、积极向上的性格，同时要冷静分析导致择业失败的原因并进行合理归因。

参考文献

[1] 青海省人社厅教育厅．多举措力促高校毕业生就业［EB/OL］．青海日报，http：//www. qh. xinhuanet. com/2013 -05/24/c_ 115887900. html，2013 -05.

[2] 青海省高校毕业生就业创业政策解读［EB/OL］．青海新闻网，http：//www. qh. xinhuanet. com/2014 -07/13/c_ 1111584712. html，2014 -07.

[3] 甘肃省人民政府办公厅关于做好2014年普通高等学校毕业生就业创业工作的通知［EB/OL］．每日甘肃，http：//www. yjbys. com/news/42456. html，2014 -05.

[4] 关于进一步促进大中专毕业生就业的意见（试行）（新党发［2010］18号)[EB/OL]．裕民县政府信息公开网，http：//ymxxgk. xjym. gov. cn/content. asp? id =1007.

[5] 新疆确保2014年高校毕业生就业形势稳中有升［EB/OL］．亚心网，http：//www. xj. xinhuanet. com/2014 -03/19/c_ 119841826. html，2014 -03.

[6] 新疆和静县人民政府．和静县大中专毕业生就业工作交流材料[EB/OL]. http：//www. x#. gov. cn/Government/PublicInfoList. aspx？ DepartmentId =3，2013 -07.

[7] 全力做好2014年高校毕业生就业创业工作［EB/OL］．呼和浩特日报，http：//www. hhhtnews. com/2014/0831/1713709. shtml，2014 -10.

[8] 着力开展高校毕业生技能提升和就业服务工作［EB/OL］．内蒙古自治区人力资源和社会保障网，http：//www. nm12333. cn/index. jsp，2014 -10.

[9] 取消高校毕业生落户限制，促进就业［EB/OL］．内蒙古自治区人民政府网站，www. nmg. gov. cn，2013 -3.

[10] 广西助力2014年应届高校毕业生就业创业［EB/OL］．中国财经报网，http：//www. tianjinwe. com/rollnews/201410/t20141010_ 420628. html，2014 -10.

[11] 广西壮族自治区关于引导和鼓励高校毕业生面向基层就业的实施意见［EB/OL]. 广西人才网，http：//www. offcn. com/szyf/2006/0426/836. html，2006 -04.

[12] 宁夏出台大学生就业创业新政　扶持科技型小微企业［EB/OL］．宁夏

经纬网，http：//www. huaxia. com/ssjn/jrnx/nxkx/2014/08/4047450. html，2014－08.

［13］求职补贴打破宁夏户籍限制［EB/OL］．宁夏新闻网，http：//www. nxnews. net/dz/system/2014/08/27/011050068. shtml，2014－08.

［14］“就业援藏”再为西藏高校毕业生提供3400个岗位［EB/OL］．中国新闻网，http：//www. chinanews. com/edu/2014/02－14/5840060. shtml，2014－02.

［15］西藏自治区鼓励高校毕业生自主创业优惠政策［EB/OL］．中国西藏新闻网，http：//www. chinatibetnews. com/2014/0430/1333061. shtml，2014－04.

［16］2014年第一季度青海省西宁市人力资源市场职业供求状况分析报告［EB/OL］. 中国就业网，http：//www. chinajob. gov. cn/DataAnalysis/content/2014－09/05/content_ 927200. htm，2014－09.

［17］2014年第一季度呼和浩特市人力资源市场职业供求状况分析报告［EB/OL］. 中国就业网，http：//www. chinajob. gov. cn/DataAnalysis/content/2014－05/16/content_ 926192. htm，2014－05.

［18］吐鲁番市、鄯善县、托克逊县公共就业服务机构．2014年第一季度吐鲁番地区人力资源市场职业供求状况分析报告，2014－04.

［19］银川市公共职业介绍服务机构．2014年第一季度银川市人力资源市场职业供求状况分析报告，2014－05.

［20］西藏人力资源和社会保障厅．2014年西藏人力资源市场供求状况，2014－04.

［21］2014年第一季度柳州市人力资源市场职业供求状况分析报告［EB/OL］．柳州市就业服务中心信息管理网，2014－06.

［22］厉以宁，吴世泰．西方就业理论的演变［M］．北京：华夏出版社，1988.

［23］杨宜勇．就业理论与失业治理［M］．北京：中国经济出版社，2000.

［24］姚裕群．市场经济下的就业理论与就业促进［M］．北京：中国劳动出版社，1996.

［25］［英］罗宾逊·J. 就业理论引论［M］．周锦如译．北京：商务印书馆，1961.

［26］张彦军．新时期就业促进问题研究［M］．西安：西安地图出版社，2012. 9.

［27］翟秀文．凯恩斯就业理论的分析与借鉴［J］．中州学刊，1998（4）．

［28］黄敏．凯恩斯就业理论的分析与我国当前的失业问题［J］．市场周刊·财经论坛，2003（10）．

［29］李杜．凯恩斯就业理论及其启示［J］．广西社会科学，2005（12）．

[30] 罗恩立，孙定东．西方就业理论的演变进程剖析与借鉴［J］．华东理工大学（社会科学版），2003（2）．

[31] 韩亚超．中国就业现状与对策研究［D］．东北大学硕士学位论文，2010.

[32] 郝坤安，张高旗．中国第三产业内部就业结构变动趋势分析［J］．人口与经济，2006（6）．

[33] 郭莉．新兴产业：经济增长新引擎［J］．投资北京期刊，2005（6）．

[34] 涂德祥．地方院校大学生就业影响因素及其对策［J］．乐山师范学院学报，2007（7）．

[35] 武桂波，黄政．金融危机中国社会保障与就业机会创造研究［J］．知识经济，2010（9）．

[36] 钟明荣，谢双园．扭转就业观念，提升就业能力［J］．魅力中国，2009.

[37] 王冰．西方市场理论发展的历史进程［J］．探求，1998（8）．

[38] 庇古．论失业问题［M］．北京：商务印书馆，1959.

[39] 凯恩斯．就业、利息和货币通论［M］．北京：商务印书馆，1963.

[40] 邓春玲．凯恩斯的有效需求理论与借鉴［J］．东北财经大学学报，1999（6）．

[41] 黄志贤，郭其友．当代西方经济学流派的演化［M］．厦门：厦门大学出版社，2006.

[42] 张圣兵．西方就业理论的演变及其对我国的启示［J］．江淮论坛，2002（4）．

[43] 翁乾麟．庇古失业理论的基本要义浅探［J］．广西社会科学，1997（12）．

[44] 丁守海．就业周期与经济周期的波动形态和结构性差异［J］．经济学动态，2010（8）．

[45] 张玉茹．中国经济周期波动与就业问题研究［D］．西南财经大学硕士学位论文，2009（11）．

[46] 夏国忠．中国宏观经济波动的模型研究［J］．经济科学，1999（3）．

[47] 刘树成．中国经济周期研究报告［M］．北京：社会科学文献出版社，2006.

[48] 刘树成．论中国经济增长与波动的新态势［J］．中国社会科学，2000（1）．

[49] 李建伟．当前我国经济运行的周期性波动特征［J］．经济研究，2003

(7).

[50] 伊·德拉茨坦堡·凯恩斯的充分就业原理 [J]. 世界经济文汇, 1958 (5).

[51] 王东京. 凯恩斯革命与他的充分就业理论 [J]. 石油政工研究, 2004 (1).

[52] 舒元. 论凯恩斯的有效需求原理——纪念《就业、利息和货币通论》发表五十周年 [J]. 世界经济文汇, 1986 (6).

[53] 张倩. 评凯恩斯有效需求原理的现实意义 [J]. 魅力中国, 2009 (5).

[54] 陈龙, 乔晶. 浅析凯恩斯的有效需求原理及其启示 [J]. 江西社会科学, 2002 (2).

[55] 刘庆菊. 凯恩斯有效需求理论及其局限 [J]. 中国集体经济, 2011 (11).

[56] 王秀兰. 谈凯恩斯的就业理论与有效需求原理 [J]. 内蒙古统计, 2001 (10).

[57] 郭丽娜. 有效需求理论演进及其发展研究 [D]. 辽宁大学博士学位论文, 2011 (6).

[58] 张倩. 评凯恩斯有效需求原理的现实意义 [J], 魅力中国, 2009 (5).

[59] 杜明义. 有效需求不足理论的发展及现实意义探析 [J]. 中国农业银行武汉培训学院学报, 2007 (5).

[60] 菲利普斯曲线 [EB/OL]. 百度文库,

[61] 刘涤源, 傅殷才. 后凯恩斯学派中的“两个剑桥之争” [J]. 武汉大学 (社会科学版), 1982 (5).

[62] 李仁君. 凯恩斯主义经济学的发展和演变 [J]. 云南财贸学院学报, 2000 (10).

[63] 杨建飞. 论弗里德曼现代货币主义中的证伪主义思想方法论 [J]. 经济评论, 2003 (2).

[64] 吴易风, 王健. 新凯恩斯主义经济学 [J]. 经济评论, 1995 (2).

[65] 李小芳. 马克思就业理论视角下我国就业问题研究 [D]. 兰州商学院硕士学位论文, 2014 (6).

[66] 蔡昉. 如何认识当前就业形势 [J]. 人民论坛, 2010 (2).

[67] 董树伟, 曹月柱. 邓小平就业思想探析 [J]. 兵团党校学报, 2005 (2).

[68] 贾康. 采取得力措施, 缓解就业压力 [J]. 中国财政, 2003 (2).

［69］胡鞍钢，盛欣．高等教育对中国青年城镇就业机会影响的实证分析［J］．高等教育研究，2010（12）．

［70］胡鞍钢，盛欣．技术进步对中国就业人力资本结构影响的实证分析——基于29个省的面板数据研究［J］．科学学与科学技术管理，2011（6）．

［71］黄万求．学习江泽民同志关于调整就业结构促进就业的论述［J］．毛泽东思想研究，2003（4）．

［72］顾文静．我国就业问题主要观点综述［J］．党政干部学刊，2001（2）．

［73］罗发海．邓小平就业思想探析［J］．淮北师范大学学报（哲学社会科学版），2006（3）．

［74］厉以宁．当前就业压力形成的深层次原因［J］．学习月刊，2009（4）．

［75］厉以宁．缓解就业压力的关键［J］．人民论坛，2010（9）．

［76］吕学静．“十二五”规划与就业优先战略［J］．中国就业，2010（10）．

［77］李长安．实施就业优先战略的核心是提高就业质量［J］．北京社会科学，2013（1）．

［78］李青．毛泽东邓小平江泽民就业思想研究［J］．安庆师范学院学报（社会科学版），2003（5）．

［79］宁光洁．简析马克思的就业理论［J］．当代经济研究，2001（3）．

［80］乔棒．马克思主义失业理论与中国就业体制［J］．内蒙古民族大学学报（社会科学版），1999（1）．

［81］刘庆唐．邓小平就业理论的基本观点与解决就业问题的对策［J］．重庆工学院学报，2002（6）．

［82］吴丽娟，刘晓英．就业模式的分类及我国就业模式现状分析［J］．生产力研究，2008.

［83］马培生．劳动经济理论研究［M］．北京：经济科学出版社，2011.

［84］程森成．大学生职业生涯规划［M］．武汉：武汉大学出版社，2009.

［85］胡伟国．大学生职业生涯发展指导［M］．杭州：浙江大学出版社，2010.

［86］张剑．现代人力资源管理理论与实务［M］．北京：清华大学出版社有限公司，2010.

［87］李斌成．大学生职业生涯规划［M］．武汉：华中科技大学出版，2009.

［88］宋成学，韩菲．职业生涯发展与规划［M］．北京：中国财政经济出

版社，2009.

［89］万州．当代成功气质分析报告［M］．北京：大众文艺出版社，1999.

［90］邵志伟，田彩虹．性格决定职业［M］．北京：中华工商联合出版社，2005.

［91］沈健．大学生求职训练［M］．北京：中国发展出版社，2003.

［92］张卓元．改革开放经验的经济学思考［M］．北京：经济管理出版社，2000.

［93］张仲林，薛立军．当代职业教育理论与实践发展研究［M］．哈尔滨：东北林业大学出版社，2008.

［94］李晓西．宏观经济学：转轨的中国经济［M］．北京：首都经济贸易大学出版社，2000.

［95］吕东伟．深层次新视觉思考大学生就业问题［J］．中国高等教育，2003（4）.

［96］陈社育．大学生职业心理辅导［M］．北京：北京出版社，2003.

［97］［美］JOYCE LAIN KENNEDY. 求职面试宝典［M］．上海：世界图书出版社，2000.

［98］洪凤仪．一生的职业规划［M］．广州：南方日报出版社，2002.

［99］曾凯民．求职之路——谋职实务与技巧［M］．上海：上海科学技术文献出版社，2000.

［100］闫继臣．大学生职业生涯设计［M］．北京：中国劳动社会保障出版社，2012.

［101］方圆．新求职应聘全书［M］．北京：中国华侨出版社，2000.

［102］编写组．职业道德与就业创业指导［M］．苏州：苏州大学出版社，2001.

［103］唐凯麟，蒋乃平．职业道德与职业指导［M］．北京：高等教育出版社，2001.

［104］杨一波．大学生职业生涯规划与就业创业指导［M］．北京：中国经济出版社，2012.

［105］鄢敬新．职业生涯规划宝典［M］．青岛：青岛出版社，2005.

［106］刘冰，张欣平．职业生涯管理［M］．济南：山东人民出版社，2004.

［107］张再生．职业生涯开发与管理［M］．北京：经济管理出版社，2003.

［108］陈建恩，刘燕华，孙立国．大学生职业生涯发展与规划［M］．兰

州：兰州大学出版社，2008.

[109] 姚裕群．职业生涯规划与发展 [M]．北京：首都经济贸易大学出版社，2003.

[110] 共青团中央学校部，中国青少年研究中心．大学生职业生涯设计 [M]．北京：中国言实出版社，2004.

[111] 陈国荣，汤涛，刘雪芬．CGLC 模式：职业生涯规划 [M]．北京：中国劳动社会保障出版社，2005.

[112] 卜欣欣，陆爱平．个人职业生涯规划 [M]．北京：中国时代经济出版社，2004.

[113] 刘红．个人职业生涯规划与管理 [M]．上海：上海财经大学出版社，2009.

[114] 王玉珅．大学生职业生涯规划理论与实践 [M]．北京：中国经济出版社，2013.

[115] [美] 杰恩．研发组织管理用好天才团队 [M]．北京：知识产权出版社，2013.

[116] 龙立荣，李晔．职业生涯管理 [M]．北京：中国纺织出版社，2003.

[117] 王志洲，李树斌．职业生涯规划 [M]．北京：人民邮电出版社，2013.

[118] 罗双平．职业生涯规划 [M]．北京：中国人事出版社，1999.

[119] 于反．诸葛亮的职业生涯 [M]．北京：中国纺织出版社，2005.

[120] 张鹤．人往高处走：职业生涯规划 [M]．北京：经济管理出版社，2004.

[121] [美] 爱德加·薛恩：职业的有效管理 [M]．北京：三联书店，1992.

[122] 沈登学，孔勤．职业生涯设计学 [M]．成都：四川大学出版社，2003.

[123] [英] 约翰·米多顿．职业规划 [M]．上海：上海远东出版社，2002.

[124] 保罗·D. 蒂戈尔，巴巴拉·巴伦·蒂戈尔．就业宝典——根据性格选择职业 [M]．李楠译．北京：中信出版社，2002.

[125] 杨书良．大学生素养与职业生涯设计 [M]．北京：机械工业出版社，2002.

[126] 李建明．大学生职业生涯设计与就业指导 [M]．大连：东北大学出

版社，2005.

［127］王林，陈淑刚．职业生涯规划与就业指导［M］．北京：北京理工大学出版社，2013.

［128］姚裕群，刘家珉，张项民．职业生涯规划与管理［M］．北京：首都经济贸易大学出版社，2013.

［129］戴建兵．学生职业发展规划教程［M］．北京：北京师范大学出版社，2013.

［130］葛玉辉，宋志强．职业生涯规划管理实务［M］．北京：清华大学出版社，2011.

［131］许惠鹏．大学生求职面试实务与技巧［M］．合肥：安徽人民出版社，2003.

［132］潘竞贤．职手可得　大学生的求职攻略跳槽者的觅新宝典［M］．杭州：浙江人民出版社，2011.

［133］曾凯民．求职之路——谋职实务与技巧［M］．上海：上海科学技术出版社，2000.

［134］张玲玲，张芝萍．大学生就业指导［M］．北京：科学出版社，2004.

［135］麦可思研究院．大学生求职决胜宝典（2012年·本科版）［M］．北京：清华大学出版社，2012.

［136］季靖．大学生求职实战案例精析［M］．北京：中国财富出版社，2013.

［137］周鸣阳，许爱玉．找准你的位置　大学生求职与职场制胜方略［M］．杭州：浙江大学出版社，2010.

［138］王扎西．西北民族大学校友风采（第一卷）［M］．兰州：甘肃民族出版社，2007.

［139］王扎西．西北民族大学校友风采（第二卷）［M］．兰州：甘肃民族出版社，2010.

［140］王扎西．西北民族大学校友风采（第三卷）［M］．兰州：甘肃民族出版社，2010.

［141］程文义．职业指导与创业教育［M］．北京：中国电力出版社，2004.

［142］吴维库．情商与影响力［M］．北京：机械工业出版社，2004.

［143］［美］克里·摩斯（Kelly M.）．情商：决定个人命运的最关键因素［M］．谭春虹编译．北京：海潮出版社，2004.

［144］刘穿石．创业能力心理学［M］．西安：陕西师范大学出版社，2004.

［145］朱永新．人力资源管理心理学［M］．上海：华东师范大学出版社，2003.

［146］王荣发．职业发展导论——从起步走向成功［M］．上海：华东理工大学出版社，2004.

［147］黄华．大学生创业计划指导［M］．北京：清华大学出版社，2013.

［148］严建雯．大学生创业心理研究［M］．北京：人民出版社，2012.

［149］韩雪，周颂．大学生创业宝典［M］．北京：中国金融出版社，2014.

［150］曲秀琴，郭捍华．大学生创业与就业［M］．哈尔滨：哈尔滨工业大学出版社，2014.

［151］孙洁．自信的力量［M］．北京：海潮出版社，2002.

［152］杜跃平等．创业管理［M］．西安：西安交通大学出版社，2006.

［153］史蒂芬·迪夫．领导力［M］．常桦译．延吉：延边人民出版社，2003.

［154］伍德勤．大学生社团的理论与实践［M］．合肥：合肥工业大学出版社，2011.

［155］万家文画编写组．自信心的自我训练［M］．呼和浩特：内蒙古人民出版社，2008.

［156］于华龙，邰凤琳．大学生职业生涯规划概论．开封：河南大学出版社，2008.

［157］大学生就业心理准备［EB/OL］．新华网，http：//www. XINHUANET. com，2005 - 01 - 25.

［158］杨翠萍．大学生就业压力分析与调适［J］．中州学刊，2011（7）．

［159］毛赟美．大学生求职就业法律教育的突出问题及解决途径［M］．北京教育，2009（11）

［160］肖建中．职业规划与就业指导［M］．北京：北京大学出版社，2016.

［161］［美］爱德加·薛恩．组织心理学［M］．北京：经济管理出版社，1987.

［162］王蕃．组织行为学［M］．上海：上海财经大学出版社，2002.

［163］广西壮族自治区教育厅组编．大学生就业指导［M］．广西：广西人民出版社，2004.

[164] 朱智贤．心理学大词典［M］．北京：北京师范大学出版社，1989.

[165] 郑玉善．团队跳槽原因、防范及事后处理［J］．人才资源开发，2005（7）.

[166] 彼得·德鲁克［M］．创业精神与创新．北京：工人出版社，1989.

[167] 文岗编译．创业管理人［M］．北京：石油工业出版社，2000.

[168] 邢延国．想成功就要敢于冒险［M］．北京：中国纺织出版社，2012.

[169] 中国大百科全书教育卷［M］．北京：中国大百科全书出版社，1985.

[170] 柏林．大学生社团活动与创新能力的培养［J］．镇江高专学报，2001.

[171] 叶奕乾．普通心理学［M］．上海：华东师范大学出版社，2004.

[172] 彼得·德鲁克（Drocker，Peter F.）．卓有成效的管理者［M］．许是详译北京：机械工业出版社，2005.

[173] 陈军兰，王艳．大学生就业指导手册［M］．北京：中央文献出版社，2008.

[174] 程社明．你的海你的船——职业生涯规划［M］．北京：新华出版社，2007.

[175] 高海生．新编大学生就业指导教程［M］．北京：北京交通大学出版社，2005.

[176] 郝志强，王旭东．新编大学生就业指导［M］．北京：中国人事出版社，1999.

[177] 安国启．青年就业问题与对策研究报告［M］．中国青少年研究会优秀论文集．天津：天津社会科学院出版社，2005.

[178] 新职业网，http：//www. ncss. org. cn/.

[179] 应届毕业生网，http：//www. yjbys. com/school/.

[180] 于翠霞个人博客，http：//blog. sina. com. cn/u/2268154863.

[181] 钟谷兰个人博客，http：//blog. sina. com. cn/picn6.

[182] 大学生网，http：//www. daxues. cn/.